शिक्षा दर्शन : एक अध्ययन

शिक्षा दर्शन

एक अध्ययन

PHILOSOPHY OF EDUCATION

A Study

जे. सी. अग्रवाल

पी. भोला

SHIPRA

First Published in India in 2010

Rs. 595

ISBN: 978-81-7541-516-4

2014 Impression

Shiksha Darshan: Ek Adhyan

Published by:

SHIPRA PUBLICATIONS

H.O.: LG 18-19, Pankaj Central Market, I.P. Ext., Patparganj, Delhi 110092, Ph. 22235152, 22236152

Br. Off.: Ansari Road, Daryaganj, New Delhi 110002; Ph.9650028065, 9810522367

Email: info@shiprapublications.com

Website: www.shiprapublications.com

प्राक्कथन

प्रस्तुत पुस्तक विभिन्न राज्यों में पढ़े-पढ़ाये जाने वाले विषय 'शिक्षा दर्शन' के पाठ्यक्रम के संदर्भ में लिखी गई है। ऐसी आशा है यह शिक्षा के सभी शिक्षार्थियों के लिए ही नहीं बल्कि शिक्षकों व प्रशिक्षकों के लिए भी उपयोगी होगी। पुस्तक में भारतीय शिक्षा दर्शन के साथ-साथ पश्चिम शिक्षा दर्शन का विवेचन व विश्लेषण किया गया है। आधारभूतवाद, अस्तित्ववाद चिरस्थायीवाद, प्रयोगात्मकवाद तथा पुननिर्माण वाद एवं शान्ति शिक्षा पर भी चर्चा की गई है।

हम उन सभी लेखकों और प्रकाशकों जिनकी पुस्तकों ने इस पुस्तक को और महत्त्वपूर्ण बनाने में हमारी सहायता की। प्रत्येक शिक्षक व छात्र के सुझाव हमारे लिए महत्त्वपूर्ण हैं। अतः सुझावों का स्वागत किया जाएगा।

1. शिक्षा का अर्थ व प्रकृति
(Meaning and Nature of Education)

1.1 शिक्षा का महत्व (Significance of Education)

शिक्षा एक महत्वपूर्ण तथा सर्वव्यापी विषय है यह मानव की विशेष उपलब्धि है। अतीत काल से ही मनुष्य ने जागरूक रहकर अपनी वाक्-शक्ति का व्यक्ति तथा व्यक्ति के बीच, समुदाय तथा समुदाय के बीच व सन्तति तथा सन्तति के बीच अपने व्यावहारिक अनुभव भण्डार का संचार करने के लिए उपयोग किया है। इसमें प्राकृतिक घटनाओं तथा नियमों की सांकेतिक भाषा का उपयोग होता है, ताकि व्यक्ति का उचित समाजीकरण हो सके। और वैयक्तिक स्मृति के माध्यम से पूरी संस्कृति ही जीवित रह सके।

शिक्षा को कई दार्शनिक तथा शिक्षाशास्त्रियों ने मनुष्य का ''तीसरा नेत्र'' माना है जो कि प्रत्येक व्यक्ति के जीवन को ज्ञानरूपी प्रकाश से भर देता है। शिक्षा एक प्रक्रम है और जब भी हम वातावरण से सामंजस्य स्थापित करने का प्रयत्न करते हैं, शिक्षा प्रारम्भ हो जाती है। सृष्टि के प्रारम्भ में ज्यों ही इस धरा पर मनुष्य का आगमन हुआ, त्यों ही उसे इस बात की आवश्यकता का अनुभव हुआ होगा कि वह अपने चारों ओर के वातावरण के साथ उचित सामंजस्य स्थापित करे। बस उसी समय शिक्षा का प्रारम्भ हो गया होगा। जब प्रथम मनुष्य इस संसार में आया तो उसे बुभुक्षा तथा पिपासा (भूख व प्यास) को शान्त करने हेतु जल व भोजन की आवश्यकता पड़ी। वह इन्हें खोजने हेतु त्रुटि तथा प्रयास करता रहा। धीरे-धीरे वह अपनी समस्त आवश्यकता की पूर्ति हेतु प्रयत्न करता रहा। यह प्रयत्न शिक्षा का ही प्रतिफल था। यह प्रयत्न ही शिक्षा की उत्पत्ति का सार बना।

शिक्षा के द्वारा जीवन की वास्तविकता को समझा जा सकता है। भारतीय विचारकों ने शिक्षा के महत्व को निम्नलिखित प्रकार से दर्शाया है–

''विद्या विहिना: पशु''–''जो व्यक्ति विद्याहीन है उसकी तुलना एक पशु के साथ की गई है।''

''विद्यायामृतमश्नुते''–''विद्या से अमृत्व की प्राप्ति होती है।''

''नाप्ति विद्यासमं चक्षु''–''विद्या के समान विश्व में कोई दूसरा नेत्र नहीं होता है।'' अत: शिक्षा शब्द का प्रयोग तो अनेक अर्थों में किया जाता है। परंतु शिक्षाशास्त्री अरस्तु ने कहा है कि ''शिक्षा मनुष्य को पाशविक प्रवृत्तियों से ऊँचा उठाने का कार्य करती है (Education raises the human being from animal instincts)। इन्हीं कारणों से आज जब हम विकसित तथा विकासशील देशों की भी तुलना करते हैं, तो हमें यह पता चलता है कि इन देशों के विकास का कारण भी शिक्षा ही है। क्योंकि वहाँ पर लगभग सभी व्यक्ति साक्षर होते हैं। तथा शिक्षा के फलस्वरूप ही आज विकसित देशों ने विज्ञान तथा प्रौद्योगिकी के क्षेत्र में भी तरक्की की है।

1.2 शिक्षा का अर्थ (Meaning of Education)

शिक्षा शब्द की व्युत्पत्ति संस्कृत की 'शिक्षा' धातु से हुई है जिसका तात्पर्य है 'सीखना तथा सिखाना'। इस अर्थ में यदि हम देखें तो शिक्षा में वह सब कुछ निहित है जो समाज में रहकर सीखते हैं। शिक्षाशास्त्री शिक्षा शब्द का प्रयोग प्राय: तीन रूपों में करते हैं—

(1) ज्ञान (Knowledge)

(2) पाठ्यचर्या का एक विषय (Subject of Curriculum)

(3) व्यवहार में परिवर्तन लाने वाली प्रक्रिया (Process of Changing the Behaviour)

यदि वास्तव में देखा जाये तो शिक्षा का तीसरा अर्थ अर्थात् 'व्यवहार में परिवर्तन लाने वाली प्रक्रिया' को अधिक उचित माना गया है। समाज में रहकर एक व्यक्ति जो कुछ सीखता है उसी के परिणामस्वरूप वह स्वयं को पाश्विक प्रवृत्तियों से ऊँचा उठाता है, तथा सभ्य व सामाजिक प्राणी बनने की इच्छा रखता है। शिक्षा के द्वारा ही बालक का मार्गदर्शन होता है परंतु इन संदर्भों में शिक्षा को समझने हेतु हमारे लिए यह अनिवार्य है कि हम शिक्षा को विद्यालय की चारदीवारी के अन्दर चलने वाली प्रक्रिया ही न मानें वरन् इसे समाज में चलने वाली अनवरत् प्रक्रिया के रूप में भी स्वीकार करें। नि:सन्देह हम यह कह सकते हैं कि मानव जीवन को सजाने व सँवारने में शिक्षा की बहुत ही महत्वपूर्ण रही है। इसके साथ ही शिक्षा के द्वारा ही समाज अपनी संस्कृति व सभ्यता की रक्षा करते हुए उसे एक पीढ़ी से दूसरी पीढ़ी को स्थानान्तरित करता है। इसके साथ ही समाज में रहकर व्यक्ति जो कुछ सीखता है उसी के परिणामस्वरूप वह स्वयं को पाश्विक प्रवृत्तियों से ऊँचा उठाता है तथा वह एक सभ्य एवं सामाजिक प्राणी बनने की इच्छा रखता है। वास्तव में शिक्षा ही वह प्रक्रिया है, जो बालक को उचित प्रशिक्षण देते हुए उसका मार्गदर्शन करती है।

1.3 शिक्षा का शाब्दिक अर्थ (Etymological Meaning of Education)

'Education' शब्द की उत्पत्ति लैटिन भाषा के शब्द **'Educatum'** से हुई है।

'Educatum' शब्द दो शब्दों से मिलकर बना है—

(1) 'e' जिसका अर्थ है—Out of

(ë) 'duco' जिसका अर्थ है— 'to lead forth' or 'to extract out'.

अत: 'Education' का शाब्दिक अर्थ है—आन्तरिक को बाहर लाना। शिक्षाविद् 'Education' शब्द की उत्पत्ति लैटिन भाषा के निम्न शब्दों से मानते हैं, यथा—

(अ) 'Educere' जिसका तात्पर्य है—'to bring forth' यह 'Breeding' शब्द का समानार्थी शब्द है।

(ब) 'Educare' जिसका तात्पर्य है—'to educate'। यह 'teach', 'instruct', 'schooling', 'drill', तथा 'indoctrinate' का समानार्थी शब्द है।

समानार्थी शब्द का अर्थ है—

1. शिक्षण—यह शिक्षक, छात्र तथा विषय से सम्बन्धित विषयवस्तु के बीच सम्बन्ध स्थापित करता है।

2. निर्देश—निर्देश के द्वारा छात्रों को सूचनाएं तथा ज्ञान प्रदान की जाती है।

3. ट्यूशन—ट्यूशन के अन्तर्गत निर्देश हेतु पारिश्रमिक प्रदान किया जाता है।

4. प्रशिक्षण—प्रशिक्षण के अन्तर्गत व्यावहारिक शिक्षा (Practical Education) है।

इसके अन्तर्गत कौशल, धैर्य तथा सुविधा प्राप्ति हेतु निरन्तर प्रयास किये जाते हैं। अर्थात् इसमें कार्य करना सिखाया जाता है।

5. अनुशासन—इसमें प्रभावी कार्य या सत्य आचरण के लिए क्रमबद्ध प्रशिक्षण प्राप्त किया जाता है।

6. सिद्धान्त बोधन—इसमें सिखाने या पढ़ाने पर बल दिया जाता है। इसमें किसी सिद्धान्त या विचारधारा या मत का बोध कराया जाता है।

7. पालन-पोषण—इसमें जीवन के शिष्टाचारों में प्रशिक्षण पर बल दिया जाता है।

8. संस्कृति—इसमें शिक्षा द्वारा प्रेरित विचारों तथा भावों के विकास पर बल दिया जाता है। इस प्रकार संस्कृति में प्रक्रिया तथा अर्जन पर बल दिया जाता है।

अत: कहा जाता है कि शिक्षा एक प्रक्रिया है। परन्तु देश, काल तथा समाज ने अपनी आवश्यकतानुसार इस प्रक्रिया के साथ विशेषणों का प्रयोग किया है।

'शिक्षा' संस्कृत शब्द है जो 'शिक्ष' 'विद्योपादाने' धातु से 'गुराश्च हल:' सूत्र से भावार्थ में 'अ' प्रत्यय करने पर निष्पन्न माना गया है इस रीति से विद्या ग्रहण करना ही शिक्षा है।

1.4 शिक्षा का संकुचित अर्थ (Narrow Meaning of 'Education')

संकुचित अर्थ में हम शिक्षा को विद्यालय के अन्दर ही चलने वाली प्रक्रिया मानते हैं। इस प्रकार शिक्षा का प्रारम्भ तब से होता है जबकि एक व्यक्ति विद्यालय में प्रवेश लेता है तथा विद्यालय का शिक्षा समाप्ति के साथ ही शिक्षा का अन्त हो जाता है। इसमें जो व्यक्ति कभी भी विद्यालय नहीं जाता, वह शिक्षित नहीं कहा जा सकता है। इस विषय में संक्षिप्त में कहा जा सकता है कि शिक्षा औपचारिक शिक्षा साधनों द्वारा निर्धारित की जाने वाली प्रक्रिया है। जिसमें शिक्षा का स्थान, शिक्षा प्रदान करने वाला व्यक्ति, शिक्षा ग्रहण करने वाला व्यक्ति समय, पाठ्यक्रम आदि पूर्व निर्धारित होते हैं।

इस प्रकार संकुचित अर्थ में शिक्षा को केवल पुस्तकीय अथवा सैद्धान्तिक प्रक्रिया ही माना जाता है। इसके द्वारा बालकों के चहुँमुखी विकास की कल्पना नहीं की जाती और इसी कारण हम प्राय: शिक्षा हेतु अध्यापन, निर्देशन या अनुदेशन शब्दों का प्रयोग करते हैं।

1.5 शिक्षा का व्यापक अर्थ (Wider Meaning of Education)

शिक्षा को व्यापक अर्थ में जीवनपर्यन्त चलने वाली अनवरत प्रक्रिया कहा जाता है। जब एक बालक जन्म लेता है, तो जब तक वह मृत्युशैय्या पर चिरन्तर हेतु विराजमान नहीं हो जाता, तब तक कुछ-न-कुछ सीखता रहता है अर्थात् जीवन के अनुभवों से सीखना ही शिक्षा है। इसी कारण कुछ शिक्षाशास्त्री यह मानते हैं कि जीवन ही शिक्षा है, तथा शिक्षा ही जीवन है। (Life is education and education is life in itself) अर्थात् जब हम व्यापक अर्थ में शिक्षा की व्याख्या करते हैं, तो शिक्षा को किसी समय स्थान, व्यक्ति-विशेष या पाठ्यक्रम से नहीं बाँधते वरन् उसे एक मुक्त प्रक्रिया के रूप में देखते हैं तथा यह मानकर चलते हैं, कि बालक इस समाज में सामाजिक सदस्यों, प्राकृतिक वातावरण, पशु-पक्षी, जीव-जन्तु आदि से जो कुछ भी अनुभवों के रूप में ग्रहण करता है, वही शिक्षा है।

1.6 गाँधीजी के अनुसार शिक्षा (Meaning of Education according to Gandhiji)

महात्मा गाँधी ने शिक्षा तथा बालक के मध्य घनिष्ठ सम्बन्ध माना है। इन्होंने कहा कि "शिक्षा

से मेरा अभिप्राय बालक तथा मनुष्य के शरीर, मन तथा आत्मा के अन्तर्निहित सर्वोत्तम शक्तियों के सर्वांगीण विकास से है।''

गाँधीजी की परिभाषा के अन्तर्गत तीन तत्त्वों को महत्त्वपूर्ण माना गया है—

(1) बालकों की आन्तरिक शक्तियों का विकास करना।

(2) बालकों का सर्वांगीण विकास करना।

(3) बालकों का शारीरिक, मानसिक तथा आत्मिक विकास करना।

गाँधीजी ने शिक्षा को मनुष्यों के अन्दर छिपी शक्तियों को विकसित करने का साधन बताया है। यह विकास मन, आत्मा तथा शरीर का होता है गाँधीजी ने विद्यालय के द्वारा बालक को एक ऐसा वातावरण देने पर बल दिया है जिसके द्वारा बालकों की आन्तरिक शक्तियों का विकास तथा उन्नति हो।

गाँधीजी का मानना यह था, कि ज्ञान का साधन सिर्फ पुस्तकें ही नहीं होती। क्योंकि पुस्तकीय ज्ञान के फलस्वरूप बालक अपनी आत्मा का विकास नहीं कर सकता। पुस्तकीय ज्ञान तो सिर्फ एक साधन है—शिक्षा प्राप्ति का।

गाँधीजी ने बुनियादी शिक्षा पर बल दिया। यह पद्धति किसी भी बालक के मस्तिष्क, शरीर तथा आत्मा तीनों को ही विकसित करती है। जबकि पुस्तकीय ज्ञान के द्वारा सिर्फ बालकों के मस्तिष्क का ही विकास होता है। गाँधीजी ने बालकों की शिक्षा के साथ-साथ दस्तकारी पर भी बल दिया।

बालकों के सर्वांगीण विकास में इन्होंने कला तथा संगीत पर बल दिया। साथ ही साथ बालक के इन आन्तरिक गुणों को किस प्रकार से विकसित किया जाये, इसके बारे में भी बताया।

गाँधीजी ने इन्द्रिय ज्ञान पर विशेष बल दिया। इन्द्रिय ज्ञान के अन्तर्गत आँख, कान तथा नाक व शारीरिक ज्ञान के अन्तर्गत हाथ व पैर के द्वारा कार्य करने पर बल दिया गया। अत: गाँधीजी ने कहा कि इन्द्रियों के बुद्धिपूर्वक उपयोग से बालक की बुद्धि को विकास का उत्तम और लघुत्तम मार्ग मिलता है। परंतु जब तक मस्तिष्क और शरीर का विकास साथ-साथ न हो और उसी प्रमाण में आत्मा की जागृति न होती रहे, तब तक केवल बुद्धि के ही विकास से कोई लाभ नहीं होता। अत: शरीर, मन तथा आत्मा की विविध शक्तियों के विकास में उचित तालमेल लाने की अत्यन्त आवश्यकता है।

पेस्टालॉजी ने इस विषय में कहा है कि ''शिक्षा मनुष्य की आन्तरिक शक्तियों का प्राकृतिक समन्वित तथा प्रगतिशील विकास है।''

जबकि फ्रोबेल तथा रूसो दोनों ने ही शिक्षा को बालक की आन्तरिक शक्ति बाहर लाने का मार्ग बताया है।

इस प्रकार यह निष्कर्ष निकलता है कि गाँधीजी ने शिक्षा के अन्तर्गत 'सर्वांगीण' तथा 'सर्वोत्तम' शब्दों को उच्च मानते हुए इन्द्रिय तथा बुनियादी ज्ञान पर अत्यधिक बल प्रदान किया है।

1.7 डॉ. राधाकृष्णन के अनुसार शिक्षा (Meaning of Education according to Dr. Radha Krishnan)

डॉ. राधाकृष्णन ने शिक्षा के समस्त पक्षों को ध्यान में रखते हुए शिक्षा को एक संतुलित तथा व्यापक प्रक्रिया माना है। उन्होंने अपनी परिभाषा के अन्तर्गत कहा कि ''अब यह बात सबसे

अधिक स्वीकार की गई है कि शिक्षा के प्रति संतुलित दृष्टिकोण का विकास किया जाना चाहिए।'' इन्होंने कहा कि मानसिक प्रशिक्षण के साथ-साथ कल्पना-शक्ति तथा मनोभावों को निर्मल बनाया जाना चाहिए। जिज्ञासु मस्तिष्क, अन्तर्ज्ञानी हृदय, चेतनशील आत्मा और छानबीन करने वाले विवेक का विकास किया जाना चाहिए। विज्ञान तथा तकनीकी के इस युग में हम इस बात का ध्यान अवश्य रखें कि यह जीवन का वृक्ष लोहे के ढाँचे से एकदम भिन्न है। यदि हम विज्ञान तथा तकनीकी के प्रयोग के द्वारा निर्धनता व द्ररिद्रता को दूर करेंगे तो साथ-साथ ललित कलाओं के माध्यम से बालकों के मस्तिष्क में उत्पन्न हुई हीनता को दूर कर सकते हैं। केवल भौतिक निर्धनता ही दुख का कारण नहीं है। हमें आज समाज के सामाजिक हितों को ही नहीं, वरन् मानव हितों को भी संतुष्ट करना चाहिए। इनके अनुसार मनुष्य के प्रत्येक निर्माणकारी पहलू का विकास सिर्फ कला के द्वारा होता है।''

अर्थात् डॉ. राधाकृष्णन ने संक्षेप में कहा कि ''शिक्षा के द्वारा प्रत्येक मनुष्य व समाज का निर्माण किया जा सकता है।'' अत: शिक्षा समाज हेतु अत्यन्त ही आवश्यक तत्त्व है।

1.8 शिक्षा की परिभाषाएँ (Definitions of Education)

विद्वानों ने शिक्षा को अपने-अपने दृष्टिकोण से शब्दों में बाँधा है। शिक्षा एक अत्यन्त ही व्यापक शब्द है। विद्वानों ने समय-समय पर देश तथा जाति के अनुसार शिक्षा को अलग-अलग अर्थ दिए हैं। पाश्चात्य तथा भारतीय शिक्षा विदों ने शिक्षा की निम्नलिखित परिभाषायें प्रस्तुत की हैं—

अरस्तु—''शिक्षा व्यक्ति की शक्ति का, विशेष रूप से मानसिक शक्ति का विकास करती है जिससे कि वह परम् सत्य, शिव तथा सुन्दर के चिन्तन का आनन्द उठा सके।''

("Education develops man's faculty, specially his mind so that he may be able to enjoy the contemplation of supreme truth, goodnees and beauty")—Aristotle.

उपर्युक्त परिभाषा से हमारे सामने तीन बातों का स्पष्टीकरण होता है—

(1) शिक्षा व्यक्ति की शक्ति का विकास करती है।

(2) शिक्षा के द्वारा मनुष्य की मानसिक शक्ति का विकास होता है।

(3) शिक्षा के द्वारा ही बालक परम् सत्य, शिव तथा सुन्दर के चिन्तन से लाभ पा सकता है।

टी. पी. नन—''शिक्षा व्यक्ति की वैयक्तिकता का पूर्ण विकास है जिससे कि वह अपनी पूर्ण योग्यता के अनुसार मानव जीवन को मौलिक योगदान कर सके।''

(Education is the complete development of individuality so that a man can make an original contribution to human life according to his best capacity.
—T. P. Nunn)

उपर्युक्त परिभाषा में टी. पी. नन ने शिक्षा सम्बन्धी निम्न बातें बताई हैं—

(1) शिक्षा द्वारा व्यक्ति की व्यक्तिगत योग्यताओं को विकसित किया जाता है।

(2) व्यक्तिगत विकास के द्वारा व्यक्ति मानव जीवन को अपना मौलिक योगदान प्रदान कर सकता है।

डॉ. राजेन्द्र प्रसाद—''शिक्षा से मेरा तात्पर्य है, मानव में दो प्रकार की समरूपता स्थापित करना–प्रथम उसके निजी स्व का तथा द्वितीय अन्य सदस्यों के साथ।''

("Education is the "establishment of a two fold harmony in every individual, harmony within his own self and harmony with other living beings in the whole world."—Dr. Rajendra Prasad.)

उपरोक्त परिभाषा में डॉ. राजेन्द्र प्रसाद ने दो बातों में सामंजस्य स्थापित करने पर बल दिया है—

(1) व्यक्ति का अपना स्व।

(2) व्यक्ति का अन्य लोगों के साथ सामंजस्य।

ब्राउन—''शिक्षा चैतन्य रूप में एक नियन्त्रित प्रक्रिया हैं जिसके द्वारा व्यक्ति के व्यवहार में परिवर्तन लाये जाते हैं और व्यक्ति के द्वारा समूह में।''

("Education is the consciously controlled process where by changes in behaviour are produced in the person and through the person within the group."—Brown)

ब्राउन ने अपनी परिभाषा में शिक्षा के निम्न तत्त्व बताये हैं—

(1) शिक्षा मानव के व्यवहार में परिवर्तन लाने की प्रक्रिया है।

(2) शिक्षा ग्रहण करने के पश्चात् ही व्यक्ति किसी समूह में परिवर्तन ला सकता है।

अत: शिक्षा के द्वारा बालकों को जीवन के सत्य के साथ परिचित कराया जा सकता है।

1.9 शिक्षा की प्रकृति (Nature of Education)

शिक्षा की प्रकृति की अपनी कुछ मुख्य विशेषताएँ होती हैं, जो कि निम्न हैं—

(1) शिक्षा जन्म से मृत्यु तक लगातार चलने वाली प्रक्रिया है। अर्थात् यह लगातार चलने वाली प्रक्रिया है।

(2) शिक्षा संकुचित तथा व्यापक दोनों रूपों में होती है। संकुचित रूप में यह कक्षा के अन्दर सीखी जाने वाली प्रक्रिया है, तो व्यापक रूप में यह यात्रा, भम्रण, कक्षा, विद्यालय व क्रीडांगन आदि सभी स्थानों पर प्राप्त होने वाला अनुभव है। व्यापक अर्थ में यह जीवन के साथ चलने वाली प्रक्रिया है।

(3) शिक्षा एक गतिशील प्रक्रिया है। स्थिरता की स्थिति में शिक्षा की प्रक्रिया समाप्त हो जाती है। जीवन में गति है, अत: जीवन भर शिक्षा चलती है, परन्तु मृत्यु के साथ शिक्षा भी समाप्त हो जाती है।

(4) शिक्षा निश्चित तथा उद्देश्यपूर्ण प्रक्रिया है।

(5) शिक्षा के द्वारा बालकों में अच्छी आदतों का समावेश भी किया जाता है। प्लेटो ने इस कथन का सर्वाधिक विश्लेषण किया है।

(6) शिक्षा व्यक्ति के सामाजिक विकास की प्रक्रिया है तथा यह समाज की प्रगति का भी मुख्य कारण है।

शिक्षा को निम्न प्रक्रियाओं में विभाजित किया गया है—

1. शिक्षा : द्विमुखी प्रक्रिया (Education: Bipolar Process)—एडम्स ने शिक्षा को द्विमुखी प्रक्रिया माना है। अर्थात् शिक्षा द्वारा एक व्यक्ति दूसरे व्यक्ति को ज्ञान प्रदान करके उसके व्यवहार को विकसित तथा परिवर्तित करता है।

आधुनिक काल में रॉस भी शिक्षा को द्विमुखी प्रक्रिया मानते हैं। इन्होंने कहा कि, ''चुम्बक

के समान शिक्षा में भी दो ध्रुवों का होना आवश्यक है। इसलिए यह द्विध्रुवीय (द्विमुखी) प्रक्रिया है।''

उपरोक्त तथ्य के विश्लेषण से यह पता चलता है, कि शिक्षा में दो व्यक्ति होते हैं

शिक्षक ⟵⟶ शिष्य

चित्र. 1.1 : शिक्षा-द्विमुखी प्रक्रिया

एक व्यक्ति बोलता है, तथा दूसरा सुनता है। एक पढ़ाता है, तथा दूसरा पढ़ता है। एक पथ प्रर्दशन करता है, तथा दूसरा उस पथ पर चलता है। इन सभी क्रिया तथा प्रतिक्रिया का परिणाम होता है—शिक्षा।

2. शिक्षा : त्रिमुखी प्रक्रिया (Education: Tri-polar Process)—जान ड्यूवी ने शिक्षा को त्रिमुखी प्रक्रिया माना है। इसमें इन्होंने शिक्षक तथा शिष्य के अतिरिक्त सामाजिक शक्तियाँ, नामक तृतीय तत्व भी सम्मिलत किया है। यह सामाजिक शक्तियाँ ही शिक्षक तथा शिष्य को विषय सामग्री देती हैं।

सामाजिक तत्त्व पर बल देते हुए ड्यूवी ने लिखा है, कि बालक को उस समाज में रहना है, जिसका कि वह सदस्य है। अत: उसका विकास समाज में ही हो सकता है। ड्यूवी ने शिक्षा के सामाजिक तत्व को महत्व दिया है। क्योंकि समाज द्वारा ही बच्चों में सामाजिक कुशलता और समाज स्वीकृत आचरण का विकास होता है। इसी की वजह से वह सामाजिक प्राणी बनते हैं। उन्हें ऐसा बनाना ही सच्ची शिक्षा कहलाता है। अत: सामाजिक तत्व शिक्षा का महत्वपूर्ण अंग है।

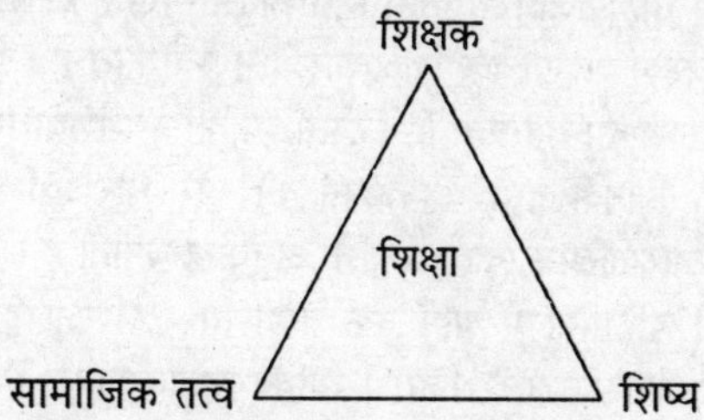

चित्र 1.2 : शिक्षा-त्रिमुखी प्रक्रिया

3. शिक्षा : बहुमुखी प्रक्रिया (Education : Multipolar Process)—आधुनिक युग में शिक्षा की अवधारणा को बड़े ही व्यापक रूप में बताया गया है। आज शिक्षा प्रत्येक व्यक्ति की आवश्यकताओं तथा सुविधा के अनुसार मनुष्य की समस्त आयुओं के अनुकूल बनाने पर बल दिया जा रहा है। 20वीं शताब्दी के अन्त तथा 21वीं शताब्दी के आरम्भ में शिक्षा की प्राथमिकताएँ निम्नलिखित हो गईं–

(1) शिक्षक (Teacher)
(2) शिष्य (Student)
(3) जनसंचार (Communication)
(4) विषय (Subjects)
(5) भविष्य की मांग (Future Demand)

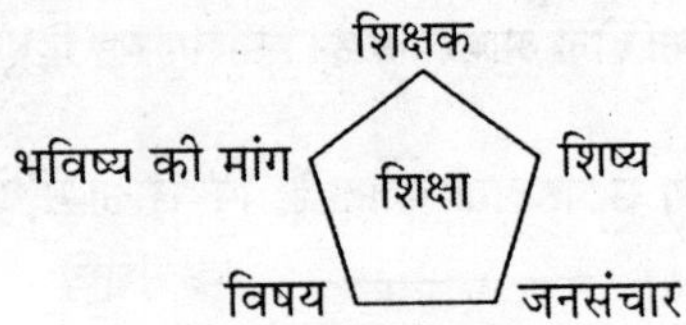

चित्र 1.3 : शिक्षा-बहुमुखी प्रक्रिया

शिक्षा की प्रकृति के अन्तर्गत निम्न तथ्यों का भी समावेश किया गया है–

(*i*) शिक्षा-विकासात्मक प्रक्रिया—शिक्षा द्वारा प्रत्येक व्यक्ति अपना विकास चाहता है। पेस्टॉलाजी ने कहा है कि, ''शिक्षा मनुष्य की जन्मजात शक्तियों का स्वाभाविक, समरूप तथा प्रगतिशील विकास है।'' इनके इस कथन से ड्यूवी, रूसो तथा गाँधीजी जैसे महान विचारक भी सहमत थे, साथ-साथ समाज की कल्पना भी उचित शिक्षा के द्वारा ही की जा सकती है।

(*ii*) शिक्षा एक प्रकाश पुंज है—शिक्षा वह है, जो मानव को अज्ञान रूपी अन्धकार से ज्ञान रूपी प्रकाश की ओर अग्रसित करती है। शिक्षा के द्वारा व्यक्ति रूढ़िवादिता के घेरे से बाहर आकर अपनी विचारधारा को वस्तुनिष्ठ बनाने का प्रयास करता है।

(*iii*) शिक्षा संस्कृतिकरण हैं—शिक्षा संस्कृति की सुरक्षा करने वाली एक प्रक्रिया है। अर्थात् शिक्षा के द्वारा समाज अपनी संस्कृति को एक पीढ़ी से दूसरी पीढ़ी तक पहुँचाने का कार्य करता है। (Transmission of culture from one generation to another) इसके साथ ही शिक्षा एक महत्त्वपूर्ण कार्य और करती है, वह है, संस्कृति का विकास (Progress in Culture)।

अन्त में कहा जाता है कि शिक्षा स्थिर नहीं है, विकासोन्मुख है। इसमें परिवर्तन होता रहता है। शिक्षा के गतिशील स्वरूप को प्रत्येक शिक्षाशास्त्री ने स्वीकारा है। इस विषय में रेमण्ट ने लिखा है, कि ''शिक्षा विकास का वह क्रम है, जिसमें व्यक्ति के शैशवावस्था से प्रौढ़ावस्था तक की वे क्रियाएँ निहित हैं, जिनके द्वारा वह अपने को धीरे-धीरे विभिन्न विधियों से अपने भौतिक, सामाजिक तथा आध्यात्मिक वातावरण के अनुकूल बनाता है।

ड्यूवी ने तो अपनी परिभाषा में यहाँ तक कहा कि, ''शिक्षा द्वारा व्यक्तियों की उन क्षमताओं को ऊँचा उठाया जा सकता है, जिससे व्यक्ति वातावरण पर नियन्त्रण करने के योग्य बनता है।''

1.10 शिक्षा के स्वरूप (Forms of Education)

शिक्षाशास्त्रियों ने शिक्षा के कई स्वरूप बताये हैं। जो कि निम्नलिखित हैं—

1. प्रत्यक्ष व अप्रत्यक्ष शिक्षा (Direct and Indirect Education)—शिक्षा की प्रत्यक्ष तथा अप्रत्यक्ष में शिक्षकों ने अपने विचार अलग-अलग तरह से प्रस्तुत किये हैं। प्रत्यक्ष रूप में तो शिक्षक अपनी योग्यता के अनुसार ही छात्र के व्यक्तित्व को प्रभावित करता है। दूसरे शब्दों में शिक्षक के व्यक्तित्व के सम्पर्क में आकर छात्र का व्यक्तित्व प्रत्यक्ष रूप से प्रभावित होता है। इसे ही प्रत्यक्ष शिक्षा कहा जाता है।

जबकि अप्रत्यक्ष शिक्षा के अन्तर्गत कभी-कभी छात्र के व्यक्तित्व पर शिक्षक के व्यक्तित्व का कोई प्रभाव नहीं पड़ता है। बालक पर उस दशा में अन्य साधनों का प्रभाव पड़ता है। इस प्रकार से ही बालक सीखता है। इस प्रकार की शिक्षा ही अप्रत्यक्ष या अवैयक्तिक शिक्षा कहलाती है।

2. नियमित व अनियमित शिक्षा (Formal and Informal Education)—आज शिक्षा का क्षेत्र अत्यन्त व्यापक हो गया है। शिक्षा के द्वारा बालकों के बहुमुखी विकास पर बल दिया जाता है। इसलिए शिक्षा के रूप अलग-अगल स्वीकार किये हैं, जिनसे बालकों को ज्ञान प्राप्त होता है, साथ-ही-साथ विकास भी होता है। वह रूप अग्र प्रकार है–

(A) औपचारिक शिक्षा (Formal Education)—औपचारिक शिक्षा वह शिक्षा है, जो विद्यालयों, महाविद्यालयों तथा विश्वविद्यालयों में प्रदान की जाती है। इसके अन्तर्गत शिक्षा के उद्देश्य पाठ्यक्रम तथा निश्चित समय में निश्चित स्थान पर निश्चित व्यक्तियों द्वारा प्राप्त की जाती है। इसके उद्देश्यों की पूर्ति हेतु समय सारणी तथा कठोर योजना तैयार की जाती है। साथ-साथ परीक्षा आदि पास करने के पश्चात् प्रमाण-पत्र भी दिये जाते हैं।

औपचारिक शिक्षा की सबसे बड़ी विशेषता यह है कि यह व्यक्ति, समाज और राष्ट्र की आवश्यकताओं की पूर्ति करती है। यह व्यक्ति में ज्ञान तथा कौशल का विकास करती है। उसके आचरण को उचित आधार देती है तथा उसे किसी व्यवसाय तथा उद्योग के लिए तैयार किया जाता है। यह समाज की दार्शनिक, सामाजिक, आर्थिक तथा राजनीतिक माँगों की पूर्ति करती है। और उसके लिए विशेषज्ञ तैयार करती है। इसके द्वारा समाज उन्नति करता है। औपचारिक शिक्षा के माध्यम से ही अध्यापक, डॉक्टर, इंजीनियर तथा वैज्ञानिक आदि तैयार किये जाते हैं।

परन्तु यहाँ औपचारिक शिक्षा से सम्बन्धित एक कमी यह है कि, औपचारिक शिक्षा की व्यवस्था करने में अधिक धन का व्यय तथा समय का व्यय होता है तथा इसे प्राप्त करने वाले छात्रों को समय, धन का व्यय करना पड़ता है, जिसके फलस्वरूप कुछ अपने शिक्षण कार्य को मध्य में छोड़कर बैठ जाते हैं। जिसके कारण अपव्यय व अवरोधन अधिक मात्रा में बढ़ जाता है। इस शिक्षा से प्राप्त प्रमाण पत्रों के आधार पर उनको नौकरी मिलती है इसलिए इसमें परीक्षा मुख्य रूप से स्वीकार की जाती है। इसके माध्यम से शिक्षा प्राप्त करने वाले छात्रों में अनेक कौशलों का विकास किया जाता है।

(B) अनौपचारिक शिक्षा (Informal Education)—अनौपचारिक शिक्षा के अन्तर्गत शिक्षा बनाने हेतु न कोई दिनचर्या बनाई जाती है, न पाठ्यक्रम तथा न शिक्षण-विधि निर्धारित की जाती है। यहीं अनौपचारिक शिक्षा कहलाती है। बालक जब इस भौतिक संसार में आता है, तो वह मनुष्यों से खाना-पीना, सोना-जागना, रहन-सहन, परम्पराएँ-प्रथाएँ, मूल्य तथा आदर्श आदि को सीखता है। ये समस्त क्रियाएँ मनुष्य के जीवन में उपयोगी होती हैं, जिन्हें वह परिवार के सदस्यों, समाज की क्रियाओं तथा राष्ट्रीय आयोजनों से सीख लेता है। इस प्रकार कहा जा सकता है कि समाज से व्यक्ति जो कुछ भी सीखता है, वह अनौपचारिक शिक्षा के अन्तर्गत सम्मिलित किया जाता है।

अनौपचारिक शिक्षा की सबसे बड़ी विशेषता यह है कि यह मनुष्य के जन्म से लेकर मृत्यु तक चलती रहती है और इसका प्रभाव सबसे अधिक होता है। अधिकतर मनौवैज्ञानिकों का मानना है, कि बालक के मस्तिष्क के तीन-चौथाई भाग का विकास पाँच वर्ष की अवस्था तक हो जाता है। तथा बालकों को पाँच वर्ष तक किसी विशिष्ट विद्यालय के द्वारा शिक्षा प्रदान नहीं की जाती है बल्कि अनौपचारिक रूप से शिक्षा प्रदान की जाती है।

बालक अपनी संस्कृति तथा सभ्यता से सीखता है। वह परिवार के सदस्यों तथा समाज से अनौपचारिक शिक्षा प्राप्त करता है।

(C) निरौपचारिक शिक्षा (Non-formal Education)—वह शिक्षा जो न तो औपचारिक शिक्षा की भाँति विद्यालयों, महाविद्यालयों तथा विश्वविद्यालयों के रूप में बाँधी जाती है। तथा न ही अनौपचारिक शिक्षा की तरह आकस्मिक रूप से समाज तथा परिवार से प्राप्त होती हैं, वही निरौपचारिक शिक्षा कहलाती है।

निरौपचारिक शिक्षा में औपचारिक शिक्षा की तरह शिक्षा के उद्देश्य, पाठ्यक्रम तथा शिक्षण-विधियाँ प्राय: निश्चित तो होते हैं लेकिन कठोर नहीं होते हैं। यहाँ योजनाएँ अत्यन्त लचीली होती हैं। इसका उद्देश्य सामान्य शिक्षा का प्रसार होता है। इसकी पाठ्यचर्या सीखने वालों की आवश्यकताओं को ध्यान में रखकर निश्चित की जाती है। तथा शिक्षण विधियाँ भी छात्रों के स्तर तथा इच्छा के द्वारा अपनाया जाता है। जिस स्थान पर सीखने वालों अर्थात् बालकों को जहाँ, अधिक सुविधा होती है, वहीं आयोजन किया जाता है। जैसे–मन्दिर, मस्जिद, गिरजाघर तथा गुरुद्वारों तथा धर्मशालाओं अथवा सार्वजनिक स्थानों पर।

निरौपचारिक शिक्षा के अन्तर्गत प्रमाण-पत्र देना अनिवार्य नहीं होता है। इसमें कई ऐसी योजनाएँ होती हैं जिसके अन्तर्गत परीक्षा भी ली जाती है। साथ-साथ प्रमाण-पत्र भी दिये जाते हैं। प्रौढ़ शिक्षा, अनवरत शिक्षा तथा दूरस्थ शिक्षा इस शिक्षा के उदाहरण हैं।

निरौपचारिक शिक्षा का मुख्य लाभ यह है, कि इस शिक्षा के माध्यम से उन छात्रों को शिक्षा दी जाती है, जो किसी कारणवश विद्यालयी शिक्षा प्राप्त नहीं कर पाते हैं तथा उनकी उम्र बढ़ जाती है। इसके माध्यम से ऐसे प्रौढ़ों को भी शिक्षित किया जाता है। जो किन्हीं कारणवश पढ़ाई पूर्ण नहीं कर पाये हैं। भारत जैसे विशाल तथा निर्धन देश हेतु यह अत्यन्त ही लाभकारी पद्धति है। क्योंकि इससे कम खर्च में ज्यादा शिक्षा उपयुक्त शिक्षा दी जा सकती है।

निरौपचारिक शिक्षा में पाई जाने वाली एक कमी सिर्फ यह है कि इसमें न तो तकनीकी शिक्षा प्रदान की जाती है, तथा न ही समाज हेतु विशेषज्ञ तैयार किये जाते हैं।

अत: यह निष्कर्ष आता है कि औपचारिक, अनौपचारिक तथा निरौपचारिक का अपना-अपना महत्त्व होता है।

1.11 औपचारिक, अनियमित तथा अनौपचारिक शिक्षा में अंतर (Difference between Formal, Informal and Non-formal Education)

तत्व (Element)	औपचारिक शिक्षा (Formal Education)	अनियमित शिक्षा (Informal Education)	अनौपचारिक शिक्षा (Non-formal Education)
1. उद्देश्य	बौद्धिक विकास	सर्वांगीण विकास पर बल	व्यावहारिक पक्ष पर बल
2. अभिकरण	शैक्षिक संस्थाएं	परिवार, समुदाय, धर्म, आकस्मिक वार्तालाप आदि	सरकारी तथा गैर सरकारी
3. कार्यक्रम	पूर्व निर्धारित	आकस्मिक, अनिश्चित	पूर्व निर्धारित
4. शिक्षक	निश्चित, पूर्णकालिक	माता-पिता, भाई-बहन, मित्र-मण्डली, समुदाय	अंशकालिक अध्यापक
5. वातावरण	कृत्रिम	स्वाभाविक, प्राकृतिक	कृत्रिम तथा स्वाभाविक दोनों
6. अनुशासन	प्राय: दृढ़ तथा कठोर	प्राय: बहुत लचीला	लचीला
7. अवधि	स्कूल में 12 वर्ष अथवा इससे कम	कोई अवधि नहीं	सुविधाजनक अवधि
8. स्थान	शैक्षिक संस्था	सम्पूर्ण समाज	सुविधाजनक, प्राय: कम स्थान

9. पाठ्यक्रम	निर्धारित	अनिर्धारित	मिला जुला रूप
10. शिक्षण विधियाँ	अध्यापक का भाषण, वार्तालाप, प्रश्नोत्तर आदि	कोई निश्चित विधि नहीं है।	पत्राचार, टी.वी. आदि
11. मूल्यांकन	लिखित, मौखिक तथा प्रयोगात्मक	कोई परीक्षा नहीं	परीक्षा होती है तथा नहीं भी।
12. प्रमाण पत्र	प्रमाणपत्र-उपाधि दी जाती है	कोई प्रमाणपत्र नहीं	प्रमाणपत्र होता है तथा नहीं भी होता है।
13. संगठन	संघठन द्वारा संस्था का संचालन किया जाता है संगठन स्थायी होता है।	इसके पीछे कोई संगठन नहीं होता है	स्थायी अथवा अस्थायी संगठन
14. प्रवेश	प्रवेश बिन्दु होता है	कोई प्रवेश बिन्दु नहीं होता है	प्रवेश बिन्दु लचीला होता है
15. पाठ्य-पुस्तकें	पाठ्य-पुस्तकें निश्चित होती हैं	कोई पाठ्य-पुस्तक नहीं होती है	पाठ्य-पुस्तकें होती तथा नहीं भी
16. प्रयास	छात्रों द्वारा अधिक प्रयास	कोई प्रयास नहीं करना पड़ता	कम प्रयास करना पड़ता है
17. मानसिक स्थिति	मानसिक तनाव बना रहता है	कोई तनाव नहीं होता	बहुत कम मात्रा में तनाव की स्थिति
18. समय तालिका	निश्चित	अनिश्चित	दोनों प्रकार की
19. व्यय	व्यय का प्रमुख स्थान है	कोई तय नहीं	कम व्यय
20. अन्तर्क्रिया	छात्र-छात्र तथा अध्यापक छात्र में अन्तर्क्रिया होती है।	स्थिति पर निर्भर है।	बहुत कम अन्तर्क्रिया रहती है।
21. सामाजिकता	सामाजिकता रहती है।	समाज में ही क्रिया होती है।	सामाजिक क्रिया बहुत कम रहती है।
22. अभिप्रेरणा	अधिगम में छात्रों को अभिप्रेरित किया जाता है।	अभिप्रेरणा की कोई आवश्यकता नहीं है।	छात्र स्वयं अभिप्रेरित होकर शिक्षा ग्रहण करती है।
23. नियोजन	औपचारिक शिक्षा में नियोजन का बहुत महत्व है।	नियोजन की कोई आवश्यकता नहीं होती	नियोजन का अपेक्षाकृत कम महत्व है।

1.12 शिक्षा के महत्वपूर्ण तत्व (Main Elements of Education)

शिक्षा के परम्परागत तथा आधुनिक अर्थ में बहुत अन्तर आ गया है। परम्परागत काल में शिक्षा का तात्पर्य 3 R's से लगाया जाता था, जो कि निम्नलिखित है :

1. Reading (पढ़ना)
2. Writing (लिखना)
3. Arithmetic (गणित)

परन्तु लोकतन्त्रीय युग के अन्तर्गत आज शिक्षा का अर्थ बदल गया है यह 3 R's आज 8 तत्त्वों में बदल गये हैं। जो कि निम्नलिखित हैं :

1. Reading (पढ़ना)
2. Writing (लिखना)
3. Arithmetic (गणित)
4. Right (अधिकार)
5. Responsibility (उत्तरदायित्व)

6. Relationship between rights and responsibility (अधिकारों तथा उत्तरदायित्वों का सम्बन्ध)

7. Recreation (पुनः व्यस्थापित करना)

अर्थात् शिक्षा के अन्तर्गत पढ़ने, लिखने तथा गणित के अतिरिक्त अधिकार, उत्तरदायित्व तथा पुनः व्यवस्थापन का समावेश किया गया है।

शिक्षा के अन्तर्गत कई तत्त्वों को साथ लेकर शिक्षा दी जाती है। यह तत्त्व हैं :

1. शिक्षा क्यों दी जाये—शिक्षा का सबसे महत्वपूर्ण तत्त्व है कि शिक्षा क्यों दी जाये? यहाँ पर यह कथन स्पष्ट करना अति आवश्यक है, कि यदि हम शिक्षा दे रहे हैं तो इसका कारण क्या हो सकता है? इसका स्पष्टीकरण यह है कि समाज तथा व्यक्ति विशेष की प्रगति प्रायः शिक्षा पर ही निर्भर है। यदि व्यक्ति तथा समाज अशिक्षित होगा तो वह देश पिछड़े देशों के स्तर पर आ जायेगा। अतः आवश्यक है, कि प्रत्येक व्यक्ति शिक्षित हो। साथ-ही-साथ शिक्षा देने वाले तथा लेने वाले दोनों व्यक्ति के मध्य शिक्षा देने व लेने के उद्देश्य स्पष्ट होने चाहिए। यह शिक्षा के उद्देश्य प्रायः राजनीतिक, आर्थिक, सामाजिक तथा धार्मिक दशाओं पर निर्भर होते हैं।

2. शिक्षा किसे दी जाये—शिक्षा देने के लिए शिक्षकों को छात्रों को समझना आवश्यक है। छात्रों की प्रकृति कैसी है? छात्रों को किस प्रकार शिक्षा दी जाये? दृश्य-श्रव्य सामग्री का कैसे प्रयोग किया जाये? यह सभी ऐसे आवश्यक तत्व हैं, जिन्हें समझकर शिक्षक भली प्रकार से शिक्षा दे सकते हैं।

3. शिक्षा किसके द्वारा दी जाये—शिक्षा प्रदान करने वाले मुख्य व्यक्ति शिक्षक होते हैं। अतः शिक्षक को छात्र को, प्रयोग की जाने वाली सामग्री को तथा स्वयं को समझना पड़ता है। तभी वह ठीक प्रकार से शिक्षा प्रदान कर सकते हैं।

4. शिक्षा कहाँ दे—शिक्षकों को यह तय कर लेना चाहिए, कि शिक्षा कहाँ देनी है। जैसे यदि किसी ऐतिहासिक इमारत के विषय में छात्रों को ज्ञान देना है, तो यह शिक्षा कक्षा की जगह पर उस स्थान पर ले जाकर भी प्रदान की जा सकती है।

5. शिक्षा में क्या ज्ञान दें—शिक्षा के अन्तर्गत छात्रों को किस प्रकार की शिक्षा दी जाये? यह महत्वपूर्ण तत्व है। इसके लिए पाठ्यक्रम तथा अन्य शिक्षा-सम्बन्धी क्रियाओं का पता होना अति आवश्यक होता है। अतः शिक्षक व शिष्य दोनों को ही पाठ्यक्रम के विषय में सम्पूर्ण जानकारी होनी चाहिए।

6. शिक्षा कैसे दें—शिक्षकों को शिक्षा देने के साधनों के विषय में जानकारी होनी चाहिए। जैसे—दृश्य-श्रव्य सामग्री तथा अन्य ऐसे साधन जिनके द्वारा छात्र उत्साहित होकर शिक्षा ग्रहण कर सकें। इन सभी के विषय में प्रत्येक शिक्षक को भलीभाँति ज्ञान होना चाहिए।

इन तत्त्वों के अतिरिक्त शिक्षकों को विद्यालय के वातावरण, अनुसाशन, छात्रों की मानसिक स्थितियों का तथा बौद्धिक क्षमताओं का ज्ञान होना चाहिए। ताकि छात्रों को उसी प्रकार से शिक्षा दी जाये।

1.13 शिक्षा के कार्य (Functions of Education)

शिक्षा के विभिन्न रूपों तथा अंगों पर विचार करने के पश्चात् हमें शिक्षा के कार्यों को समझना अति आवश्यक है। शिक्षा के कुछ कार्यों को हम सामान्य कार्यों के अन्तर्गत रखते हैं। यह सामान्य कार्य हैं—

1. व्यक्तित्व का संतुलित विकास करना।
2. अन्तर्निहित शक्तियों का विकास करना।
3. मूल प्रवृत्तियों का विकास करना।
4. वयस्क जीवन की तैयारी।
5. संस्कृति को संरक्षित करना।
6. चरित्र-निर्माण करना।
7. सामाजिक भावना का विकास।
8. अच्छे नागरिक का निर्माण।
9. सामाजिक सुधार करना।

शिक्षा के कार्य अनेक हैं। मानव-जीवन की दृष्टि से इन कार्यों को निम्नलिखित रूप से नियोजित किया जाता है—

1. व्यक्ति की शारीरिक, सामाजिक तथा धार्मिक आवश्यकताओं की पूर्ति करने में सहायता प्रदान करना।
2. व्यक्ति को स्वावलम्बी बनाना जिससे कि वह समाज हेतु भार न बन सके।
3. व्यावसायिक दक्षता की प्राप्ति में सहायता करना, जिससे व्यक्ति अपने कार्य को कुशलतापूर्वक सम्पादित कर सके।
4. भौतिक सुख व समृद्धि की प्राप्ति में सहायता करना जिससे बालक जीवन में अच्छे स्थान प्राप्त करके समृद्ध जीवन बिता सके।
5. नागरिक दक्षता का विकास करना जिससे बालक अच्छा नागरिक बन सके।
6. बालकों के व्यक्तित्व का सर्वांगीण विकास करना।
7. बालकों का नैतिक विकास करना जिससे उनका चरित्र उज्ज्वल हो सके।
8. बालकों को जीवन हेतु तैयार करना, जिससे वे यथार्थ परिस्थिति में रह सकें।
9. बालकों को वातावरण के अनुकूल ढालने की योग्यता प्रदान करना।
10. आवश्यकता पड़ने पर वातावरण में सुधार करने की क्षमता प्रदान करना।

बालकों को व्यावहारिक ज्ञान देना। जिससे वह प्रत्येक क्षेत्र के कार्यों में निपुण हो सकें।

उपर्युक्त कार्य बालकों के जीवन को दृष्टिकोण में रखकर बताये गये हैं। यदि इन कार्यों पर राष्ट्रीय जीवन के दृष्टिकोण से विचार किया जाये, तो इन्हें निम्नलिखित ढंग से नियोजित किया जा सकता है—

1. राष्ट्र के उत्पादन में वृद्धि करने के लिए तथा राष्ट्रीय सम्पदा के विकास के लिए कुशल श्रमिक प्रदान करना शिक्षा का कार्य है।
2. नेतृत्व हेतु बालकों को प्रशिक्षित करना जिससे कि वे विभिन्न क्षेत्रों के कार्यों का भार संभाल सकें।
3. व्यक्तिगत हितों से सार्वजनिक हितों को महत्त्वपूर्ण समझने की भावना प्रदान करना।
4. सामाजिक दायित्वों को निभाने की भावना का विकास करना।
5. सामाजिक दक्षता का विकास करना।
6. राष्ट्रीय एकता को सुदृढ़ करना।
7. अच्छी आदतों का प्रशिक्षण देना।

8. सामाजिक अनुशासन का विकास करना।

9. बालकों को राष्ट्रीय संस्कृति के सम्पर्क में लाना।

शिक्षा आयोग 1964-66 के अन्तर्गत यह अनुभव किया गया कि पिछली कुछ शताब्दी में ज्ञान का बहुत बड़ा 'विस्फोट' हुआ है। परम्परागत समाज के अन्तर्गत ज्ञान सीमित अक्षरों में ही था। धीरे-धीरे ज्ञान में वृद्धि होती गई। आधुनिक समाज तक आते-आते ज्ञान का भंडार बहुत विशाल होता गया।

आधुनिक समाज के ज्ञान के फलस्वरूप सामाजिक परिवर्तन भी तीव्रता से होते चले गये। जबकि परम्परागत समाज में यह धीरे-धीरे होते थे। यह परम्परागत शिक्षा प्रणाली देश की उन्नति में बाधक थी। क्योंकि वह अपने फलदायक प्रयोजनों तथा आदर्शों के द्वारा विकास की नई आवश्यकताओं को मंद कर देती थी। शिक्षा के उद्देश्यों को दूसरी दृष्टि से ही देखना होगा–आज शिक्षा को केवल पुस्तक से सम्बन्धी ज्ञान ही नहीं माना जाता वरन् वह ज्ञान जो बालकों में जिज्ञासा उत्पन्न करे, रुचियाँ उत्पन्न करने के साथ-साथ मूल्यों को विकसित करे, यही ज्ञान ही शिक्षा कहलाता है। शिक्षा के बिना किसी भी व्यक्ति या बालक को समाज का जिम्मेदार नागरिक नहीं बनाया जा सकता है।

आज शिक्षा के उद्देश्य भी इन बातों को ध्यान में ही रखकर बनाये जाते हैं कि शिक्षा कल के नागरिक तैयार करने की सीढ़ी है। इस विषय में कई विद्वानों ने कहा भी है कि आज विद्यालयों की कक्षाओं में कल के नागरिक तैयार किये जाते हैं। अंतरराष्ट्रीय शिक्षा आयोग ने 21वीं शताब्दी में अपनी रिपोर्ट 1996 में प्रस्तुत की। जिसके अन्तर्गत शिक्षा के चार स्तम्भ बताये गये–

शिक्षा के चार स्तम्भ

↓

↓	↓	↓	↓
ज्ञान हेतु शिक्षा	करने हेतु शिक्षा	मिलकर रहने हेतु शिक्षा	व्यक्तित्व का सम्पूर्ण विकास करना

शिक्षा आयोग ने इन चारों तत्वों के सम्मिश्रण को ही शिक्षा कहा है।

1. ज्ञान हेतु शिक्षा—किसी भी बालक को शिक्षा ज्ञान हेतु प्रदान की जाती है। क्योंकि यह शिक्षा बालक का सम्पूर्ण जीवन तक साथ देती है। शिक्षा के द्वारा बालकों को सामान्य ज्ञान के साथ विषयों से सम्बन्धित सम्पूर्ण व गहराई तक का ज्ञान दिया जाता है। यहाँ हमने एक शब्द का इस्तेमाल किया 'गहराई'। यह गहराई क्या है? सबसे पहले हमें यह जानना आवश्यक है। बालक किसी भी ज्ञान को दो प्रकार से प्राप्त करता है—

(1) पहला ज्ञान वह जो एक कक्षा उत्तीर्ण करने के पश्चात् बालक अगली कक्षा तक आते-आते भूल जाता है।

(2) द्वितीय ज्ञान वह जो कक्षा उत्तीर्ण करने के पश्चात् भी बालक सदैव याद रखता है।

यह द्वितीय ज्ञान ही गहरा ज्ञान कहलाता है। अर्थात् वह ज्ञान जो सदैव बालक को याद रहे वही 'गहराई' तक ले जाने वाला ज्ञान है।

परन्तु यहाँ ज्ञान देने के लिए आवश्यक है, कि विषय कम मात्रा में हो। ऐसा न हो, कि

बालक विषयों के बोझ तले दब जाये। अत: एक सीमित विषय का ज्ञान कक्षा में देंगे। साथ-साथ मनुष्य अथवा बालक अनौपचारिक रूप से ताउम्र ज्ञान प्राप्त करता रहता है।

2. करने हेतु शिक्षा—करने हेतु शिक्षा से अभिप्राय यह है कि बालक को केवल व्यावसायिक प्रशिक्षण ही नहीं दिया जाना चाहिए। वरन् उन्हें ऐसा ज्ञान दें कि वह विभिन्न परिस्थितियों के साथ समावेश कर सके। साथ-साथ बालकों तथा युवाओं को औपचारिक तथा अनौपचारिक ज्ञान दें, जिससे वह समाज तथा अपने स्वयं के कार्यों के साथ उचित सम्बन्ध स्थापित कर सकें।

3. मिलकर रहने हेतु शिक्षा—मिलकर रहने हेतु शिक्षा का अर्थ है, कि प्रत्येक बालक को इस प्रकार की शिक्षा प्रदान की जाये, जिससे वह अन्य बालकों के साथ तथा परिवार के सदस्यों आदि के साथ उचित समावेश स्थापित कर पाये। यह समावेश प्राय: निम्नलिखित प्रकार के होने चाहिए–

अन्य लोगों के साथ उचित समावेश (Understanding) स्थापित कर पाना।

किसी भी कार्य में एक साथ मिल-जुलकर कार्य करना।

अंतर्द्वंद्व (Conflicts) को रोकना।

अन्य लोगों के मूल्यों की कद्र करके संस्कृति को बढ़ावा देना।

अत: इन चारों तत्त्वों को मिश्रित करके एक बालक को मिलकर रहने की उचित शिक्षा प्रदान की जा सकती है।

4. व्यक्तित्व का सम्पूर्ण विकास—किसी भी बालक के व्यक्तित्व के सम्पूर्ण विकास हेतु शिक्षा अति आवश्यक तत्त्व है। व्यक्तित्व से यहाँ तात्पर्य है बालक के अन्दर ऐसे तत्वों का समावेश होना जो उन्हें समाज तथा विद्यालय दोनों में ही सम्मान दिला सके। तथा कोई भी बालक शिक्षा, विद्यालय तथा परिवार के बिना यह नहीं सीख सकता कि वह किस प्रकार से अपने व्यक्तित्व का विकास कर सके।

अत: अन्त में कहा जा सकता है, कि एक बालक का व्यक्तित्व, व्यवसाय तथा समाज के साथ सम्बन्ध प्राय: शिक्षा पर ही निर्भर करता है। अत: बालक पूर्णत: शिक्षा पर ही निर्भर है। शिक्षा के बिना बालक का कोई अस्तित्व नहीं है।

2. शिक्षा के उद्देश्य
(Aims of Education)

2.1 उद्देश्य का तात्पर्य (Meaning of Aims)

उद्देश्य एक पूर्वदर्शित लक्ष्य है जो किसी क्रिया को संचालित करते हैं तथा व्यवहार को प्रेरित करते हैं। यदि लक्ष्य निश्चित तथा स्पष्ट होता है, तो व्यक्ति की क्रिया उस समय तक उत्साहपूर्वक चलती रहती है, जब तक वह उस लक्ष्य को प्राप्त नहीं कर लेता। जैसे-जैसे लक्ष्य निकट आता जाता है, वैसे-वैसे उसकी क्रियाओं में भी अन्तर आता जाता है। अन्त में एक समय ऐसा आता है जब व्यक्ति अपने लक्ष्य को प्राप्त कर लेता है। इस लक्ष्य को प्राप्त करने को ही उद्देश्य की प्राप्ति कहते हैं। संक्षेप में कहा जाता है कि उद्देश्य वह पूर्वदर्शित लक्ष्य है जिसको प्राप्त करने के लिए व्यक्ति प्रसन्नतापूर्वक उत्साह के साथ चिन्तनशील रहते हुए क्रियाशील होता है।

2.2 उद्देश्य का महत्व (Significance of Aims)

मनुष्य के जीवन के प्रत्येक पक्ष तथा दैनिक जीवन की प्रत्येक क्रिया को सफल बनाने के लिए उद्देश्यों का विशेष महत्त्व होता है। उद्देश्यों के बिना कोई भी व्यक्ति जीवन के किसी भी क्षेत्र में सफल नहीं हो सकता है। जीवन के प्रत्येक क्षेत्र को उन्नत करने का एक मात्र रास्ता है, 'उद्देश्य निर्माण'। इस दृष्टि से ही समाज में अलग-अलग उद्देश्यों का निर्माण किया गया है।

2.3 उद्देश्य की आवश्यकता (Need of Aims)

जब किसी व्यक्ति को उद्देश्य के विषय में स्पष्ट रूप से पता होता है, तो उसके मन में दृढ़ता तथा आत्मबल जागृत हो जाता है तथा व्यक्ति एकाग्रतापूर्वक अपने कार्यों को करता है। साथ-ही-साथ उद्देश्य हमें शिक्षण-पद्धतियों के प्रयोग करने, साधनों का चयन करने तथा परिस्थितियों के अनुसार कार्य करने की उचित प्रेरणा देते हैं। फलस्वरूप व्यक्ति तथा समाज दोनों ही विकास की ओर अग्रसर होते रहते हैं। उद्देश्यहीन शिक्षा व्यर्थ होती है। अत: शिक्षण कार्यों को शुरू करने से पूर्व बालक तथा शिक्षक दोनों को शिक्षा के उद्देश्यों का स्पष्ट ज्ञान होना चाहिए। इस विषय में शिक्षाविदों ने कहा है, कि "उद्देश्य के ज्ञान के बिना शिक्षक उस नाविक की तरह होता है, जिसे अपने लक्ष्य का ज्ञान नहीं तथा उसके विद्यार्थी उस पतवार विहिन नौका के समान हैं, जो समुद्र की लहरों के थपेड़े खाती हुई तट की ओर बढ़ती जा रही है।" अत: उद्देश्य जीवन हेतु अति आवश्यक होते हैं।

2.4 शिक्षा के नये उद्देश्य (New Aims of Education)

शिक्षा के अर्थ में बदलाव आने के साथ-साथ आज शिक्षा के उद्देश्यों में भी परिवर्तन आ गये हैं। शिक्षा का अर्थ बताते समय इस तथ्य पर विशेष बल देना अति आवश्यक है, कि आज अलग-अलग विद्वानों ने शिक्षा के अलग-अलग उद्देश्य बताये हैं, परंतु यह मतभेद क्यों? यह मतभेद निम्न कारणों से उत्पन्न हुए–

(1) प्रत्येक देश में भिन्न-भिन्न परिस्थितियाँ पाई जाती हैं। फलत: शिक्षा का अर्थ भी बदल जाता है। उदाहरण स्वरूप अमेरिका आदि में शिक्षा व्यावसायिक प्रशिक्षण का ही नाम है। वहाँ पर छात्र किसी भी वेषभूषा में विद्यालय जाते हैं। परन्तु भारत में शिक्षा व्यावसायिक प्रशिक्षण के साथ-साथ संस्कृति का भी नाम है। हमारे देश में छात्रों को किसी भी पोशाक में नहीं वरन् शालीन पोशाक में ही विद्यालय व विश्वविद्यालय में आने की अनुमति दी जाती है।

(2) शिक्षा के महत्त्वपूर्ण सम्बन्ध समय तथा स्थान से जुड़े हैं। माध्यमिक शिक्षा आयोग (Secondary Education Commission 1952–53) के अन्तर्गत समय तथा स्थान के महत्त्व को बताते हुए कहा गया है, कि "ज्यों-ज्यों राजनीतिक, सामाजिक तथा आर्थिक परिस्थितियों में बदलाव होता जाता है, तथा समाज से सम्बन्धित नई-नई समस्याएँ सामने आती जाती हैं, त्यों-त्यों शिक्षा के विभिन्न स्तरों पर दृष्टि रखे जाने वाले उद्देश्यों का पुन: परीक्षण तथा वर्णन आवश्यक होता है।"

(3) शिक्षा के उद्देश्यों का सम्बन्ध समाज के वास्तविक जीवन से होता है। शिक्षा-प्रणाली को सदैव सामाजिक आवश्यकताओं से जोड़ा जाता है। इसी कारण से आज शिक्षा मान्टेसरी पद्धति को ध्यान में रखकर प्ले ग्रुप (Play Group) से शुरू की जाती है।

(4) शिक्षा के क्षेत्र में शिक्षकों के अतिरिक्त दार्शनिक, विद्वान, राजनीतिक विचारक, पादरी, पुरोहित तथा कलाविद् अपने-अपने विचार प्रस्तुत कर सकते हैं।

शिक्षा के इन बदलते उद्देश्यों की प्राप्ति हेतु अनिवार्य है कि शिक्षा के स्वरूप को समझा जाये। ताकि व्यवस्थित शिक्षा-प्रणाली के अन्तर्गत ही शिक्षा सार्थक होती है, अन्यथा नहीं।

2.5 शिक्षा के उद्देश्यों के निर्धारण के आधार (Bases of the Formulation of Educational Aims)

प्रत्येक समाज में शिक्षा के उद्देश्यों का निर्धारण दार्शनिक सिद्धान्तों के साथ-साथ समाज की आवश्यकताओं, मूल्यों तथा आकांक्षाओं आदि को आधार बनाकर किया जाता है।

परन्तु यहाँ शिक्षा के उद्देश्य प्राय: दो आधार पर विभाजित किये गये हैं–

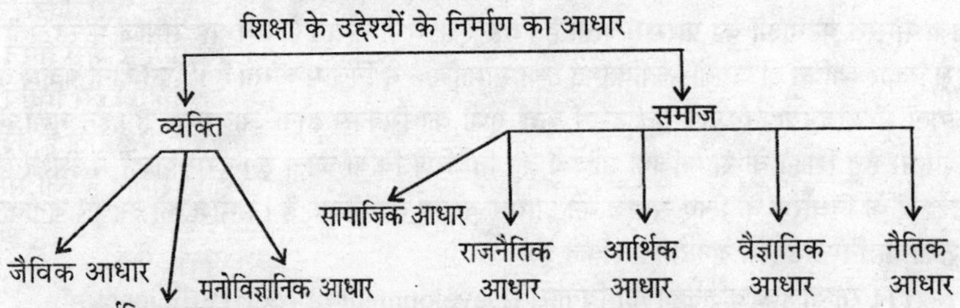

शिक्षा तथा जीवन आपस में घनिष्ठ रूप से सम्बन्धित होते हैं। अत: शिक्षा के उद्देश्यों को भी निर्धारित करने से पूर्व जीवन के निम्नलिखित आधारों को ध्यान रखा जाता है–

1. जैविक आधार—जैवकीय दृष्टि से व्यक्ति एक बौद्धिक प्राणी है। इसी कारण से उसे अन्य प्राणियों से श्रेष्ठ माना जाता है, परन्तु मूलत: वह पशु के समान होता है। शिक्षा द्वारा उसे सुसंस्कृत बनाया जाता है। अत: शिक्षा के उद्देश्यों का निर्धारण करते समय उसके मूल स्वभाव

व विशेषतओं का ध्यान रखना चाहिए। व्यक्ति का जैवकीय पक्ष वह आधार है, जिसको शिक्षा द्वारा सामाजिक, सांस्कृतिक तथा नैतिक अस्तित्व की ओर उन्मुख किया जाता है।

2. दार्शनिक आधार—व्यक्ति जीवन को अपने दृष्टिकोण के अनुकूल व्यतीत करता है। जीवन के प्रति व्यक्ति का दृष्टिकोण उसके जीवन-दर्शन का निर्माण करता है। जो दृष्टिकोण सुसंगत होता है वही जीवन-दर्शन बन जाता है। जीवन-दर्शन शिक्षा के उद्देश्यों का प्रमुख आधार हैं। दूसरे शब्दों में, ''जिस प्रकार का हमारा जीवन का दृष्टिकोण होगा तथा उसी प्रकार के शैक्षिक उद्देश्यों हमारे द्वारा निर्धारित किये जायेंगे। ड्यूवी ने इस आधार के विषय में कहा है कि, ''दर्शन शिक्षा के साध्यों को निर्धारित करने से सम्बन्धित है।

3. मनोवैज्ञानिक आधार—शिक्षा के उद्देश्यों के द्वारा व्यक्ति की समस्त आवश्यकताओं की पूर्ति करना आवश्यक है। ये आवश्यकताएँ प्राय: एकांगी न होकर विविध प्रकार की होती हैं। यह आवश्यकतायें निम्नलिखित होती हैं–

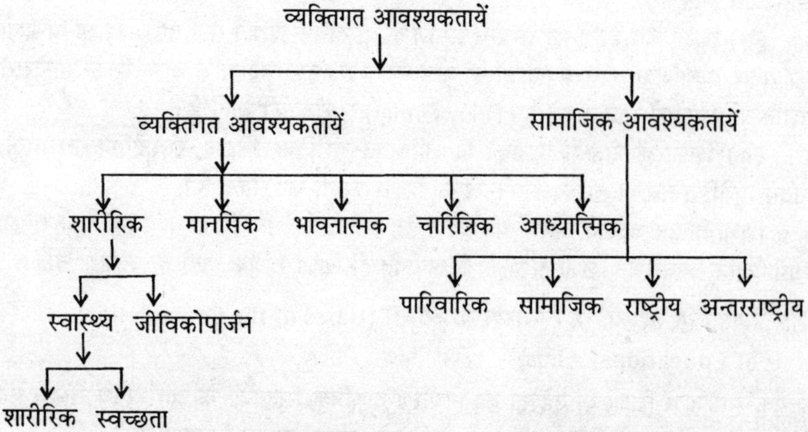

4. समाज शास्त्रीय आधार—मनुष्य एक सामाजिक प्राणी है। कार्ल मैनहीम (Karl Manhiem) ने कहा कि ''मानव इतिहास की संचालक शक्ति है। वही समस्त मूल्यों का स्रोत तथा समस्त घटनाओं का प्रारम्भ-कर्त्ता है। वह ऐसा तभी करता है जब वह समाज में रहता है। इस प्रकार व्यक्ति दो जगतों–व्यक्तिगत तथा सामाजिक में निवास करता है।'' इन दोनों प्रकार के जगतों में जीवनयापन करने हेतु उसमें कुछ गुणों का विकास होना आवश्यक है। इन गुणों के विकास हेतु शिक्षा के सामाजिक उद्देश्यों का निर्धारण किया जाता है। दूसरे शब्दों में शिक्षा के उद्देश्यों के निर्धारण के लिए समाज को आधार बनाना आवश्यक है। समाज को आधार बनाकर शिक्षा के निम्न उद्देश्य बनाये जा सकते हैं–

(1) सामाजिक कुशलता का विकास (Development of social efficiency)

(2) कुशल नागरिकता का विकास (Development of efficient citizenship)

(3) सामाजिक गुणों का विकास (Development of social qualities)

(4) संस्कृति का संरक्षण व हस्तान्तरण (Preservation and transmission of culture)

(5) अन्तर सांस्कृतिक भावना का विकास (Development of inter-culture understanding)

(6) सामाजिक प्रगति (Social progress)

5. राजनैतिक आधार—समाज की राजनीतिक विचारधारा शिक्षा के उद्देश्यों के निर्धारण में महत्त्वपूर्ण भूमिका अदा करती है। जे.एफ. ब्राउन का कथन है, "किसी भी देश की तथा सभी युगों की शिक्षा शासक वर्ग की विशेषताओं को व्यक्त करती है।" संसार का इतिहास ब्राउन के इस कथन का साक्षी है। सभी प्रकार की सरकारें अपने ध्येय को प्राप्त करने हेतु शिक्षा के उद्देश्यों का निर्माण करती हैं।

6. आर्थिक आधार—समाज की आर्थिक दशाएँ उसकी शिक्षा के स्वरूप तथा उसके उद्देश्यों के निर्धारण में महत्त्वपूर्ण भूमिका अदा करती हैं। प्रत्येक देश की उत्पादन की मात्रा, वितरण की पद्धति तथा आर्थिक व्यवस्था वहाँ की शिक्षा-व्यवस्था पर गहरा प्रभाव डालती है। उत्पादन की मात्रा यह निश्चित करती है कि शिक्षा पर कितनी धनराशि व्यय की जाये। वितरण की पद्धति आर्थिक-व्यवस्था का सुसंगठन ही नहीं करती वरन् सामाजिक एकता भी स्थापित करती है। आर्थिक व्यवस्था शिक्षा के लिए समय तथा सुविधा प्रदान करती है। साथ-साथ विभिन्न प्रकार की शिक्षा हेतु अवसर प्रदान करती है। शिक्षा के स्वरूप तथा उसके द्वारा समाज की मांगों की पूर्ति हेतु शिक्षा के उद्देश्यों के निर्माण में आर्थिक दशाएँ बहुत ही महत्त्वपूर्ण कार्य करती हैं।

7. वैज्ञानिक आधार—विज्ञान की प्रगति ने ही वैज्ञानिक आधारों को जन्म दिया है। विज्ञान तथा तकनीकी ने सामाजिक परिवर्तन लाने में महत्त्वपूर्ण भूमिका अदा की है। फलस्वरूप समाज औद्योगीकरण तथा नगरीकरण (Industrialization and Urbanization) का जन्म हुआ। औद्योगीकरण ने शैक्षिक उद्देश्यों के निर्माण में महत्वपूर्ण भूमिका अदा की है। साथ ही विज्ञान व तकनीकी आधारों ने आधुनिकीकरण को भी तीव्र गति दी। जिससे समाज को प्रगतिशील बनाने में मदद मिली।

8. नैतिक आधार–"शिक्षा एक उद्देश्यपूर्ण तथा नैतिक प्रक्रिया है।" अतः उद्देश्यों के अभाव में शिक्षा की कल्पना नहीं की जा सकती है, वस्तुतः शिक्षा एक प्रक्रिया है। जो आजीवन चलती रहती है। कभी ज्ञात रूप से तो कभी अज्ञात रूप से। शिक्षा की यह प्रक्रिया उद्देश्य सहित चलती रहती है। प्रत्येक छोटी-से-छोटी बात का कुछ उद्देश्य होता है। शिक्षा के क्षेत्र में इस उद्देश्य का सह तथा हितकर होना जरूरी है। सह तथा हितकर का निर्धारण नैतिक आधार पर किया जाता है।

2.6 शिक्षा के उद्देश्यों को प्रभावित करने वाले कारक (Factors Affecting Aims of Education)

शिक्षा का तात्पर्य उद्देश्य, स्थान, देश, जाति तथा समय के साथ अलग-अलग रहा है। अपनी आवश्यकता के अनुसार देश तथा अलग-अलग विचारकों ने शिक्षा का अलग-अलग अर्थ बताया है। प्राचीन काल से आज तक कई विद्वान जैसे–सुकरात, गाँधी तथा जॉन ड्यूवी आदि ने शिक्षा के उद्देश्यों की अलग-अलग परिभाषायें दी हैं। इनका मानना था कि भारत की कक्षाओं में भारत के भविष्य का निर्माण हो रहा है। अरस्तु ने माना कि स्वस्थ शरीर में ही स्वस्थ मस्तिष्क का निर्माण करना ही शिक्षा का मुख्य उद्देश्य है। आज अनेक समाजशास्त्रियों ने बालकों को उच्च नागरिक बनाने पर बल दिया है तथा यह उच्च नागरिक सिर्फ तभी बनाये जा सकते हैं जबकि बालकों को उचित तथा उद्देश्यपूर्ण शिक्षा प्रदान की जायें।

शिक्षा के उद्देश्यों को प्रायः निम्नलिखित कारक प्रभावित करते हैं–

(1) मानव का व्यक्तित्व अनेक तत्त्वों पर आधारित है तथा प्रत्येक व्यक्ति के जीवन में कई पहलू होते हैं। यह शारीरिक, बौद्धिक, सामाजिक, नैतिक तथा आत्मिक क्षमता के पहलू होते हैं इनके आधार पर ही शिक्षा के उद्देश्यों को निर्धारित किया जाता है।

(2) व्यक्ति का विकास प्राय: वातावरण पर ही निर्भर करता है। यह वातावरण सामाजिक, सांस्कृतिक तथा प्राकृतिक तीनों प्रकार का हो सकता है। अत: शिक्षा के उद्देश्य प्राय: वातावरण पर ही निर्भर करते हैं तथा वातावरण के अनुसार ही इनमें परिवर्तन होना जरूरी होता है।

(3) शिक्षा के उद्देश्य प्राय: व्यक्ति के जीवन के आदर्श के ऊपर निर्भर होने चाहिए। क्योंकि प्रत्येक व्यक्ति के जीवन का उद्देश्य अलग-अलग होता है।

शिक्षाविदों ने प्रत्येक व्यक्ति को अपने ढंग से ही जीवन के मूल्यों तथा आदर्शों को अपनाने पर बल दिया है। शिक्षाविद्, विचारक तथा विद्वानों के द्वारा ही अपने विचार समाज तथा संसार के समक्ष रखे जाते हैं तथा इसी के परिणामस्वरूप व्यक्ति का जीवन-दर्शन हमारे सामने आता है। यही जीवन-दर्शन शिक्षा को क्रियान्वित करते हैं।

मुख्यत: शिक्षा के उद्देश्यों को प्रभावित करने वाले कारक चित्र 2.1 में दर्शाये गए हैं–

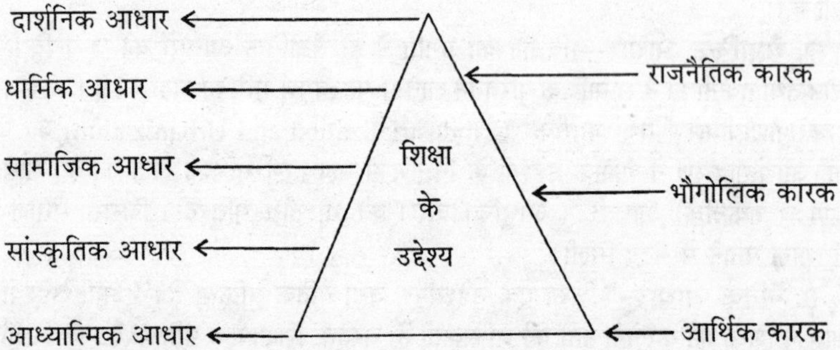

चित्र 2.1 : शिक्षा के उद्देश्यों को प्रभावित करने वाले कारक

2.7 शिक्षा के उद्देश्यों का इतिहास (History of the Aims of Education)

शिक्षा के उद्देश्यों का इतिहास बहुत अधिक पुराना है। आदिकाल में व्यक्ति की आवश्यकताएँ कम थीं। उस समय उत्पादन, उपभोग, वितरण तथा विनिमय करना अत्यन्त ही सरल था। अत: साधारण प्रणाली को ही अपनाकर बालकों को शिक्षा प्रदान की जाती थी, तथा शिक्षा का कोई विशेष उद्देश्य नहीं था।

इसके पश्चात् स्पार्टा राज्य में देश की सेवा करना स्पार्टा निवासियों के जीवन का लक्ष्य बन गया था। जीवन के लक्ष्य के अनुसार ही सच्चे देशभक्त तथा वीर सैनिक का निर्माण करना वहाँ की शिक्षा का परम उद्देश्य समझा गया था। तथा इस उद्देश्य के अनुकूल वहाँ की शिक्षा की व्यवस्था की गई थी, एथेन्स (Athens) निवासियों को सौन्दर्य से अत्यधिक लगाव था। अत: उनके लिए जीवन का उद्देश्य सौन्दर्य अनुभूति की वृद्धि करना था। इसलिए वहाँ शिक्षा-प्रणाली में व्यक्ति का महत्व अधिक था। छात्रों को ऐसे विषय पढ़ाये जाते थे, जिनसे उनमें सौन्दर्यानुभूति का विकास हो।

रोम (Rome) के निवासी अपने जीवन में अधिकार तथा कर्त्तव्य को अधिक महत्त्व देते थे। अत: वहाँ की शिक्षा भी इन उद्देश्यों के अनुसार थी। प्राचीन काल में भारत में धर्म जीवन का

आधार था। अतः उस समय विश्वव्यापी चेतना अथवा ईश्वर को पहचानना, आत्मशक्ति का विकास तथा आध्यात्मिक उन्नति करना जीवन का मुख्य उद्देश्य माना गया है। उस समय हमारी शिक्षा इस विचारधारा से पूर्णतः प्रभावित थी। मनुष्य के प्रत्येक कर्म ईश्वर के स्मरण के साथ प्रारम्भ होते थे। पढ़ने की शुरुआत तथा अन्त में ओम शब्द का उच्चारण किया जाता था। आध्यात्मिक उद्देश्यों को ध्यान में रखकर ही शिक्षा के पाठ्यक्रम में वेद, उपनिषद् आदि धर्म-ग्रन्थों को प्रमुख स्थान दिया जाता है। इस प्रकार प्राचीन काल की शिक्षा के उद्देश्य धर्म-दर्शन के सिद्धान्तों पर ही आधारित थे।

मध्यकालीन युग में भी दार्शनिक विचारधाराओं के परिवर्तनों के साथ-साथ जीवन के लक्ष्य भी बदलते रहे तथा उन्हीं के अनुसार शिक्षा की पद्धति में भी परिवर्तन होता रहा। वर्तमान युग भी इस प्रभाव से अछूता नहीं रहा है। आज भी शिक्षा राष्ट्र के नेताओं की विचाधाराओं से तथा समाज के आदर्शों से पूर्णतः प्रभावित था। संसार के सभी राष्ट्रों ने राष्ट्र की आवश्यकताओं तथा विचारधाराओं के अनुकूल जीवन के लक्ष्य निर्धारित किये हैं तथा इन्हीं लक्ष्यों के आधार पर ही शिक्षा निर्धारित शिक्षा के उद्देश्य किये गये।

अंग्रेजी शासन काल में देश को ऐसे व्यक्तियों की आवश्यकता पड़ी थी, जो शासन-प्रबन्ध में सहायता दे सकें। अतः उस समय सिर्फ बाबू बनाने की ही शिक्षा देना, शिक्षा का उद्देश्य बन गया। स्वतन्त्रता-प्राप्ति के पश्चात् देश को श्रेष्ठ नागरिक बनाना ही शिक्षा का उद्देश्य बन गया।

अतः प्राचीन काल से वर्तमान काल तक आते-आते शिक्षा के उद्देश्यों में अनेक परिवर्तन आये हैं जो कि भविष्य में और भी बदलाव ले सकते हैं।

2.8 अच्छे उद्देश्यों की कसौटी (Criteria of a Good Aims)

जॉन ड्यूवी ने शिक्षा के अच्छे उद्देश्यों की निम्नलिखित कसौटी बतायी है–

(1) अच्छे उद्देश्यों का सम्बन्ध जीवन की वास्तविक स्थितियों से होता है तथा उसकी प्राप्ति उन्हीं स्थितियों में हो सकती है।

(2) अच्छा उद्देश्य सदैव लचीला होता है। क्योंकि जीवन की स्थितियाँ बदलती रहती हैं तथा यह उद्देश्य बदलती परिस्थितियों के अनुसार होना चाहिए।

(3) अच्छा उद्देश्य सदैव विभिन्न क्रियाओं का प्रतिनिधित्व करता है, उनमें मनोरथ पूर्ण प्रक्रिया निहित होती है। उसका हमारी वर्तमान आवश्यकताओं के अनुसार होना जरूरी है और हमारे जीवन-दर्शन से बल मिलना आवश्यक है।

2.9 शिक्षा के महत्त्वपूर्ण उद्देश्य (Important Aims of Education)

शिक्षा के महत्त्वपूर्ण उद्देश्य निम्नलिखित हैं–

(1) सामाजिक उद्देश्य।
(2) व्यावसायिक उद्देश्य।
(3) आध्यात्मिक उद्देश्य।
(4) ईश्वर की प्राप्ति का उद्देश्य।
(5) धार्मिक उद्देश्य।
(6) चरित्र-निर्माण का उद्देश्य।
(7) शारीरिक व स्वास्थ्य सम्बन्धी उद्देश्य।
(8) नैतिक उद्देश्य।

(9) ज्ञानात्मक उद्देश्य।
(10) व्यक्तिगत उद्देश्य।
(11) सांस्कृतिक उद्देश्य।
(12) कला विकास के उद्देश्य।
(13) सौन्दर्यात्मक विकास के उद्देश्य।

शिक्षा के बहुदेश्यों का स्पष्टीकरण निम्नलिखित है–

(1) शिक्षा का ज्ञानात्मक उद्देश्य (Knowledge Aim of Education)

शिक्षा का ज्ञानात्मक उद्देश्य प्राचीन काल से ही चला आ रहा है। गुरुकुल में रहने वाले गुरु भी इन्हीं उद्देश्य में विश्वास रखते हैं। इस उद्देश्य का अर्थ है कि बालक को सभी प्रकार के विषयों का ज्ञान कराया जाना चाहिए और शिक्षा का प्रमुख उद्देश्य बालकों के ज्ञान रूपी चक्षुओं को खोलना होना चाहिए। शिक्षा वह साधन है, जो बालक के मस्तिष्क को ज्ञान के भंडार से भरती है।

कुछ विद्वानों के अनुसार शिक्षा का उद्देश्य ज्ञान का अर्जन करना है। उनका कहना है– "ज्ञान के लिए ज्ञान" (Knowledge for the sake of knowledge) इन विद्वानों में सुकरात, अरस्तु, दान्ते, प्लेटो, कमेनियस तथा बेकन आदि के नाम विशेष रूप से उल्लेखनीय हैं।

शिक्षा के ज्ञानात्मक उद्देश्यों के विषय में विद्वानों ने निम्नलिखित तथ्य प्रस्तुत किये हैं–

1. सुकरात–"ज्ञान पवित्रता है।" ("Knowledge is virtue".–Socrates)
2. अरस्तु–"ज्ञान ही शक्ति है।" ("Knowledge is power".–Aristotle)
3. सोफिस्टो–"ज्ञान प्रगति है।" ("Knowledge is progress".–Sophists)
4. कमेनियस–"ज्ञान, ज्ञान के लिए है अत: विद्यालय का कार्य बालक को ज्ञान प्रदान करना है।" ("Knowledge is for knowledge sake so the work of the school is to give knowledge".–Comenius)

अत: इस प्रकार सभी शिक्षाविदों ने ज्ञान को ही अच्छे व्यवहार की कुंजी माना है। इन्होंने अपनी परिभाषाओं के माध्यम से एक बात स्पष्ट की है, कि ज्ञान ही वह शक्ति है जो हमारे मानसिक विकास में सहयोग देती है। (Knowledge is the key of all good behaviour) ज्ञान ही सत्य की खोज करता है, तथा मनुष्य को त्रुटियों से बचाता है।

परन्तु यहाँ पर ध्यान देने योग्य तथ्य है, कि शिक्षा के द्वारा सिर्फ ज्ञान के सैद्धान्तिक पक्ष का ही विकास नहीं होना चाहिए, चूंकि सैद्धान्तिक ज्ञान अनुपयोगी व व्यर्थ होता है। इसलिए यह आवश्यक है कि ज्ञान के माध्यम से बालक को ज्ञान के व्यावहारिक प्रयोग के विषय में बताया जाये।

रूसो ने शिक्षा के ज्ञानात्मक उद्देश्यों के विषय में तर्क देते हुए कहा कि "मेरा उद्देश्य बालक के मस्तिष्क को ज्ञान से सजाना मात्र नहीं है वरन् उसे यह भी सिखाना है कि वह जब भी आवश्यक हो ज्ञान का प्रयोग कर सके।" ("My aim is not to furnish his mind with knowledge but to teach him the method to acquire it when necessary".)

—Rousseau.

ज्ञान का वास्तविक सम्बन्ध मानसिक शक्ति से है। ज्ञान का तात्पर्य सिर्फ तथ्यों को रटना ही नहीं वरन् तथ्यों को समझना है। ज्ञान प्राप्त करने के पश्चात् व्यक्ति उचित-अनुचित की परख कर सकता है तथा उचित मार्ग की ओर उन्मुख होकर सद्चरित्र की प्राप्ति कर सकता है। ज्ञान

के द्वारा हमारे मस्तिष्क का परिमार्जन होता है। परन्तु फिर भी कई विचारक इसके पक्ष में नहीं हैं। शिक्षा के ज्ञानात्मक उद्देश्य के पक्ष तथा विपक्ष में तर्क निम्नलिखित हैं—

पक्ष में तर्क

(1) ज्ञान सुख की कुंजी है। व्यक्ति ज्ञानार्जन जब अपने निजी 'स्व' को संतुष्ट करने हेतु करता है, तो उससे उसे खुशी, शक्ति तथा शान्ति मिलती है तथा यह ज्ञानार्जन उसे आत्म-नियन्त्रण भी देता है। जब ज्ञानार्जन के माध्यम से व्यक्ति कुछ प्राप्त करना चाहता है तो वह इस संसार में अपनी प्रतिष्ठा स्थापित करता है। ज्ञानी व्यक्ति संसार हेतु पूजनीय है। इस कारण ही ज्ञान की महत्ता है।

(2) ज्ञान से मनुष्य की प्रगति होती है।

(3) सुकरात ने बताया कि जिस व्यक्ति को सच्चा ज्ञान प्राप्त है, वही सद्‌गुणी व्यक्ति है।

(4) ज्ञान ही मनुष्य को पशुओं से भिन्न करता है। क्योंकि पशु ज्ञानी नहीं होता, तथा मनुष्य होता है।

(5) ज्ञान बालक को समाज से समायोजन सिखाता है।

(6) व्यक्ति ज्ञान से ही सही-गलत की खोज करता है।

(7) ज्ञान से व्यक्ति का मानसिक विकास होता है।

शेक्सपीयर ने ज्ञानात्मक उद्देश्य के पक्ष में कहा है कि, ''ज्ञान वह पंख है, जिनकी सहायता से हम स्वर्ग की प्राप्ति कर सकते हैं।'' ("Knowledge is the wing where with we fly to heaven"—Shakesphere)

विपक्ष में तर्क

(1) ज्ञानात्मक उद्देश्य परम्परागत व आदर्शवादी विचारधारा पर आधारित है।

(2) यह उद्देश्य 'करके सीखने' पर कम महत्त्व देता है।

(3) केवल ज्ञान-प्राप्ति ही मनुष्य के जीवन का ध्येय नहीं है।

(4) डॉ. राधाकृष्णन ने कहा है कि, ''विवेक के अभाव में ज्ञान निरर्थक है।''

(5) ज्ञानात्मक उद्देश्य सिर्फ विषयवस्तु के अध्ययन पर ही बल देता है न कि बालक के अध्ययन पर।

(6) एडम्स ने कहा है कि ज्ञान पर बल देने से विद्यालय, ज्ञान की दुकान व शिक्षक, सूचना केन्द्र बन जाते हैं। ("School like a shop and teacher like a shopkeeper".—Adams)

(7) ज्ञानात्मक उद्देश्य के विपक्ष में तर्क देते हुए वाइट हैड ने कहा है कि, ''केवल ज्ञानी व्यक्ति परमात्मा की पृथ्वी पर सबसे व्यर्थ का अभद्र मनुष्य होता है।'' ("The man possessing bookish knowledge is God's worst creature". —Whitehead)

अन्त में निष्कर्ष में हम कह सकते हैं, कि ज्ञान की प्राप्ति साध्य नहीं हो सकती है, वरन् 'साध्य को प्राप्त करने का साधन' हो सकती है। ज्ञान की प्राप्ति मानव सुख तथा सामाजिक कल्याण के लिए की जा सकती है, न कि आदर्शवादी बनने के लिए। हमें बालकों को इस प्रकार का ज्ञान देना चाहिए, जिससे कि वह आदर्शवादी बन सकें।

(2) चरित्र-निर्माण का उद्देश्य (Aim of Character Building)

शिक्षा विचारकों ने चरित्र-निर्माण को शिक्षा का सामान्य तथा सार्वभौमिक उद्देश्य माना है। परन्तु सभी ने चरित्र की समान रूप में व्याख्या नहीं की। मनोवैज्ञानिकों ने चरित्र को स्थायी भावों का

संगठन माना है। जबकि शिक्षाशास्त्रियों ने शिक्षा का उद्देश्य सुन्दर तथा सुदृढ़ चरित्र का निर्माण करना माना है। चरित्र के विषय में दार्शनिकों ने, समाजशास्त्रियों ने तथा शिक्षाशास्त्रियों ने अलग-अलग मत दिये हैं।

शिक्षा में चरित्र से अर्थ उन गुणों से है, जिनके द्वारा मनुष्य अपना व समाज का हित करता है। यह गुण प्रेम, दया, सहानुभूति, सहयोग, सत्य, त्याग, सद्भावना तथा न्यायप्रियता है। इनका विकास प्राय: शिक्षा के द्वारा ही होता है।

शिक्षा में चरित्र-निर्माण के उद्देश्य के विषय में कई विद्वानों ने निम्नलिखित तथ्य प्रस्तुत किये हैं–

1. जान ड्यूवी—चरित्र की स्थापना करना विद्यालयी शिक्षा व अनुशासन का मुख्य उद्देश्य है।'' ("Establishing of character is a comprehensive aim of school instruction and disciplined".—John Dewey)

2. स्पेन्सर—''मनुष्य की सबसे बड़ी आवश्यकता, सबसे बड़ा रक्षक चरित्र है, शिक्षा नहीं।'' ("No education but character is man's greatest need and man's greatest safegurad".—Spencer)

3. डॉ. राधाकृष्णन—''भारत सहित समस्त विश्व के कष्टों का कारण यह है, कि शिक्षा केवल मस्तिष्क के विकास तक सीमित रह गई है और उसमें नैतिक तथा आध्यात्मिक मूल्यों का अभाव है।'' ("Today's education is concerned with the mental development of the child and there is no place for moral and spiritual values in it".—Dr. S. Radhakrishnan)

4. हर्बर्ट—''शिक्षा का उद्देश्य बच्चों को अच्छे आचरण की शिक्षा देना है।'' ("The supreme final aim of instruction is indeed contained in the concept virtue."—Herbart)

उपर्युक्त परिभाषाओं को ध्यान में रखते हुए विद्वान इस निष्कर्ष पर आते हैं कि चरित्र के कारण ही मनुष्य में मनुष्यत्व की भावना का विकास होता है तथा मनुष्य की भावना ही मनुष्य तथा पशु में अन्तर स्थापित करती है। चरित्र केवल आत्मा का उत्थान ही नहीं करता वरन् जीवन को सफल भी बनाता है। अत: इस प्रकार चरित्र विकास के उद्देश्य का अर्थ है–न केवल उत्तम चरित्र का वरन् उत्तम नैतिकता का विकास करना।

पक्ष में तर्क

(1) यह उद्देश्य मनुष्य में दृढ़ इच्छा-शक्ति का विकास करता है।

(2) यह उद्देश्य आदर्शवादी परिकल्पना पर आधारित तथा सत्यम्, शिवम्, सुन्दरम् पर आधारित हैं।

(3) चरित्रवान व्यक्ति वही कार्य करता है, जो व्यक्ति के हित में तथा समाज के हित में होता है।

(4) सुदृढ़ चरित्र ही दृढ़ इच्छा-शक्ति का आधार है तथा इच्छा-शक्ति से व्यक्ति बड़ी-से-बड़ी बाधाओं पर विजय पा सकता है।

भारतीय आदर्शवादियों ने शिक्षा के चरित्र-निर्माण के उद्देश्य पर बहुत बल दिया है। एक बार गाँधीजी से पूछा गया–''जब भारत स्वतन्त्र हो जायेगा, तब आपकी शिक्षा का उद्देश्य क्या होगा?'' गाँधी ने उत्तर दिया, ''चरित्र-निर्माण''।

कोठारी शिक्षा आयोग ने तथा मुदालियर आयोग ने भी चरित्र-निर्माण पर अत्यधिक बल दिया है। साथ इन्होंने यह भी बताया कि चरित्र-निर्माण मानवता को विनाश, पतन तथा संघर्षों से बचाने में मदद करता है। उत्तम चरित्र के निर्माण हेतु बालकों में उत्तम मूल्यों का निर्माण करना चाहिए। जो उचित शिक्षा द्वारा सम्भव है।

विपक्ष में तर्क

(1) चरित्र-निर्माण की सदैव बात करने से बालक की मूल प्रवृत्तियों का दमन हो जाता है, व उसमें विकार उत्त्पन हो जाते हैं।

(2) बालकों के चारित्रिक विकास के साथ-साथ शारीरिक तथा मानसिक विकास को भी लेना चाहिए। परन्तु यह उद्देश्य अन्य तत्त्वों की अवहेलना करता है।

(3) चरित्र को परिभाषित करना कठिन प्रक्रिया है। वरन् यह असम्भव है।

(4) यह उद्देश्य आदर्शवादी परिकल्पनाओं पर आधारित है, तथा यथार्थ से बहुत परे है।

अंत में हम कह सकते हैं, कि चरित्र-विकास का उद्देश्य केवल चरित्र-निर्माण तथा नैतिक विकास ही शिक्षा का उद्देश्य नहीं हो सकता, वरन् बुद्धि, स्वास्थ्य तथा शक्ति भी आवश्यक तत्त्व हैं। मनुष्य में यदि अच्छी रुचियों का निर्माण कर दें तो बहुत-सी समस्याओं का समाधान हो सकता है। चूँकि इन रुचियों का सम्बन्ध हमारे आचरण से होता है। अत: जैसा हमारा आचरण होगा, वैसा ही हमारा चरित्र होगा। पर साथ में हम यह भी कह सकते हैं कि ''नैतिकता सिखाई नहीं जा सकती वरन् उसे बीमारी की तरह पकड़ा जा सकता है।'' —स्टारबक ("Morality can not be taught like disease they can be caught—Starbuck)

(3) सर्वांगीण विकास का उद्देश्य (Harmonious Development Aim)

प्रकृतिवादी विचारधारा के शिक्षक प्राय: शिक्षा-प्रक्रिया में बालक को महत्त्वपूर्ण स्थान देते थे। तथा इस बात पर बल देते थे, कि बालक के व्यक्तित्व के सभी पक्षों का विकास शिक्षा की इस प्रक्रिया के द्वारा किया जाना चाहिए। 1901 में रवीन्द्रनाथ टैगोर ने कहा कि शिक्षा का उद्देश्य सत्य की एकता प्रदान करना है तथा बालक का शारीरिक, बौद्धिक तथा आध्यात्मिक विकास करना है। श्री अरविन्द ने शिक्षा को बालक के सर्वांगीण विकास का माध्यम माना है। उसमें जीवन की पाँच क्रियाओं को सम्मलित किया जाना चाहिए जो इस प्रकार हैं–

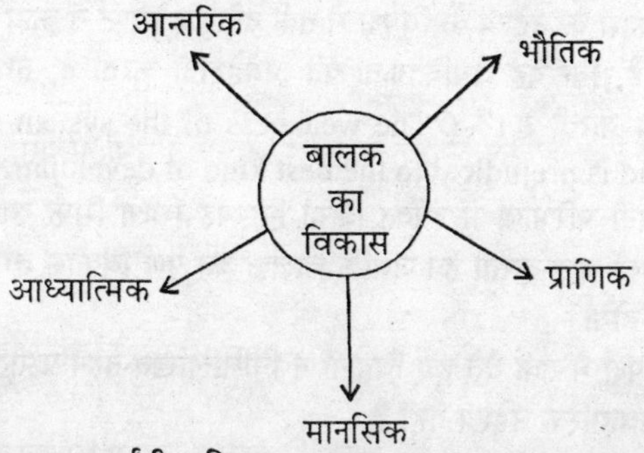

चित्र : बालक का सर्वांगीण विकास (All Round Development of Child)

वास्तव में देखा जाये तो शिक्षा का तात्पर्य है बालक का सर्वांगीण विकास करना। साथ-साथ बालक के अन्दर के उन गुणों को विकसित करना, जिससे उन्हें शारीरिक, मानसिक,

भावात्मक, चारित्रिक तथा सामाजिक रूप से विकसित किया जा सके। शिक्षा के सर्वांगीण विकास के उद्देश्य के विषय में विभिन्न विद्वानों ने निम्नलिखित तथ्य दिये हैं—

1. पेस्टालॉजी—"शिक्षा मनुष्य की जन्मजात शक्तियों का संतुलित, प्रगतिशील तथा स्वाभाविक विकास है।" ("Education is the natural, harmonious and progressive development of man's innate power—Pastalogy)

2. महात्मा गाँधी—"शरीर मस्तिष्क तथा आत्मा का उचित व सामंजस्यपूर्ण मिश्रण पूर्ण मनुष्य के निर्माण के लिए आवश्यक है, तथा शिक्षा की सच्ची व्यवस्था का आधार है।" ("A proper and harmonious combination of all the three–body, mind and spirit—is required for making the whole man and constitutes the true economic of education—M. K. Gandhi)

3. माध्यमिक शिक्षा आयोग—"वह शिक्षा-शिक्षा कहलाने के योग्य नहीं है जो मनुष्य में अपने साथी मनुष्यों के साथ सुन्दरता, सामंजस्य तथा कुशलता के साथ रहने के आवश्यक गुणों का विकास नहीं करती है।" (" No education is worth the name which does not inculcate the qualities nccessary for living graciously, harmoniuously and efficiently with one's fellow man". —Report of Secondary Education Commission)

इस प्रकार से सर्वांगीण विकास के अन्तर्गत बालक के एक ही पक्ष को नहीं वरन् समस्त पक्षों को लिया जाता है।

पक्ष में तर्क

(1) यह उद्देश्य शिक्षा के प्रत्येक पक्ष को लेकर चलता है।

(2) यह उद्देश्य मनोवैज्ञानिक धारणा पर आधारित है। अत: बालक को मुख्य माना गया है।

(3) इसमें पाठ्यक्रम के विविध पक्षों को सम्मिलित किया गया है।

(4) बालक के व्यक्तित्व के सामाजिक पक्ष को विकसित करके बालक में वांछनीय सामाजिक गुणों को विकसित किया जाता है।

विपक्ष में तर्क

सर्वांगीण विकास के उद्देश्य के विपक्ष में तर्क देते हुए रेमण्ट ने कहा है कि, "इस योजना की कमजोरी यह है, कि यह वैयक्तिकता की अवहेलना करती है, तथा सर्वोच्च प्रकार के विकास का विरोध करती है।" ("The weakness of the system is that it ignores individuality and is prejudical to the best kind of development".—Raymont)

रेमण्ट ने अपनी परिभाषा में व्यक्त किया कि यह शिक्षा सिर्फ व्यक्ति विशेष की नहीं सर्वांगीण विकास की बात करती है। जबकि बालक का पूर्ण विकास तभी होगा। जब उसका व्यक्तिगत विकास होगा।

उद्देश्य के विपक्ष में तर्क देते हुए विद्वानों ने निम्नलिखित तथ्य प्रस्तुत किये हैं–

(1) यह व्यावहारिक उद्देश्य नहीं है।

(2) बालक का सर्वांगीण संतुलित विकास शिक्षा द्वारा करना सम्भव नहीं है।

(3) आज विशिष्टीकरण (Specialization) का युग है। अत: बालक प्राय: एक विशेष विषय में ही अपना विकास चाहते हैं न कि सर्वांगीण रूप से।

(4) हर व्यक्ति की अलग-अलग क्षमता होती है। अत: सबका सर्वांगीण विकास सम्भव नहीं है।

अन्त में निष्कर्ष यह आता है, कि बालक का सर्वांगीण विकास हर क्षेत्र में करना सम्भव नहीं है। क्योंकि आज विशिष्टीकारण का दौर है तथा हर बालक अपने को विशिष्ट क्षेत्र में ही आगे बढ़ाना चाहता है। अत: यह उद्देश्य अधिक सार्थक नहीं है।

(4) पूर्ण जीवन का उद्देश्य (Complete Living Aim of Education)

शिक्षा के इस उद्देश्य को व्यक्त करने में कई दार्शनिकों ने यह मत दिया है, कि शिक्षा के द्वारा जीवन के सभी अंगों का पूर्ण विकास किया जा सकता है। दूसरे शब्दों में, हम यह कह सकते हैं, कि व्यक्ति का विकास एक क्षेत्र में न होकर, वरन् उसका पूर्ण विकास हो। इस प्रकार का विकास उसे जीवन के प्रत्येक क्षेत्र तथा परिस्थितियों के लिए तैयार कर देता है। उसे एक बात का पूर्ण ज्ञान हो जाता है कि उसे अपने लिए, अपने साथी-मानवों के लिए, अपने समाज तथा देश के लिए क्या कार्य करने हैं। इस प्रकार, उसकी शिक्षा उसे जीवन के सभी कार्यों को सुचारु-रूप से करने के लिए तैयार कर देती है।

स्पेन्सर ने शिक्षा के पूर्ण जीवन के उद्देश्य के विषय में कहा है, कि "शिक्षा को हमें पूर्ण जीवन के नियमों और ढंगों से परिचित कराना चाहिए। शिक्षा का सबसे महत्त्वपूर्ण कार्य है कि हमें स्वयं को अपने जीवन हेतु तैयार करना है। कि हम उचित प्रकार का व्यवहार कर सकें तथा शरीर, मस्तिष्क और आत्मा का पूर्ण सदुपयोग कर सकें।" ("Education must make us familiar with the laws and ways of complete living. It's most important task is to prepare us for life in such a way that we may able to order the right ruling of conduct to tear the body, the mind and the soul properly". —Spencer)

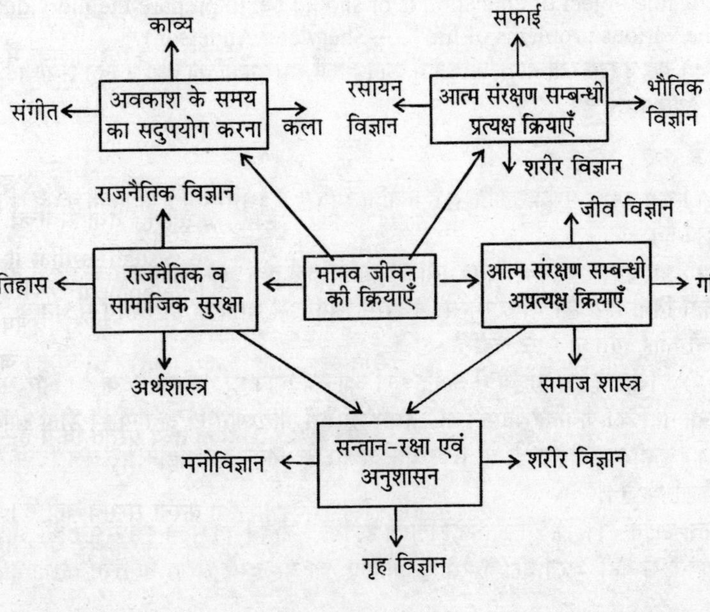

हरबर्ट स्पेन्सर ने यह माना कि शिक्षा के द्वारा हमारा इतना विकास अवश्य किया जाना चाहिए, कि हम जीवन के विभिन्न क्षेत्र में आने वाली समस्याओं का समाधान निकाल सकें। मानव हेतु यह भी आवश्यक है कि वह विभिन्न परिस्थितियों में अपने व्यवहार को नियन्त्रित करे व उसे उचित दिशा प्रदान कर सके। स्वामी विवेकानन्द ने भी इस उद्देश्य की चर्चा अपने प्रकार से की है। उनके अनुसार, ''शिक्षा का अभिप्राय है मानव का उन्नयन करके उसे पूर्णता प्रदान करना।''

हरबर्ट स्पेन्सर ने यह भी माना कि शिक्षा के द्वारा हम जीवन का आनन्द ले सकते हैं। अच्छे नागरिकों के गुणों का विकास करना, अवकाश के समय का पूरा उपयोग करना, यह सारे कार्य कर सकते हैं।

हरबर्ट स्पेन्सर ने मानवीय क्रियाओं को पाँच भागों में बाँटा तथा उसी के अनुसार ही पाठ्यक्रम का निर्धारण भी किया। यह अनुकूल पाठ्यक्रम निम्नलिखित है–

हरबर्ट स्पेन्सर ने यह भी माना है कि मानव जीवन को शिक्षा के द्वारा इन पाँचों क्रियाओं में दक्ष किया जाना चाहिए, तभी हम व्यक्ति को पूर्ण जीवन की तरफ उन्मुख कर सकते हैं।

शिक्षा के पूर्ण जीवन के उद्देश्य की जहाँ एक ओर विद्वानों ने प्रशंसा की वहीं कुछ विद्वानों ने इसके विपक्ष में भी तर्क दिये हैं, जो कि निम्नलिखित हैं–

पक्ष में तर्क

(1) यह उद्देश्य दूसरे उद्देश्य के समान एकांगी न होकर सर्वांगीण तथा व्यापक उद्देश्य है।

(2) इस उद्देश्य में सामाजिकता तथा उपयोगिता पर आवश्यकतानुसार बल दिया जाता है जो कि सामाजिक प्रगति का आधार होता है।

(3) शेरवुड तथा एण्डरसन ने शिक्षा के इस उद्देश्य के विषय में कहा है, कि ''व्यक्ति को जीवन की विभिन्न समस्याओं के लिए तैयार करना–शिक्षा का पूर्ण उद्देश्य होना चाहिए।'' ("The whole object of education is or should be, to prepare the individual to face the various problems of life". —Sherwood Anderson)

(4) यह उद्देश्य व्यक्ति के जीवन में आने वाली समस्याओं का तथा उनका समाधान ढूंढने हेतु भी तैयार रहता है।

विपक्ष में तर्क

(1) यह उद्देश्य पूर्णत: लौकिक है क्योंकि स्पेन्सर ने इसमें धर्म व नैतिकता को कोई स्थान नहीं दिया है।

(2) यह उद्देश्य भौतिक विचारधारा पर आधारित है तथा इसमें आध्यात्मिक मूल्यों पर कोई ध्यान नहीं दिया गया है। चूँकि स्पेन्सर ने इसमें सिर्फ इस जगत के ही विषय में बताया, अत: ईश्वर की कोई भूमिका स्पष्ट नहीं है।

(3) स्पेन्सर ने इस उद्देश्य में अपना पूर्ण ध्यान वर्तमान पर केन्द्रित किया है। और भविष्य की चिन्ता नहीं की जबकि वर्तमान के आधार पर हमें भविष्योन्मुख अवश्य ही होना चाहिए।

(4) इन्होंने सभी बच्चों के लिए एक प्रकार के पाठ्यक्रम पढ़ाने पर बल दिया है जो अमनोवैज्ञानिक है।

अत: टाइक (Tieck) ने ठीक ही लिखा है, कि ''जीवन का मूल्य इस संसार की आशाओं और आनन्द से नहीं, वरन् उस तैयारी से आँकिए, जो यह दूसरे संसार के लिए करता है।''

अन्त में यह निष्कर्ष आता है कि स्पेन्सर द्वारा प्रतिपादित पूर्ण जीवन का यह उद्देश्य जहाँ एक ओर उचित है, वहीं दूसरी ओर यह नैतिकता तथा आध्यात्मिकता को कोई स्थान नहीं देता है जबकि यही दोनों बातें व्यक्ति की प्रगति हेतु अनिवार्य होती हैं। नैतिकता तथा आध्यात्मिकता के द्वारा ही व्यक्ति पशु के स्तर से उठकर मनुष्य के स्तर पर पहुँचता है। पर यहाँ हमें यह तो स्वीकारना पड़ता है, कि इन दोनों का आधार भौतिक आवश्यकताओं की पूर्ति ही है। यदि आधार ही नहीं है तो फिर नैतिकता और आध्यात्मिकता के भवन के निर्माण की बात सोचना ही गलत है।

(5) नागरिकता का उद्देश्य (Citizenship Aim)

प्रत्येक व्यक्ति के नागरिक के रूप में कुछ अधिकार तथा कर्त्तव्य होते हैं। प्रत्येक नागरिक में कुछ विशेष गुण होने की आशा की जाती है तथा साथ-साथ यह भी आशा की जाती है कि व्यक्ति राजनैतिक, सामाजिक तथा आर्थिक जीवन से सम्बन्धित समस्त बातों का ज्ञान होना हो। व्यक्ति को उसके अधिकारों तथा कर्त्तव्यों के विषय में बताकर उनमें विशेष राजनैतिक गुणों का विकास नागरिकता के उद्देश्य के द्वारा ही किया जाता है। आज के जनतन्त्रीय देश में नागरिकता का स्थान बहुत ही महत्त्वपूर्ण होता है। अत: प्रत्येक व्यक्ति को नागरिकता का प्रशिक्षण देना अति अनिवार्य होता है। कुछ विद्वानों का तो यह मानना है कि लोकतन्त्रीय देशों में नागरिकता का प्रशिक्षण देना शिक्षा का प्रमुख उद्देश्य होना चाहिए।

नागरिकता के उद्देश्य के विषय में प्लेटो ने कहा है, कि–''केवल नागरिकता की शिक्षा ही वह शिक्षा है, जो अपना नाम चरितार्थ करती है।'' ("Education for the citizenship is the only education which deserves the name."—Plato)

जबकि कुछ चिन्तकों का यह विचार है कि, ''नागरिकता का उद्देश्य व्यक्ति की वृहत समझ का परिचायक है, जिसमें वह समाज व राज्य के प्रति अपने कर्त्तव्य व अधिकारों का निर्वाह करता है। ("It refers individuals broad minded understanding and performance of his rights and duties towards society and state."

अर्थात् नागरिकता के उद्देश्य का अभिप्राय है, व्यक्ति में नैतिक, सामाजिक तथा बौद्धिक गुणों का विकास उनकी क्षमताओं के अनुकूल करना।

पक्ष में तर्क

(1) लोकतन्त्र की सफलता हेतु शिक्षा का यह उद्देश्य आवश्यक है।

(2) लोकतन्त्र का उद्देश्य राष्ट्रीय दृष्टिकोण का निर्माण करने में सहायक है।

(3) छात्रों में प्रजातांत्रिक चरित्र, आदर्शों व मूल्यों के विकास हेतु यह उद्देश्य आवश्यक है।

(4) लोकतन्त्र की सफलता हेतु देश की सामाजिक, आर्थिक तथा राजनैतिक पहलू के बारे में जानकारी प्रदान करना आवश्यक है।

डॉ. जाकिर हुसैन ने नागरिकता के उद्देश्य के विषय में कहा है कि ''प्रजातन्त्र की सफलता व्यक्तिगत पहलकदमी पर, न कि ऊपर से लिये जाने वाले निर्देश पर आधारित है। राज्य का एक सबसे कठिन कार्य प्रत्येक नागरिक में सामान्य राष्ट्रीय स्वभाव का विकास करना है। ("A democracy has no rely an individual imitative and not on direction from above. Once of its most difficult task is that of educating every citizen to the sense of a common natural ethos".) Dr. Zakir Hussain

विपक्ष में तर्क

(1) यह उद्देश्य संकुचित राष्ट्रीय भावना का विकास करता है।

(2) यह बालक की प्रवृत्तियों को स्थान नहीं देता है।

(3) यह व्यक्तिगत भिन्नताओं की उपेक्षा करता है।

(4) रूसो ने शिक्षा में इस उद्देश्य का विरोध करते हुए कहा है, कि वह शिक्षा किस काम की है, जो कि भविष्य के लिए वर्तमान का बलिदान कराती है।'' ("The education is worth that teaches us to sacrifies the present for future". —Rousseau)

अत: टाइक ने इस उद्देश्य के बारे में कहा है कि ''वह शिक्षा जो जीवन को खुशियों तथा आशाओं से न मापकर अन्य क्षेत्रों की तैयारी से मापती है, जो व्यर्थ है।'' ("Measures not life by the hopes and enjoyments of this world but the preparation it makes for another." —Tieck)

अन्त में यह निष्कर्ष आता है, कि प्रजातन्त्रीय देशों के महत्व को अस्वीकारा नहीं जा सकता। प्रजातन्त्र की सफलता उसके नागरिकों पर निर्भर है। यदि उसके निवासी अच्छे नागरिक हैं, तो वे उसके आदर्शों की प्राप्ति में सहायता दे सकते हैं, फलस्वरूप प्रजातन्त्र अपने लक्ष्य की ओर बढ़ सकता है।

(6) सांस्कृतिक विकास का उद्देश्य (Cultural Development Aim)

शिक्षा के सांस्कृतिक उद्देश्य की बहुत से व्यक्तियों द्वारा प्रशंसा की गई है। पर इस उद्देश्य का अध्ययन करने से पूर्व यह जान लेना आवश्यक है कि संस्कृति का क्या तात्पर्य है ? 'Culture' शब्द की उत्पत्ति 'Cultus' तथा 'Cultuvatus' शब्दों से मानी जाती है। जिसका तात्पर्य है– मनस् या मस्तिष्क का विकास (Cultivating the mind) वस्तुत: संस्कृति मस्तिष्क का विकास या उन्नति है।

संस्कृति के अर्थ को स्पष्ट करते हुए कहा है कि–''संस्कृति मानव द्वारा समायोजन के लिए सीखे गये प्रयासों का परिणाम है।'' ("Culture consists of all results (products) of human learned efforts at adjustment".)

शिक्षा के सांस्कृतिक उद्देश्यों को संस्कृति का प्रसार कहा जाता है। अत: शिक्षा का उद्देश्य है व्यक्ति को सभ्य या शिष्ट बनाना। जिसके कारण वह उच्च विचारों, कला की वस्तुओं तथा विशाल मानवीय रुचियों को समझने लगता है। वह साधारण व्यक्ति न रहकर महत्त्वपूर्ण व्यक्ति हो जाता है।

पक्ष में तर्क

(1) सुसंस्कृत व्यक्ति अपनी व्यक्तिगत रुचियों को उच्च आदर्शों के प्रति बलिदान करता है।

(2) ज्ञान सिर्फ मस्तिष्क को शिक्षित करता है, हृदय को नहीं। वरन् संस्कृति मस्तिष्क तथा हृदय दोनों को शिक्षित करती है।

(3) संस्कृति का ज्ञान प्रत्येक व्यक्ति हेतु आवश्यक है क्योंकि प्रकृति में जो कुछ भी अच्छा है, वह संस्कृति ही है।

(4) संस्कृति व्यक्ति की आन्तरिक शक्तियों का विकास करती है।

विपक्ष में तर्क

(1) आज संस्कृति अन्यन्त जटिल हो गई है। यदि संकीर्ण विचारों वाले व्यक्ति के हाथ में संस्कृति की बागडोर दे दी जाये तो संस्कृति शिक्षा का बहुत खतरनाक उद्देश्य बना सकती है।

(2) कई बार संस्कृति सामाजिक बाधा भी उत्पन्न कर देती है। क्योंकि व्यक्ति अतीत की तरफ ज्यादा ध्यान देता है।

(3) सांस्कृतिक शिक्षा अमनोवैज्ञानिक होती है। क्योंकि बालक की रुचियों, भावनाओं तथा प्रवृत्तियों का दमन करके उसे केवल सांस्कृतिक प्रतिमानों के अनुसार कार्य करने के लिए बाध्य करती है।

(4) भारत में संस्कृति के कुछ विशेष प्रतिमान हैं, जैसे–बाल विवाह, बहु विवाह, तथा जाति-व्यवस्था आदि।

इस प्रकार उपर्युक्त तर्कों के आधार पर हम कह सकते हैं कि शिक्षा-संस्कृति तथा ज्ञान दोनों के लिए हो। व्हाइट हैड ने इस विषय में कहा है, कि ''शिक्षा को ऐसे मनुष्यों का निर्माण करना चाहिए, जिनमें संस्कृति और विशेष ज्ञान दोनों हों । उनका विशेष ज्ञान, बालकों को शिक्षा प्रारम्भ करने का आधार देगा और संस्कृति उन्हें दर्शन के समान गम्भीर तथा कला के समान उच्च बनायेगी।''

(7) शिक्षा का व्यावसायिक उद्देश्य (Vocational Aim of Education)

शिक्षा के व्यावसायिक उद्देश्य का अभिप्राय है कि व्यक्ति को शिक्षा के द्वारा इतना समर्थ बनाया जाये कि वह अपनी भौतिक आवश्यकताओं की पूर्ति कर सके, वह अपना जीवन निर्वाह स्वयं कर सके। परन्तु हमें इस बात का भी ध्यान रखना चाहिए, कि हम बालक को जिस भी व्यवसाय के लिए प्रशिक्षित कर रहे हैं, बालक उसके योग्य हैं अथवा नहीं और उसकी रुचि उस व्यवसाय में है या नहीं। वास्तव में बालक की योग्यता, रुचि, क्षमता व अभिवृत्ति को ध्यान में रखकर ही उसे व्यावसायिक शिक्षा प्रदान की जानी चाहिए। साथ ही किसी भी व्यावसायिक शिक्षा को ग्रहण करने के बाद बालक को आर्थिक दृष्टि से आत्मनिर्भर अवश्य होना चाहिए। वास्तव में एक अच्छी शिक्षा वही है जो न सिर्फ बालक के व्यक्तित्व का विकास करती है वरन् उसे इस योग्य भी बनाती है, कि वह समाज की सम्पन्नता में अपना कुछ योगदान दे सके।

शिक्षा के व्यावसायिक उद्देश्य के विषय में कई विद्वानों ने कहा है कि–

1. महात्मा गाँधी–''सच्ची शिक्षा को बालक के लिए बेरोजगारी के विपरीत एक बीमे के रूप में होना चाहिए।'' ("True education ought to be for children a kind of insurance against unemployment." –Gandhiji)

2. स्पेन्सर–''किसी भी व्यवसाय के लिये तैयार करना हमारी शिक्षा का प्रमुख अंग है।'' ("Preparation for vacation is an important part of our education." —Spencer)

3. डॉ. जाकिर हुसैन–''राज्य का सर्वप्रथम उद्देश्य होगा कि वह अपने नागरिकों को किसी लाभदायक कार्य के लिए समाज के किसी निश्चित कार्य के निमित्त शिक्षित कर सके।'' ("The first thing that the state will aim at will be to educate the citizen for some useful work, for a definite function in society"—Dr. Zakir Hussain)

भारत में बेसिक शिक्षा योजना पद्धति पर महात्मा गाँधी तथा जाकिर हुसैन ने बल दिया तथा इन शिक्षाओं का प्रयोजन बालक को व्यवसाय के लिए तैयार करने हेतु ही किया गया। प्रारम्भ

से ही शिक्षा के अन्तर्गत बालक को हस्तकला की शिक्षा भी दी जाती थी। वास्तव में यह शिक्षा इस कारण भी अनिवार्य है कि यह बालक को गलत दिशा की ओर अग्रसर होने से रोकती है क्योंकि जब व्यक्ति की आर्थिक जरूरतें पूरी नहीं होतीं तो वह गलत दिशा में मुड़ जाते हैं तथा गलत कार्य करते हैं। उन्हें सही व्यावसायिक दिशा में मोड़ने हेतु ही व्यावसायिक शिक्षा के उद्देश्यों का निर्माण किया गया।

पक्ष में तर्क

(1) आज के युग में वैज्ञानिक तथा तकनीकी के सिद्धान्तों को समझने हेतु भी व्यावसायिक शिक्षा की आवश्यकता होती है। वास्तव में वर्तमान युग में ज्ञान के व्यावहारिक प्रयोग पर अधिक बल दिया जा रहा है व इस शिक्षा के द्वारा ज्ञान को समझने व उसके व्यावहारिक प्रयोग करने में भी मदद मिलती है।

(2) व्यावसायिक शिक्षा के द्वारा बेरोजगारी की समस्या का समाधान किया जाता है तथा व्यक्ति को आत्मनिर्भर बनाया जा सकता है। ताकि व्यक्ति दूसरों पर आश्रित न रहे।

(3) व्यावसायिक उद्देश्य में व्यक्ति की रुचि, क्षमता तथा योग्यता का ध्यान रखा जाता है व उसे व्यवसाय हेतु प्रशिक्षित किया जाता है। जिसके लिए वह उपयुक्त होता है।

(4) व्यावसायिक शिक्षा के द्वारा ही बालक धनोपार्जन करने लगता है। फलस्वरूप व्यक्ति को प्रतिष्ठा, सुख तथा शान्ति की प्राप्ति हो जाती है।

(5) व्यावसायिक उद्देश्य के द्वारा व्यक्ति परिश्रम के महत्त्व को समझता है।

विपक्ष में तर्क

शिक्षा के व्यावसायिक उद्देश्य के विपक्ष में तर्क देते हुए कई विद्वानों ने कहा है कि जिस प्रकार पशु के जीवन का उद्देश्य सिर्फ भोजन है। उसी प्रकार यदि हम सिर्फ व्यावसायिक उद्देश्य को ही बढ़ावा देते रहे तो मनुष्य भी पशु की भाँति हो जायेगा। अर्थात् सिर्फ भोजन को उद्देश्य मानकर पैसा कमायेगा। इसलिए कई विद्वानों ने व्यावसायिंक उद्देश्य के विपक्ष में निम्न तर्क दिये हैं–

(1) यह उद्देश्य मनुष्य को स्वार्थी बना देता है तथा दूसरों के प्रति अवांछनीय प्रतिस्पर्धा का दृष्टिकोण उत्पन्न करता है।

(2) इस उद्देश्य के सर्मथकों का मानना है कि धन मनुष्य को सुख व शान्ति देता है। जबकि वास्तविक शान्ति आन्तरिक होती है या मनुष्य की आत्मा की शांति ही सच्ची शान्ति है।

(3) प्लेटो ने इस उद्देश्यों का विरोध करते हुए कहा है कि, "वह शिक्षा उदार नहीं है जिसका उद्देश्य धनोपार्जन करना है, या शारीरिक शक्ति की अभिवृद्धि करना है तथा जो हमें बुद्धि और न्याय से परे ले जाये।"

(4) व्यावसायिक प्रशिक्षण मानव के दृष्टिकोण को संकुचित करता है।

(5) इस उद्देश्य से शिक्षा साधन न बनकर साध्य बन जाती है। जबकि हर शिक्षा शास्त्री का मानना है कि शिक्षा लक्ष्य प्राप्ति का साधन है। अत: शिक्षा को साध्य बनाना उसकी तौहीन है।

यहाँ पर अनेक विद्वानों ने व्यावसायिक उद्देश्य के विपक्ष में तर्क दिये हैं परन्तु इसका तात्पर्य यह नहीं है कि शिक्षा से व्यावसायिक उद्देश्य हटा दिया जाये। वरन् इसका तात्पर्य है कि शिक्षा से व्यावसायिक उद्देश्य को आवश्यक स्थान जरूर देना चाहिए, परन्तु यह एकमात्र उद्देश्य ही नहीं रहना चाहिए। कोठारी आयोग ने भी कार्य अनुभव (Work experience) को दस वर्षीय

विद्यालय शिक्षा का अभिन्न अंग माना है, तथा उच्च माध्यमिक शिक्षा का भी सुझाव प्रदान किया है।

अन्त में निष्कर्ष यह आता है कि आज के युग में जब बेरोजगारी की समस्या इतनी तीव्रता से बढ़ती जा रही है, तो हमें इस उद्देश्य के महत्त्व को भी समझना होगा।

स्वामी विवेकानन्द ने इस विषय में कहा है कि,

"अपनी आँखें खोलो, और देखो–भारतभूमि से भोजन प्राप्ति हेतु कितनी करुण पुकार आ रही है...। क्या तुम्हारी शिक्षा इस आवश्यकता की पूर्ति कर सकती है।"

अतः शिक्षा को व्यावसायीकरण के क्षेत्र में भी बढ़ावा देना चाहिए तथा बालकों को जीविकोपार्जन हेतु शिक्षित करना चाहिए।

स्वतन्त्रता-प्राप्ति के पश्चात् विभिन्न आयोगों ने व्यवसाय को बढ़ावा देने तथा उच्च स्तर पर व्यावसायिक शिक्षा देने के क्षेत्र में निम्न कथन स्पष्ट किये–

1. माध्यमिक शिक्षा आयोग—माध्यमिक शिक्षा आयोग को मुदालियर कमीशन के नाम से भी जाना जाता है। इन्होंने व्यावसायिक शिक्षा के सन्दर्भ में निम्नलिखित तर्क प्रस्तुत किये–

(*i*) हायर सेकेण्डरी के पश्चात् उच्च अध्ययन हेतु पालीटेक्नीक संस्थायें स्थापित करना। जहाँ दो या दो से अधिक वर्षों की प्राविधिक शिक्षा की व्यवस्था हो।

(*ii*) उच्च स्तरीय माध्यमिक स्तर पर बहु-उद्देशीय (Multipurpose) विद्यालय स्थापित किये जायें। जिनमें छात्र अपनी स्वाभाविक रुचि व योग्यता का प्रदर्शन करें।

(*iii*) ग्रामीण क्षेत्रों में कृषि शिक्षा हेतु विश्वविद्यालय स्थापित किये जायें।

(*iv*) बड़े शहरों में केन्द्रीय तकनीकी संस्थायें (Central Institute of Technology) स्थपित किये जायें।

(*v*) उद्योगों से सम्बन्धित क्रियात्मक शिक्षा सुविधा दी जाये।

(*vi*) सभी उद्योगों पर औद्योगिक शुल्क (Industrial Education Tax) लगाया जाये तथा उन्हें प्राविधिक शिक्षा विस्तार हेतु व्यय किया जाये।

2. विश्वविद्यालय शिक्षा आयोग 1948–विश्वविद्यालय शिक्षा आयोग 1948 ने व्यावसायिक शिक्षा के क्षेत्र में निम्नलिखित सुझाव प्रस्तुत किये–

(*i*) व्यावसायिक दक्षता, सामाजिक उत्तरदायित्व तथा सामाजिक व मानवीय मूल्यों के सम्बन्धों को समझना।

(*i*) कृषि का व्यावहारिक ज्ञान रखने वाले व्यक्तियों को कृषि शिक्षा देना।

(*ii*) देश की वर्तमान माँग के अनुसार शिक्षा में नवीन विस्तार करना।

(*iii*) व्यवसाय प्रशासन (Business Administration) के पाठ्यक्रम के द्वारा कुशल व्यापारी बनने का प्रशिक्षण छात्रों को देना।

(*iv*) सैद्धान्तिक ज्ञान-प्राप्ति हेतु छात्रों को व्यावहारिक प्रशिक्षण हेतु औद्योगिक संस्थाओं में प्राथमिकता दी जाये।

3. कोठारी शिक्षा आयोग—कोठारी शिक्षा आयोग 1966 में शिक्षा के व्यवसायीकरण अवलोकन में निम्न कार्यों का समावेश किया गया–

(*i*) शिक्षा के सभी स्तर पर औद्योगीकरण तथा व्यवसायीकरण को बढ़ावा देना।

(*ii*) व्यावसायिक शिक्षा को पत्राचार पाठ्यक्रम (Correspondence Courses),

आपातकालीन पाठ्यक्रम (Short term Courses) तथा संक्षिप्त सघन पाठ्यक्रमों (Short Intensive Courses) के द्वारा देने की व्यवस्था करना।

(*iii*) नये पॉलीटेक्नीक कालेज स्थापित करना। जिनमें बालकों के साथ-साथ बालिकाओं को भी शिक्षा दी जाये।

(*iv*) अध्यापकों की नियुक्ति सैद्धान्तिक योग्यताओं के आधार पर की जाये।

(*v*) कॉलेज में होने वाले अपव्ययों को रोककर शिक्षा को उपयोगी बनाया जाये।

4. राष्ट्रीय शिक्षा नीति 1986—राष्ट्रीय शिक्षा नीति 1986 में शिक्षा के व्यवसायीकरण हेतु निम्नलिखित कार्य बताये—

(*i*) व्यावसायिक दृष्टि से शिक्षा की सफलता हेतु शिक्षा का क्रियान्वयन सुनियोजित ढंग से किया जाये। माँग तथा पूर्ति के मध्य के भेद को समाप्त कर किया जाये। साथ-साथ वैयक्तिक व्यावसायिक क्षमता को विकसित किया जाये।

(*ii*) व्यावसायिक शिक्षा माध्यमिक स्तर के पश्चात् अथवा कक्षा 8 के बाद प्रारम्भ की जाये। व्यावसायिक प्रशिक्षण को प्रौद्योगिक प्रशिक्षण संस्थानों के साथ जोड़ा जाये।

(*iii*) बालकों को स्वास्थ्य प्रशिक्षण दिये जायें तथा उनमें स्वरोजगार की भावना विकसित करने हेतु अभिवृत्ति, ज्ञान तथा क्षमताओं का विकास किया जाये।

(*iv*) व्यावसायिक दृष्टि से स्नातक ड्रिगी प्राप्त व्यक्तियों को उन्नति के पूर्ण अवसर दिये जायें।

वह छात्र जो किसी कारणवश शिक्षा नहीं प्राप्त कर सके, उन्हें औपचारिक व गतिशील तथा आवश्यकताओं पर आधारित व्यावसायिक पाठ्यक्रम उपलब्ध कराया जाये।

(8) शिक्षा का वैयक्तिक उद्देश्य (Individual Aim of Education)

शिक्षा का वैयक्तिक उद्देश्य बहुत ही प्राचीन उद्देश्य है। इस उद्देश्य के समर्थक समाज की अपेक्षा व्यक्ति को महत्त्वपूर्ण मानते हैं। उनका मानना था कि व्यक्ति के बिना समाज कोरी कल्पना है। व्यक्तियों ने अपने हित के लिए ही समाज की रचना की, तथा समय-समय पर संस्कृति, सभ्यता व विज्ञान के क्षेत्र में भी अपना महत्त्वपूर्ण योगदान दिया है। फलस्वरूप सामाजिक प्रगति का क्षेत्र बढ़ा तथा समाज उन्नत हुआ। दूसरे शब्दों में कहा जाता है कि व्यक्ति के विकास से ही समाज का विकास हुआ तथा दिन-प्रतिदिन हो रहा है। अत: शिक्षा को व्यक्तिगत रुचियों, क्षमताओं तथा विशेषताओं का विकास करना चाहिए। इसलिए अनेक शिक्षाशास्त्रियों ने इसका सर्मथन किया है।

अर्थात् शिक्षा के वैयक्तिक उद्देश्य का अर्थ है; शिक्षा द्वारा व्यक्ति की व्यक्तिगत रुचियों, क्षमताओं तथा विषमताओं के विकास को प्राथमिकता देना।

शिक्षा के वैयक्तिक उद्देश्य के कई समर्थक हुए । जिनमें आदि शंकराचार्य ने शिक्षा को आत्मानुभूति माना। गुरु नानक जी ने इसे शिक्षा का आत्म-साक्षात्कार व आत्म-अभिव्यक्ति माना है। शिक्षा के इस उद्देश्य के समर्थक काण्ट, स्वामी विवेकानन्द, प्लेटो तथा नन आदि हैं। रूसो ने कहा कि, ''प्रत्येक व्यक्ति एक विशिष्ट स्वभाव को लेकर जन्म लेता है। हम बिना सोचे-समझे विभिन्न रुचियों वाले बालकों को एक ही प्रकार के कार्यों में जुटा देते हैं। ऐसी शिक्षा उनकी विशेषताओं को नष्ट करके एक निर्जीव समानता की छाप लगा देती है।''

जबकि नन ने इस विषय में कहा है कि, ''शिक्षा से प्रत्येक व्यक्ति को ऐसी अवस्थायें प्राप्त होनी चाहिए, जिनमें उसकी वैयक्तिकता का पूर्ण विकास हो सके।'' ("Education must

secure conditions under which individuality is most completely developed".
—Nunn)

इस प्रकार शिक्षा का वैयक्तिक उद्देश्य का आशय है, व्यक्तित्व का पूर्ण विकास करना। शिक्षा के द्वारा हम अपने व्यक्तित्व को इतना ऊँचा उठा सकते हैं, जिससे हम विश्व की सर्वोच्च सत्ता के साथ एक रूप हो सकें। व्यक्ति के विकास की इस अवस्था को आत्म साक्षात्कार, आत्मबोध या आत्म-अनुभूति (Self-realization) की संज्ञा दी जाती है। इस अवस्था को प्राप्त करने हेतु शिक्षा का उद्देश्य भी वैयक्तिकता का विकास ही होना चाहिए।

पक्ष में तर्क

(1) व्यक्तित्व विकास का उद्देश्य प्रकृति के नियमों के अनुरूप ही है, क्योंकि संसार की समस्त अच्छी बातों की उत्पत्ति मनुष्य के स्वतन्त्र प्रयासों के फलस्वरूप ही हुई है।

(2) प्रजातन्त्र में व्यक्ति विशेष की स्वतन्त्रता पर विशेष बल दिया गया है। अत: शिक्षा का उद्देश्य व्यक्ति का विकास होना चाहिए।

(3) व्यक्ति अपने हित हेतु समाज का निर्माण करता है। अत: व्यक्ति के विकास का लक्ष्य प्रमुख हांना चाहिए।

(4) व्यक्ति समाज की इकाई है। यदि व्यक्ति का उत्थान कर दिया गया तो समाज का उत्थान अपने-आप हो जायेगा। इस दृष्टि से वैयक्तिक उद्देश्य अत्यन्त महत्त्वपूर्ण उद्देश्य है।

(5) व्यक्ति ही हर समाज तथा सभ्यता को उन्नत रूप देकर एक पीढ़ी से दूसरी पीढ़ी तक पहुँचाते हैं। अत: शिक्षा में वैयक्तिक विकास को महत्त्व दिया जाये।

विपक्ष में तर्क

(1) समाजवाद तथा व्यक्तिवाद दो अलग-अलग विचारधाराएँ हैं।

(2) प्रत्येक बालक की अलग-अलग रुचियाँ होती हैं। अत: व्यक्तिवाद के अनुसार प्रत्येक बालक हेतु अलग-अलग पाठ्यक्रम तैयार करना कठिन होता है।

(3) इस उद्देश्य में वंशानुक्रम पर बल दिया जाता है तथा वातावरण के प्रभाव की उपेक्षा की जाती है।

(4) व्यक्तिगत गुणों पर बल देने से सहानुभूति, सहयोग तथा दया आदि नैतिक गुणों का विकास नहीं किया जा सकेगा।

(5) व्यक्तिगत स्वतन्त्रता के कारण वातावरण पर बुरे प्रभाव पड़ने का भय रहता है।

(6) समाज में प्रत्येक व्यक्ति यदि मनमानी करता है, तो समाज का विघटन हो सकता है।

हमने शिक्षा के वैयक्तिक उद्देश्य के पक्ष तथा विपक्ष में जो तर्क दिये हैं, उनके आधार पर हम यह कह सकते हैं कि वैयक्तिकता का विकास एक उत्तम उद्देश्य है। पर हमें यह भी स्वीकारना पड़ेगा कि समाज की उपेक्षा करके वैयक्तिकता का विकास नहीं किया जा सकता है। जहाँ तक वैयक्तिक उद्देश्य के आत्म-अभिव्यक्ति का प्रश्न है, उसे किसी प्रकार से नहीं स्वीकारा जा सकता है। क्योंकि इसका सम्बन्ध वैयक्तिक तथा सामाजिक दोनों प्रकार के विकास से है। इस प्रकार वैयक्तिक उद्देश्य अपने पूर्ण से मान्य नहीं है।

(9) शिक्षा का सामाजिक उद्देश्य (Social Aim of Education)

''मनुष्य एक सामाजिक प्राणी है।'' समाज में रहकर ही मनुष्य का पालन-पोषण होता है तथा उसकी प्रत्येक आवश्यकताओं की पूर्ति होती है। समाज की उन्नति में ही व्यक्ति की उन्नति होती है। अत: शिक्षा की व्यवस्था ऐसी हो जिसके द्वारा मनुष्य समाज का सच्चा सामाजिक घटक बन सके।

शिक्षा के सामाजिक उद्देश्य पर बल देते हुए कुछ शिक्षाशास्त्रियों ने कहा है कि, ''जो विद्वान व्यक्ति को समाज के ऊपर स्थान देते हैं। उनको स्मरण रखना चाहिए कि नि:समाज व्यक्ति कोरी कल्पना है। (An isolated individual is a figment of imagination.) अत: शिक्षा का उद्देश्य व्यक्तिगत चरित्र गठन के साथ-साथ बालक को सच्चा सामाजिक प्राणी तथा नागरिक बनाना है।''

ड्यूवी तथा बागले ने सामाजिक उद्देश्य पर बल देते हुए कहा कि, ''जो कार्य शरीर हेतु भोजन व प्रजनन करते हैं, वही कार्य सामाजिक जीवन हेतु शिक्षा करती है।

जबकि हुमायूँ कबीर ने कहा कि ''यदि व्यक्ति को समाज का रचनात्मक सदस्य बनना है, तो उसे केवल अपना ही विकास नहीं करना चाहिए वरन् समाज के विकास में भी योगदान देना चाहिए।''

पक्ष में तर्क

(1) समाज के बिना व्यक्ति कोरी कल्पना है। अत: शिक्षा ही व्यक्ति को समाज में रहने के लिए तैयार करती है।

(2) मनुष्य की पाश्विक प्रवृत्तियों को समाज में रहकर ही रोका जा सकता है। अर्थात् समाज ही मानव को दानव से पुन: मानव में परिवर्तित कर सकता है।

(3) मनुष्य का जन्म, विकास तथा पोषण समाज में ही होता है। अत: उसे समाज में रहने योग्य बनाने में शिक्षा का हाथ महत्त्वपूर्ण है।

(4) समाज में रहकर ही व्यक्ति दूसरे व्यक्तियों के सम्पर्क में आता है। अत: उसकी विभिन्न शक्तियों का विकास होता है। इसलिए समाज की रक्षा करना व्यक्ति का परम् कर्त्तव्य होता है।

(5) समाज सभ्यता व संस्कृति को जन्म देता है। इस कारण व्यक्ति को सामाजिक हित पर बल देना चाहिए।

अत: सामाजिक उद्देश्य उपरोक्त बातों पर बल देते हैं, तथा देश में सामाजिक उद्देश्य सफल होते हैं।

विपक्ष में तर्क

(1) यह उद्देश्य व्यक्ति की रुचियों, प्रवृत्तियों तथा योग्यताओं की अवहेलना करता है।

(2) व्यक्ति की स्वतन्त्रता पर प्रतिबन्ध लगने से व्यक्ति कला व साहित्य के विषय में नहीं सोच सकता।

(3) सामाजिक उद्देश्य के कारण व्यक्ति को श्रमिक समझा जाता है।

(4) यह उद्देश्य व्यक्तिगत स्वतन्त्रता का दमन करता है।

(5) सामाजिक उद्देश्य व्यक्ति का एक ही दिशा में विकास करता है। अत: इस प्रकार की शिक्षा अधूरी है।

(6) सामाजिक उद्देश्य द्वारा व्यक्ति के नैतिक तथा आध्यात्मिक मूल्यों की अवहेलना होती है।

अत: शिक्षा के सामाजिक उद्देश्य के बारे में हम कह सकते हैं कि इस उद्देश्य को उग्र रूप में स्वीकार नहीं किया जा सकता है। इसमें इतने अधिक दोष हैं कि उनके आधार पर शिक्षा की व्यवस्था करना मनुष्य के व्यक्तित्व का दमन तथा उसकी आत्मा का हनन करना है। व्यक्ति का जीवन केवल समाज, देश या राष्ट्र के लिए ही नहीं है, वरन् अपने लिए भी है। समाज को सर्वोत्तम सत्ता मानकर व्यक्ति को उसके जन्म से ही बेड़ियाँ पहना दी जाती हैं, जो केवल उसकी मृत्यु के पश्चात् ही उतरती हैं। हाँ, हम सामाजिक शिक्षा के उदार रूप का समर्थन करते हैं जिस पर आज के प्रगतिशील प्रजातान्त्रिक देशों में बल दिया जा रहा है।

2.10 वैयक्तिक व सामाजिक उद्देश्यों में समन्वय (Co-ordination between Individual and Social Aims)

शिक्षा के वैयक्तिक तथा सामाजिक उद्देश्यों के विषय में समय-समय पर विवाद हुआ है। इसका प्रमुख कारण वह विचारधारा है, जिसके अनुसार व्यक्ति और समाज को एक-दूसरे का विरोधी माना गया है। कुछ शिक्षाशास्त्री इसका समर्थन करते हैं, वहीं कुछ इसका विरोध करते हैं।

विद्वानों ने इस समन्वय के विषय में निम्नलिखित मत प्रदान किये हैं–

रॉस—"व्यक्ति और व्यक्तित्व का मूल्य उसी सामाजिक वातावरण में है जिसमें रहकर व्यक्ति अपने व्यक्तित्व का विकास करता है। उसके अलग होने पर उसकी वैयक्तिकता का कोई मूल्य ही नहीं रह जाता तथा उसका व्यक्तित्व निरर्थक हो जाता है। आत्मबोध केवल सामाजिक सेवा द्वारा ही प्राप्त किया जा सकता है तथा ऐसे व्यक्तियों के द्वारा ही समाज के लिए सामाजिक आदर्शों को स्थापित किया जा सकता है। जिनके व्यक्तित्व का समुचित विकास हो गया हो। यह चक्र तोड़ा नहीं जा सकता।"

जबकि रायबर्न ने कहा कि "समुदाय की उन्नति प्रत्येक व्यक्ति की उन्नति से होती है। समुदाय को चाहिए कि वह व्यक्ति के विकास के लिए ऐसे अवसर प्रदान करे, जिससे वह समाज को अपना विशेष योगदान दे सके।"

जबकि कई विचारक मानते हैं, कि शिक्षा का सामाजिक उद्देश्य अत्यधिक महत्वपूर्ण है तथा यह कहते हैं कि व्यक्ति को समाज के हित हेतु सदैव तैयार रहना चाहिए। वास्तव में शिक्षा के वैयक्तिक तथा सामाजिक उद्देश्य अत्यधिक महत्त्वपूर्ण हैं। परन्तु यदि हम ध्यान से सोचें तो शिक्षा के वैयक्तिक तथा सामाजिक उद्देश्यों में समन्वय की कोई आवश्यकता ही नहीं है। इन दोनों में घनिष्ठ सम्बन्ध स्वयं ही है, क्योंकि व्यक्ति तथा समाज में इतना घनिष्ठ सम्बन्ध है, कि इनमें अलगाव लाना अत्यन्त कठिन है। सच तो यह है कि दोनों एक-दूसरे के पूरक हैं।

वैयक्तिक व सामाजिक उद्देश्य : एक-दूसरे के पूरक–शिक्षा के वैयक्तिक तथा सामाजिक उद्देश्य एक-दूसरे के पूरक हैं। पर क्यों? व्यक्ति तथा समाज दोनों प्रगति के लिए एक-दूसरे का सहारा चाहते हैं। न हम समाज-विहीन व्यक्ति की कल्पना कर सकते हैं और न व्यक्ति-विहीन समाज की। एक के अभाव में दूसरे का जीवन असम्भव है। व्यक्ति के लिए समाज का महत्त्व बताते हुए रॉस (Ross) ने लिखा है कि "वैयक्तिकता का विकास केवल सामाजिक वातावरण में होता है जहाँ सामान्य रुचियों व सामान्य क्रियाओं से उसका पोषण हो सकता है।"

इस प्रकार कहा जा सकता है, कि शिक्षा के वैयक्तिक तथा सामाजिक उद्देश्यों में विरोध

नहीं, वरन् समन्वय है। अब प्रश्न यह उठता है कि इस समन्वय के अनुसार शिक्षा का रूप क्या होना चाहिये? अतः शिक्षा के इस रूप को निश्चित करने के लिए हमें बीच का रास्ता अपनाना चाहिए। हमें ऐसी शिक्षा की व्यवस्था करनी चाहिए, जिसमें न तो समाज व्यक्ति को अपना दास बना सके और न ही व्यक्ति इतना स्वतन्त्र हो जाये कि वह सामाजिक नियमों को ठुकराकर अपनी मनमानी कर सके। इस शिक्षा-व्यवस्था में व्यक्ति और समाज की स्वतन्त्रता ऐसी सीमाओं में रहनी चाहिए, जिससे दोनों का विकास और कल्याण हो सके। शिक्षा का उद्देश्य जैसा कि रेमण्ट (Raymont) ने कहा है कि दोहरा होना चाहिए–''व्यक्ति की पूर्णता तथा समाज का कल्याण।'' जबकि हुमायूँ कबीर ने कहा कि, ''यदि व्यक्ति को समाज का रचनात्मक सदस्य बनना है, तो उसे केवल अपना ही विकास नहीं करना चाहिए, वरन् समाज के विकास में भी योग देना चाहिए।''

"If one is to be a creative member of the society, one must not only sustain one's own growth, but contribute to the growth of society." –Humayun Kabir.

2.11 भारतीय समाज में शिक्षा के उद्देश्य (Aims of Education in Indian Society)

भारत में स्वतन्त्रता-प्राप्ति के पश्चात् जो शिक्षा का ढाँचा अपनाया गया, वही भारतीय समाज का रूप बन गया। क्योंकि किसी भी राष्ट्र का संविधान उसका दर्पण होता है। जिसमें उसकी विशेषताएँ प्रतिबिम्बित होती हैं। अतः यदि संविधान को रूप मानकर विशेषताएँ देखें तो निम्न तथ्य प्राप्त होते हैं–

(1) भारतीय समाज प्रजातान्त्रिक समाज है।

(2) भारतीय समाज धर्मनिरपेक्ष समाज है।

(3) भारतीय समाज समाजवादी समाज है।

(4) भारतीय समाज में सामाजिक, राजनैतिक व आर्थिक न्याय की व्यवस्था होती है।

भारतीय संविधान में समाज की मान्यताएँ, आवश्यकताएँ तथा आकांक्षाओं को दर्शाया गया है। अतः इनको शिक्षा द्वारा ही पूर्ण किया जा सकता है। शिक्षा के उद्देश्य इस प्रकार बनाये जायें कि वह भारतीय समाज के आदर्श के अनुरूप हो। (इन उद्देश्यों के विषय में व्यावसायिक शिक्षा के उद्देश्य के पश्चात् बताया गया है।)

इस प्रकार कहा जा सकता है, कि शिक्षा की प्रक्रिया में शिक्षा के उद्देश्यों का महत्वपूर्ण योगदान रहा है।

3. दर्शन का अर्थ तथा प्रकृति
(Meaning and Nature of Philosophy)

3.1 दर्शन क्या है ? (What is Philosophy)

मानव जीवन में अनेक प्रकार की समस्याएँ जन्म लेती रहती हैं। इन समस्याओं को दूर करने हेतु उसे विशेष सूझ-बूझ मिली हुई है, जिससे वह पशु से भिन्न माना जाता है। प्रत्येक व्यक्ति का इस संसार, जीवन, मृत्यु, परमात्मा, अच्छे, बुरे, सुन्दर तथा असुन्दर के बारे में भिन्न-भिन्न दृष्टिकोण हैं। उदाहरणस्वरूप, सूरदास तथा तुलसीदास परमात्मा में विश्वास रखते थे तो कबीर और जायसी निर्गुण ईश्वर में। कोई व्यक्ति अपने जीवन का लक्ष्य ईश्वरीय प्राप्ति को मानता है तो कोई व्यक्ति आनन्द प्राप्ति को ही। एक व्यक्ति यदि भौतिकता में जीना चाहता है तो दूसरा अभौतिकता में। अत: ''विचार या विश्वास ही व्यक्ति का दर्शन है।''

3.2 दर्शन का अर्थ (Meaning of Philosophy)

Philosophy शब्द की उत्पत्ति दो यूनानी शब्दों से हुई है–

(1) Philos, जिसका अर्थ हैं–'Love' या प्रेम।

(2) Sophia, जिसका अर्थ हैं–'Of wisdom' या ज्ञान।

यानी कि 'Philosophy' (दर्शन) का शब्दिक अर्थ हैं–'Love of wisdom'. (ज्ञान से प्रेम) इस प्रकार फिलॉसफी का अर्थ है–ज्ञान से प्रेम या ज्ञान से अनुराग। प्रसिद्ध शिक्षाशास्त्री प्लेटो (Plato) तथा सुकरात (Socrateas) ने कहा है, कि लोग ज्ञान की प्यास देखते हैं, वह सभी दार्शनिक हैं। वास्तव में यदि देखा जाये तो दर्शन चिन्तन का विषय न होकर अनुभूति का विषय है। जो समग्र व्यक्तित्व को अपने में समा लेता है। इसी विषय में प्रसिद्ध दार्शनिक प्लेटो (Plato) ने अपनी पुस्तक रिपब्लिक (Republic) में लिखा है कि, ''जो व्यक्ति ज्ञान को प्राप्त करने तथा नई-नई बातें जानने हेतु रुचि प्रकट करता है, तथा जो कभी संतुष्ट नहीं होता। उसे ही दार्शनिक कहा जा सकता है।'' (He who has a taste for every sort of knowledge and who is curious to learn and is never satisfied may be, justly termed as philosopher".) इस कथन से स्पष्ट होता है कि किसी भी दार्शनिक हेतु अनिवार्य है, कि वह ज्ञान के प्रति जिज्ञासु हो।

दर्शनशास्त्र को और अधिक विस्तृत रूप से समझने के लिए हमें इसकी परिभाषाएँ देखना आवश्यक है।

3.3 दर्शनशास्त्र की परिभाषाएँ (Definitions of Philosophy)

दर्शनशास्त्र की विभिन्न परिभाषाएँ निम्नलिखित हैं—

1. प्लेटो–''पदार्थों के यथार्थ स्वरूप का ज्ञान ही दर्शन है।'' ("Philosophy aims at the knowledge of the eternal nature of things"—Plato).

2. फिक्टे—''ज्ञान का विज्ञान ही दर्शन है।'' ("Philosophy is the science of knowledge."–Fichte)

3. डॉ. राधाकृष्णन—''यर्थाथता के स्वरूप का तार्किक विवेचन ही दर्शन है।'' ("Philosophy is a logical inquiry into the nature of reality." –Dr. Radhakrishnan)

4. सेलर्स—''विश्व और मनुष्य की प्रकृति के विषय में एक व्यवस्थित विचार या ज्ञान प्राप्त करने का निरन्तर प्रयास ही दर्शन है।'' ("Philosophy is as a persistent attempt to gain insight into the nature of the world and of ourselves by means of systematic reflection."—Sellers)

5. अरस्तु—''दर्शन एक ऐसा विज्ञान है, जो परम तत्त्व के यथार्थ स्वरूप की जाँच करता है।'' (Philosophy is the science, which investigates the nature of being, as it is in itself."—Aristotle)

जहाँ तक दर्शन की परिभाषाओं का सम्बन्ध है, ये काल, देश तथा परिस्थितियों के अनुसार बदलती रहती हैं। प्राचीनकाल में भारतीय दृष्टिकोण के अनुसार दर्शन का विषय क्षेत्र, आत्मा और परमात्मा की व्याख्या से जुड़ा हुआ था और उसके द्वारा संसार को समस्त वस्तुओं के पीछे छिपे वास्तविक सत्य की खोज की जाती थी तथा उस समय दर्शन की परिभाषा निम्न प्रकार दी जाती थी—

'दृश्यते अनेन इति दर्शनम्', जिससे सत्य के दर्शन किये जायें, वहीं दर्शन है।

विचारवादी यूनानी दार्शनिक प्लेटो (Plato) ने भी अपनी परिभाषा में भी संसार की समस्त वस्तुओं के पीछे छिपे वास्तविक सत्य को ही दर्शन माना है।

अरस्तु प्लेटो के शिष्य थे। इन्होंने अपनी परिभाषा में धारणा के साथ-साथ व्यावहारिकता पर भी बल दिया है। अत: इनकी परिभाषा प्लेटो से थोड़ी अलग थी।

आज के युग में भारतीय दार्शनिक भी आत्मा तथा परमात्मा के ज्ञान तथा उनके सम्बन्धों को बात तक ही सीमित नहीं करते क्योंकि डॉ. राधाकृष्णन ने भी तार्किक विवेचन पर ही बल दिया है। अर्थात् दर्शन का दूसरा नाम तर्क है। डॉ. राधाकृष्णन की यह परिभाषा सबसे उपयुक्त परिभाषा कहलाती है क्योंकि इससे हमें सिर्फ तर्क का ही आभास नहीं होता वरन् आज हमें जो कुछ दिखाई दे रहा है तथा इस ब्रह्माण्ड में जो कुछ हमें दिख रहा है। उसे ही तर्क का आधार मानकर हम संसार (विश्व) की समस्त क्रियाओं तथा ज्ञान व विज्ञान की विवेचना करते हैं। इस विषय में ही हरबर्ट स्पेन्सर (Herbart Spencer) ने कहा कि ''दर्शन विज्ञानों का समन्वय है या विश्व व्यापक ज्ञान है।'' (Philosophy is the synthesis of the sciences or a universal science.")

उपर्युक्त परिभाषाओं को आधार मानते हुए हम दर्शनशास्त्र की निम्नलिखित विशेषताएँ बताते हैं—

(1) दर्शनशास्त्र सत्य का मार्ग है।
(2) दर्शनशास्त्र तर्क आधारित होता है। तार्किक विवेचना का आधार दर्शन ही है।
(3) दर्शनशास्त्र ज्ञान के प्रति प्रेम उत्पन्न करता है।
(4) दर्शनशास्त्र जीवन का आधार बनाता है। प्रत्येक व्यक्ति का जीवन दर्शन आधारित हो तभी वह उचित उन्नति कर सकता है।
(5) दर्शनशास्त्र कला के साथ-साथ विज्ञान भी है।

3.4 दर्शन का विषय क्षेत्र (Scope of Philosophy)

भारतीय दर्शन के अनुसार दर्शन तथा जीवन को एक ही सिक्के के दो पहलू समझा जाता था। परन्तु जैसे-जैसे दर्शन में पाश्चात्य दर्शन का प्रभाव आया वैसे-वैसे ही भारतीय दर्शन का क्षेत्र विस्तृत हो गया। धीरे-धीरे दर्शन में आत्मा-परमात्मा, ईश्वर की सत्ता, सृष्टि की उत्पत्ति का रहस्य, सत्यता तथा शुद्धता, सत्य, शुद्ध व अशुद्ध आचरण, सुन्दर तथा असुन्दर तथा तार्किक चिन्तन के सम्बन्ध में विचार किया जाता है।

दर्शनशास्त्र को तीन मुख्य क्षेत्रों में विभाजित किया गया है–

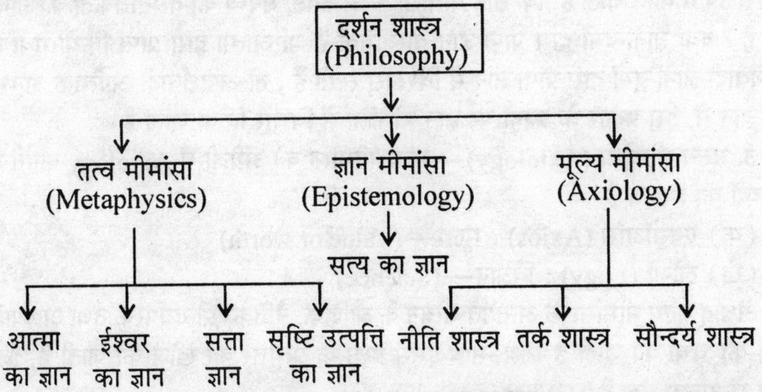

दर्शनशास्त्र के अन्तर्गत इन तीनों तत्त्वों का विशेष महत्व रहा है। अब हम इन तीनों तथ्यों को स्पष्ट करेंगे–

1. तत्व मीमांसा (Metaphysics)—तत्व मीमांसा का अंग्रेजी रूपान्तर है,(Metaphysics) जिसका तात्पर्य है–

(क) मेटा (Meta) : परे (Beyond)

(ख) फिजिक्स (Physics) : प्रकृति (Nature)

अर्थात् तत्व मीमांसा का शाब्दिक अर्थ है–'प्रकृति के परे' (Beyond-Nature) तत्व मीमांसा सदैव ही इस प्रश्न के उत्तर की खोज में लगा रहता है, कि संसार की वास्तविकता क्या है ?

तत्व मीमांसा को दर्शनशास्त्र की वह शाखा कहा जाता है, जो वास्तव में प्रकृति की खोज करता है। साथ ही यह बताता है, कि वास्तविकता किन-किन तत्त्वों का परिणाम है संक्षेप में कहा जाता है कि, आत्मा क्या है ? ईश्वर क्या है ? संसार की वास्तविकता क्या है ? भौतिक जगत सत्य है अथवा आध्यात्मिक जगत ? सृष्टि का जन्म कब व कैसे हुआ ? इस प्रकार के प्रश्नों का उत्तर तत्त्व मीमांसा में दिया जाता है।

तत्त्व मीमांसा के अंतर्गत इस बात को भी जानने की चेष्टा की जाती है कि, क्या मनुष्य की इच्छा ही अन्तिम तथा स्वतन्त्र है ? या मनुष्य की इच्छा पर किसी अदृश्य शक्ति का नियन्त्रण है। यदि मनुष्य की इच्छा शक्ति पर किसी अदृश्य शक्ति का नियंत्रण हैं तो वह कौन-सी शक्ति है। इन सभी प्रश्नों के उत्तर भी तत्त्व मीमांसा में खोजे जाते हैं।

2. ज्ञान मीमांसा (Epistemology)—ज्ञान मीमांसा को अंग्रेजी में 'Epistemology' कहते हैं। यह दो शब्दों का मिश्रण है–

(क) एपिसटीम — Episteme : ज्ञान — Knowledge.

(ख) लॉजी — Logy : विज्ञान — Science.

अर्थात् इसे ज्ञान का विज्ञान या 'Science of Knowledge' कहते हैं।

ज्ञान मीमांसा के अन्तर्गत ज्ञान की सीमाओं का अध्ययन किया जाता है, साथ ही यह इस प्रश्न के प्रत्युत्तर की खोज करता है कि इस संसार में सत्य क्या है? (What is true?) इसके अन्तर्गत ज्ञान की प्रवृत्ति, सीमाएँ ,विशेषताएँ व उनके प्रादुर्भाव का अध्ययन किया जाता है इसमें ज्ञान की विभिन्न पहलुओं के सम्बन्ध में अध्ययन कर सत्य की खोज का प्रयास किया जाता है।

संक्षेप में कहा जाता है, कि ज्ञान मीमांसा के अन्तर्गत, मनुष्य को वास्तविकता का ज्ञान कैसे होता है? क्या ज्ञानेन्द्रियों द्वारा प्राप्त ज्ञान वास्तविक है या आत्मा द्वारा प्राप्त किया गया ज्ञान? प्रकृतिवादी ज्ञानेन्द्रियों द्वारा प्राप्त ज्ञान में विश्वास रखते हैं , तो आदर्शवादी आत्मिक अनुभव से प्राप्त ज्ञान में, इस प्रकार के प्रश्नों पर ज्ञान मीमांसा में विचार किया जाता है।

3. मूल्य मीमांसा (Axiology)—मूल्य मीमांसा को अंग्रेजी में Axiology कहते हैं। ये दो शब्दों का मिश्रण है–

(क) एक्सीऑस (Axios) : मूल्य—(Value or worth)

(ख) लॉजी (Logy) : विज्ञान—(Science)

अर्थात् मूल्य मीमांसा के अन्तर्गत जीवन के बौद्धिक, नैतिक, सौन्दर्यपरक तथा आध्यात्मिक मूल्यों की चर्चा की जाती है साथ-साथ इसमें प्रश्न के प्रत्युत्तर की खोज की जाती है, कि इस संसार में अच्छा क्या है? (What is good?)

जब हम किसी भी पदार्थ के तथ्य पक्ष की व्याख्या करते हैं तो उसमें हम उसके रूप, आकार, प्रारूप व भार आदि की चर्चा करते हैं। परन्तु जब हम पदार्थ के मूल्य पक्ष की विवेचना करते हैं, तो हम उसके गुणों की चर्चा करते हैं। मूल्य सदैव विषयगत होते हैं इनकी व्याख्या नहीं की जा सकती है। वरन् इनकी सिर्फ अनुभूति की जा सकती है।

मूल्य मीमांसा मुख्यत: तीन बातों पर केन्द्रित रहती है।

(1) क्या मूल्य वस्तुनिष्ठ है, या व्यक्तिनिष्ठ?

(2) क्या मूल्य परिवर्तनशील है, या स्थायी?

(3) क्या मूल्यों में एक उत्क्रम व्यवस्था है अथवा नहीं?

वास्तव में देखा जाए तो सद्जीवन मूल्य मीमांसा का ही क्षेत्र है। जो शुभ-अशुभ, सुन्दर-असुन्दर तथा अच्छे-बुरे से सम्बन्धित है। मूल्य मीमांसा हमारे अनुशासन सम्बन्धी धारणाओं को भी प्रभावित करती है।

मूल्य दो प्रकार के होते हैं–

(1) आन्तरिक मूल्य (Intrinsic Value)

(2) बाह्य मूल्य (Extrinsic Value)

यही मूल्य हमारी विभिन्न प्रकार की गतिविधियों का निर्धारण तथा मूल्यांकन करते हैं।

संक्षेप में कहा जाता है कि जीवन के लिए उत्तम मूल्य कौन-से हैं? मूल्यों का स्वरूप क्या है? मूल्यों का मानदंड क्या है? इस प्रकार के प्रश्नों में मूल्य मीमांसा में विचार किया जाता है।

समय-समय पर मूल्यों में भी परिवर्तन होते रहते हैं। वर्तमान समय में लोकतान्त्रिक मूल्यों की प्राप्ति ही जीवन का लक्ष्य है।

दर्शन का विषय क्षेत्र
(Scope of Philosophy)

आत्मा सम्बन्धी तत्व ज्ञान
(Metaphysics of the soul)
इसमें निम्न प्रश्न आते हैं :
1. आत्मा क्या है ?
2. जीव क्या है ?
3. आत्मा का शरीर से क्या सम्बन्ध है ?

ईश्वर सम्बन्धी तत्व ज्ञान
(Ideology)
इसमें निम्न प्रश्न आते हैं:
1. ईश्वर क्या है ?
2. ईश्वर का अस्तित्व है या नहीं ?
2. ईश्वर के अस्तित्व के क्या प्रमाण है ?

सृष्टि शास्त्र
(Cosmogony)
इसमें निम्न प्रश्न आते हैं:
1. सृष्टि की उत्पत्ति किस प्रकार हुई ?
2. क्या सृष्टि की रचना की गई ?
3. यदि हाँ, तो यह रचना किसने की ?

सृष्टि विज्ञान
(Cosmology)
इसमें निम्न प्रश्न आते हैं:
1. क्या ब्रह्माण्ड एक है ?
2. ब्रह्माण्ड की रचना किन- भौतिक तत्वों से हुई ?

सत्ता विज्ञान
(Ontology)
इसमें निम्न प्रश्न आते हैं:
1. ब्रह्माण्ड के नश्वर तत्व क्या हैं ?
2. ब्रह्माण्ड के अक्षर तत्व कौन-कौन से हैं ?

ज्ञानशास्त्र
(Epistemology)
इसमें निम्न प्रश्न आते हैं:
1. क्या मानव बुद्धि वास्तविक ज्ञान को प्राप्त कर सकती है ?
2. सत्य ज्ञान क्या है ?
3. ज्ञान प्राप्त करने के साधन क्या हैं ?

नैतिक शास्त्र
(Ethics)
इसमें निम्न प्रश्न आते हैं:
1. क्या सही है ?
2. क्या गलत है ?
3. अच्छा व्यवहार क्या है ?

सौन्दर्य शास्त्र
(Aesthetics)
सौन्दर्य शास्त्र में निम्न प्रश्न आते हैं:
1. सौन्दर्य क्या है ?
2. सौन्दर्य का मापदण्ड क्या है ?

तर्क शास्त्र
(Logic)
तर्क शास्त्र में निम्न प्रश्न आते हैं:
1. तार्किक चिन्तन का रूवरूप क्या है ?
2. तर्क की विधि क्या है ?

3.5 दर्शन के कार्य (Functions of Philosophy)

ज्ञान की प्रत्येक शाखा की अपनी कुछ विशेषताएँ होती हैं। उसी प्रकार दर्शन शास्त्र की अपनी विशेषताएँ व कार्य हैं। जो कि निम्नलिखित हैं–

(1) दर्शनशास्त्र मानव की जिज्ञासा प्रवृत्ति को तृप्त करता है।
(2) दर्शनशास्त्र मानव को स्वतन्त्र चिन्तन की ओर मोड़ता है।
(3) दर्शनशास्त्र ज्ञान की खोज का सतत् प्रयास है।
(4) दर्शनशास्त्र में सत्यं, शिवं, सुन्दरम् की भी व्याख्या की जाती है।
(5) दर्शनशास्त्र मानव के अस्तित्व पर विचार करता है।
(6) दर्शनशास्त्र सत्य की खोज करने का प्रयास करता है।
(7) दर्शनशास्त्र आर्थिक समस्याओं का निवारण करता है।
(8) राजनैतिक दर्शन देश की राजनैतिक दिशा को सुधारने का प्रयास करता है।

(9) शैक्षिक दर्शन के द्वारा शिक्षा के सभी अंगों में सुधार किया जाता है।

इस प्रकार दर्शनशास्त्र शिक्षा का महत्त्वपूर्ण अंग है।

भारतीय दर्शन को वेदों तथा उपनिषदों में निम्न प्रकार से व्यक्त किया गया है–

ऋग्वेद : एक सद्विप्रा बहुधा वदन्ति (1/164/46)

उस एक भगवान को विद्वान लोग अनेक नामों से पुकारते हैं।

शुद्धाः पूता भवत यज्ञियासः (10/18/2)

शुद्ध, पवित्र तथा परोपकार जीवन वाले बनो।

यजुर्वेद : भद्रं कर्णेभिः श्रृणयाम (25/21)

हम कानों से सदा भद्र व मंगलकारी वचन ही सुनें।

मा गृधः कस्य स्विद् धनम् (40/1)

किसी के धन का लालच न करो।

अथर्ववेद : स एष एक एकवृदेक एव (136/5/7)

वह ईश्वर एक और सचमुच एक ही है।

कठ उपनिषद्

यदा सर्वे प्रमुच्यन्ते कामा मे अस्य हृदि मिश्रताः
अथ मर्त्यो अमृतो भवत्यत्र ब्रह्म समश्नुते (2/3/14)

जब व्यक्ति के हृदय से सारी कामनाएँ नष्ट हो जाती हैं, तब यह मरणधर्मा मानव अमर हो जाता है तथा यहीं ब्रह्म का अनुभव करता है।

ईशोपनिषद्

यस्तु सर्वाणि भूतान्यारमन्येदानु पश्यति।
सर्वभूतेषु चात्मानं ततो न विजुगुप्सते॥

वह प्रज्ञावान जो सब प्राणियों को अपने में देखता है तथा सब प्राणियों में अपनी ही आत्मा देखता है, इस दर्शन के कारण किसी से घृणा नहीं करता।

3.6 दर्शन की प्रकृति (Nature of Philosophy)

जब विज्ञान की प्रकृति के विषय में पूछा जाता है, तो कहा जाता है, कि उसकी (विज्ञान) की प्रकृति वैज्ञानिक है। अतः विज्ञान को जानने या उसकी प्रकृति से अवगत होने के लिए वैज्ञानिक दृष्टिकोण (Scientific Outlook) तथा वैज्ञानिक समस्याओं (Scientific Problems) आदि को जानना आवश्यक होता है। ठीक उसी प्रकार यदि हम यह जानना चाहें कि दर्शन की प्रकृति क्या है ? तो उत्तर दिया जाता है कि दर्शन की प्रकृति दार्शनिक है। दर्शन की प्रकृति को समझने के लिए हमें दार्शनिक समस्याओं (Philosophical Problems), दार्शनिक दृष्टिकोणों (Philosophical Outlooks) तथा दार्शनिक क्रियाओं (Philosophical Activities) आदि को जानना होगा—

1. दार्शनिक समस्याएँ—दर्शन से सम्बन्धित समस्याओं के अन्तर्गत जी. टी. पैट्रिक (G. T. Patrick) ने प्राचीन काल व आधुनिक काल के दर्शन को दो भागों में बाँटा है–

दर्शन की समस्या

Problem of Philosophy

↓

↓	↓
प्राचीन काल	आधुनिक काल
↓	↓
समस्या उत्पत्ति का कारण	समस्या उत्पत्ति का कारण
↓	↓
आश्चर्य (Wonder)	सन्देह (Doubt)

इन आश्चर्यो तथा सन्देहों से ही विभिन्न समस्याओं की उत्पत्ति हुई। यह समस्याएँ सामान्य तथा सार्वभौम प्रश्नों के मिश्रण से उत्पन्न हुई। उदाहरणस्वरूप–

(1) ज्ञान क्या है? (2) जगत किसने बनाया?

(3) यह जगत कब बना? (4) मैं कौन हूँ?

(5) ईश्वर क्या है? (6) सृष्टि क्या है? आदि।

अतः दर्शन के क्षेत्र में समस्त ज्ञान आ जाता है। कुछ दार्शनिक दर्शनशास्त्र की समस्याओं को निम्न क्षेत्रों में बाँटते हैं—

(1) ज्ञान (Knowledge) तथा अनुभव (Experience) सम्बन्धी समस्या।

(2) वास्तविकता (Reality) तथा अस्तित्व (Existence) सम्बन्धी समस्या।

(3) मूल्य (Values) सम्बन्धी समस्या।

2. दार्शनिक दृष्टिकोण—दार्शनिक दृष्टिकोण का अर्थ है : किसी भी परिस्थिति का सामना सहजता से करना। अर्थात् कोई व्यक्ति किसी भी स्थिति में घबराता है, अथवा नहीं, यही दार्शनिक दृष्टिकोण प्रदर्शित करता है। दूसरे शब्दों में कहा जाता है, कि व्यक्ति वही दृष्टिकोण अपनाता है, जो उसके लिए उपयोगी है। जैसे–शिरडी के साईं बाबा का दृष्टिकोण व्यक्तियों की भलाई था। गुरुनानक देव जी का दृष्टिकोण ज्ञान व सिक्ख धर्म की उत्तम व मुख्य बातें लोगों के मध्य लाना था। अर्थात् जीवन के प्रति उनका क्या विश्वास व दृष्टिकोण है, यही दर्शन है। सम्राट अशोक ने हिंसा से एकदम अहिंसा का मार्ग क्यों अपनाया? क्योंकि दुनिया में रक्तपात्र आदि से उन्हें घृणा हो गई थी। इसी प्रकार से गौतम बुद्ध की एक कहानी प्रसिद्ध है। एक बार गौतम बुद्ध रथ पर नगर भम्रण हेतु जा रहे थे। वहाँ उन्होंने एक रोगी, एक वृद्ध, एक संन्यासी तथा एक मृत व्यक्ति को देखा। इससे उनका हृदय बेचैन हो गया। उन्होंने माना कि संसार में दुख का कारण तृष्णा है। तब उन्होंने इस दुख को समाप्त करने के उपाय खोजे तथा उन्होंने जिस प्रकार से इनका उत्तर खोजा, उसी से इनके दार्शनिक दृष्टिकोण का पता चलता है।

भारतीय दर्शन के दार्शनिक दृष्टिकोण में निम्न विशेषताएँ होती हैं—

(1) दार्शनिक अन्धविश्वासी नहीं होते वरन् यह चिन्तन करके तथ्यों की सत्यता पता करते हैं।

(2) दार्शनिक विचार स्वातन्त्रय होते हैं।

(3) दार्शनिक वह व्यक्ति होता है जो अपने चारों ओर की आश्चर्यजनक घटनाओं को देखकर आश्चर्य प्रकट करता है तथा साथ-साथ उसके मूल कारण को भी खोजता है।

(4) दार्शनिक प्रत्येक बात को मूल में ठोस प्रमाणों की खोज हेतु प्रत्येक बात को सन्देहात्मक दृष्टि से देखता है।

(5) दार्शनिक प्रत्येक बात को मीमांसा करके ही स्वीकारता है।

(6) दर्शन की क्रिया दार्शनिक चिन्तन है। यह वैयक्तिक एवं सामूहिक, एकान्त तथा सामाजिक दोनों ही परिस्थितियों में किया जाता है। यह सर्वांगीण चिन्तन होता है।

(7) दर्शन का प्रभाव दार्शनिक की जीवन-शैली, आशा-निराशा तथा मनोवृत्ति में दिखाई देता है।

इस प्रकार दार्शनिक प्रश्नों को उठाता है। उन पर दार्शनिक ढंग से विचार करता है। तत्पश्चात् निष्कर्षों पर आता है। परन्तु वह इन निष्कर्षों को ही अन्तिम न मानकर अपनी दार्शनिक क्रियाओं को बार-बार करता रहता है।

4. शिक्षा तथा दर्शन में सम्बन्ध
(Relation between Education and Philosophy)

4.1 शिक्षा व दर्शन (Education and Philosophy)

शिक्षा व दर्शन एक-दूसरे के बिना अधूरे हैं। शिक्षा दर्शनशास्त्र के बिना नेत्रहीन है तथा शिक्षा दर्शन का व्यावहारिक पक्ष समझा जाता है। तथा दर्शन शिक्षा का बौद्धिक पक्ष माना जाता है। और दर्शन शिक्षा का बौद्धिक पक्ष आदि- विभिन्न कथन शिक्षा और दर्शन के आपसी सम्बन्ध के परिचायक हैं। शिक्षा को दर्शन का गत्यात्मक पक्ष कहने का अर्थ है कि शिक्षा दर्शन द्वारा प्रतिपादित सिद्धान्तों को गति देती है। तथा उसे व्यावहारिक रूप प्रदान करती है। दर्शन जीवन का विचारात्मक पक्ष है। तथा शिक्षा उन विचारों को वास्तविकता में बदलती है। शिक्षा व दर्शन एक ही सिक्के के दो पहलू हैं। इन्हें एक-दूसरे से अलग नहीं किया जा सकता। इसलिए शिक्षा को दर्शन के बिना नेत्रहीन कहा जाता है। शिक्षा दर्शन को जन्म देती है, तथा उसका विकास करती है। इसलिए दर्शन को शिक्षा के बिना अधूरा कहा जाता है। इस प्रकार यह तो स्पष्ट है, कि दर्शन तथा शिक्षा का एक-दूसरे के बिना कोई अस्तित्व नहीं है।

शिक्षा तथा दर्शन के अर्थ को हम पहले स्पष्ट कर चुके हैं। इस अध्याय में शिक्ष व दर्शन के सम्बन्ध पर प्रकाश डाला जायेगा।

4.2 शिक्षा व दर्शन का सम्बन्ध
(Relationship between Education and Philosophy)

शिक्षा में विद्यमान तथ्यों की छानबीन करना तथा उनके महत्त्व की खोज करना दर्शन का कार्य है। दर्शन द्वारा प्रतिपादित सिद्धान्त को व्यावहारिक रूप प्रदान करना शिक्षा का कार्य है। अत: शिक्षा और दर्शन परस्पर एक-दूसरे पर निर्भर हैं। एक के बिना दूसरे का कार्य सुचारु रूप से नहीं चल सकता। इसलिए शिक्षा व दर्शन एक ही सिक्के के दो पहलू हैं।

अत: कहा जाता है, कि ''दर्शन और शिक्षा एक ही सिक्के की दो दिशाएँ हैं, एक ही चीज के दो पहलू हैं और दोनों एक-दूसरे के अर्थ को प्रकट करते हैं।'' ("Philosophy and education are like the sides of a coin, presenting different views of the same thing, and that the one is implied by the other".—Ross)

जबकि डॉ. राधाकृष्णन ने कहा है कि ''शिक्षा को मनुष्य तथा समाज का निर्माण करना चाहिये।'' ("Education should be man- making and society making) यहाँ पर यदि शिक्षा तथा दर्शन के सम्बन्ध को गम्भीरता से विचार किया जाये तो पता चलता है कि शिक्षा यदि शरीर है तो दर्शन आत्मा है। शिक्षा का अस्तित्व दर्शन के कारण है, तो दर्शन का अस्तित्व भी शिक्षा के कारण है।

जॉन ड्यूवी ने कहा है, कि ''अपनी साधारण अवस्था में शिक्षा सिद्धान्त ही दर्शन है। ("Philosophy may be defined as the general theory of education".)—John

Dewey. यहाँ पर विद्वानों ने भी यह माना कि शिक्षा में उत्पन्न होने वाली समस्याएँ ही दर्शन की समस्याएँ बन जाती हैं। इस विषय में फिक्टे ने भी कहा है, कि ''दर्शनशास्त्र की सहायता के बिना शिक्षा पूर्णता तथा स्पष्टता को प्राप्त नहीं कर सकती।'' ("The aim of education will never attain complete clearness on itself without philosophy"—Fichte)

अर्थात् शिक्षा के उद्देश्य, पाठन विधियाँ, अनुशासन, बालक का स्थान तथा अध्यापक का स्थान आदि का निर्धारण उस समाज में विद्यमान दर्शन द्वारा होता है। उसी प्रकार शिक्षा भी विद्यमान दर्शन को परिवर्तित करने में अपनी भूमिका अदा करती है। रॉस ने भी इस सम्बन्ध में कहा है, कि दर्शन व शिक्षा में कोई अन्तर नहीं है।

यहाँ पर जान एडम्स ने भी अपने विचारों को स्पष्ट करते हुए कहा है, कि ''शिक्षा दर्शनशास्त्र का गत्यात्मक पक्ष है।'' ("Education is a dynamic side of philosophy"–**John Adams**) अर्थात् जीवन में निर्धारित लक्ष्यों व आदर्शों को व्यावहारिक रूप देने का कार्य शिक्षा करती है। शिक्षा के द्वारा ही मानव का ज्ञान व कौशल विकसित होता है और यह ज्ञान व कौशल नवीन दर्शन का सृजन करते हैं। यही नवीन दर्शन ही नवीन शिक्षा को जन्म देकर इस चक्र को गतिशील रखते हैं। जिसे संक्षेप में इस प्रकार प्रस्तुत किया जा सकता है—

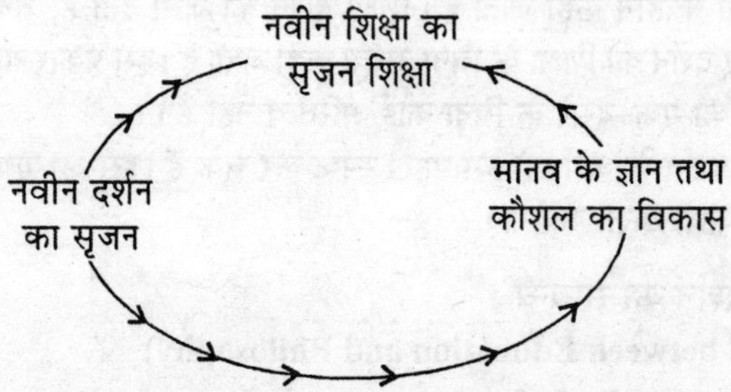

दर्शनशास्त्र तथा शिक्षा के सम्बन्धों को जानने के लिए सर्वप्रथम यह जानना आवश्यक है, कि दर्शनशास्त्र ने शिक्षा को किस सीमा तक प्रभावित किया है ? तथा शिक्षा ने दर्शनशास्त्र पर क्या प्रभाव डाला है ?

1. दर्शनशास्त्र का शिक्षा पर प्रभाव (Impact of Philosophy on Education)—शिक्षा के विभिन्न पक्षों पर दर्शनशास्त्र का बहुत प्रभाव पड़ा है। शिक्षा का कोई भी ऐसा पक्ष नहीं है, जिसे दर्शनशास्त्र ने अछूता छोड़ा हो। शिक्षा व दर्शनशास्त्र के सम्बन्ध को निम्न प्रकार से व्यक्त किया जा सकता है—

(i) शिक्षा के उद्देश्य व दर्शन—यह सत्य है, कि दर्शन तथा शिक्षा एक-दूसरे को प्रभावित करते हैं। दर्शन वह सूर्य है, जिसके इर्द-गिर्द शिक्षा के समस्त पहलू चक्कर लगाते रहते हैं। आधुनिक शिक्षा के एनसाइक्लोपीडिया में भी बताया गया है, कि ''शिक्षा एक मनोरथ पूर्ण तथा नैतिक सरगर्मी है। अत: इसका उद्देश्यों के बिना विचार करना उचित नहीं है।'' ("Education is a purposeful-activity. Hence it is unthinkable without aims.")

शिक्षा के उद्देश्यों का निर्माण जीवन-दर्शन के अनुसार ही होता है। जैसे-जैसे जीवन दर्शन बदलता जाता हे वैसे-वैसे शिक्षा के उद्देश्य भी बदलते रहते हैं। जैसे आशावादी दृष्टिकोण के उद्देश्य आशावादी होते हैं। जबकि प्रयोगवादी विचारधारा में जीवन के उद्देश्यों का बदलाव

समय,स्थान तथा परिस्थितियों पर निर्भर करता है। इनके अतिरिक्त भगवद्गीता, जैनधर्म, बौद्धधर्म आदि दार्शनिक ग्रन्थों में भी अपने-अपने दृष्टिकोण के अनुसार शिक्षा के उद्देश्यों का विवेचन किया गया है। जान ड्यूवी ने अपने विचार देते हुए कहा है कि, ''दर्शन शिक्षा के साधनों को निर्धारित करने से सम्बन्धित है।'' ("Philosophy is concerned with determining the ends of education....")

वर्तमान समय में अलग-अलग देशों की विचारधाराओं के अनुसार ही शिक्षा के उद्देश्यों का निर्धारण किया जाता है। प्रजातान्त्रिक देश जैसे–भारत, इग्लैण्ड, अमेरिका आदि में शिक्षा के प्रमुख उद्देश्य हैं—

(अ) भ्रातृत्व भावना (ब) स्वतन्त्रता तथा समानता (स) न्याय आदि।

जबकि साम्यवादी देशों जैसे–रूस व चीन में शिक्षा का उद्देश्य व्यक्ति को राष्ट्र हेतु उपयोगी बनाना होता है।

रॉस ने यहाँ पर अपने विचार प्रस्तुत करते हुए कहा है कि, ''शिक्षा के उद्देश्य तथा विधियाँ दार्शनिक सिद्धान्तों के उपसिद्धान्त हैं।'' ("The educational aims and methods are corollaries of philosophical doctrines."—Ross)

अन्त में यह भी कहा जाता है, कि शिक्षा के उद्देश्य जीवन के उद्देश्यों के आधार पर निश्चित होते हैं। इनके निर्धारण में समाज का दर्शन बहुत योगदान करता है। अत: यह कहा जा सकता है कि दर्शन शिक्षा के उद्देश्यों को प्रभावित करता है। व्यक्ति तथा समाज दोनों का अपना जीवन-दर्शन होता है। दोनों के जीवन-दर्शन में समानता भी हो सकती है तथा भिन्नता भी। दोनों के ही जीवन-दर्शन का शिक्षा पर प्रभाव पड़ता है, और शिक्षा के स्वरूपों के निर्धारण में तो वे प्रभावशाली ढंग से योगदान करते हैं।

(*ii*) पाठ्यक्रम व दर्शन—किसी भी शैक्षिक उद्देश्य की प्राप्ति हेतु ही पाठ्यक्रम का निर्माण किया जाता है। पाठ्यक्रम को छात्रों तक पहुँचाने हेतु ही वैज्ञानिक विधि के निर्माण की आवश्यकता पड़ती है। परन्तु विधि का निर्माण तभी पूर्ण हो सकता है, जबकि लक्ष्य का पूर्ण ज्ञान हो।

विभिन्न दार्शनिक के विचारों के कारण शिक्षा के क्षेत्र में अलग-अलग शिक्षण-विधियाँ दिखाई देती हैं। प्रकृतिवादी दर्शन में मुख्य स्थान था—

(अ) बालक की रुचि का

(ब) बालक के स्वभाव का

(स) बालक की स्वतन्त्रता का।

अर्थात् प्रकृति में स्वतन्त्र रूप से बालक को शिक्षा दी जाती थी। कोई कठिन पाठ्यक्रम बालकों पर जबरदस्ती नहीं थोपा जाता था।

जबकि आदर्शवादी विचारधारा में निम्नलिखित विधियों को पाठ्यक्रम में स्थान दिया गया—

(अ) प्रश्न-उत्तर विधि को (ब) वाद-विवाद विधि को

(स) व्याख्या विधि को।

प्रयोजनवाद के अन्तर्गत निम्न विधियों पर बल दिया गया–

(अ) परियोजना विधि को (ब) समस्या समाधान विधि को।

तथा यर्थाथवाद में निम्न विधियों पर बल दिया गया–

(अ) वैज्ञानिक विधि के प्रयोग पर (ब) आगमन व निगमन विधि पर।

इस प्रकार प्रत्येक दर्शन में शिक्षा को समय तथा परिस्थितियों के अनुसार बदला गया।

इनके अतिरिक्त विषय की उपयोगिता तथा अनुपयोगिता भी व्यक्ति के तथा समाज के दर्शन पर ही आधारित होती है। जैसे–कुछ व्यक्तियों हेतु संस्कृत, संगीत, साहित्य तथा कला आदि का अध्ययन करना आवश्यक है। तो कुछ की दृष्टि में यह व्यर्थ है। जैसे कि प्लेटो ने शिक्षा में सत्य व असत्य जानने पर बल दिया परन्तु कहानी पढ़ने का विरोध किया। क्योंकि कहानियाँ प्राय: असत्य होती हैं। किन्तु मैडम मान्टेसरी ने कहानियों का समर्थन किया। इस प्रकार सभी दार्शनिकों के अलग-अलग विचार रहे हैं। यहाँ पर रॉस ने कहा कि, "शैक्षिक उद्देश्य और विधियाँ दार्शनिक सिद्धान्तों के स्वाभाविक परिणाम हैं।" ("Educational aims and methods are the natural consequences of philosophical principles." — Ross)

(*iii*) शिक्षण विधियाँ व दर्शन—दर्शन के द्वारा ही यह निश्चित किया जा सकता है, कि जो शिक्षा का पाठ्यक्रम बनाया गया है, उन्हें किन विधियों से छात्रों तक पहुँचाया जाए। जिससे शिक्षा के उद्देश्य प्राप्त हो सकें। प्रत्येक दर्शन अलग-अलग शिक्षण-विधियों का प्रतिपादन करता है। जैसे—

(क) आदर्शवादी—

(अ) भाषण (Lecture)

(ब) प्रश्नोत्तर (Questioning)

(स) वाद-विवाद (Discussion) आदि विधियों का प्रयोग आदर्शवाद में किया जाता है।

(क) प्रकृतिवादी—

(अ) करके सीखना (Learning by doing)

(ब) अनुभव द्वारा सीखना (Learning by experience)।

जैसी विधियों का समर्थन प्रकृतिवादी करते हैं।

इनके अतिरिक्त शिक्षण विधियों में किण्डर गार्टन (Kindergartin), डॉल्टन विधि (Dalton Method), ह्यूरिस्टिक (Heuristic) तथा योजना पद्धति (Project Method) आदि विधियों का प्रयोग किया जाता है।

संक्षेप में कहा जाता है, कि शिक्षण-विधि पर सर्वाधिक प्रभाव मनोविज्ञान ने डाला है, किन्तु दर्शन के प्रभाव से यह क्षेत्र अछूता नहीं है, विभिन्न शिक्षण-विधियों में विभिन्नता ला दी है। आदर्शवादी हरबर्ट ने पंचपदी का निर्माण किया तो प्रयोजनवादी ड्यूवी ने पंचपदी को अनुपयुक्त बताकर योजना विधि की नींव डाली। प्रयोजनवादियों ने यह दावा किया कि योजना पद्धति छात्रों में प्रगतिशीलता भर देगी तथा उन्हें आलोचनात्मक चिन्तन के लिए तैयार कर देगी।

(*iv*) विद्यालय प्रशासन व दर्शन—विद्यालय प्रशासन पर समाज की तत्कालीन दार्शनिक विचारधारा का प्रभाव पड़ता है। लोकतान्त्रिक समाज में विद्यालय प्रशासन में लोकतन्त्र के आदर्शों का अनुसरण किया जाता है। दर्शन द्वारा बताया जाता है कि विद्यालय के आन्तरिक प्रशासन हेतु प्रधानाचार्य कैसा हो? यदि समाज लोकतान्त्रिक विचारधारा में विश्वास रखता है, तो विद्यालय व्यवस्था भी लोकतान्त्रिक ही होगी।

उपर्युक्त बातों के अतिरिक्त विद्यालय प्रशासन के अन्तर्गत निम्नलिखित तथ्य भी आते हैं—

(*a*) विद्यालय कहाँ खोला जाये?

(*b*) विद्यालय क्यों खोला जाये?

(*c*) विद्यालय स्थापना के उद्देश्य क्या हों?

(*d*) विद्यालय प्रबन्धन किस प्रकार का हो?

ये महत्वपूर्ण प्रश्न हैं, जो कि विद्यालय प्रबन्धन तथा प्रशासन हेतु अनिवार्य हैं। क्योंकि प्रत्येक दर्शन ने अपने अनुसार ही विद्यालय प्रशासन को मोड़ा है जैसे–

(*a*) प्रकृतिवादी, बालक की प्रकृति के अनुसार शिक्षा देने पर बल देने के साथ-साथ विद्यालय में दंड को नकारते हैं।

(*b*) आदर्शवादी, ऐसे विद्यालय की कल्पना करते हैं, जहाँ धर्म व देशप्रेम की भावना विकसित हो तथा प्रशासन इसमें पूर्णतः मदद करे।

(*c*) प्रयोजनवादी विद्यालय को एक सूक्ष्म समाज (Miniature Society) मानते हैं। जहाँ समाज के नियम व आदर्श प्रतिबिम्बित होते हैं तथा विद्यालय में बदलाव भी समाज की आवश्यकताओं के अनुसार ही किये जाते हैं।

(*d*) यथार्थवादियों ने विद्यालय को मनुष्यों के वास्तविक निर्माण का स्थान माना है।

इस प्रकार दर्शनशास्त्र में विद्यालय तथा प्रशासन की भूमिका महत्वपूर्ण रही है।

(*v*) अनुशासन तथा दर्शन—अनुशासन के अन्तर्गत निम्नलिखित तथ्य आते हैं:

(*a*) अनुशासन का स्वरूप कैसा हो?

(*b*) अनुशासन किस प्रकार स्थापित किया जाये?

अनुशासन का सम्बन्ध स्वतन्त्रता, स्वच्छन्दता तथा नियन्त्रण से होता है। दर्शन के द्वारा यह भी जाना जा सकता है कि स्वतन्त्रता कहाँ तक आत्म नियन्त्रण सिखाने में सहायक होती है। छात्रों को किस सीमा तक तथा किन परिस्थितियों में स्वतन्त्रता देनी चाहिये। यह जानना अनुशासन स्थापित करने में सहायक सिद्ध होता है। अनुशासन का तात्पर्य जनतन्त्र प्रणाली में क्या है? तथा एकतन्त्र प्रणाली में क्या है? इस दिशा में दर्शन सहायक होता है इस विषय में **रस्क** ने कहा है कि ''विद्यालय-कार्य के अन्य किसी पक्ष की अपेक्षा अनुशासन किसी व्यक्ति या युग की दार्शनिक पूर्व-धारणाओं को अधिक प्रत्यक्ष रूप से प्रतिबिम्बित करता है।'' ("Discipline reflects the philosophical prepossessions of an individual or an age more directly than any other ascept of school work". Rusk.)

अनुशासन को भी दर्शनशास्त्र के अनुसार कई भागों में विभक्त किया गया है जैसे–

(*a*) आदर्शवाद कठोर अनुशासन में विश्वास करता है।

(*b*) प्रयोजनवादी सामाजिक अनुशासन में विश्वास करता है।

(*c*) यर्थाथवादी प्रेम व सहानुभूति आधारित अनुशासन में विश्वास करते हैं।

एडम्स ने अपनी पुस्तक "Modern Development in Education" में तीन रूपों में अनुशासन की चर्चा की है–

अनुशासन (Discipline)

↓

↓	↓	↓
दमनात्मक अनुशासन (Repressionistic Discipline)	प्रभावात्मक अनुशासन (Impressionist Discipline)	मुक्त्यात्मक अनुशासन (Emancipationistic Discipline)
↓	↓	↓
आदर्शवादी विचारधारा	प्रयोजनवादी विचारधारा में समन्वय नीति	प्रकृतिवादी विचारधारा

(*vi*) दर्शन तथा शिक्षक—शिक्षा के क्षेत्र में शिक्षक की भूमिका अत्यन्त महत्त्वपूर्ण है। दर्शन कई प्रश्नों के उत्तर देने का प्रयास करता है, जैसे–

(*a*) शिक्षकों का दृष्टिकोण कैसा हो ?

(*b*) छात्रों से किस प्रकार के सम्बन्ध हों ?

प्रत्येक दर्शन अपने अनुसार शिक्षक के स्थान को निर्धारित करता है। उदाहरण के लिए–

(*a*) प्रकृतिवाद के अनुसार प्रकृति सर्वोत्तम अध्यापक है न कि शिक्षक। शिक्षक का कार्य इतना है कि वह मौन रहकर छात्रों का निरीक्षण करे।

(*b*) आदर्शवाद शिक्षक को ईश्वर के रूप में स्वीकार करता है।

(*c*) प्रयोजनवाद में शिक्षक को सामाजिक वातावरण में निर्माणकर्त्ता के रूप में स्वीकार करने में विश्वास रखता है।

(*d*) यर्थाथवाद शिक्षक को महत्वपूर्ण स्थान प्रदान करता है। उनका कहना है, कि शिक्षक को यह जानना आवश्यक है कि 'किसको', 'किस समय', तथा 'कितना' पढ़ाना है।

हैन्डरसन ने इस विषय में कहा है, कि "अध्यापक के लिए दर्शन का थोड़ा ज्ञान अनिवार्य है। उसे व्यक्ति के तौर पर इसकी आवश्यकता है। इसे अध्यापक के रूप में इसकी आवश्यकता है।" ("It is imperative for a teacher to know some philosophy, he needs it as a teacher". –Henderson.)

(*vii*) दर्शन तथा छात्र—दर्शन छात्र के स्थान को निर्धारित करता है शिक्षक तथा शिष्य के सम्बन्धों को भी स्पष्ट करता है। विभिन्न दर्शन में छात्र के स्थान को निम्न प्रकार दर्शाया गया है—

(*a*) प्रकृतिवादी छात्र को विशेष स्थान प्रदान करते हैं। बालक का स्वतन्त्र विकास करने के लिए यह आवश्यक है, कि अध्यापक उसे अच्छा वातावरण प्रदान करें।

(*b*) आदर्शवाद के अनुसार छात्र का कर्त्तव्य है, कि वह अपने-आपको पहचाने।

(*c*) प्रयोजनवाद के अनुसार विद्यार्थी ने समाज का उपयोगी सदस्य बनना है। और इसलिए शिक्षा में समानता सहयोग की भावना को महत्त्व देना चाहिए।

सामाजिक यथार्थवाद के समर्थक लॉक (Locke) बालक के मन को खाली स्लेट (Tabula rasa) मानते थे, जिस पर अनेक प्रभाव डाले जा सकते हैं। छात्र को स्वतन्त्र रूप से विकसित होने के अवसर प्रदान करने चाहिए।

(*viii*) दर्शन तथा पाठ्य-पुस्तकें—उचित पाठ्य-पुस्तकों के चयन में भी दर्शन की भूमिका महत्वपूर्ण है। दर्शन के द्वारा यह निर्धारित किया जाता है, कि पाठ्य-पुस्तक की रचना करने में

क्या-क्या ध्यान रखना चाहिए। सफाया तथा शैदा ने ठीक कहा है, कि "एक अच्छी पाठ्य-पुस्तक में दर्शन द्वारा निर्धारित प्रचलित जीवन-मूल्य प्रतिबिम्बित होने चाहिये।" ("A good text-book must reflect the prevailing values in life fixed by philosophy". —Sofaya and Shaida)

दर्शन की विभिन्न विचारधाराओं के अनेक मत हैं, जो कि निम्नलिखित हैं–

(*a*) प्रकृतिवादी छात्रों में रुचि उत्पन्न करने के लिए प्राकृतिक तस्वीरों का पक्ष लेते थे।

(*b*) आदर्शवादी पाठ्य-पुस्तक के लेखक को महत्वपूर्ण मानते थे।

(*c*) प्रयोजनवादी आत्म चेतना सम्बन्धी कथन के तर्कसंगत क्रम में संतुष्ट रहते हैं।

(*d*) यथार्थवादी भी प्रकृतिवादी की भाँति तस्वीरों को महत्व देते हैं।

इस प्रकार से दर्शनशास्त्र का शिक्षा पर यह प्रभाव पड़ता है। परन्तु शिक्षा तथा दर्शन का एक दूसरा पक्ष भी है। जिसमें शिक्षा की दर्शन को क्या देन है। यह देखा जाता है। जो कि निम्नलिखित हैं–

2. शिक्षा का दर्शनशास्त्र पर प्रभाव (Impact of Education on Philosophy)– शिक्षा का दर्शनशास्त्र पर महत्वपूर्ण प्रभाव पड़ता है यह निम्नलिखित है–

1. शिक्षा दर्शन को जीवित रखती है—दर्शन को जीवित रखने हेतु शिक्षा अत्यन्त महत्वपूर्ण तत्व है। किसी भी दार्शनिक हेतु यह अनिवार्य है कि वह तर्कपूर्ण तथ्य लें तथा तथ्यों को समझने हेतु सबसे अनिवार्य तत्त्व है 'शिक्षा'। शिक्षा ही वह माध्यम है, जो कि दार्शनिक विचारधारा को जीवित रखती है अर्थात् शिक्षा दर्शन को जीवित रखती है।

2. शिक्षा दर्शन का निर्माण करती है—किसी भी दार्शनिक विचारधारा का विकास शून्य में नहीं होता। उसके लिए हमें चिन्तन-शक्ति तथा विचारशक्ति की आवश्यकता होती है। और चिन्तन-शक्ति तथा विचार-शक्ति का विकास भी शिक्षा प्रक्रिया के द्वारा ही होता है। अत: दार्शनिक विचारधारा के विकास के लिए जो वांछनीय तत्त्व हैं, वह शिक्षा के द्वारा ही निर्मित होते हैं।

3. शिक्षा दर्शन के विकास में सहायता करती है—समाज में जिन-जिन दार्शनिक विचारधाराओं का जन्म होता है, उनका आधार शिक्षा ही है। क्योंकि शिक्षा ही व्यक्ति को कार्यों के प्रति संवेदनशील बनाती है। शिक्षा ही व्यक्ति में सोचने-समझने की शक्ति, चिन्तन तथा तर्क का विकास करती है। इस प्रकार शिक्षा विभिन्न मानसिक योग्यताओं का विकास करके दर्शन विकास में सहायता देती है।

4. शिक्षा बिना दार्शनिक विचार महत्वहीन है—दार्शनिक विचारों की सार्थकता व उपयोगिता उनके व्यावाहारिक प्रयोग में है। अपने विचारों को व्यावहारिक रूप प्रदान करने के लिए दर्शन शिक्षा पर निर्भर करता है। दार्शनिक गहन, चिन्तन तथा मनन् के पश्चात् जीवन के लिए जिन आदर्शों का निर्धारण करते हैं, शिक्षा उन्हें जीवन में उतारने में व्यक्ति की मदद करती है।

इस प्रकार शिक्षा व दर्शन के सम्बन्धों की चर्चा करते हुए प्रसिद्ध शिक्षाशास्त्री हरबर्ट (Herbort) ने कहा है कि, "जब तक समस्त दार्शनिक समस्याओं को व्यावहारिक रूप नहीं दिया जायेगा, तब तक शिक्षा को चैन नहीं आ सकता।" ("Education has no time to make holiday till all the philosophical questions are once for all cleared up.") जबकि इसी विचारधारा के विषय में जी. ई. पाट्रिज (G.E. Partridge) ने कहा कि, "गम्भीर अर्थ में यह कहना बिल्कुल तर्कसंगत होगा कि जिस प्रकार शिक्षा दर्शन पर आधारित है, उसी प्रकार दर्शन शिक्षा पर आधारित है।" ("In a very deep sense, it is quite as reasonable to say that philosophy is based upon education as education is based upon philosophy.")

4.3 शिक्षा हेतु दर्शन का महत्व (Importance of Philosophy for Teachers)

शिक्षा के प्रत्येक पक्ष का सम्बन्ध दर्शन से होता है। दर्शन की उत्पत्ति संस्कृत शब्द 'दृश' से हुई। जिसका तात्पर्य है ''देखना''। अत: दर्शन को दृष्टि भी कहा जा सकता है। यही दृष्टि मनुष्य को बातों की गहराई तक पहुँचाती है। दर्शन शिक्षक को विषय तथा छात्र के अन्तनिर्हित शक्तियों तथा क्षमताओं को गहराई से देखने के लिए प्रेरणा देता है। शिक्षा का प्रत्येक क्षेत्र शिक्षक से जुड़ा होता है। अत: दर्शन व शिक्षा के आपस में घनिष्ठ सम्बन्धित होते हैं।

प्रत्येक शिक्षक हेतु दर्शन का ज्ञान अति आवश्यक होता है। दर्शन के ज्ञान से शिक्षकों का निम्न प्रकार से मार्गदर्शन होता है–

(1) दर्शन से शिक्षकों को शिक्षण विधियों के चयन में सहायता मिलती है।

(2) दर्शन शिक्षकों को पाठ्यक्रम निर्माण करने में सहायता प्रदान करता है।

(3) दर्शन अनुशासन को भी प्रभावित करता है।

(4) दर्शन शिक्षक को शिक्षण तकनीक के चयन में भी मदद करता है।

इस प्रकार शिक्षक हेतु दर्शन अत्यन्त महत्त्वपूर्ण तत्त्व है।

4.4 सभी महान दार्शनिक महान शिक्षक भी (All Great Philosophers are Great Educationists Also)

शिक्षा पर दर्शन का प्रभाव इस तथ्य से भी स्पष्ट है, कि प्रत्येक महान दार्शनिक महान शिक्षक भी बने। दार्शनिक होने के कारण उन्होंने व्यक्तियों हेतु एक जीवन-दर्शन का प्रतिपादन किया। तथा इस जीवन-दर्शन को पाने के लिए इन्होंने शिक्षा की योजना भी प्रस्तुत की है। डॉ. सर्वपल्ली राधाकृष्णन महान दार्शनिक तो थे। साथ-साथ यह महान शिक्षक की श्रेणी में भी आते थे।

रॉस ने अपने विचार देते हुए कहा कि, ''सभी महान दार्शनिक महान शिक्षक भी हुए।'' ("The great philosophers have also been the great educators.")

सुकरात (Socrates) के शिष्यों से उनके दर्शन का ज्ञान होता है। शिक्षा जगत में सुकरात विधि (Socratic Method) का विशेष महत्व है।

प्लेटो (Plato) द्वारा रचित रिपब्लिक (Republic) नामक पुस्तक सर्वश्रेष्ठ पुस्तकों की श्रेणी में रखी जाती है।

स्पेन्सर ने यहाँ अपने विचार प्रकट करते हुए कहा है, कि ''सच्ची शिक्षा केवल सच्चे दार्शनिकों द्वारा प्रयोग में लायी जा सकती है।'' ("True education is practical only to a true philosopher.")

4.5 भारतीय दर्शन का सार तथा शिक्षा पर प्रभाव (Essence of Indian Philosophy and Its Impact on Education)

भारतीय दर्शन की दृष्टि बहुत सूक्ष्म तथा व्यापक है। इसकी अनेक शाखाएँ हैं, किन्तु प्रत्येक शाखा एक-दूसरे से सम्बद्ध है। तथा प्रत्येक शाखा के सन्दर्भ में अन्य शाखाओं के ऊपर भी विचार किया गया है। इस प्रकार प्रत्येक शाखा अपने-आप में पूर्ण दर्शन बन जाती है।

भारतीय दर्शन की दृष्टि अत्यन्त ही उदार है। प्रत्येक दार्शनिक शाखा में अन्य शाखाओं के

प्रति सम्मान प्रकट किया गया है तथा बड़ी ही उच्चकोटि की तार्किक भूमि में आलोचना भी की गई है।

इतिहास इस बात का साक्षी है, कि केवल भारत ही नहीं अपितु समस्त संसार के सबसे प्राचीनतम ग्रन्थ वेद हैं। भारतीय दर्शन का स्रोत वेद ही होते हैं। वेद एक आधारभूत ग्रन्थ है, न कि दार्शनिक ग्रन्थ। वेदों ने बाद में भारतीय दर्शन पर अत्यधिक प्रभाव डाला, जिन्हें आज हम 'षड्दर्शन' कहते हैं। ये सभी वे को मानते हैं। कुछ दर्शन वेदों को नहीं मानते हैं। यह दर्शन तीन हैं–

(*a*) चाविक दर्शन। (*b*) बौद्ध दर्शन। (*c*) जैन दर्शन।

वेद वास्तव में एक ही है तथा उसी से चार वेदों का निर्माण हुआ है। जैसा कि सनत्सुजात के निम्नलिखित कथन से विदित होता है–

"एकस्य वेदास्याज्ञानाद् वेदास्ते बहवः कृताः।"

अर्थात् अज्ञानतावश एक ही वेद के अनेक वेद कर दिये हैं।

स्थूल दृष्टि से वेद को 'कर्म काण्ड' एवं 'ज्ञान काण्ड' में विभक्त किया गया हैं। 'कर्म काण्ड' में उपासनाओं का तथा 'ज्ञान-काण्ड' में आध्यात्मिक तत्व का विवेचन है। देवताओं की स्तुतियों में अनेक मन्त्र हैं। ऋग्वेद के दशम् मंडल के 121वें सूक्त के हिरण्यगर्भ की स्तुति की गई है। इस सूक्त से आध्यात्मिक चिन्तन का अच्छा परिचय प्राप्त होता है। वेदों में ब्रह्म की व्यापकता एवं अनश्वरता के विषय में अनेक सुक्त हैं। अथर्ववेद के 'स्कम्भ' सूक्त में ब्रह्म की व्यापकता तथा आत्मा की अभिन्नता का विवेचना है।

वेदों का अन्तिम अंश 'उपनिषद्' हैं। वैदिक मन्त्रों को चार भागों में बाँटा गया है–संहिता, ब्राह्मण, आरण्यक तथा उपनिषद्। प्रथम तीनों भागों में स्तुति, उपासना तथा यज्ञ का वर्णन किया गया है। तथा इनमें तर्क-वितर्क का कोई स्थान नहीं है। उपनिषदों में तर्क-वितर्क को प्रधानता दी गई है। उपनिषदों में आत्मा को पूर्ण, अखण्ड एवं अनश्वर बताया गया है। ब्रह्म के 'मूर्त' एवं 'अमूर्त' दो रूप बताये गये हैं। उपनिषदों के अनुसार मानव जीवन का लक्ष्य 'मोक्ष' है।

उपनिषद् महान ज्ञान के स्रोत हैं

आज हम उपनिषद् ज्ञान को भूल गए हैं। उपनिषद् महान ज्ञान के स्रोत हैं। इनमें तत्व का बड़ा सुन्दर वर्णन हुआ है। उपनिषद् के ऋषि सृष्टि के रहस्य की खोज करते-करते अद्वैत तक पहुँच गए हैं। ब्रह्म और आत्मा की एकता उपनिषद् ज्ञान का लक्ष्य है। इस ज्ञान को वही व्यक्ति धारण कर सकता है जिसका जीवन सदाचार से युक्त है।

कठोपनिषद् में आया

यस्तु विज्ञानवान्भवति समनस्क सदा शुचिः।
स तु तदपदामाप्नोति यस्ताद भूयो न जायते॥

अर्थात् जो विज्ञानवान है मननशील है और सदा पवित्र रहने वाला है वह उस परम पद को पाता है। इस उपनिषद् ज्ञान को पा लेने पर मनुष्य शोक व मोह से तर हो जाता है और परमानन्द को पा लेता है। वेदों में जो ज्ञानकांड के मन्त्र हैं उन्हीं को उपनिषद् के नाम से जाना जाता है। इसको वेदान्त भी कहा जाता है। इसका ज्ञान हर भारतीय को होना जरूरी है। इसके बिना सच्चे ज्ञान की प्राप्ति हो जाना सम्भव नहीं है।

स्रोत : अमर उजाला- 3 अक्टूबर- 2008

भारत की प्राचीन परम्परा के अनुसार छः दर्शन हैं :

(*a*) सांख्य (*b*) योग (*c*) न्याय

(*d*) वैशेषिक (*e*) मीमांसा (*f*) वेदान्त

दर्शनशास्त्रों द्वारा भारत के विद्वान सृष्टि के मूल तत्वों का परिचय प्राप्त करने के प्रयास करते हैं।

भारतीय दर्शन ने मोक्ष को सबसे महत्वपूर्ण माना है तथा अन्य तीन तत्त्व धर्म, अर्थ व काम (Righteousness, Wealth and Duty) तीनों ही मोक्ष (Spiritual Freedom) प्राप्ति के साधन हैं। अध्यात्मवाद का दूसरा रूप मोक्ष ही है। मोक्ष प्राप्ति हेतु आवश्यक है, कि अच्छे कर्म किये जायें। जीवन में उच्च मूल्यों पर आचरण करें। अर्थ अथवा धन, मोक्ष प्राप्ति का साधन है साध्य नहीं। यदि धन अच्छे तरीकों से कमाया जाये तथा अच्छे कार्यों पर खर्च किया जाये तभी मोक्ष प्राप्ति हो सकती है तथा मोक्ष प्राप्ति के फलस्वरूप व्यक्ति जीवन के समस्त दु:खों से छूट सकता है।

5. राष्ट्रीय शिक्षा प्रणाली
(National System of Education)

5.1 राष्ट्रीय शिक्षा प्रणाली की अवधारणा
(Concept of National System of Education)

वह प्रणाली जिसके आधार पर समस्त राष्ट्र की शैक्षिक गतिविधियों का संचालन होता है, राष्ट्रीय शिक्षा नीति कहलाती है। जबकि राष्ट्रीय शिक्षा प्रणाली से अभिप्राय उस शिक्षा प्रणाली से है, जो कि किसी भी राष्ट्र की आकांक्षाओं, आवश्यकताओं तथा आदर्शों के अनुसार हो।

5.2 राष्ट्रीय शिक्षा प्रणाली की आवश्यकता
(Need for National Policy of Education)

राष्ट्रीय शिक्षा प्रणाली भारतवर्ष में बहुत उपयुक्त साबित हुई। इसका कारण इसकी मुख्य बातें थीं। जो कि देश को उन्नति की ओर अग्रसर कर रही थीं–

(1) राष्ट्रीय शिक्षा प्रणाली नागरिकों में राष्ट्रीयता की भावना उत्पन्न कर रही थी तथा साथ-साथ यह भावात्मक एकता को भी बढ़ा रही थी क्योंकि इस प्रणाली के अन्तर्गत प्रत्येक धर्म को एक सार समझकर शिक्षा प्रदान की जाती थी।

(2) राष्ट्रीय शिक्षा प्रणाली के अन्तर्गत सामाजिक भावनाओं तथा कुशलताओं की वृद्धि की जाती है।

(3) यह शिक्षा प्रणाली नागरिकों में उत्तम नागरिकता के गुणों का विकास करती है तथा कुशल व योग्य नागरिकों का निर्माण करती है।

(4) राष्ट्रीय शिक्षा प्रणाली नागरिकों में राष्ट्र हित हेतु त्याग की भावना विकसित करके उन्हें अनुशासित बनाती है।

(5) राष्ट्रीय शिक्षा प्रणाली व्यक्तिगत हित के साथ सार्वजनिक हित की भावना का भी विकास करती है।

(6) प्रत्येक स्वतन्त्र तथा विकासशील देश में राष्ट्रीय शिक्षा प्रणाली का निर्माण उसके संविधान में दिये गये मूल्यों के सन्दर्भ में होता है।

(7) राष्ट्रीय शिक्षा प्रणाली सभी वर्गों में समानता की भावना बढ़ाती है।

(8) राष्ट्रीय शिक्षा प्रणाली में 'मैं' (I) की जगह पर 'हम' (We) पर बल दिया जाता है।

5.3 राष्ट्रीय शिक्षा प्रणाली के मुख्य तत्त्व
(Chief Characteristics of National System of Education)

राष्ट्रीय शिक्षा नीति के मुख्य तत्त्व निम्नलिखित हैं–

(1) सभी हेतु शिक्षा में समानता लाना तथा देश के प्रत्येक भाग में एक समान शिक्षा की संरचना करना।

(2) राष्ट्रीय भाषा को शिक्षा का माध्यम बनाना।
(3) प्राथमिक शिक्षा का सार्वभौमिकरण तथा सभी को शिक्षित करना।
(4) पाठ्यक्रम में राष्ट्रीय नेताओं, सुधारकों आदि के जीवन पर पर्याप्त सामग्री का समावेश करना।
(5) छात्रों हेतु एक-सी वेशभूषा होना तथा एक ही लिपि का होना।
(6) विद्यालयों में प्रार्थना सभा के दौरान राष्ट्रीय गान गाना तथा छात्रों में राष्ट्रीय गान, राष्ट्रीय ध्वज तथा राष्ट्रीय चिह्नों के प्रति आदर भरना।
(7) देश की एकता पर बल देना।
(8) प्रतिदिन राष्ट्र-सेवा हेतु प्रतिज्ञा लेना।
(9) देश के प्रत्येक क्षेत्र में छात्रों तथा शिक्षकों का आदान-प्रदान करना तथा भ्रमिक यात्राओं के अवसर प्रदान करना।
(10) शिक्षण संस्थाओं में प्रवेश हेतु जाति, धर्म आदि की जगह पर योग्यता को बल देना।
(11) सामाजिक विषयों पर विशेषत: इतिहास तथा समाजशास्त्र आदि में तथ्यों सम्बन्धी धार्मिक तथा क्षेत्रीय भाव निष्पक्ष प्रस्तुत करना।
(12) राष्ट्रीय एकता, भावात्मकता तथा एकत्व की भावना को बढ़ावा देने हेतु देशगीतांजलि की रचना करना तथा छात्रों द्वारा मिलकर देश-भक्ति आदि के गीत गाना।

प्रत्येक राष्ट्र के द्वारा यह आशा की जाती है, कि वहाँ के निवासी राष्ट्रीय हितों हेतु प्रयास करें। राष्ट्रीय शिक्षा प्रणाली के द्वारा नागरिकों में राष्ट्रीय विकास की भावना भरकर उन्हें राष्ट्रीय हित हेतु कार्य करने के लिए प्रोत्साहित करती है।

5.4 प्राचीन भारत में राष्ट्रीय शिक्षा प्रणाली (National System of Education in Ancient Period)

प्राचीनकाल में शिक्षा प्रणाली अत्यन्त सुधरी हुई थी। यदि हम प्राचीन काल तथा वर्तमान काल की तुलना करें तो हमें पता चलता है, कि वर्तमान की अपेक्षा प्राचीन काल की शिक्षा राष्ट्रीय भावना से ओत-प्रोत थी। अत: प्राचीन भारत की शिक्षा पर अधिक बल दिया गया था।

प्राचीन भारत की शिक्षा प्रणाली में सबसे पहले वैदिक काल की शिक्षा का नाम आता है।

वैदिक शिक्षा (Vedic Education)

वैदिक काल में शिक्षा का महत्त्व बहुत अधिक था। शिक्षा को इस काल में अन्तर्ज्योति नाम से जाना जाता था। तथा शिक्षा को प्रकाश का स्रोत समझा जाता था। जो जीवन को पथ प्रदर्शक प्रदान करने का कार्य करते हैं। प्राचीन भारत में शिक्षा को कल्पवृक्ष की संज्ञा दी गई थी। विद्या को मनुष्य की 'तीसरी आँख', भी कहा जाता था। शिक्षा के बिना मनुष्य को पशु समझा जाता था। विद्या द्वारा मनुष्य के शारीरिक, मानसिक, बौद्धिक तथा आत्मिक बलों का सन्तुलित विकास हो सकता था।

प्राचीन ऋषियों की दृष्टि में शिक्षा को मुक्ति दिलाने का मार्ग कहा जाता था। तथा ऋषि अपने शिष्यों को मुक्ति मार्ग प्राप्ति हेतु शिक्षा प्रदान करते थे।

वैदिक शिक्षा का संगठन (Organisation of Vedic Education)—वैदिक काल में बालकों को गुरुकुल में शिक्षा प्रदान की जाती थी। गुरुकुल में रहकर ही शिष्य शिक्षा प्राप्त करता था। किसी भी बालक को अपना शिष्य बनाना गुरु की इच्छा पर ही निर्भर रहता था।

गुरुकुल के अन्तर्गत निम्नलिखित मुख्य बातें आती थीं–

(1) शिष्य माता-पिता के समान ही गुरु का आदर करते थे तथा गुरु भी छात्रों को अपने बच्चों की तरह मानते थे।

(2) छात्रों द्वारा ब्रह्मचर्य व्रत धारण किये जाते थे। छात्रों द्वारा ब्रह्मचर्य व्रत के ही द्वारा ही व्यावहारिक, मानसिक तथा नैतिक शिक्षा प्राप्त की जाती थी।

(3) गुरु छात्रों को पढ़ाने के साथ-साथ उन्हें सदाचारी बनाने पर भी बल देते थे।

(4) गुरुकुल में अमीर-गरीब का कोई भेदभाव नहीं होता था।

(5) गुरुकुल प्रायः नगरों से दूर प्राकृतिक जगहों पर बनाये जाते थे। बड़े-बड़े गुरुकुलों के पोषण हेतु अनेक नृपति उनसे गाँव को जोड़ देते थे। जिनकी आय के द्वारा गुरुकुलों का खर्चा चलता था।

छात्र जीवन (Student Life)—वैदिक काल के अन्तर्गत छात्रों को दैनिक दिनचर्या में प्रायः निम्न कार्य करने होते थे—

(1) नियमों का कठोरता से पालन करना।

(2) ब्रह्ममुर्हूत में जागना।

(3) पास के गाँव से जल, समिधा तथा कुश अपने आश्रम में लाना।

(4) गायों को दुहना तथा दूध पीकर गुरुओं के पास शिक्षा ग्रहण करने हेतु जाना।

गुरु सदैव शिष्यों से पहले का पाठ सुनते थे। तत्पश्चात् वह अगले अभ्यास की तरफ जाते थे। साथ-साथ शिष्यों द्वारा गुरु को दोपहर में भिक्षा लाकर दी जाती थी। शिष्य के मुख्यतः दो ही कर्तव्य होते थे–

(*a*) बाह्य व्यावहारिक अर्थात् बालक अन्य व्यक्तियों के साथ कैसा व्यवहार करते हैं। यह कर्तव्य या व्यवहार है—भिक्षाटन, अग्निरक्षण, गोपालन तथा स्वाध्याय।

(*b*) आन्तरिक आध्यात्मिक अर्थात् बालकों को अन्तरात्मा तथा उनका आन्तरिक व्यवहार अन्य लोगों के साथ किस प्रकार का है। आन्तरिक आध्यात्मिक कर्तव्यों में उच्चतम ज्ञान को जीवन का लक्ष्य बनाने तथा उनकी प्राप्ति के साधन जैसे—प्रयत्न, योग, गुरुसेवा तथा उपासना आदि आते हैं।

वैदिक पाठ्यक्रम (Vedic Curriculum)—वैदिक काल का पाठ्यक्रम निम्नलिखित विशेषताओं से युक्त था—

(1) वैदिक पाठ्यक्रम विस्तृत पाठ्यक्रम था। जिसमें लौकिक तथा आध्यात्मिक दोनों प्रकार की विधाओं को रखा गया था।

(2) पाठ्यक्रम में वेद, पुराण, व्याकरण, अर्थशास्त्र, इतिहास, तर्कशास्त्र, प्राणिशास्त्र, शिल्पकला तथा आयुर्वेद को स्थान दिया गया था। वैदिक काल में 14 विधाएँ तथा 64 कलाएँ थीं। यह विधाएँ 4 वेद, 4 अंग, 6 पुराण-साहित्य, न्याय मीमांसा तथा धर्मशास्त्र–ये 14 विद्याओं के भंडार थे।

संसार में धन-धान्य तथा समृद्धि देने वाली विद्या 'अपरा' ही है तथा संसार की मोह-माया तथा बन्धनों से मोक्ष दिलाकर परमात्मा की प्राप्ति करने वाली विद्या 'परा' ही है।

शिक्षण-पद्धति—वैदिक काल की शिक्षण विधियाँ प्रायः मौखिक ही होती थीं। इस काल में शिक्षण-विधियों के अन्तर्गत तीन क्रियाओं को मुख्य माना गया था–

(*a*) श्रवण—श्रवण विधि में वेद मन्त्रों का उच्चारण, सुनना तथा उन्हें याद करना आता है। यह श्रवण ही बालकों में स्मृति, उच्चारण कुशलता तथा समझ आदि मानसिक गुणों का विकास करता है।

(*b*) मनन—मनन के द्वारा बालकों में तर्क शक्ति तथा विश्लेषण आदि गुणों का विकास किया जाता है। मनन के अन्तर्गत वैदिक मन्त्रों का रहस्य समझना तथा गूढ़ अर्थों का चिन्तन आदि आता है।

(*c*) निदिध्यासन—इसमें वेदों के रहस्य की अनुभूति करने से सम्बन्धित तथ्यों को लिया जाता है क्योंकि निदिध्यासन से आत्मानुभूति, आत्मपरिचय, आत्मावलम्बन्, आत्मानुशासन, आत्म-नियन्त्रण आदि मानसिक गुणों का विकास होता था।

शिक्षण-पद्धति के अन्तर्गत शिष्य प्राय: गुरु के वचनों को ध्यानपूर्वक सुनते थे तथा गुरु के अनुसार ही उच्चारण करते थे। यही उच्चारण धीरे-धीरे ग्रन्थों के पाठ में बदल जाता था। छात्र गुरु के वचनों को सुनकर (श्रवण करके) मनन तथा निदिध्यासन करते थे। पाठ सम्पूर्ण होने के पश्चात् शिष्य गुरु से प्रश्न पूछते थे तथा गुरु उनका उत्तर देते थे। इस प्रकार शिक्षण विधि में प्रश्न उत्तर को भी महत्त्व दिया जाता था। शिक्षण-विधियों में चिन्तन, वाद-विवाद तथा स्वाध्याय विधियों का भी प्रचलन था।

स्त्री शिक्षा (Women Education)–वैदिक काल के अन्तर्गत स्त्री शिक्षा को बहुत महत्त्व दिया जाता था। बालिकाओं को भी बालकों के समान ही शिक्षा दी जाती थी। साथ-साथ सहशिक्षा का भी अत्यधिक प्रचलन था। वैदिक युग के अन्तर्गत सीता, द्रौपदी, गार्गी तथा अनुसूया आदि ने भी उच्च शिक्षा प्राप्त की। स्त्री शिक्षा के अन्तर्गत नृत्य, गीत, दर्शन तथा काव्य कला आदि विषयों हेतु विशेष शिक्षा की व्यवस्था की जाती थी। साथ ही स्त्रियों को बहुत सम्मान दिया जाता था।

परीक्षा प्रणाली (Examination System)—वैदिक परीक्षा प्रणाली के अन्तर्गत आज के युग की तरह विशेष परीक्षाओं का प्रबन्ध नहीं था। गुरु का सन्तोष ही सबसे मुख्य शिक्षण-प्रणाली होती थी। शिक्षकों के द्वारा जो प्रतिदिन पढ़ाया जाता था। उसे अगले दिन प्रत्येक छात्र से सुनते थे जब शिक्षक छात्रों के पाठ से पूर्ण संतुष्ट हो जाते थे, तभी वे अगले पाठ की तरफ रुख करते थे। परीक्षा प्रणाली के अन्तर्गत छात्र की व्यक्तिगत योग्यताओं को भी ध्यान रखा जाता था। तथा प्रत्येक विद्वान को शास्त्रार्थ हेतु प्रस्तुत किया जाता था जो विद्वान जीतता था, वही श्रेष्ठ विद्वान कहलाता था। अत: वैदिक काल की परीक्षा प्रणाली अत्यन्त ही श्रेष्ठ थी।

वैदिक काल के अन्तर्गत जब तक एक शिष्य शिक्षा ग्रहण करता था, तब तक गुरु के द्वारा उससे फीस या शुल्क नहीं लिया जाता था। परन्तु शिक्षा समाप्ति के पश्चात् गुरु को शिष्य के द्वारा कुछ-न-कुछ दक्षिणा अवश्य दी जाती थी। यह दक्षिणा 'गुरु दक्षिणा' कहलाती थी।

अनुशासन (Discipline)—वैदिक काल का आदर्श था 'सादा जीवन उच्च विचार'। इस काल में आत्मा के अनुशासन पर बल देकर 'आत्मानुशासन' को महत्त्वपूर्ण समझा जाता था तथा छात्रों को ज्ञान देने के लिए इन्द्रिय निग्रह पर बल दिया जाता था।

इस प्रकार वैदिक कालीन शिक्षा में कोई राज्य या सरकार नहीं थी। वरन् उस काल में शिक्षा पर राजा-महाराजाओं का पूरा हक होता था। साथ-साथ शिक्षा प्रत्येक बालक हेतु थी। शिक्षा में अमीर-गरीब वर्ग का कोई कार्य नहीं होता था, वरन् प्रत्येक बालक हेतु शिक्षा थी।

व्यावसायिक शिक्षा हेतु वैदिक काल में किसी संस्थान की स्थापना नहीं की गई थी व्यवसाय हेतु प्रशिक्षण प्रायः घरों में ही प्रदान किया जाता था। परिवार में जो व्यवसाय बड़ों के द्वारा अपनाया जाता था, वही व्यवसाय आगे जाकर छोटों के द्वारा अपनाया जाता था।

वैदिक काल में 400 बी.सी. से 200 ए. डी. के अन्तर्गत आर्यभट्ट (476-52) नामक एक महान गणितज्ञ का नाम आया। इस युग में सर्वप्रथम शून्य की स्थापना की गई। इस युग में अनेक महान आविष्कार भी हुए थे।

5.5 मध्यकालीन भारत में राष्ट्रीय शिक्षा प्रणाली (National System of Education During the Medival Period)

जिस प्रकार से प्राचीन काल के अन्तर्गत किसी भी शिक्षा प्रणाली की कल्पना नहीं की गई थी ठीक उसी प्रकार से मध्य काल में भी शिक्षा हेतु किसी भी राष्ट्रीय शिक्षा प्रणाली की परिकल्पना नहीं की गई थी मध्यकाल में शिक्षा को निम्नलिखित प्रकार से दर्शाया गया था–

(1) मध्यकाल का युग मुस्लिम युग के नाम से भी जाना जाता था। इस युग में शिक्षा धर्म-आधारित थी। मुस्लिम युग का अत्यधिक प्रसार होने से शिक्षा का आधार धर्म रखा गया। शिष्यों को मुख्यतः कुरान शरीफ से सम्बन्धित शिक्षा दी जाती थी। मौलवी को शिक्षक का रूप दिया गया था तथा शिक्षा प्रायः मदरसों में दी जाती थी।

(2) मुस्लिम शासकों के द्वारा शिक्षा का आधार शिल्प कला भी रखा जाता था, जिसके सुन्दर-नमूने आज भी पुरातत्त्व विभाग के द्वारा दर्शाये जाते हैं। आज सभी ऐतिहासिक इमारतों में बनी कलाकृतियों तथा हस्तलिपि मुस्लिम शिल्प कला शिक्षा का ही परिणाम है।

(3) मुस्लिम काल में शासक ऐसी भाषा में व्यक्तियों को शिक्षित करना चाहते थे, जो कि शासन चलाने में उनकी सहायता करे।

(4) मुस्लिम काल में शिक्षा विद्यालयों की अपेक्षा मकतबों तथा मदरसों में दी जाती थी। यह मकतबें मुस्लिम काल के प्राथमिक विद्यालय होते थे तत्पश्चात् छात्रों को मस्जिद से जोड़ा जाता था। परन्तु इस काल में शिक्षा को अधिक महत्त्व नहीं दिया जाता था।

(5) मुस्लिम काल में स्त्रियों के लिए पर्दा प्रथा का प्रचलन था। स्त्रियों को बाहर जाने की सुविधा नहीं दी जाती थी। इस कारण स्त्री शिक्षा पर भी कोई बस नहीं दिया जाता था। साथ-साथ इस युग में यदि बहुत आवश्यकता होती थी, तब मौलवी घर आकर स्त्रियों को पर्दे के माध्यम से शिक्षा प्रदान कर सकते थे, परन्तु यह बहुत ही कठिन था कि स्त्रियाँ घर से बाहर जाकर शिक्षा प्राप्त करें।

(6) मुस्लिम काल में छात्रों को बहुत अनुशासित रखा जाता था। इस काल में बालकों को शारीरिक दंड भी दिया जाता था।

(7) व्यावसायिक शिक्षा के अन्तर्गत मुस्लिम काल में पैतृक व्यवसाय को ही अपनाने की प्रथा रखी गई थी। इनके अतिरिक्त शिल्प कलाओं को भी महत्व दिया जाता था।

अतः यह काल ऐसा था। जब सिर्फ मुस्लिम शासकों का ही शासन चलता था तथा यही शासक अपने नीति-नियम निर्धारित करते थे। व शिक्षा इन नीति नियमों से अत्यधिक प्रभावित होती थीं।

5.6 अंग्रेजी काल में राष्ट्रीय शिक्षा प्रणाली (National System of Education during the British Period)

अंग्रेजी काल के अन्तर्गत राष्ट्रीय शिक्षा प्रणाली का आधार अंग्रेजी राज की प्रशासनिक तथा आर्थिक आवश्यकताओं की पूर्ति करना था। भारतीय राष्ट्रों के हितों की विदेशी को किसी भी प्रकार की कोई चिन्ता नहीं थी।

अंग्रेजी राज में भरतीय शिक्षा-प्रणाली को प्रभावित करने वाले तत्त्वों का विवरण निम्नलिखित है—

10 जून, 1834 को लार्ड मैकाले भारतीय गवर्नर जनरल की कौंसिल के सदस्य बनकर भारत आए। उन्हें यहाँ "जनरल कमेटी ऑफ पब्लिक इन्सट्रक्शन का अध्यक्ष बना दिया गया। सन् 1835 में मैकाले ने जनरल की कौंसिल के सामने अपना प्रसिद्ध विवरण-पत्र (Minutes) रखा। जिसमें पाश्चात्य शिक्षा तथा अंग्रेजी माध्यम की सिफारिश की। साथ ही 7 मार्च, 1835 को लार्ड विलियम बेटिंग ने सरकारी नीति स्पष्ट करते हुए कहा कि "ब्रिटिश सरकार का महान उद्देश्य है कि इस देश में यूरोपीय साहित्य तथा विज्ञानों की उन्नति हो तथा शिक्षा पर होने वाला समस्त व्यय अंग्रेजी शिक्षा पर ही करना उसका श्रेष्ठतम उपयोग होगा।"

लार्ड मैकाले शिक्षा के द्वारा ऐसे व्यक्तियों का निर्माण करना चाहते थे, जो कि रंग रूप में तो भारतीय थे, किन्तु बातचीत, चिन्तन तथा वेशभूषा में अंग्रेज लगते हों।"

लार्ड मैकाले ने अपने शिक्षा सम्बन्धी विचार निम्न प्रकार प्रस्तुत किये—

(1) भारत तथा अरब के साहित्य से अधिक महत्त्व इन्होंने यूरोपीय साहित्य को दिया।

(2) मैकाले ने कहा कि "भारत के निवासियों में प्रचलित देशी भाषाओं में साहित्यिक एवं वैज्ञानिक ज्ञान कोश का अभाव है तथा वह पूर्णत: विकसित भी नहीं है। इन्हें विकसित करने के लिए जब तक बाह्य भण्डार से सम्पन्न नहीं किया जाएगा, तब तक सुगमता से किसी भी महत्वपूर्ण ग्रन्थ का अनुवाद नहीं हो सकेगा।"

(3) लार्ड मैकाले ने संस्कृत भाषा का मजाक उड़ाया तथा कहा कि "चिकित्सा सिद्धान्त पढ़ाये जाते हैं, जिन पर अंग्रेज पशु चिकित्सकों को लज्जा आएगी। ज्योतिष ऐसा है, जिस पर विद्यालय की अंग्रेज बालिकाएँ हँस पड़ेंगी, भूगोल ऐसा है, जिसमें, शीरे तथा मक्खन के समुद्रों का वर्णन है।"

(4) मैकाले ने अंग्रेजी भाषा की अत्यधिक प्रशंसा की। साथ ही यह कहा कि, "यह भाषा पाश्चात्य भाषाओं में भी सर्वोपरि है। जो इस भाषा को जानता है वह सुगमता से उस विशाल ज्ञान भण्डार को प्राप्त कर सकता है, जिसे विश्व की सबसे ज्यादा बुद्धिमान जातियों ने रचा है।"

अर्थात् मैकाले ने सिर्फ अंग्रेजी साहित्य पर ही बल दिया। परन्तु यह भी सत्य है कि, भारत में वर्तमान शिक्षा प्रणाली में जो भी दोष हैं वह मैकाले की शिक्षा पद्धति के कारण ही है। मैकाले ने भारतीय शिक्षा पद्धति की प्रगति पर अंकुश लगा दिये। तथा उस वर्ग का निर्माण करना शिक्षा का प्रमुख उद्देश्य रखा जो कि अंग्रेजी भाषा, साहित्य, पसन्द, विचार तथा आचरण को अपनायें। इस प्रकार पाश्चात्य सभ्यता एवं संस्कृति के उपासक वर्ग का निर्माण करके वह भारतीयों में फूट डालना चाहते थे।

लार्ड मैकाले ने प्रान्तीय भाषाओं को बढ़ाने हेतु अनेक अवसरों में मैकाले ने दोषपूर्ण प्रणाली के कारण बेरोजगारी को भी बढ़ावा दिया। आज भी भारत इस प्रणाली के दोषों से छुटकारा नहीं पा पाया है।

कुछ लोग मैकाले को भारतीय शिक्षा का पथ प्रदर्शक मानते हैं। उनका विचार है, कि अंग्रेजी शिक्षा द्वारा भारतीय पाश्चात्य देशों के समानता, स्वतन्त्रता एवं बन्धुत्व के सिद्धान्तों से परिचित हुए और उन्होंने राजनैतिक संघर्ष प्रारम्भ करके भारत को दासता की बेड़ियों से मुक्त कर दिया। परन्तु यह मानने के लिए प्रमाण भी नहीं है, कि मैकाले की नीति के कारण ही राष्ट्रीयता तथा एकता का विकास हुआ और उसके बिना भारत कभी भी स्वतन्त्र नहीं होता।

अंग्रेजी राज में भारत तथा भारत से बाहर जाने वाली वस्तुओं के आयात-निर्यात हेतु स्थल मार्ग का प्रयोग किया जाता था। धीरे-धीरे विस्तार होने के साथ-साथ सन् 1448 ई. में भारत तक पहुँचने वाले जलमार्ग की खोज पुर्तगाल निवासी वास्कोडिगामा ने की। अतः यूरोप की कई व्यापारिक कम्पनियाँ भारत से व्यापार करने लगीं। इनमें प्रमुख कम्पनी थी 'ईस्ट इण्डिया कम्पनी'। जो कि अंग्रेजों के द्वारा बनाई गई।

व्यापारिक कम्पनी के भारत आने के साथ-साथ भारत में ईसाई पादरियों ने भी आना प्रारम्भ किया। उनके आने का मुख्य उद्देश्य भारत में धर्म प्रचार करना था। इस लक्ष्य की प्राप्ति के लिए ही इन्होंने शिक्षा का सहारा लिया। उन्होंने विभिन्न स्थानों पर शिक्षा हेतु अनेक संस्थाओं की स्थापना की। अतः यह कहा जा सकता है, कि भारत में शिक्षा की आधुनिक प्रणाली का आरम्भ ईसाई मिशनरियों के प्रयासों में पाया जा सकता है। जो इस देश (भारत) में यूरोपियन व्यापारियों के बाद आए।

5.7 स्वतन्त्रता पश्चात् राष्ट्रीय शिक्षा प्रणाली
(National System of Education During Post Independence Period)

स्वतन्त्रता-प्राप्ति के पश्चात् राष्ट्रीय शिक्षा नीति को तीन भागों में विभाजित किया गया था—

(I) 1947 से 1966 के मध्य—प्रथम चरण।
(II) 1966 से 1986 के मध्य—द्वितीय चरण।
(III) 1986 के पश्चात्—तृतीय चरण।

(I) 1947 से 1966 के मध्य–प्रथम चरण—1947 से 1966 के मध्य राष्ट्रीय शिक्षा नीति में निम्नलिखित महत्त्वपूर्ण बिन्दुओं पर विचार किया गया–

शिक्षा में कोई ठीक प्रकार की शिक्षा नीति न होने के कारण सर्वप्रथम इस समय काल के दौरान एक शिक्षा समिति (Education Commission) बनाने पर विचार-विमर्श किया गया।

स्वतन्त्रता संग्राम के दौरान गाँधीजी तथा अन्य नेताओं ने यह माना कि अंग्रेजी शिक्षा प्रणाली के द्वारा भारत का हित नहीं किया जा सकता। अतः इस प्रणाली को बदलना अनिवार्य हो गया। इसलिए गाँधीजी ने एक नई शिक्षा प्रणाली निर्मित किया, जो 'बेसिक शिक्षा प्रणाली' कहलाई। परन्तु कई कारणों से इस शिक्षा प्रणाली को सफलता नहीं मिली। स्वतन्त्रता-प्राप्ति के बाद यह दृढ़ निश्चय किया गया कि प्रचलित शिक्षा प्रणाली को बदले बिना शिक्षा देश की आवश्यकताओं की पूर्ति नहीं कर सकती। अतः शिक्षा को सुधारने के लिए लगभग 100 समितियों का निर्माण किया गया तथा इतने ही शिक्षा आयोग भी भारत में गठित किए गए।

गाँधीजी ने शिक्षा प्रणाली के दौरान निम्नलिखित महत्त्वपूर्ण कदम उठाये—

1. बेसिक शिक्षा—स्वतन्त्रता-प्राप्ति के पश्चात् 'नई तालीम' अथवा 'बेसिक शिक्षा' की शुरुआत की गई। तथा इसको प्राथमिक स्तर पर राष्ट्रीय शिक्षा नीति का चरण घोषित कर दिया गया। तथा सरकार द्वारा इसके विकास के भरपूर प्रयास किये गये। परन्तु यह नीति अत्यधिक सफल नहीं हो पाई। तथा तीसरी पंचवर्षीय योजना के पश्चात् तो यह नीति सिर्फ 'कागजी पद्धति' बनकर रह गई।

2. विश्वविद्यालय शिक्षा आयोग 1948-49—इस शिक्षा आयोग ने विश्वविद्यालय स्तर पर शिक्षा को समझा तथा अवलोकन के पश्चात् शिक्षा के सुधार हेतु अनेक सुझाव दिये। इस आयोग ने सम्पूर्ण राष्ट्रीय शिक्षा प्रणाली को न लेकर सिर्फ विश्वविद्यालय स्तर पर ही कार्य किया।

3. माध्यमिक स्तर की शिक्षा प्रणाली—माध्यमिक शिक्षा आयोग के द्वारा माध्यमिक स्तर पर एक शिक्षा प्रणाली का आयोजन किया गया। जिसे चलाने हेतु तथा इसमें सुझाव प्रस्तुत करने के लिए ही माध्यमिक शिक्षा आयोग (Secondary Education Commission 1952-53) की स्थापना की गई। हालांकि माध्यमिक शिक्षा आयोग की संस्तुतियों पर कोई विशेष कार्यवाही नहीं की जा सकी। इसका मुख्य कारण शिक्षा के प्रति लोगों का सचेत न होना था तथा यह प्रणाली सिर्फ माध्यमिक स्तर पर ही थी। प्राथमिक तथा विश्वविद्यालयी स्तर से इसका कोई सम्बन्ध नहीं था।

4. कोठारी शिक्षा आयोग (1964-66)—सम्पूर्ण शिक्षा प्रणाली को लेकर चलने के लिए स्वतन्त्रता-पश्चात् भारत सरकार ने एक सम्पूर्ण शिक्षा प्रणाली की स्थापना की, तथा देश के सभी भागों में इसके क्रियान्वयन पर बल दिया गया। यही राष्ट्रीय शिक्षा आयोग 1964-66 अथवा कोठारी शिक्षा आयोग कहलाया। आयोग ने शिक्षा की राष्ट्रीय जनजीवन से सम्बन्धता के लिए राष्ट्रीय शिक्षा प्रणाली की रूपरेखा प्रस्तुत की। इसने शिक्षा के विभिन्न पक्षों तथा स्तरों पर सुधार के उपाय बताए।

(II) 1966-1986 के मध्य-द्वितीय चरण—राष्ट्रीय शिक्षा प्रणाली के निर्माण का द्वितीय चरण 1966 से 1986 के मध्य शुरू हुआ। इसके अन्तर्गत निम्नलिखित प्रस्ताव रखे गये-

1. राष्ट्रीय शिक्षा नीति पर प्रस्ताव (1968)—राष्ट्रीय शिक्षा नीति पर प्रस्ताव 1968 में शुरू किया गया। तत्पश्चात् इस आयोग की संस्तुतियों पर संसद में भी विचार किया गया। इसके अन्तर्गत अन्य बातों के साथ-साथ यह कहा गया कि "देश के सभी भागों में एक जैसा ही शैक्षिक ढाँचा होना चाहिये। तथा यही लाभदायक रहेगा तथा शिक्षा का अन्तिम उद्देश्य 10 + 2 + 3 ही होना चाहिये।"

2. शिक्षा की चुनौती नामक दस्तावेज—राष्ट्रीय शिक्षा नीति के ही अन्तर्गत भारत सरकार ने "शिक्षा की चुनौती" नामक एक दस्तावेज छापा। जिसके अन्तर्गत सम्पूर्ण देश की शिक्षा प्रणाली को लिया गया। यह दस्तावेज 1985 में लागू किया गया। परन्तु फिर भी सरकार को अन्य प्रणालियाँ बनाने की आवश्यकता पड़ी।

(III) 1986 व इसके पश्चात्-तृतीय चरण—देश की समस्त समस्याएँ जो कि शिक्षा से सम्बन्धित थीं, तथा राज्यों के शिक्षा मन्त्रियों की बैठकों के फलस्वरूप एक परिणाम सामने आया। जो कि 1986 की "राष्ट्रीय शिक्षा नीति" कहलाया। तब से देश में इसी शिक्षा नीति में दर्शाये गये दिशा-निर्देशों के अनुसार सभी शैक्षिक कार्यक्रमों को चलाने के भरपूर प्रयास किये जाने लगे। तथा समय-समय पर इन कार्यक्रमों का मूल्यांकन भी किया जाने लगा। 1992 में इस

शिक्षा नीति में थोड़े से संशोधन किए गए, लेकिन आधारभूत उद्देश्य 1986 की नीति वाले ही रहें। 1986 की राष्ट्रीय शिक्षा नीति की महत्त्वपूर्ण विशेषताएँ निम्नलिखित थीं–

(*a*) "सबके लिए शिक्षा"—हमारे राष्ट्रीय परिप्रेक्ष्य के सन्दर्भ में हमारी भौतिक तथा आध्यात्मिक विकास की बुनियादी आवश्यकता "सबके लिए शिक्षा" थी। अर्थात् शिक्षा को प्रत्येक व्यक्ति हेतु अनिवार्य किया गया। शिक्षा को सुसंस्कृत बनाने का माध्यम माना गया। तथा शिक्षा द्वारा ही हमारी संवेदनशीलता को ठीक प्रकार से उन्नत करने का माध्यम बताया गया। इसके अतिरिक्त शिक्षा हमारे संविधान में प्रतिष्ठित समाजवाद, धर्मनिरपेक्षता तथा लोकतंत्र के लक्ष्यों की प्राप्ति में अग्रसर होने में हमारी सहायता करती है।

शिक्षा के द्वारा ही आर्थिक व्यवस्था के विभिन्न स्तरों हेतु जनशक्ति का विकास होता है। शिक्षा के द्वारा ही अनुसंधान तथा विकास को बल प्राप्त होती है। जो एक राष्ट्र के आत्म-निर्भरता की आधारशिक्षा कहलाती है। अत: शिक्षा को राष्ट्रीय शिक्षा नीति के निर्माण की धुरी माना गया है।

(*b*) सबके लिए समान शिक्षा—शिक्षा के अन्तर्गत बिना किसी जाति, वर्ग, लिंग तथा वर्ग भेद को देखे सबके लिए समान शिक्षा का प्रावधान रखा गया। सबके लिए समान शिक्षा के अन्तर्गत महिलाओं, अनुसूचित जाति, जनजाति हेतु, पिछड़े वर्गों हेतु, अल्पसंख्यकों तथा विकलांगों की विशेष शिक्षा का प्रावधान रखा गया। इसके अतिरिक्त महिलाओं हेतु विशेषत: "महिला शिक्षा" की व्यवस्था की गई है। पाठ्यक्रम तथा पुस्तकों में भी लिंग भेद को समाप्त कर दिया गया। 15 साल से 35 साल तक के प्रौढ़ों हेतु साक्षरता कार्यक्रम तथा सतत् शिक्षा की व्यवस्था की गई। वाचनालयों की स्थापना हेतु विस्तार, रेडियो, दूरदर्शन तथा दूरस्थ शिक्षा आदि सम्मिलित हैं।

(*c*) एक समान शैक्षिक संरचना—राष्ट्रीय शिक्षा व्यवस्था के अनुसार सम्पूर्ण देश में एक प्रकार की शैक्षिक संरचना होनी चाहिये। साथ-साथ 10 + 2 +3 के ढाँचे को पूरे देश ने स्वीकार कर लिया। तथा इस ढाँचे के पहले दस वर्षों के सम्बन्ध में कहा गया कि इसे तीन वर्गों में बाँटा जाए। जो निम्नलिखित थे—

(*a*) 5 वर्ष का प्राथमिक स्तर।

(*b*) 3 वर्ष का उच्च प्राथमिक स्तर।

(*c*) दो वर्ष का हाई स्कूल।

इस प्रकार इन तीनों वर्गों को बाँटकर शिक्षा का निर्धारण किया गया।

(*d*) अतिरिक्त पाठ्यक्रम—राष्ट्रीय शिक्षा का पाठ्यक्रम सम्पूर्ण राष्ट्र हेतु एक-सा होता है। परन्तु आवश्यकतानुसार इसमें लचीलापन लाया जा सकता है। पाठ्यचर्या के समान ही अतिरिक्त पाठ्यक्रम में भारतीय स्वतन्त्रता आन्दोलन, संवैधानिक जिम्मेदारियों तथा राष्ट्रीय पहचान से सम्बन्धित अनिवार्य तत्त्व शामिल होंगे। ये मुद्दे किसी भी विषय के हिस्सा हो सकते हैं। जो हमारे विविध सांस्कृतिक पहलुओं, लोकतन्त्र, धर्मनिरपेक्षता, स्त्री-पुरुष के मध्य समानता, पर्यावरण के महत्त्व तथा सामाजिक एकता की बाधाओं को दूर करने, सीमित परिवार के महत्त्व को समझाने तथा वैज्ञानिक अभिरुचि को बनाने की जरूरत सिखा सकें। सभी शैक्षिक कार्यक्रमों को धर्मनिरपेक्षता के मूल्यों के अनुरूप ही आयोजित किया जायेगा।

(*e*) औपचारिक शिक्षा—ऐसे बच्चे जिनकी आयु 9 से 14 वर्ष के मध्य है। उनके लिए औपचारिक शिक्षा की व्यवस्था की जायेगी। साथ ही नई शिक्षा नीति के अन्तर्गत औपचारिकेतर शिक्षा केन्द्रों के माध्यम से बालकों को शिक्षित किया जायेगा। नई राष्ट्रीय शिक्षा व्यवस्था में उदारतापूर्वक अनुदान देकर इन केन्द्रों को विकसित करने की योजना बनाई गई है।

(*f*) व्यावसायिक शिक्षा—राष्ट्रीय शिक्षा नीति में यह स्पष्ट रूप से बताया गया है कि 10 + 2 में शिक्षा ग्रहण करने वाले कुछ प्रतिशत छात्रों को लगभग (10 % तक) को व्यावसायिक शिक्षा की तरफ मोड़ दिया जाए। व्यावसायिक शिक्षा हेतु पाठ्यक्रम पर आधारित मॉडल प्राय: एन.सी.ई.आर.टी द्वारा दिये जायेंगे।

साथ-साथ कमजोर वर्गों हेतु शिक्षा व्यवस्था भी की जायेगी। तथा इन वर्गों हेतु विशिष्ट शिक्षा संस्थानों की स्थापना की जायेगी जो कि पूर्वारक्षित होते हैं। इन वर्गों हेतु नवोदय विद्यालयों की भी स्थापना की जायेगी।

(*g*) उच्च शिक्षा—राष्ट्रीय शिक्षा नीति के अन्तर्गत उच्च शिक्षा को भी महत्त्वपूर्ण माना गया है। इसके अन्तर्गत प्राचीन भारत से सम्बन्धित समस्त ज्ञान भण्डार को खोजने तथा उन्हें जीवन की समकालीन वास्तविकताओं से जोड़ने का प्रयास किया जायेगा। इसके अतिरिक्त शिक्षा के द्वारा ही चुने हुए क्षेत्रों में डिग्रियों को नौकरियों से अलग करने की प्रक्रिया भी की जायेगी।

इसके अतिरिक्त छात्रों हेतु तकनीकी संस्थाओं व उद्योग, शोध व विकास संस्थाओं में तालमेल तथा ग्रामीण विकास कार्यक्रमों में तालमेल स्थापित करना भी आता है।

(*h*) स्वत: रोजगार योजना—स्वत: रोजगार योजना के अन्तर्गत अलग-अलग तकनीकी पाठ्यक्रम तैयार किये जायेंगे। इसके अन्तर्गत बालकों हेतु निम्न श्रेणियों में प्रशिक्षण की व्यवस्था भी की जायेगी—

(1) कम्प्यूटर साक्षरता कार्यक्रमों की शुरुआत विद्यालय स्तर से व्यापक स्तर तक की जायेगी।

(2) बालकों को स्वत: रोजगार का प्रत्यय समझाया जायेगा तथा व्यापार आदि शुरू करने से सम्बन्धित सुझाव प्रस्तुत किये जायेंगे।

(*i*) मूल्य शिक्षा—शिक्षा में समानता लाने हेतु समान स्तर पर मूल्यों की शिक्षा प्रदान की जायेगी, इसमें हिंसा, अन्धविश्वास, धर्म तथा भाग्यवादिता के भी उन्मूलन पर बल दिया जायेगा।

(*j*) विज्ञान व गणित शिक्षण—आधुनिक तकनीकी उपकरणों के अनुरूप विज्ञान तथा गणित सम्बन्धित शिक्षण को पुनर्गठित किया जाता है ताकि छात्रों में जिज्ञासा उत्पन्न हो तथा वह प्रत्येक कार्य को सृजनात्मकता से पूर्ण कर सकें। साथ-साथ इसमें उद्देश्यपरक प्रश्न पूछने का साहस तथा मूल्य जैसी भावनाओं का विकास किया जाता है।

(*k*) सांस्कृतिक परम्पराओं पर बल—आज के युग में आधुनिकता का बहुत प्रचलन है। आधुनिक तकनीकी ने समाज में अपनी महत्त्वपूर्ण जगह बना ली है। परन्तु यही आधुनिकता बहुत अधिक बढ़कर देश की जड़ों को न काट दे, इसके लिए हमारी संस्कृति को बचाना बहुत महत्त्वपूर्ण है। अत: राष्ट्रीय शिक्षा नीति में सदैव इस बात का ध्यान रखा जाता है, कि किस प्रकार शिक्षा नीति के द्वारा संस्कृतिकरण को बढ़ावा दिया जायेगा।

(*l*) पाठ्य-पुस्तकों पर बल—राष्ट्रीय शिक्षा नीति के अन्तर्गत उचित तथा रुचिपूर्ण पाठ्य-पुस्तकों पर बल दिया जाता है। इसके लिए नीति में सभी क्षेत्रों में कम मात्रा में कीमत रखकर अच्छी पुस्तकें उपलब्ध कराने की नीति रखी गई है।

(*m*) शारीरिक क्रिया पर बल—पढ़ाई के साथ-साथ शिक्षा नीति में शारीरिक क्रियाओं पर भी बल दिया गया। जैसे–खेलकूद तथा मस्तिष्कीय ज्ञान आदि। इस नीति के अन्तर्गत सभी विद्यालयों में योग कक्षाएँ भी आरम्भ करने के विषय पर विचार किया गया तथा इसे लागू भी किया गया।

(n) अध्यापक प्रशिक्षण—अध्यापकों के प्रशिक्षण हेतु जिला शिक्षा तथा प्रशिक्षण संस्थाओं की स्थापना की जायेगी तथा आध्यपकों के वेतनमान तथा सेवा-शर्तों को उनके सामाजिक व्यावसायिक स्तर तथा उत्तरदायित्वों के अनुरूप बनाया जायेगा।

(o) शिक्षा पर व्यय—शिक्षा पर व्यय इस प्रकार किया जायेगा कि शिक्षा पर होने वाला निवेश राष्ट्रीय आय के 6% (वर्तमान लगभग 3% तक) तक पहुँच सके। इसमें शिक्षा का प्रबन्ध विकेन्द्रीकरण भी शामिल किया जाता है। इनके साथ ही शिक्षा को राष्ट्रीय परिप्रेक्ष्य तथा महत्त्व प्रदान करने व उचित शैक्षिक प्रबन्ध ढाँचे के विकास हेतु भारतीय शिक्षा स्थापित की जाएगी। इसमें शिक्षा के अन्तर्गत गैर-सरकारी संस्थाओं का योगदान भी देखा जायेगा। तथा इनके योगदान को बढ़ाने हेतु सुझाव भी प्रस्तुत किये जायेंगे।

इस प्रकार कहा जा सकता है कि 1986 की राष्ट्रीय शिक्षा प्रणाली की यही मुख्य बातें हैं। परन्तु कुछ ऐसे तथ्य भी हैं, जो राष्ट्रीय शिक्षा प्रणाली के अन्तर्गत बताये गये हैं। यह निम्नलिखित हैं–

(1) राष्ट्रीय शिक्षा प्रणाली का मूल मन्त्र यह है कि एक निश्चित स्तर पर प्रत्येक छात्र को बिना किसी जात-पात, धर्म, स्थान या लिंग भेद के, लगभग एक जैसी अच्छी शिक्षा उपलब्ध हो।

(2) राष्ट्रीय शिक्षा प्रणाली के अन्तर्गत सम्पूर्ण देश के लिए 10 +2 +3 की संरचना स्वीकार की गई।

राष्ट्रीय शिक्षा प्रणाली में सामान्य केन्द्रिक (Common Core) को बढ़ावा दिया गया। साथ-साथ इन्होंने पूरे देश हेतु एक राष्ट्रीय शिक्षा पाठ्यक्रम (Curriculum) रखा। सामान्य केन्द्रिक के अन्तर्गत भारतीय स्वतन्त्रता आन्दोलन का इतिहास संवैधानिक जिम्मेदारियाँ (Constitutional Obligations) तथा राष्ट्रीय अस्मिता (National Identity) से सम्बन्धित तत्त्व रखे जायेंगे। तथा इन तत्त्वों को इस प्रकार रखा जायेगा, जिससे राष्ट्रीय मूल्यों को विकसित किया जा सकेगा।

राष्ट्रीय मूल्यों में निम्न बातें शामिल की जायेंगी–

भारत की समान सांस्कृतिक धरोहर–

(a) लोकतन्त्र *(b)* धर्मनिरपेक्षता

(c) स्त्री-पुरुषों के मध्य समानता *(d)* पर्यावरण का संरक्षण

(e) सामाजिक अवरोधों को दूर करना। *(f)* सीमित परिवार का महत्त्व

(g) वैज्ञानिक स्वभाव का विकास, आदि।

(3) नवीन शिक्षा प्रणाली आने वाली सन्तति में विश्वव्यापी दृष्टिकोण को सुदृढ़ बनाने के साथ ही अन्तर-राष्ट्रीय सहयोग और शान्तिपूर्ण सह-अस्तित्व की भावना का विकास करे।

(4) समानता के उद्देश्य को साकार बनाने के लिए राष्ट्रीय शिक्षा प्रणाली में सबको शिक्षा का समान अवसर ही उपलब्ध नहीं कराया जायेगा। सभी को शिक्षा में सफलता प्राप्त करने का समान अवसर दिया जायेगा। अतः राष्ट्रीय शिक्षा प्रणाली का उद्देश्य है, कि सामाजिक माहौल तथा जन्म के संयोग से उत्पन्न पूर्वाग्रहों की कुंठाओं को समाप्त करना।

(5) प्रत्येक चरण पर दी जाने वाली शिक्षा का न्यूनतम स्तर पर निर्धारित किया जायेगा। तथा ऐसे उपाय भी किये जायेंगे कि छात्र देश के विभिन्न भागों की संस्कृति, परम्परा तथा सामाजिक व्यवस्था को समझ सकें। औपचारिक शिक्षा की संरचना निम्न प्रकार की होगी—

	स्तर (Level)		**कार्य-अवधि (Duration)**
1.	आँगनवाड़ी प्री-प्राइमरी (पूर्व-माध्यमिक)		प्राय: 2 से 5 साल के मध्यान्तर तक
2.	प्राइमरी या प्राथमिक		6 से 11 साल की आयु-5 साल
3.	उच्च प्राथमिक		11 से 14 साल की आयु-3 साल
4.	माध्यमिक	10 +2 + 3 के नये	15 से 16 साल की आयु-2 साल
5.	उच्च माध्यमिक	पैटर्न पर आधारित	17 से 18 साल की आयु-2 साल
6.	प्रथम डिग्री कोर्स		19 से 21 साल की आयु-3 साल
7.	उच्च स्नातक(एम.ए, एम.एस. सी. आदि)		21 से 23 साल की आयु-3 साल
8.	बी. ई. तथा बी. टैक.		19 से 22 साल की आयु-4 साल
9.	एम. टैक. आदि		23 से 24 साल की आयु-2 साल
10.	बी.एड.		22 से 23 साल में –एक साल
11.	एम. बी. बी. एस.		19 से 23 साल की आयु-4 साल
12.	एम.डी. तथा एम.एस.		24 से 25 साल की आयु-2 साल

इस प्रकार शिक्षा ऐसी होनी चाहिए, जिसके द्वारा देश के युवा वर्ग अपनी कल्पना तथा सूझ-बूझ के अनुसार देश की महिमा तथा गरिमा को पहचान सकें।

(6) देश में सम्पर्क भाषा को बढ़ावा देने हेतु प्रयास किये जायें।

(7) उच्च शिक्षा, सामान्य शिक्षा तथा तकनीकी शिक्षा प्राप्त करने की योग्यता रखने वाले प्रत्येक छात्र को बराबर के मौके दिये जाने की व्यवस्था की जायेगी। साथ ही एक क्षेत्र से दूसरे क्षेत्र में जाकर अध्ययन करने की सुविधा दी जाये।

(8) शोध, विकास तथा विज्ञान एवं तकनीकी शिक्षा के विषयों में देश की विभिन्न संस्थाओं के बीच व्यापक तानाबाना (Network) स्थापित करने के लिए विशेष व्यवस्था की जायेगी जिससे वे अपने-अपने साधन सम्मिलित कर राष्ट्रीय महत्त्व की परियोजनाओं में भाग ले सकें।

(9) आजीवन शिक्षा शैक्षिक प्रक्रिया का मूलभूत लक्ष्य है तथा सार्वजनिक साक्षरता उसका अभिन्न अंग है। युवा वर्ग, गृहणियों, मजदूरों, किसानों तथा व्यापारियों आदि को अपनी पसन्द व सुविधानुसार शिक्षा जारी रखने के अवसर दिये जायेंगे। अत: भविष्य में खुली शिक्षा (Open Education) तथा दूरस्थ शिक्षा (Distance Education) को राष्ट्रीय शिक्षा प्रणाली का महत्त्वपूर्ण अंग माना गया है।

(10) शिक्षा के पुनर्निर्माण हेतु शिक्षा में असमानताओं को कम करने हेतु प्राथमिक शिक्षा के सार्वजनिककरण करने हेतु तथा प्रौढ़ साक्षरता हेतु व अन्य वैज्ञानिक व प्रौद्योगिक अनुसंधान के लिए राष्ट्रीय शिक्षा नीति का निर्माण किया जायेगा। जिसका पूर्ण दायित्व समूचे राष्ट्र पर होगा।

भविष्य में निम्नलिखित संस्थाएँ राष्ट्रीय शिक्षा प्रणाली के विकास में महत्त्वपूर्ण भूमिकाएँ अदा करेंगी—

(1) विश्वविद्यालय अनुदान आयोग (University Grants Commission–UGC)

(2) अखिल भारतीय तकनीकी परिषद् (All India Council of Techical Education–AICTE)

(3) भारतीय कृषि अनुसंधान परिषद् (Indian Council of Agricultural Research–ICAR)

(4) भारतीय चिकित्सा परिषद् (Indian Medical Council)

(5) राष्ट्रीय शैक्षिक अनुसंधान व प्रशिक्षण परिषद् (National Council of Educational Research and Training–NCERT)

(6) राष्ट्रीय शैक्षिक नियोजन तथा प्रशासन विश्वविद्यालय (National University of Educational Planning and Administration—NUEPA)

(7) अन्तर्राष्ट्रीय विज्ञान एवं प्रौद्योगिकी शिक्षा संस्थान (International Institute of Science and Technology Education)

उपर्युक्त समस्त संस्थाओं को एक समेकित योजना के द्वारा जोड़ा जायेगा। ताकि इनमें आपस में कार्यात्मक सम्बन्ध स्थापित हों तथा अनुसंधान तथा स्नातकोत्तर शिक्षा के कार्यक्रम मजबूत बन सकें।

इस प्रकार राष्ट्रीय शिक्षा-नीति के अनुसार लगभग सभी राज्यों तथा संघ प्रशासित क्षेत्रों में समान शिक्षा ढाँचा अर्थात् 10 + 2 +3 बनाया गया है। तथा शिक्षा की गुणवत्ता सुधारने के अनेक प्रयास किये जा रहे हैं।

6. राष्ट्रीय शिक्षा नीति 1986 व 1992
(National Policy of Education 1986 and 1992)

6.1 राष्ट्रीय शिक्षा नीति का महत्व
(Significance of National Policy of Education)

जब कभी नवचेतना की आवश्यकता प्रतीत हुई है, तभी शिक्षा ने सदैव एक महत्त्वपूर्ण भूमिका निभाई है। हम 12वीं सदी में प्रवेश करने वाले हैं तथा शिक्षा की चुनौतियाँ ज्ञान की खोज पर बल दे रही हैं ताकि आधुनिक आवश्यकताओं के अनुकूल शिक्षा व्यवस्था बनाने के सम्भव तरीकों पर कुछ प्रकाश डाला जा सके। जीवन के प्रत्येक क्षेत्र में तीव्र गति से परिवर्तन हो रहा है तथा भारत में शताब्दियाँ दशकों के रूप में बदलती जा रही हैं। स्वतन्त्रता-प्राप्ति के समय से शिक्षा में अनेक परिवर्तन हुए हैं। इन परिवर्तनों के लाने में सन् 1968 की राष्ट्रीय शिक्षा नीति की भूमिका अहम् रही है। परन्तु इस नीति के अधिकांश सुझाव कार्य रूप में परिणित नहीं हो सके। फलस्वरूप विभिन्न वर्गों तक शिक्षा को नहीं पहुँचाया जा सका। साथ ही शिक्षा का विस्तार एवं स्तर का सुधार आवश्यकतानुसार नहीं हो सका। इन समस्याओं का हल समय की प्रथम आश्यकता है।

आज की भारतीय विचारधारा के अनुसार हमारे पास बहुत बेशकीमती सम्पदा तथा अमूल्य राष्ट्रीय संसाधन हैं। परन्तु आवश्यकता तो इस बात की है कि इन्हें किस प्रकार सँभाला जाये। आज भारत राजनैतिक तथा सामाजिक दृष्टि से ऐसे दौर से गुजर रहा है जिससे परम्परागत मूल्यों (Traditional Values) के ह्रास का खतरा उत्पन्न हो गया है तथा समाजवाद, धर्मनिरपेक्षता, लोकतन्त्र तथा व्यावसायिक नैतिकता के लक्ष्यों की प्राप्ति में बराबर बाधाएँ आ रही हैं।

अत: इन बाधाओं व नवीन चुनौतियों को सुलझाने हेतु भारत सरकार ने एक नई शिक्षा नीति तैयार की जो सन् 1986 की राष्ट्रीय शिक्षा नीति के नाम से प्रसिद्ध है। इस राष्ट्रीय शिक्षा नीति के प्रारूप में राष्ट्रीय शिक्षा प्रणाली का ढाँचा तैयार किया गया।

6.2 1986 की शिक्षा प्रणाली के प्रमुख बिन्दु
(Main Features of National Policy of Education 1986)

राष्ट्रीय शिक्षा नीति 1986 के महत्त्वपूर्ण बिन्दु निम्नलिखित हैं–

(1) हमारा राष्ट्रीय लक्ष्य है—सभी के लिए शिक्षा। ....शिक्षा वर्तमान तथा भविष्य दोनों के निर्माण हेतु एक अद्वितीय पूँजी निवेश है।

(2) यह प्रणाली 10+2+3 शिक्षा संरचना की सिफारिश करती है।

(3) यह राष्ट्रीय शिक्षा पद्धति एक राष्ट्रीय पाठ्यक्रम प्रारूप पर आधारित होगी। जिसमें एक महत्त्वपूर्ण पाठ्यक्रम के साथ अन्य तत्त्व भी होंगे जो लचीले होगें।

(4) प्रत्येक स्तर के लए न्यूतनम अधिगम स्तर पर निर्धारण होगा।

(5) शैक्षिक शोध एवं विकास तथा विज्ञान व तकनीकी की शिक्षा के क्षेत्र में विशेष प्रयास किये जायेंगे।

(6) सभी को सतत् शिक्षा की सुविधा प्रदान करने की दृष्टि से मुक्त एवं शिक्षा के कार्यक्रमों पर बल दिया जायेगा।

(7) पुरुषों के समान महिलाओं को भी शिक्षा की आवश्यकता है तथा इसे अर्जित का उन्हें अधिकार है। अत: महिलाओं की स्थिति में मूलभूत परिवर्तन लाने के उद्देश्य से शिक्षा के अभिकरण का उपयोग किया जाना चाहिए।

(8) अनुसूचित जनजाति को अन्य वर्गों के समक्ष लाया जाये।

(9) अल्पसंख्यकों की शिक्षा पर विशेष ध्यान दिया जाये।

(10) समाज के अपवंचित तथा विकलांग विशेष रूप से हमारा ध्यान आकर्षित करते हैं।

(11) संचार माध्यम व शैक्षिक प्रौद्योगिकी का विशेष स्थान है।

(12) सांस्कृतिक सम्भावनाओं की ओर ध्यान दिया जाये।

(13) खेलकूद तथा शारीरिक शिक्षा से वंचित शिक्षा अधूरी है।

(14) किसी भी शिक्षा-अधिगम प्रक्रिया में उपलब्धि का आंकलन उसका एक है।

(15) सतत् एवं व्यापक मूल्यांकन की योजना व परीक्षा संचालन तन्त्र में सुधार पर ध्यान देना होगा।

(16) शिक्षा में प्रबन्ध का प्रश्न अत्यन्त महत्त्वपूर्ण है।

(17) केन्द्र व राज्य के शैक्षिक प्रशासन में समन्वय स्थापित करने तथा इसे और सरल तथा प्रभावी बनाने के लिए राज्य शिक्षा सलाहकार बोर्ड की स्थापना केन्द्र के सामान्तर राज्य कर सकते हैं।

(18) जनपद स्तर पर माध्यमिक शिक्षा के प्रबन्ध एवं व्यवस्था हेतु जनपद शिक्षा परिषदों की स्थापना की जायेगी।

(19) विद्यालय संकुल के लचीले कार्यक्रमों को बढ़ावा दिया जायेगा।

(20) अध्यापकों की सेवा-शर्त तथा कार्यकारी परिस्थितियों में व्यापक सुधार किया जायेगा।

(21) शिक्षा-जीवनपर्यन्त चलने वाली प्रक्रिया है।

(22) पूर्व प्राथमिक शिक्षा का एक पूर्ण रूपेण समेकित कार्यक्रम विकसित किया जायेगा।

(23) प्राथमिक शिक्षा के क्षेत्र में निम्नलिखित दो अन्त:सम्बन्धित तथा अन्त:परा पक्षों पर बल होगा—

  (1) 14 वर्ष तक के बालकों का सार्वजनिक नामांकन तथा सार्वभौमिक स्थिरीकरण।

  (2) शिक्षा की गुणवत्ता में सुधार।

(24) प्राथमिक विद्यालयों को आवश्यक सुविधाएँ–कम से कम दो बड़े खिलौने, ब्लैक बोर्ड तथा अन्य साज-सज्जा उपलब्ध कराई जाएगी। प्रत्येक विद्यालय में कम से कम दो अध्यापक जिनमें एक महिला का प्रावधान होगा।

(25) माध्यमिक स्तर पर बालकों को मानवीय मूल्यों तथा भारत की मिली-जुली सांस्कृतिक विरासत का उपयुक्त पाठ्यक्रमों के माध्यम से परिचय दिया जायेगा। संस्थाओं के माध्यम से अथवा माध्यमिक शिक्षा की नई संरचना के माध्यम से इस स्तर पर 'व्यावसायीकरण' आर्थिक विकास के लिए बहुमूल्य जन शक्ति तैयार करने का काम करेगा।

(26) नि:शुल्क आवासीय नवोदय विद्यालय भारत के विभिन्न भागों में खोले जायेंगे जो केन्द्रीय विद्यालय से अलग होंगे।

(27) सुनियोजित व्यावसायिक शिक्षा सामान्यत: माध्यमिक स्तरोपरान्त एक अलग धारा के रूप में होगी।

(28) लचीले अनौपचारिक व्यावसायिक कार्यक्रमों को उपलब्ध कराया जायेगा।

(29) शिक्षा के समान अवसरों हेतु मुक्त विश्वविद्यालय तथा दूर अधिगम प्रणाली को नई शिक्षा नीति में स्थान दिया गया।

(30) सामान्य सेवाओं हेतु डिग्री समाप्त कर दी जाये।

(31) ग्रामीण विश्वविद्यालयों के विकास तथा बेसिक शिक्षा को नई शिक्षा नीति संपोषित करेगी।

(32) व्यापक साक्षरता अभियान चलाया जाये।

(33) गणित तथा विज्ञान शिक्षण, मूल्य शिक्षा, भाषा शिक्षा तथा पुस्तकों के स्तर को सुधारा जाये।

6.3 संशोधित राष्ट्रीय शिक्षा नीति, 1992
(Revised National Policy of Education, 1992)

सन् 1986 की राष्ट्रीय शिक्षा नीति का क्रियान्वयन द्रुतगति से हो रहा था, परन्तु कुछ समय के पश्चात् केन्द्र में सत्ता परिवर्तन के साथ इस नीति में सुधार की माँग उठने लगी। अत: सरकार ने इसमें सुधार के सुझाव देने हेतु आचार्य राममूर्ति की अध्यक्षता में एक समिति नियुक्त की। इस समिति की संस्तुतियों पर कोई कार्य न हो सका, क्योंकि शीघ्र ही केन्द्र में पुन: सत्ता परिवर्तन हो गया। अब जनार्दंन रेड्डी की अध्यक्षता में पुन: एक समिति की नियुक्ति की जिसने 1986 की नीति में संशोधन सुझाए। इन्हीं सुझावों के आधार पर राष्ट्रीय शिक्षा नीति में संशोधन किये गये। संशोधित नीति में 1986 की नीति की ही अनेक बातें थीं। जिन सुझावों में नवीनता है। उन्हें हम आगे देखेंगे परन्तु पहले आचार्य राममूर्ति के विषय में जान लें।

6.4 आचार्य राम मूर्ति समिति (Acharya Rammurti Committee)

आचार्य राममूर्ति समिति ने अपना प्रतिवेदन राष्ट्रीय शिक्षा नीति 1986 की घोषणा के बाद 26 दिसम्बर, 1990 में प्रस्तुत किया। इस समिति ने निम्न आवश्यक मूल्यों पर बल दिया–

(*i*) समता व सामाजिक न्याय

(*ii*) शैक्षिक प्रबन्ध का सभी स्तरों पर विकेन्द्रीकरण

(*iii*) शैक्षिक व्यवस्था की उचित स्थापना

(*iv*) मानवीय समाज हेतु उचित मूल्यों का विकास।

इन मूल्यों को साथ लेकर आचार्य राममूर्ति कमेटी ने अपनी मुख्य संस्तुतियाँ प्रस्तुत कीं—

(1) शोषण मुक्त तथा अहिंसक शिक्षा व्यवस्था की स्थापना करना।

(2) शिक्षा को एक आधारीय अनुभव मानना तथा शिक्षा को मुक्तिदायक प्रक्रिया के रूप में प्रस्तुत किया जाये।

(3) लड़कियों की शिक्षा के विषय में कहा गया कि 0–3 वर्ष के बच्चों की देखभाल में भेदभाव न करना तथा लड़कों व लड़कियों हेतु विभेदित पाठ्यचर्या अपनाने, गणित, तथा विज्ञान की शिक्षा को सुदृढ़ बनाने हेतु विशिष्ट प्रयास करने, महिलाओं हेतु व्यावसायिक प्रशिक्षण को

प्रोत्साहन देने में, विश्वविद्यालयों में 'महिला अध्ययन केन्द्रों' की स्थापना करने आदि पर बल दिया गया।

(4) पिछड़े वर्गों की शिक्षा हेतु यह तय किया गया, कि प्रत्येक शैक्षिक स्तर पर पाठ्यचर्या में विज्ञान तथा गणित, अभिव्यक्ति-लिखित व मौखिक, अनुसूचित जाति व जनजाति तथा पिछड़े वर्गों के इतिहास व समाज शास्त्र; राष्ट्रीय जीवन व विकास में इन समुदायों का योगदान तथा महिलाओं की भूमिकाओं पर बल दिया जायेगा। साथ ही राजकीय व सहायता प्राप्त विद्यालयों में अनुसूचित जाति व जनजाति के क्रमशः 15% व 7.5% शिक्षक नियुक्त किये जायेंगे। तथा कोर पाठ्यचर्या में जनजातीय संस्कृति को शामिल किया जायेगा।

(5) वर्तमान में 261 नवोदय विद्यालयों को पुनःगठित किया जाये व इन्हें राज्य के अधीन किया जाये तथा नये नवोदय विद्यालय न खोले जायें।

(6) औपचारिक तथा अनौपचारिक शिक्षा को समान स्तर दिया जायें।

(7) राष्ट्रीय स्तर पर विधिक निकाय प्रक्रिया पर बल दिया जाये ताकि स्तरहीन विश्व-विद्यालय बन्द हों। यू. जी. सी. में अध्यक्ष के अतिरिक्त पाँच पूर्ण कालिक सदस्यों को सम्मिलित किया जाये। विश्वविद्यालयों को स्नातक स्तर की परीक्षाएँ लेने के दायित्व से मुक्त किया जाये ताकि वे परास्नातक शिक्षा व शोध अध्ययनों पर अपना ध्यान केन्द्रित कर सकें। उन्हीं महाविद्यालयों में स्नातकोत्तर शिक्षा दी जाये जहाँ सम्बन्धित विषयों में अनुसंधान करने की सुविधाएँ उपलब्ध हों। उच्च शिक्षा संस्थाओं में नियुक्ति से पूर्व एक वर्ष का प्रशिक्षण प्रदान किया जाये। शिक्षण तथा अनुसंधान की दृष्टि से श्रेष्ठ शैक्षिक संस्थाओं का पता लगाया जाये। अनुसंधान देश की वास्तविकताओं की तरफ अभिमुख हो। राष्ट्रीय परीक्षण सेवा जरूरी हैं। परन्तु यह परीक्षण संचालित करने वाली एक केन्द्रीय संस्था के अधीन नहीं होनी चाहिए। ग्रामीण विश्वविद्यालयों व संस्थानों को समर्थन मिलना चाहिए। कृषि विश्वविद्यालयों व संस्थानों को समर्थन मिलना चाहिए। कृषि विश्वविद्यालयों व संस्थानों को ग्रामीण विकास हेतु केन्द्रों की स्थापना करनी चाहिए।

(8) त्रिभाषा सूत्र को भाषा में प्रमुख रखा जाये।

(9) शिक्षा की विषयवस्तु में उभयनिष्ठ सांस्कृतिक विरासत तथा सांस्कृतिक परम्पराओं में विविधता को शामिल किया जाये। देश की एकता व अखण्डता हेतु प्रजातन्त्र, धर्मनिरपेक्षता, वैज्ञानिक स्वभाव, लैंगिक समानता, ईमानदारी, साहस, न्याय, तथा जीवों के प्रति आदर भिन्न संस्कृतियों व भाषाओं के प्रति आदर आदि आवश्यक मूल्य हैं। तथा शिक्षा की प्रक्रिया व विषयवस्तु इनसे अनुप्राणित होनी चाहिए। मूल्य शिक्षा सम्पूर्ण प्रक्रिया व विद्यालयीय वातावरण का अभिन्न अंग होनी चाहिए।

(10) परीक्षा सुधार हेतु सेमेस्टर प्रणाली, सतत् आन्तरिक मूल्यांकन, क्रेडिट संचय व्यवस्था, श्रेणीकरण/स्केलिंग की वस्तुनिष्ठ पद्धति आदि को अपनाया जायें।

(11) अध्यापक शिक्षा की प्रथम उपाधि पत्राचार शिक्षा द्वारा न दी जाये। 'इन्टर्नशिप मॉडल' को अपनाया जाये। क्षेत्रिय शिक्षा महाविद्यालयों की तर्ज पर चार वर्षीय समाकालित कोर्स शुरू किये जायें। जिला शिक्षा एवं प्रशिक्षण संस्थानों को स्वायत्तता दी जाये।

(12) राज्यों में शिक्षा सलाहकार सेवा शुरू की जायें।

(13) शिक्षा पर सकल राष्ट्रीय उत्पाद का न्यूनतम 6% अंश खर्च किया जाये।

6.5 संशोधित राष्ट्रीय शिक्षा नीति, 1992 (Revised National Policy of Education, 1992)

1992 में शिक्षा नीति पर अमल के कार्यक्रम की समीक्षा हेतु गठित जनार्दन रेड्डी समिति ने अपने प्रतिवेदन में निम्न संस्तुतियाँ कीं—

(1) अनुसूचित जाति, अनुसूचित जनजाति व अन्य शैक्षिक दृष्टि से पिछड़े वर्गों की शिक्षा के कार्यकर्मों के प्रबन्धन हेतु प्रत्येक राज्य में एक केन्द्रीय अभिकरण की पहचान की जाये। वह केन्द्र सरकार को भी सूचनाएँ प्रदान करे। केन्द्रीय शिक्षा सलाहकार परिषद् इस कार्य हेतु एक समिति गठित करे जिसमें इन समूहों के शिक्षाविदों का प्रतिनिधित्व हो। इन वर्गों के लिए पृथक पाठ्यचर्चा नहीं होनी चाहिए। अल्पसंख्यक शिक्षा संस्थाओं को मॉनीटर करने हेतु राज्य सरकार कार्य करें। केन्द्र सरकार की भूमिका परामर्शक की रहे। केन्द्रीय स्तर पर अल्पसंख्यक आयोग जैसे अनेक संगठन पहले से ही हैं।

(2) साधारण विद्यालयों की गुणवत्ता को उच्चीकृत करना तथा अधिगम के न्यूनतम स्तरों को प्राप्त करने हेतु सुविधाएँ उपलब्ध कराकर शीघ्र ही विद्यालयों की विषमताएँ कम हो जायें। इसके लिए केन्द्र व राज्य सरकारें दृढ़ संकल्प से कार्य करें। सुविधा प्राप्त विद्यालय अपनी सुविधाओं व संसाधनों से साझेदारी करें। तथा सामुदायिक कार्य करें। व सुविधाहीन वर्गों के बच्चों की पहुँच आसान बनायें व इस प्रकार अपनी सामाजिक जवाबदेही स्वीकार करें।

(3) नवोदय विद्यालय योजना जारी रखें तथा प्रत्येक जिले में एक नवोदय विद्यालय स्थापित किये जायें। इस योजना की सतत् समीक्षा होनी चाहिए। तथा इनकी गति निर्धारक भूमिका पर विशेष ध्यान देना चाहिए। प्रवेश परीक्षाओं की विश्वसनीयता तथा वैधता निरन्तर सुनिश्चित की जानी चाहिए। तथा प्रवेश प्रक्रिया में जरूरी रूपान्तरण किये जाने चाहिए।

(4) बच्चों की देखभाल, परिवार कल्याण, पोषण व स्वास्थ्य जैसी महिलाओं व बच्चों के लिए चल रही समर्थन सेवाओं व क्रियाओं में आँगनबाड़ी कर्मिकों की भूमिका व्यापक हों तथा इसके लिए उनमें जरूरी कौशल व अभिप्रेरणा विकसित की जाये। आठवीं योजना में पूर्व बाल्यकाल देखभाल एवं शिक्षा (ई. सी. सी. ई.) को जारी रखा जाये।

(5) केन्द्र तथा राज्य सरकारें प्रौढ़ साक्षरता तथा सार्वजनिक प्रारम्भिक शिक्षा को अत्यधिक प्राथमिकता दें तथा तद्नुरूप पूर्ण वित्तीय, प्रशासनिक व राजनीतिक समर्थन भी दें। तथा अधिगम के न्यूनतम स्तरों पर अधिक ध्यान दिया जाये। औपचारिक व अनौपचारिक शिक्षा को सभी दृष्टि से तुलनीय बनाने हेतु औपचारिक शिक्षा के प्रबन्ध तन्त्र व अधिगम वातावरण को शीघ्र व प्रभावी ढंग से सुधारा जाये। 'ऑपरेशन ब्लैकबोर्ड' योजना आठवीं पंचवर्षीय योजना में जारी रखा जाये। शैक्षिक संकुल के प्रतिमानों का विकास तथा परीक्षण किया जाये। 21वीं शताब्दी में प्रवेश से पूर्व 14 वर्ष तक की आयु के बच्चों को नि:शुल्क व अनिवार्य शिक्षा देने हेतु संवैधानिक दायित्व को पूरा किया जाये।

(6) आठवीं योजना के दौरान सभी बच्चों का सार्वजनिक नामांकन हो, एक कि.मी. की दूरी में सभी बच्चों हेतु एक प्राथमिक विद्यालय हो। विद्यालय छोड़ने वाले तथा कार्यशील बच्चों तथा विद्यालय न जा सकने वाली लड़कियों हेतु शारीरिक शिक्षा की व्यवस्था हो, यहाँ प्राथमिक व उच्च विद्यालयों का अनुपात 1:4 से सुधार कर 1:2 किया जाये। विद्यालय छोड़ने वाले छात्रों की दर कक्षा 1 से 5 तथा 6 से 8 हेतु 45 व 60 प्रतिशत से घटाकर 20 तथा 40 प्रतिशत की जाये।

(7) ऑपरेशन ब्लैक बोर्ड योजना उच्च प्राथमिक स्तर पर भी लागू की जाये, प्राथमिक स्तर पर सभी बच्चों द्वारा न्यूनतम अधिगम स्तरों की प्राप्ति को सुनिश्चित किया जाये। तथा उच्च प्राथमिक स्तर पर संकल्पना को लागू किया जाये। प्राथमिक शिक्षा के क्रियान्वयन में सहायता देने व उसके निरीक्षण हेतु स्थानीय स्तर पर समिति बनाई जाये।

(8) नव साक्षरों हेतु उत्तर साक्षरता तथा सतत् शिक्षा के कार्यक्रम चलाये जायें। ये प्राथमिक शिक्षा पाने वालों के लिए भी हों। इनकी योजना साक्षरता अभियान के साथ-साथ बनाई जाये।

(9) माध्यमिक शिक्षा परिषद् को पुनर्गठित किया जाये। तथा उन्हें स्वायत्तशासी बनायें। प्रधानाध्यापकों को प्रशासनिक, शैक्षिक तथा वित्तीय अधिकार दिये जायें। तथा इस निमित्त उन्हें प्रशिक्षण भी दिया जाये। राष्ट्रीय मुक्त विद्यालय की भूमिका प्रभावी बनाई जाए। जहाँ सम्भव हों व्यावसायिक कोर्स कक्षा LK से ही शुरू किये जायें। +2 स्तर पर व्यावसायिक धारा को सुदृढ़ बनाया जाये। सामान्य व्यावसायिक कोर्स चयनात्मक आधार पर शुरू किये जाये। शुरू में ये दस प्रतिशत विद्यालयों में चलाये जाये। कार्य अनुभव कार्यक्रम का सुनियोजित क्रियान्वयन किया जाये तथा इनसे सम्बन्धित क्रियाओं में 12.5 से 20 प्रतिशत विद्यालीय समय व्यय किया जाये। ये कार्यक्रम प्रारम्भिक स्तर पर हों। माध्यमिक तथा उच्चतर माध्यमिक स्तर पर व्यावसायिक कार्य कराये जायें। इनका अभिविन्यास प्रयोगात्मक होना चाहिए।

(10) उच्च शिक्षा के नियोजन हेतु राज्य उच्च शिक्षा परिषदों को स्थापित व कार्यशील किया जाना चाहिए। स्तरहीन तथा निम्नस्तरीय महाविद्यालयों की स्थापना को नियन्त्रित करने हेतु राष्ट्रीय स्तर पर विधिक प्रक्रिया की आवश्यकता नहीं है। प्रसार कार्य जैसे साक्षरता में शिक्षकों व छात्रों को शामिल करने की कोशिश की जानी चाहिए। +2 पूरा करने वाले छात्रों के लिए अर्द्ध सैनिक सेवा व्यावसायिक व प्रोफेशनल कौशलों का विकास व ग्रामीण क्षेत्रों में प्रसार कार्य के दो वर्षीय मिश्रित पाठ्यक्रम की ग्राह्यता विचारणीय है। इस कार्यक्रम से सम्बन्धित क्रिया-कलाप गृह राज्य के बाहर किये जायेंगे। राष्ट्रीय परीक्षण सेवा परीक्षण लेने का कार्य करेगी। गाँधीजी के विचारों पर आधारित ग्रामीण शिक्षा को प्रोत्साहित करने के लिए केन्द्रीय ग्रामीण संस्थान परिषद तुरन्त स्थापित की जानी चाहिए। विश्वविद्यालय अनुदान आयोग में पूर्ण-कालिक सदस्यों की नियुक्ति की कोई जरूरत नहीं है। यू.जी.सी. के क्षेत्रीय कार्यालय यथाशीघ्र स्थापित किये जाने चाहिए। पाठ्यचर्या विकास केन्द्र योजना जारी रहनी चाहिए तथा विश्वविद्यालयों को मॉडल पाठ्यचर्या अनुकूलित करने की पूर्ण स्वतंत्रता होनी चाहिए। यू. जी. सी. को एकेडमिक स्टाफ कॉलेज की योजना के क्रियान्वयन को मॉनीटर करना चाहिए।

(11) अखिल भारतीय प्राविधिक शिक्षा परिषद् की क्षेत्रीय समितियाँ गठित की जानी चाहिए। ये समितियाँ नये संस्थान खोलने, नये कोर्स शुरू करने, प्रवेश क्षमता बढ़ाने आदि के विषय में अपनी संस्तुतियाँ देंगी।

(12) उच्च शिक्षा में भारतीय भाषाओं के प्रयोग को प्रोत्साहित किया जाये। संस्कृत शिक्षा में शैक्षिक स्तर को समन्वित किया जाये तथा सिन्धी व अन्य अन्तर राज्य भाषाओं का विकास किया जाये। प्रशिक्षण तथा अनुवाद की सुविधाएँ राष्ट्रीय स्तर पर उपलब्ध हों, केन्द्रीय हिन्दी निदेशालय, वैज्ञानिक एवं तकनीकी शब्दावली आयोग व केन्द्रीय हिन्दी संस्थान का विलय वांछनीय नहीं है। देश का भाषायी सर्वेक्षण पुनः न किया जाये, केन्द्रीय भारतीय भाषा संस्थान (CIIL) को स्वायत्तशासी निकाय बनाया जाये। त्रिभाषा सूत्र का एकसमान व तर्कपरक क्रियान्वयन किया जाये।

(13) माध्यमिक स्तर पर कम्पयूटर शिक्षा की सुविधाओं का प्रसार किया जाये। केन्द्र तथा राज्य सरकारें परीक्षा सुधार के क्षेत्र में सशक्त तथा प्रभावी उपायों को किया जाये। जैसे—

(*a*) परीक्षा निकायों के परीक्षा सुधार कार्यकर्मों की वर्तमान स्थिति पर प्रतिवेदन तैयार करना।

(*b*) परीक्षा निकायों को अनुकूलन व नवाचार हेतु स्वतन्त्रता देते हेतु दिशा-निर्देशों के रूप में राष्ट्रीय परीक्षा सुधार फ्रेमवर्क तैयार करना।

(*c*) भिन्न-भिन्न निकायों के द्वारा परीक्षा सुधारों के क्रियान्वयन के समन्वय, प्रबन्धन व मूल्यांकन हेतु एक प्रभावी प्रक्रिया विकसित करना तथा परीक्षा सुधार सम्बन्धी उपर्युक्त संस्तुतियों के आधार पर नई शिक्षा नीति में सुधार किया गया तथा इसे ही संशोधित राष्ट्रीय शिक्षा नीति 1992 कहा गया।

7. दर्शन के भारतीय सम्प्रदाय–बौद्ध दर्शन
(Indian School of Philosophy–Buddhist Philosophy)

7.1 भारतीय दर्शन (Indian Philosophy)

भारतीय दर्शन का आधार वेद हैं। वेदों की सत्ता में ही विश्वास करके समस्त भारतीय दर्शन तथा वैज्ञानिक परम्पराओं को दो भागों में बाँटा जा सकता है—

(1) आस्तिक

(2) नास्तिक।

यहाँ आस्तिक दर्शन में वेदों की प्रामाणिकता को सत्य आधार माना गया है। इसके अन्तर्गत सांख्य-योग, न्याय वैशेषिक व मीमांसा-वेदान्त आदि आते हैं। जबकि नास्तिक दर्शन में वेदों की प्रामाणिकता पर विश्वास न करके उसे असत्य माना जाता है। इनकी संख्या तीन है—चार्वाक, बौद्ध, तथा जैन दर्शन भारतीय दर्शन को निम्नलिखित प्रकार दर्शाया जा सकता है—

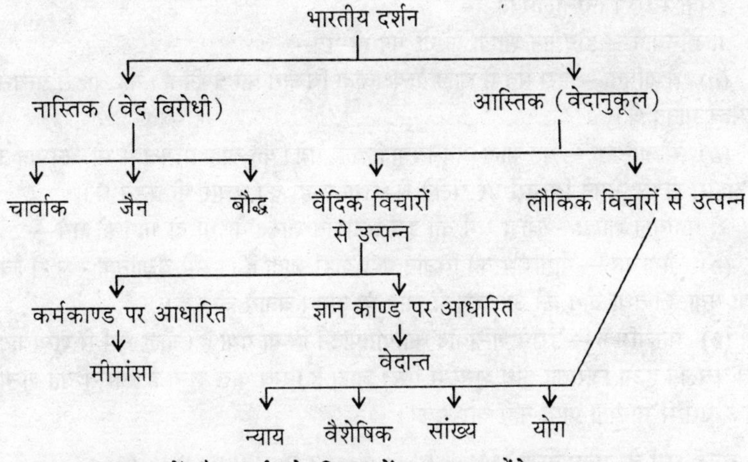

हम इस अध्याय में बौद्ध दर्शन के विषय में अध्ययन करेंगे—

7.2 बौद्ध दर्शन (Buddhist Philosophy)

गौतम बुद्ध का जन्म ईसा पूर्व छठी शताब्दी में कपिल वस्तु नामक स्थान पर हुआ। ये राजा शुद्धोधन के पुत्र थे। इनके बचपन का नाम सिद्धार्थ था। यह बचपन से ही चिन्तनशील थे। युवावस्था में ही इन्होंने अपने घर का परित्याग कर दिया तथा राजवैभव छोड़कर चले गये। सत्य का अन्वेषण करने तथा संसार के दुखों के निवारण हेतु ज्ञान प्राप्त करने के लिए इन्होंने छः वर्ष तक घोर तपस्या की। तथा बोध प्राप्त होने के पश्चात् 80 वर्ष की आयु तक बौद्ध धर्म का प्रचार-प्रसार किया।

उस समय वैदिक धर्म में विकृतियाँ आ गई थीं। उनमें जटिलता घोर कर्मकाण्ड तथा राज्य में हिंसा अर्थात् पशु बलि दी जाती थीं। गौतम बुद्ध ने इसी हिंसा के विरुद्ध आवाज उठाई।

"The old order changeth yielding place to new
And God fulfills himself in many ways.
Lest one custom should corrupt the world." – Tennyson

बौद्ध धर्म के आधार पर महात्मा बुद्ध ने कुछ मौखिक उपदेश दिये। जो कालान्तर में त्रिपिटकों के रूप में संकलित किये गयें। ये तीन त्रिपिटक थे–

(1) विनय पिटक

(2) सुक्त पिटक

(3) अभिधम्म पिटक।

1. विनय पिटक—इसके अन्तर्गत बौद्ध संघ के उद्देश्यों का उल्लेख किया जाता है।

2. सुक्त पिटक—इसमें महात्मा बुद्ध के उपदेशों का सम्पूर्ण विवरण का उल्लेख किया गया है।

3. अभिधम्म पिटक—इसमें महात्मा बुद्ध के दार्शनिक विचारों का विवरण है।

महात्मा बुद्ध की मृत्यु के पश्चात् बौद्ध मत की दो शाखाएँ हो गई–

(1) हीनयान

(2) महायान

इसके स्वरूप निम्नलिखित है–

1. हीनयान—हीनयान शाखा के दो भेद हो गये–

(*a*) वैभाषिक—इस मत में बाह्य प्रत्यक्षवादी विचारों का वर्णन है। यह बाहरी प्रत्यक्ष को ही सत्य मानते थे।

(*b*) सौत्रान्त्रिक—यह बाह्य अनुमेयवादी कहे गये। यह बाह्य प्रत्यक्ष में भी अनुमान आदि का सहारा लेकर अपने विचारों पर चलते थे। तथा उन्हीं का प्रचार भी करत थे।

2. महायान शाखा—बौद्ध धर्म की इस महायान शाखा के भी दो भाग हो गये—

(*a*) योगाचार—योगाचार को विज्ञानवादी कहा जाता है। इसमें वैज्ञानिक रूप से चिन्तन किया गया है। तथा योग को आचरण में लाने के उपाय बताये जाते हैं।

(*b*) माध्यमिक—इसमें शून्यवाद का प्रतिपादन किया गया है। बौद्ध धर्म में शून्यवाद का बहुत प्रचलन हुआ जिसका अर्थ शून्य में मिल जाना है। सब कुछ शून्य है। परन्तु यह शून्यवाद वैदिक धर्म में मान्यता प्राप्त नहीं कर सका।

7.3 बौद्ध धर्म के मूल-तत्त्व (Mian Features of Buddhist Darshan)

महात्मा बुद्ध ने निर्वाण पद को प्राप्त करना ही जीवन का लक्ष्य माना है। बुद्ध के अनुसार निर्वाण उस अवस्था का नाम है जिसमें ज्ञान के द्वारा अविद्या रूपी अन्धकार दूर हो जाता है। यह अवस्था इसी जन्म में, इसी लोक में प्राप्त की जा सकती है। महात्मा बुद्ध ने निर्वाण की यह दशा इस जन्म में ही प्राप्त कर ली थी। एक स्थान पर महात्मा बुद्ध ने बताया है कि जो धर्मात्मा लोग किसी की हिंसा नहीं करते, शरीर की प्रवृत्तियों का संयम कर पापों से बचे रहते हैं। वे उस अच्युत निर्वाण पद को प्राप्त करते हैं, जहाँ शोक और सन्ताप का नाम भी नहीं होता।

महात्मा बुद्ध ने अपने उपदेशों में सूक्ष्म और जटिल दार्शनिक विचारों को अधिक स्थान नहीं दिया गया। इन विवादों की उन्होंने उपेक्षा की।

7.4 बौद्ध धर्म की शिक्षाएँ (Educations of Budddhism)

गौतम बुद्ध ने चार आर्य सत्यों का उपदेश दिया है। इन्हें चात्वीर आर्य सत्यानि के नाम से भी जाना जाता है। ये चार सत्य हैं–

1. दुख—यह संसार दुखमय है।
2. दुःख का कारण—तृष्णा या वासना ही दुख का कारण है।
3. दुख का नाश—दुख का नाश किया जा सकता है।
4. दुख का मार्ग—दुख नाश का एकमात्र उपाय तृष्णा का नाश करना है, जो कि 'अष्टांगिक मार्ग' से ही सम्भव है।

महात्मा बुद्ध ने मानवीय व्यवहारों को नियमित करने हेतु जो 'अष्टांगिक मार्ग' बताये, उन्हें प्राप्त करके ही मनुष्यों के दुखों का अन्त हो सकता है। तथा इसके द्वारा ही मोक्ष प्राप्ति की जा सकती है। 'अष्टांगिक मार्ग' में निम्नलिखित बातों का समावेश किया जाता है–

अष्टांगिक मार्ग

↓

↓	↓	↓	↓	↓	↓	↓	↓
सम्यक् दृष्टि	सम्यक् संकल्प	सम्यक् वचन	सम्यक् कर्म	सम्यक् जीविका	सम्यक् व्यायाम	सम्यक् स्मृति	सम्यक् समाधि

गौतम बुद्ध नैतिक आचरण की प्रधानता पर विशेष बल देते हैं। इस पवित्रता के लिए उन्होंने दस शीलों–सत्य, अहिंसा, अस्तेय, अपरिग्रह, ब्रह्मचर्य, नृत्य तथा गायन का त्याग, सुगन्धित वस्तुओं का त्याग, असमय भोजन का त्याग, कोमल शैय्या तथा कामिनी व कंचन का त्याग–का उल्लेख किया है। इन नियमों में प्रथम पाँच नियम गृहस्थी के लिए हैं। शेष पाँच नियम भिक्षुओं के लिए हैं।

7.5 बौद्ध धर्म के सिद्धान्त (Principles of Buddhism)

बौर्द्ध धर्म के अन्तर्गत निम्नलिखित सिद्धान्तों को महत्त्व दिया गया है—

(1) मनुष्य की सद्‌गति या दुर्गति अपने कर्मों के द्वारा ही होती है। अतः बौद्ध धर्म में कर्म प्रधान सिद्धान्त को महत्व दिया जाता है।

(2) जीवन में पाँच कर्मों का अनुष्ठान अनिवार्य है। जो पंचशील कहलाते हैं यह पंचशील कर्म हैं—अहिंसा, सत्य, अस्तेय, ब्रह्मचर्य तथा मादक द्रव्यों का असेवन।

(3) बौद्ध धर्म के सिद्धातों में शास्त्रों का व्यापार, प्राणी का व्यापार, माँस का व्यापार, विष का व्यापार तथा मद्य का व्यापार वर्जनीय माना गया है।

(4) जीविका में रिश्वत, वंचना तथा कृतघ्नता को निषेध माना गया है।

(5) बुरी भावनाओं को रोकें।

बौद्ध शिक्षा के उद्देश्य बौद्ध धर्म की शिक्षा के आधार पर ही निर्देशित है। बौद्ध धर्म का प्रमुख उद्देश्य निर्वाण है। अतः शिक्षा का उद्देश्य भी इस निर्वाण प्राप्ति में मानव का सहयोग करना था। निर्वाण हेतु आवश्यक था 'बोधिसत्व'।

बोधिसत्व का तात्पर्य है कि जिस जीव की चित्तवृत्ति बोधि पर केन्द्रित हो, वही बोधिसत्व है। अथात् सभी प्राणियों के परम् हित हेतु एक बुद्ध बनाया जाये। बोधिचित्त के दो चिह्न हैं–

(*a*) करुणा तथा,

(*b*) प्रज्ञा।

निर्वाण प्राप्त करने के लिए इन दोनों की आवश्यकता है तथा बोधिसत्व के लिए दस गुणों का होना आवश्यक है–

(1) दान पारमिता (उदारता)

(2) शील पारमिता (सदाचार)

(3) शान्ति पारमिता (सहनशीलता)

(4) ध्यान पारमिता (मन की एकाग्रता)

(5) वीर्य पारमिता (पराक्रम की परिपूर्णता)

(6) प्रज्ञा पारमिता (परम ज्ञान)

(7) उपाय पारमिता (साधनों की परिपूर्णता)

(8) प्रणिधि पारमिता (दृष्टि निश्चय की परिपूर्णता)

(9) बल पारमिता (बल की परिपूर्णता)

(10) ज्ञान पारमिता (ज्ञान की परिपूर्णता)।

बोधिसत्त्व प्राप्त करने के लिए शिक्षा के निम्न पक्ष हैं–

(1) बौद्ध शिक्षा में धर्म का प्रचार व प्रसार किया जाता है। प्रारम्भ में इस शिक्षा का उद्‌भव इसी उद्देश्य से हुआ।

(2) बालक में सत्य व अहिंसा मूल्यों हेतु शिक्षा को सक्षम माना जाता था। मानव कल्याण हेतु यह मूल्य अनिवार्य हैं।

(3) बोधिसत्त्व प्राप्ति हेतु चिन्तन व मनन प्रमुख हथियार माने जाते हैं। अत: यह शैक्षिक पाठ्यक्रम छात्रों की समझ इस प्रकार रखे जाते हैं, कि छात्र रुचि लें।

(4) छात्रों में धार्मिक व आध्यात्मिक शिक्षा द्वारा उच्च आदर्शों का समावेश करना।

(5) वैदिक काल की भाँति इस काल में भी बौद्ध शिक्षा व्यवस्था में शिष्य व शिक्षक के स्नेहपूर्ण सम्बन्ध होते थे।

(6) गुरु व शिष्य दोनों हेतु आचार संहिता होती थी। इनके उल्लंघन करने पर दण्ड दिया जाता था। जो कि संघ देता था।

इस प्रकार बौद्ध काल में ही भारत में कई उच्च शिक्षा केन्द्रों की भी स्थापना की गई थी। इसमें शिक्षा नि:शुल्क थी तथा विदेशों द्वारा भी छात्र यहाँ शिक्षा ग्रहण करने हेतु आते थे।

7.6 बुद्ध शिक्षा का उपदेश (Thought of Buddhism)

बुद्ध भगवान ने उपदेश दिया है, कि–

'आत्मादीपा: आत्माशरणा: भवथ'

अर्थात् अपने-आप स्वयं अपनी बुद्धि को अपना दीप व शरण बनाओ। इस पर सब मनुष्यों का समान अधिकार है। इसमें मनुष्यों के बीच किसी असमानता को नहीं माना जाता है। बुद्ध भगवान की अहिंसा, सिद्धान्त तथा उनका दूसरे प्राणियों के दुखों को दूर करने के लिए स्वयं अनेक दु:खों को झेलना–इन बातों ने मानवता पर पूर्ण प्रभाव डाला है।

8. जैन दर्शन व शिक्षा
(Jain Philosophy and Education)

8.1 जैन धर्म का तात्पर्य (Meaning of Jain Religion)

जैन धर्म की उत्पत्ति 'जिन' शब्द से हुई है। जैन साहित्य के अन्तर्गत जैन का अर्थ इन्द्रियों को जीतने वाला है। इन्द्रियों को जीतने वाले का अर्थ सभी प्रकार के विकारों का स्वाभाविक नियन्त्रण रखने वाला होता है। 'जिनो' अर्थात् सभी प्रकार के विकारों को जीतने वालों द्वारा जो उपदेश दिये गये हैं उन उपदेशों को ही जैन धर्म कहा गया है।

8.2 जैन धर्म का जन्म (Birth of Jainism)

जो व्यक्ति साधारण प्राणियों की भाँति जन्म लेकर काम, मोह, क्रोध, आदि विकारों को जीतकर अमरत्व की अनुभूति करते हैं। ऐसे महापुरुषों द्वारा दिये गये उपदेश ही जैन धर्म की उत्पत्ति का कारण बने। जैन धर्म के अन्तर्गत यह मान्यता रही है कि पहले यह संसार भोग भूमि था। अर्थात् लोग भोग-विलास में लिप्त रहते थे। परन्तु जैसे-जैसे लोगों की आवश्यकता बढ़ी। लोगों ने **भोग** की प्रवृत्ति त्याग कर **'कर्म'** की राह पकड़ी। अत: 'भोग भूमि' अब 'कर्म भूमि' में परिवर्तित हो गई। परिणामस्वरूप चौदह कुलकर व मनु उत्पन्न हुए। इन्होंने कुल के हित हेतु आचार, सामाजिक व्यवस्था, परम्परा तथा रीति-रिवाज आदि का विकास हुआ। इन मनुष्यों को ही कुलकरों की संज्ञा दी गई थी।

जैन साहित्य से कुल चौदह कुलकरों में नाभिराय अन्तिम कुलकर थे। नाभिराय के पुत्र ऋषभदेव हुए। ऋषभदेव ही जैन धर्म के प्रारम्भिक प्रवर्तक माने जाते हैं। इन्हीं से जैन धर्म का विकास हुआ। जैन ग्रन्थों में भगवान ऋषभदेव को 'जिन' या तीर्थंकर माना जाता है। इन चौबीस तीर्थंकारों में भगवान ऋषभदेव को प्रथम तथा भगवान महावीर को अन्तिम तीर्थकर के रूप में स्वीकार किया गया है। भगवान महावीर का जन्म 600 वर्ष पूर्व कुण्डग्राम नाम गाँव में हुआ था। इनके पिता का नाम सिद्धार्थ व माता का नाम त्रिशला था। बिहार राज्य के अन्तर्गत वैशाली क्षेत्र इनकी जन्मभूमि मानी जाती है। यज्ञ में मासूम जानवरों का वध इनसे सहन नहीं हुआ। 30 वर्ष की अवस्था में यह सांसारिक जीवन से विमुख हो गये तथा 12 वर्ष तक इन्होंने घोर तपस्या की। इस तपस्या के फलस्वरूप ही इन्हें ज्ञान की प्राप्ति हुई। इसके बाद 30 वर्षों तक इन्होंने धर्म का प्रचार किया। फिर 72 वर्ष की आयु में इन्होंने निर्वाण प्राप्त किया।

जैन दर्शन के सिद्धान्तों का सम्पादन पाँचवीं सदी के अन्त में और छठी सदी ईसा पूर्व में हुआ। महावीर स्वामी के निर्वाण के बाद इनके सर्मथकों में मतभेद होने के कारण इसके दो सम्प्रदाय बन गये,

(1) श्वेताम्बर (2) दिगम्बर।

इस सम्प्रदायों का उदय 300 ईसा पूर्व हो चुका था। श्वेताम्बर सम्प्रदाय के अनुयायियों का

मानना है कि महावीर स्वामी के पश्चात् लगभग 600 वर्ष बाद इस मत का प्रारम्भ हुआ। इनके प्रमुख आचार्य हैं—

(1) आचार्य भद्रबाहु (2) उमा स्वामी
(3) समन्त भद्र (4) हेमचन्द
(5) वारिदराजसूरि (6) यशोविक्रम आदि।

8.3 जैन धर्म के सिद्धान्त (Principles of Jainism)

जैन दर्शन के अनुसार प्रत्येक पदार्थ में तीन प्रमुख तत्त्व होते हैं—

(1) उत्पाद (2) व्यय (3) ध्रौव्य।

ये तीन लक्षण उत्पत्ति, विनाश और स्थिरता के द्योतक माने जा सकते हैं। इन लक्षणों की उत्पत्ति तथा विनाश का क्रम कभी रुकता नहीं। इसी आधार पर जैन दर्शन की यह मान्यता है कि यह संसार परिवर्तनशील है। परन्तु इस परिवर्तनशीलता के होते हुए भी जगत की एकता (Utility) उसी प्रकार बनी रहती है। जैसे कि एक मनुष्य शैशव से किशोरावस्था, प्रौढ़ावस्था तथा वृद्धावस्था पर आता है, परंतु इन विविध अवस्थाओं पर आने वाले मनुष्यों की एकता बनी रहती है। क्योंकि परिवर्तित होने वाला ''मनुष्य'' मनुष्य ही बना रहता है। इसी आधार पर जैन धर्म का यह विश्वास है कि परिवर्तन के साथ अपरिवर्तनशीलता भी बनी रहती है।

जैने धर्म के अनुसार संसार अनादि और अनन्त हैं। जैन धर्म के अनुयायियों का मानना है कि इस जगत को किसी ने बनाया नहीं है। जगत ''जीव'' तथा ''अजीव'' दो प्रकार की वस्तुओं के मेल से बना है। जैनी, अजीव हृदय के पाँच प्रकारों का उल्लेख करते हैं। यह निम्नलिखित हैं–

(1) पुद्‌गल (2) धर्म (3) अधर्म
(4) आकाश (5) काल।

यह द्रव्य ज्यों-के-त्यों बने रहते हैं। न ये घटते हैं तथा न ही बढ़ते हैं। जैन धर्म ईश्वर नाम की किसी सत्ता पर विश्वास नहीं करता। ईश्वर न रचता है, तथा न संहार ही करता है। क्योंकि ईश्वर की कल्पना ही निराधर है।

8.4 जैन धर्म के मुख्य तत्त्व (Main Features of Jain Religion)

जैन धर्म में मोक्ष प्राप्ति को सबसे बड़ा उद्देश्य समझा गया। महावीर जी ने कहा है कि सहज ज्ञान के अभाव में मनुष्य पाप करता है। ये पाप ही मनुष्य को पुनः जन्म लेने हेतु प्रेरित करता है। क्योंकि व्यक्ति यदि पाप करता है तो उनका फल तो उसे भुगतना ही पड़ता है। यहीं से जन्म व पुनर्जन्म की धारणा उत्पन्न होती है। यदि व्यक्ति सिद्धशील की प्राप्ति कर लेता है तभी वह जन्म तथा मरण के चक्कर से छूट सकता है।

अतः जैन धर्म में कुछ तथ्यों जो कि व्रत कहलाते हैं। उन पर बल दिया है। ये व्रत हैं—

1. सत्य—जैन धर्म में सत्य बोलने पर बल दिया गया है। द्वेष तथा मोह का त्याग करें क्योंकि यह हमें असत्य बोलने हेतु प्रेरित करते हैं। अतः सत्य को ही सत्याणुव्रत कहा गया है।

2. अहिंसा—जैन धर्म हिंसा के त्याग पर बल देता है। यह मन, वचन तथा शरीर किसी भी प्रकार की हिंसा का विरोध करके अहिंसा पर बल देते हैं। जैन-धर्म में किसी भी प्रकार की विस्फोटक सामग्री का भी विरोध किया गया है। इनका मानना है, कि यह सामग्री जानवरों तथा

पक्षियों की हत्या अर्थात् **जीव हत्या** का कारण है।

3. अस्तेय—अस्तेय से तात्पर्य है कि किसी भी दूसरे व्यक्ति की सम्पत्ति की चोरी न करना तथा गिरी हुई, पड़ी हुई व कहीं पर भी रखी हुई वस्तु को स्वयं ग्रहण न करके उसके स्वामी को देना ही अस्तेय कहलाता है।

4. ब्रह्मचर्य—जैन धर्म के अन्तर्गत पर स्त्री तथा पर पुरुष समागम का विरोध किया गया है। अत: इसे ही ब्रह्मचर्याणुव्रत कहा गया है।

5. अपरिग्रह—जैन धर्म में गृहस्थ जीवन हेतु धन उपार्जन पर तो बल दिया गया है, परंतु धन में लिप्त रहने को पाप माना गया है। अर्थात् आवश्यकता के बिना बहुत से धन-धान्य को संग्रह न करना ही 'अपरिग्रह' माना गया है।

जैन धर्म के अन्तर्गत कुछ गुणव्रतों को भी महत्वपूर्ण माना गया है। यह गुणव्रत निम्नलिखित हैं—

(1) गृहस्थ व्यक्तियों को कभी-कभी एक निश्चित दिशा से अधिक दूर न जाने का व्रत लेना पड़ता है, जिसे दिग्विरित कहा जाता है।

(2) जिस कार्य से हमारा सम्बन्ध नहीं है, उसे न करने का व्रत लेना, जो कि अनर्थ दण्ड विरति कहलाता है।

(3) जैन धर्म के गुणव्रत के अन्तर्गत एक व्रत ऐसा रखा गया जिसमें यह माना गया कि कोई भी व्यक्ति आवश्यकता से अधिक भोजन नहीं ग्रहण करेगा। इसे उपभोग-परिभाग परिमाण व्रत का नाम दिया गया।

जैन धर्म में उपरोक्त दोनों व्रत के अतिरिक्त शिक्षा जीवन से सम्बन्धित भी कुछ व्रतों को मुख्य माना गया है, जो कि निम्नलिखित हैं—

(1) एक क्षेत्र निश्चित करें अर्थात् न तो उसके आगे गृहस्थ जीवन हेतु जायें व न व्यावसायिक कार्यों हेतु। इसे देशविरित कहा जाता है।

(2) समय निर्धारित करके शुद्ध आत्म-स्वरूप में लीन हो जायें। इसे सामयिक व्रत कहा जाता है।

(3) प्रत्येक माह के अष्टमी तथा चतुर्दशी के दिन सांसारिक कार्यों का परित्याग कर मुनियों के साथ समय व्यतीत करें। इसे पौषधोपवास कहा जाता है।

(4) जैन धर्म में मुनियों तथा विद्वानों के स्वागत सत्कार को महत्त्व दिया गया है। इसे अतिथि-संविभाग व्रत कहा जाता है।

उपरोक्त समस्त व्रतों के अतिरिक्त जैन धर्म में निम्नलिखित तथ्यों पर बल दिया गया—

(1) मन, वचन तथा क्रम में संयम रखें।

(2) चलने, बोलने तथा भिक्षादि ग्रहण आदि क्रियाओं को सावधानीपूर्वक करें।

(3) जीव तथा संसार की यथार्थता के सम्बन्ध में चिन्तन करते रहें।

(4) समता, निर्मलता तथा सच्चरित्रता प्राप्त करें।

(5) दस धर्मों का आचरण करें, जो कि निम्नलिखित हैं—

(*a*) क्षमा
(*b*) कोमलता (मार्दव)
(*c*) सरलता (आर्जव)
(*d*) सत्य
(*e*) शौच (पवित्रता)
(*f*) संयम (मन-इन्द्रियों पर नियन्त्रण)

(*g*) तप (मानसिक व बाह्य) (*h*) त्याग

(*i*) अंकिचन-पदार्थों से ममता न करें। (*j*) ब्रह्मचर्य।

(6) भूख, प्यास,शीत, उष्ण आदि के कारण जो कष्ट होता है, उसे सहन करना चाहिये। इसे वैदिक शास्त्रों में तितिक्षा कहा गया है।

वास्तव में देखा जाये तो उक्त साधना पंच महाव्रतों को पुनः दूसरे शब्दों में कहा गया है। अतः सम्यक् चरित्र के लिए पंच महाव्रत पर्याप्त हैं—इसलिए अनेक जैन दार्शनिक उपर्युक्त सभी आदर्शों का पालन करना अनिवार्य नहीं समझते हैं। और उनमें यथावश्यक छूट दी गई है।

इस प्रकार सम्यक् दर्शन, सम्यक् ज्ञान तथा सम्यक् चरित्र की पूर्णता होने पर मोक्ष प्राप्ति होती है। इसी में अनन्त चतुष्टय-अनन्त ज्ञान, अनन्त दर्शन, अनन्त वीर्य तथा अनन्त सुख निहित हैं।

जैन धर्म में णमोकार मंत्र की भी महानता है।

णमोकार मंत्र

यह जैन धर्म का श्रेष्ठतम मंत्र है। मान्यता है कि यह मंत्र सर्वदा सिद्ध मंत्र है। इसमें समस्त रिद्धियाँ और सिद्धियाँ हैं। शांति, शक्ति, संपत्ति और बुद्धि के रूप में पूजित शक्तियों का आधार णमोकार मंत्र ही है। अरिहन्त, सिद्ध, आचार्य, उपाध्याय और साधु, व पांच परम ईष्ट है। इनका नमन ही णमोकार मंत्र है। इसके चिंतन-मनन से जन्म-जन्मांतरों के पाप कटते हैं।

णमो अरिहंताणं
णमो सिद्धाणं
णमो आयरियाणं
णमो उवज्झायणं
णमो लोए सव्व साहूणं
एसो पंच णमोकारो, सव्व पावप्पणासणो मंगलाणं च
सव्वेसिं, पढमं हवइ मंगलम।।

अर्थात् मैं अरिहन्तों को नमन करता हूँ, सिद्धों को नमन करता हूँ, मैं उपाध्यायों को नमन करता हूँ, मैं साधुओं को नमन करता हूँ।

स्रोत—अमर उजाला 18 नवम्बर, 2008

8.5 जैन धर्म का शैक्षिक दृष्टिकोण (Educational Outlook of Jain Religion)

शिक्षा आजीवन चलने वाली प्रक्रिया है। इससे व्यक्ति का ज्ञानात्मक, भावात्मक तथा आध्यात्मिक विकास होता है तथा कर्म बन्धन मुक्त हो जाता है। जैन दर्शन में समस्त पक्षों पर ध्यान दिया गया है। सम्यक् दर्शन से भावात्मक विकास, सम्यक् ज्ञान से ज्ञानात्मक विकास और सम्यक् चरित्र में आध्यात्मिक विकास निहित है। इन सभी पक्षों के विकास से कर्म बन्धन छूटता है और व्यक्ति मोक्ष या निर्वाण का अधिकारी बन जाता है। यही शिक्षा का लक्ष्य है।

8.6 जैन दर्शन तथा पाठ्यक्रम (Jain Philosophy and Curriculum)

जैन दर्शन के अनुसार आत्मा सनातन सत्ता है। संसार नित्य तथा अनित्य दोनों ही है। संसार में अनेक दुख हैं। इस दृष्टि से जैन दर्शन के अनुसार पाठ्यक्रम में आध्यात्मिक तथा व्यावहारिक

दोनों प्रकार के विषयों को लिया गया है। जिससे सम्पूर्ण व्यक्तित्व का विकास हो सके।

जैन दर्शन में ज्ञान को पाँच भेदों में बाँटा गया है–

ज्ञान
↓

↓	↓	↓	↓	↓
मतिज्ञान	श्रुतिज्ञान	अवधि ज्ञान	मन पर्याय ज्ञान	कैवल्य ज्ञान

उपर्युक्त पाँच ज्ञान के तथ्यों से पाठ्यक्रम का स्वरूप प्रकट होता है। इनमें मतिज्ञान तथा श्रुतिज्ञान का सम्बन्ध सांसारिक पाठ्यक्रम से है तथा शेष तीन अवधि ज्ञान, मनः पर्याय एवं कैवल्य ज्ञान आध्यात्मिक पाठ्यक्रम से सम्बन्ध रखता है।

जैन धर्म में सम्पूर्ण पाठ्यक्रम को दो भागों में बाँटा गया है–

(अ) आधारभूत पाठ्यक्रम

(1) भौतिक विज्ञान का अध्ययन–पुद्गल अध्ययन
(2) कला कौशल व अभियान्त्रिकी अध्ययन–अणु व संघात अध्ययन
(3) गतिशीलता का अध्ययन–गतिशीलता
(4) स्थिरता का अध्ययन–सांख्यिकी
(5) आकाश का अध्ययन–स्थान विज्ञान
(6) ब्रह्माण्ड, जीव विज्ञान, शरीर रचना का ज्ञान–जीव के भेद
(7) भू-विज्ञान का अध्ययन–स्थावर
(8) इतिहास, सामाजिक तथा भौतिक परिवर्तन का अध्ययन–अनस्तिकाय काल
(9) मुक्त आत्मा का अध्ययन–आध्यात्मिक विज्ञान
(10) समाजशास्त्र, नागरिकशास्त्र, मनोविज्ञान तथा अर्थशास्त्र का अध्ययन–बुद्धि जीव का अध्ययन।

(ब) क्रियात्मक पाठ्यक्रम

(1) पंच महाव्रत का पालन–सत्य, अहिंसा, अचौर्य, ब्रह्मचर्य, अपरिग्रह का विद्यालय काल में पालन करवाना। व्यवहार द्वारा इन्हें जीवन का अंग बनाना।
(2) दस प्रकार के गुणधर्म–क्षमा, मानव, आर्जव (सरलता), सत्य, शौच (पवित्रता), संयम, त्याग, तप, ममता का न होना एवं ब्रह्मचर्य का पालन। दैनिक जीवन में इन दस गुणों का अभ्यास व पालन करना।

अतः जैन दर्शन के पाठ्यक्रम में भौतिक-विज्ञान, प्राकृतिक विज्ञान से आध्यात्मिक ज्ञान तक की चर्चा है। सभी की उपयोगिता है किन्तु अन्तिम नहीं है। आचार शास्त्र तथा अध्यात्म ही मुख्य ध्येय है।

8.7 जैन धर्म व शिक्षण विधियाँ (Jain Religion and Educational Method)

जैन धर्म में शिक्षण विधियाँ पाँच भागों में बाँटी गई हैं–

(1) मति ज्ञान (2) श्रुति ज्ञान (3) अवधि ज्ञान
(4) मनःपर्याय ज्ञान (5) कैवल्य ज्ञान।

(1) मति ज्ञान—यह इन्द्रियों द्वारा दिया गया प्रत्यक्ष ज्ञान है। मति ज्ञान का प्रयोग आधुनिक काल में शिक्षा प्रणाली में किया जाता है। विशेष रूप से भाषा और विज्ञान के शिक्षण में प्रत्यक्ष विधि का ही आश्रय लिया जाता है। विज्ञान के परीक्षण में प्रत्यभिज्ञान (Recognition) तथा स्मृति (Recall) द्वारा करते हैं। प्रत्यभिज्ञान व प्रत्यास्मरण का उपयोग ज्ञानात्मक उद्देश्य के माध्यम से करते हैं। ताकि बालक के व्यवहार परिवर्तन में स्थायित्व आ जाये।

(2) श्रुति ज्ञान—श्रुति ज्ञान, शब्द ज्ञान, व्याख्यान, पाठ्य-पुस्तक आदि से प्राप्त किया जाता है। श्रुति ज्ञान के चार भेद जैन दर्शन में वर्णित किये हैं जो निम्न हैं—

(*a*) सन्धि (*b*) भावना (*c*) उपयोग (*d*) नय।

8.8 जैन धर्म व शिक्षक (Jain Religion and Teacher)

जैन दर्शन ने शिक्षक को उच्च तथा गौरवपूर्ण स्थान प्रदान किया है। जैन दर्शन में 'पंच परमेष्टि' में अरहन्त एवं सिद्धों की पूजा के बाद आचार्य-उपाध्याय का स्थान है। यह महत्त्वपूर्ण पद है। [णमोकार मंत्र के अन्तर्गत उपाध्यायों की चर्चा की गई है।]

जैन दर्शन में शिक्षक के दो स्तर बताये हैं—

(1) आचार्य—आचार्य छात्रों में अनुशासन तथा चरित्र-निर्माण आदि का दायित्व निर्वाह करते थे। साथ ही छात्र-जीवन में सम्यक् चरित्र आदि की शिक्षा देते हैं।

(2) उपाध्याय—जैन धर्म में उपाध्याय का कार्य-क्षेत्र सम्यक् ज्ञान देना होता था। अतः यह समस्त अध्ययन व अध्यापन का कार्य करते थे। आदर्श चरित्रवान ही शिक्षक कार्य का वहन करते थे। अतः दोनों प्रकार के शिक्षक विषय विशेषज्ञ तथा पंच महाव्रत एवं दस लक्षणों से युक्त होते थे।

शिक्षक में निम्न योग्यताएँ पाई जाती हैं—

(1) अपने विषय का विशेषज्ञ तथा अन्य विषयों का सामान्य ज्ञान आवश्यक था।
(2) छात्रों को व्यक्ति का आदर करना एवं उनमें आत्म तत्त्व को पहचानना प्रमुख गुण होते थे।
(3) विभिन्न व्यक्तित्व के छात्रों के लिए उनकी रुचि एवं क्षमतानुसार भिन्न-भिन्न पाठ्यक्रम का संयोजन करना उनका गुण था।
(4) वह प्रत्यक्ष, व्याख्यान, विचार-विमर्श आदि विभिन्न शिक्षण विधियों के ज्ञाता तथा छात्रों की शंका समाधान की योग्यता वाला होता था।
(5) शिक्षक का चरित्र छात्रों हेतु अनुकरणीय होता है।
(6) आचार्य सदाचार का ही प्रतीक है।
(7) आचरण एवं चरित्र की दृष्टि से वह छात्रों के लिए आदर्श स्वरूप होता था।
(8) शिक्षक को ब्रह्मचारी, मन, वचन तथा कर्म से संयमी होना चाहिए।

इस प्रकार जैन दर्शन के अनुसार उच्च एवं गौरव पूर्ण स्थान शिक्षक को प्राप्त था। वह अनेक उच्च आदर्शों का समुच्चय था।

8.9 जैन धर्म व छात्र (Jain Religion and Students)

जैन दर्शन के अनुसार छात्र का व्यक्तित्व सम्माननीय है। व्यक्ति में ही मन, बुद्धि विकसित होते हैं। वह मूल प्रवृत्तियों का दास नहीं होता है। अतः सभी छात्रों में चैतन्य तत्त्व हैं। सभी छात्र समान हैं। उनमें कर्म जनित भिन्नता होती है। अतः सभी छात्र समान रूप से ज्ञानी, बुद्धिमान एवं

मेधावी नहीं होते। उनमें भावनात्मक विषमता भी पायी जाती है। अत: भिन्न-भिन्न छात्रों के लिए अलग-अलग शिक्षण प्रक्रिया जैन दर्शन में अपनाई गई है। जिससे उसका क्षमतानुसार विकास हो सके। इस प्रकार आत्मरूप से सभी छात्र समान हैं। किन्तु शारीरिक लक्षणों की दृष्टि से व्यक्तिगत भिन्नताएँ (Individual Differences) पायी जाती हैं। अत: भिन्न-भिन्न प्रकार का अध्ययन-अध्यापन आवश्यक है।

प्रत्येक छात्र का व्यक्तित्व दूसरे छात्र से अलग होता है। जबकि अन्तर्दृष्टि से सभी आत्मतत्व होने के कारण समान हैं। भिन्नता कर्म जनित है।

जैन दर्शन के अनुसार छात्र स्वतन्त्र इच्छा-शक्ति युक्त होते हैं। छात्र में शिक्षक के माध्यम से आत्मा को अभिव्यक्त करने, ज्ञानी बनने तथा अनन्त शक्ति प्राप्त करने की क्षमता होती है।

जैन धर्म मे छात्र जीवन 'श्रवण' जीवन है। यह जीवन कठोर तथा संयम युक्त है। अत: वह(छात्र) सम्यक् दर्शन से प्रारम्भ करके सम्यक् ज्ञान प्राप्त करता है। तथा वह सम्यक् चरित्र द्वारा मुक्ति की अवस्था की ओर बढ़ता है।

जैन धर्म में जीवन का प्रारम्भ अर्थात् ज्ञान व गुरु के प्रति श्रद्धा भाव से होता है। छात्रों को विनयी तथा गुरु के प्रति समर्पित होना चाहिए। छात्र में निर्मलता, संयम, तप तथा त्याग होना अत्यंत आवश्यक है।

जैन धर्म मे छात्र संकल्पना में ब्रह्मचर्य, सत्य, अहिंसा तथा गुरु श्रद्धा को महत्त्व दिया गया है।

8.10 जैन दर्शन व अनुशासन (Jain Philosophy and Discipline)

जैन दर्शन के अनुसार अनुशासन के बिना ज्ञान प्राप्ति सम्भव नहीं है। ज्ञान-प्राप्ति हेतु छात्र स्वस्थ हों, क्रोध तथा आलस्य से दूर होने चाहिए। जैन दर्शन में अनुशासन के निम्न आठ गुण बताये गये हैं–

(1) ज्ञान को गम्भीरता से ग्रहण करना चाहिए।

(2) उसमें इन्द्रिय नियन्त्रण होना चाहिए।

(3) कठोर एवं अप्रिय भाषा का प्रयोग न करें।

(4) चरित्रवान हों।

(5) शुद्ध आचरण वाला हों।

(6) लोलुपता से दूर हों।

(7) क्रोधी न हों।

(8) सत्य का अनुयायी होना चाहिए।

जैन धर्म आत्मानुशासन पर विश्वास रखता है। अत: छात्र को भी आत्मानुशासन बनाए रखना चाहिए।

वास्तव में कहा जा सकता है कि जैन दर्शन का शिक्षा के क्षेत्र में बहुत अमूल्य योगदान है। क्योंकि इसमें शिक्षा के उच्च उद्देश्य, पाठ्यक्रम तथा शैक्षिक विधियों पर बल दिया गया है। जैन धर्म कर्म प्रधान धर्म है तथा यह अपनी शिक्षा में सत्कर्मों पर ही बल देते हैं।

9. सिख, ईसाई व इस्लाम धर्म
(Sikhism, Christianity and Islam)

9.1 सिख धर्म (Sikhism)

सिक्ख धर्म के संस्थापक श्री गुरुनानक देव थे। जिनका जन्म 1469 ई० मे तलवंडी कस्बे (पंजाब प्रान्त) में हुआ, जिसे आज ननकाना साहिब कहते हैं। तथा आजकल यह पाकिस्तान में है। इनके पिताजी का नाम मेहता कालू था। यह पटवारी थे तथा खेती भी करते थे। नानक जी परोपकारी तथा जीवों पर दया करते थे। एक बार इनके पिताजी ने इन्हें खेत की रखवाली हेतु भेजा। वह चिड़ियों को दाना चुगते देखकर इन्होंने कहा–

'राम की चिड़िया राम का खेत
खा लो चिड़िया भर-भर पेट'

नानक जी शोषण के अत्यन्त खिलाफ थे। पाँच वर्ष की आयु में जब उन्हें विद्यालय भेजा गया, तो यह एक ही दिन में पूर्ण वर्णमाला सीख गए। इन्होंने वेद, हिन्दी, संस्कृत, फारसी तथा अरबी सभी विषयों को पढ़ा। नानक जी अनेक स्थानों पर घूमें तथा दार्शनिक चर्चाएँ कीं। सन् 1539 में इनका देहावसान हो गया।

9.2 नानक जी की रचनाएँ (Writing of Nanakji)

नानक जी ने हिन्दी, फारसी, संस्कृत तथा खड़ी बोली का ज्ञान प्राप्त किया, किन्तु इनकी रचनाएँ प्रायः स्थानीय बोली में ही रहीं।

गुरुनानक जी ने 974 पदों की रचना की। जो 'आदि ग्रन्थ' में संकलित हैं। नानक जी गाते थे, तथा इनके शिष्य लिखते थे। परन्तु कुछ विद्वानों ने यह भी कहा है कि नानक जी ने अपनी रचनाएँ स्वयं लिखी हैं तथा इन्होंने इन रचनाओं को गुरु अंगद को सौंपा। जिन्होंने इसे संकलित रूप दिया।

गुरुनानक जी की रचनाएँ एक दृष्टि से तीन प्रकार की हैं। **पहला प्रकार** आध्यात्मिकता का है। ये चार प्रकार की हैं–

(*i*) जप जी
(*ii*) दशनी ओंकार
(*iii*) सिद्धगोष्ठी।
(*iv*) अन्यगोत।

उपरोक्त चारों में तत्त्व मीमांसा का समावेश है। **दूसरी प्रकार** की रचनाएँ परम्पराओं की समीक्षा करने वाली हैं तथा **तीसरी प्रकार** की रचनाओं में तत्कालीन राजनीतिक दशा का वर्णन है।

अन्य दृष्टि से नानक जी की रचनाएँ तीन प्रकार की हैं। ये प्रकार हैं–

दार्शनिक और चिन्तनात्मक
भक्तिमय एवं संगीतमय
नैतिक।

गुरुनानक के पदों को बानी कहा जाता है। उनका संग्रह 'गुरु ग्रन्थ साहिब' में है।

9.3 नानक जी की शिक्षाएँ (Teachings of Nanakji)

किसी विशिष्ट दार्शनिक विचारधारा का प्रतिपादन करना नानक जी की शिक्षा का लक्ष्य नहीं था। अत: इनके विचार एक कोरे सन्देश न रहकर जीवन के सन्देश बन गए। सिख धर्म के अनुयायियों ने अनुभव को बहुत महत्त्व देते हुए कहा कि–

गावै को जापै दिसै दूरि।
गावै को वैखे हादरा हदूरि।।

गुरु वाणी में निम्न शिक्षाएँ दी गईं–

(1) चरित्र को बलवान बनाओ।

(2) नाम जप करें तथा इन्होंने धार्मिक शिक्षा में परमात्मा के स्वरूप की व्याख्या हेतु एक बीजमन्त्र दिया–

एक ओंकार सतिनामु करता पुरूख निरभउ निरवै।
अकाल मूरति अजूनि सैभं गुरू प्रसाद।।

(3) नाम जप की सिख धर्म में बहुत महानता है। आज भी प्रात:, सांय व रात्रि में जपुजी साहिब, रहिरास तथा सौहिला का पाठ सिख धर्म में करना अनिवार्य है।

(4) मानव धर्म की स्थापना की जाये।

(5) आध्यात्मिक कर्म का सम्पादन किया जाये।

(6) सामाजिक रीतियों का परिशोधन किया जाये।

(7) मानव धर्म की स्थापना की जाये।

(8) धन को जीव हेतु बन्धनकारी मानकर राम-नाम के धन का संचय करने के लिए कहा– *''राम नाम धनु संगि सखाई।''*

अन्त में कहा जा सकता है कि नानक जी ने सच्चाई व ईमानदारी का उपदेश दिया।

9.4 नानक जी का शिक्षा दर्शन (Educational Philosophy of Nanakji)

नानक जी समाज सुधारक थे। वे समाज की आर्थिक, राजनैतिक, शैक्षिक तथा सांस्कृतिक समस्याओं के प्रति जागरूक थे। इन्होंने अपने शिक्षा दर्शन में निम्न तत्त्वों का समावेश किया–

(1) आध्यात्मिक तथा नैतिकता के विषयों को बढ़ावा देना चाहिए।

(2) जप जी की पाठ, गुरुमन्त्र, साधु संगत, कथा-कीर्तिन तथा गुरुओं की शिक्षा को आवश्यक तत्त्व मानें।

(3) नानक जी अनुशासन प्रिय थे। इनकी शिक्षा पद्धति में भी अनुशासन पर बल दिया गया था।

इन्होंने शिक्षा के प्रत्येक अंग के विषय में कुछ न कुछ कहा है। अत: इनके विचारों के आधार पर स्पष्ट शिक्षा दर्शन का निर्माण हो सकता है।

9.5 सिख धर्म की प्रमुख विशेषताएँ (Features of Sikhism)

(1) सिख धर्म का एक ईश्वर की सत्ता पर विश्वास है। यह हिन्दू व मुस्लिम दोनों हेतु अलग-अलग नहीं है। मन्दिर, मस्जिद व गुरुद्वारा सभी जगह हैं। वह अज और निज है तथा असीम, शाश्वत् और संहारक है। वह न्यायप्रिय हैं। उसमें दया तथा करुणा है।

(2) विश्व में ओंकार ही परम् सत्य है।

(3) शिव व शक्ति का सिद्धान्त सिख धर्म में मान्य है।

(4) मानव की रचना ही सर्वोत्तम रचना है।

(5) आत्मा का अस्तित्व आध्यात्मिक स्व के रूप में है। इसमें ईश्वर का प्रकाश छिपा हुआ है।

(6) गुरु पूर्ण देवदूत व कल्याणकारी हैं। इसमें ईश्वर का प्रकाश है।

(7) शब्द में पूर्ण प्रकाश है।

(8) कर्म में सिख धर्म की आस्था है। हमें कर्म करते रहना चाहिए।

(9) संसार में अनेक दुख हैं। मानव आत्मा में यह दुख झेलने का सामर्थ्य है।

(10) पाप व दुख का कारण द्वैत बुद्धि है। नैतिक जीवन बिताना आवश्यक है।

सिख धर्म में पाँच ककार बताये गये हैं, जो निम्नलिखित हैं–

(*i*) किरपान (कृपाण का तद्भव रूप)

(*ii*) कड़ा (स्टील का कड़ा)

(*iii*) कंघा (बाल ठीक करने हेतु)

(*iv*) केश (सिखों हेतु अनिवार्य है)

(*v*) कच्छा (छोटी जाँघिया पहनना अनिवार्य है)

9.6 ईसाई धर्म (Christianity)

ईसाई धर्म का प्रचार पहली शताब्दी ईसवी से शुरू माना जाता है। इसके पूर्व यूनानी धर्म व दर्शन का प्रचार-प्रसार प्रभाव तत्कालीन जनता पर था। जिसने उनके चिन्तन व आचरण को अत्यधिक अपने ढाँचे में ढालने का प्रयत्न किया, परन्तु समय के बदलने से ईसाई विचारधारा तथा आचार व्यवहार में क्रान्ति, विकास तथा परिवर्तन हुआ। जिससे ईसाई धर्म व ईसाई दर्शन अपने-आप अपना अस्तित्व तैयार कर सका। यह अवश्य है कि ईसाई धर्म के पूर्व जो धर्म प्रचलित थे, उनसे वह प्रभावित हुआ। इस सम्बन्ध में डॉ० भवानी लाल भारतीय ने कहा है कि ईसाई मत के आविर्भाव के पूर्व विद्यमान संसार के धर्म(वैदिक, पारसी तथा बौद्ध आदि) मानो धरती पर इसलिए उत्पन्न हुए कि वे परिपूर्ण धर्म-ईसाई धर्म का मार्ग प्रशस्त करें तथा ईसाई मत यदि उच्चतर सत्य है तो उसकी तुलना में अन्य धर्म हेत्वाभास मात्र हैं।

9.7 ईसाई धर्म की विशेषताएँ (Characteristics of Christianity)

(1) ईसाई धर्म एकेश्वरवादी धर्म है। इनका विश्वास एक ईश्वर(God)पर होता है।

(2) ईसाई धर्म व दर्शन सूक्ष्म सिद्धान्त व चिन्तन पर आधारित है।

(3) ईसाई धर्म में त्रैकता का सिद्धान्त पाया जाता है। त्रैकता का तात्पर्य है कि तीन चीजों में विश्वास करना–

(*a*) ईसा मसीह

(*b*) शैतान

(*c*) दोषी वैयक्तिकता।

(4) ईसाई धर्म द्वारा ईसा मसीह को एकमात्र पथ प्रदर्शक माना गया है।

(5) ईसाई धर्म के द्वारा सत्य को प्रेम तथा प्रेम को सत्य व इन्हें ईश्वर माना गया।

(6) पाप व पुण्य पर विश्वास करना।

(7) सही जीवन तथा पुनर्जन्म पर विश्वास करना।
(8) ईसाई धर्म द्वारा मानव का ईश्वर में अटूट विश्वास करना।

9.8 इस्लाम धर्म (Islam Religion)

इस्लाम धर्म भारत में प्रचलित धर्म हैं। इस्लाम धर्म को मानने वाले मुसलमान कहलाये। प्रो॰ अलज इल फारूक ने कहा कि इस्लाम शब्द का शाब्दिक अर्थ है *'शान्ति'*, 'शान्ति प्राप्ति का मार्ग' तथा 'विनम्रता'। अर्थात् दूसरों की इच्छा को मानना शान्ति स्थापित करने का सुलभ पथ है। इस्लाम धर्म शान्ति तथा सहिष्णुता को विशेष महत्त्व देता है।

'पिलर्स ऑफ इस्लाम' के अनुसार इस्लाम धर्म में पाँच स्तम्भ माने जाते हैं–

(1) ईश्वर की एकता व मुहम्मद को पैगम्बर मानने में विश्वास की घोषणा। तथा कुरान व कलमे में विश्वास करना।
(2) नमाज पढ़ना (ईश्वर की प्रार्थना)
(3) रोजा (रमजान मास में पूरे मास उपवास)
(4) जकात (दीनों को दान)
(5) हज (तीर्थ स्थान मक्का की यात्रा)

इन पाँच स्तम्भों ये हज यात्रा को मुक्ति का मार्ग माना जाता है।

हज यात्रा

इस्लाम में कहा गया है कि हज से बड़ा फर्ज नहीं। जो अपनी हैसियत से उम्दा है और हज करने का खर्च वहन कर सकते हैं, वे अगर अपने जीवन में एक बार हज नहीं करते तो अल्लाह से मुँह मोड़े हुए हैं।

इस्लाम के पांच अरकानों में एक हज भी है। कलमा, नमाज, रोजा, जकात और हज फर्ज है। हज यानी अल्लाह के घर में हाजिरी। जियारत। इसी को हज्जतुल विदाअ के नाम से भी जाना जाता है। कुरआन में कहा गया है–लोगों पर अल्लाह का यह हक है कि जो व्यक्ति इस घर (काबा) तक पहुँच सकता हो, वह उसका हज करे और जिस किसी ने कुफ्र की नीति अपनाई तो (वह जान ले कि) अल्लाह सारे संसार से बेपरवाह है।

हज के लिए जाना हकीकत में अल्लाह के बुलावे पर उसके घर पर हाजिरी देना है। इस नाते जो अच्छी-खासी माली हालत और ताकत रखते हुए भी हज नहीं करता, वह हकीकत में अल्लाह से मुँह फेरे हुए है। खाना-ए-काबा (मक्का, सऊदी अरब) अल्लाह का घर है। तौहीद का मरकज। हजरत इब्राहीम(अ)और उनके बेटे हजरत इस्माइल(अ) ने इस घर की तामीर अल्लाह के हुक्म से की थी। हजरत इब्राहीम(अ)वह पहले नबी हैं जिनको अल्लाह ने सारी दुनिया का इमाम बनाया। उनको हुक्म दिया कि वे लोगों में हज का ऐलान कर दें ताकि सब साल में एक बार यहाँ आएँ, अल्लाह की बन्दगी करें और तवाफ करें। सब मिलकर अल्लाह की इबादत करें। कुरबानी करें।

अगर आपकी सामर्थ्य हो और आप दुनियावी जिम्मेदारियों से मुक्त हो चुके हों या आपके पास कोई बोझ न हो तो आपको हज करने को कहा गया है। लेकिन अगर आपके ऊपर जरा-सी भी जिम्मेदारी है तो आप पहले उसको निबटाएँ और उसके बाद हज करें।

हज जीवन में एक बार करना ही फर्ज कहा गया है। इससे अधिक कोई करता है तो वह नफल है।

इस्लाम में साफ तौर पर कहा गया है कि हज केवल उन लोगों के लिए ही फर्ज है जो अल्लाह के घर जाने की ताकत रखते हैं। लेकिन जो नहीं जा सकते, उनको हज कराना *सवाब* है। हज के बारे में एक हदीस ने और भी स्पष्ट किया है–*अल्लाह के रसूल ने फरमाया है कि ऐ लोगों, तुम पर हज फर्ज किया गया है, तो तुम हज करो।* पास खड़े सहाबी ने सवाल किया कि क्या हर साल? आपने फरमाया... *यदि मैं हाँ कह देता तो हर साल यह वाजिब हो जाता और यदि वाजिब हो जाता तो तुम इसे अदा नहीं कर सकते और न अदा करने की सामर्थ्य रखते। हज जीवन में एक बार फर्ज है, जो इससे अधिक करे वह नफल है।*

इस्लाम ने हज को फर्ज तो करार दिया है लेकिन लोगों की हैसियत का भी ख्याल रखा है। यदि हर साल हज करना वाजिब हो जाता तो लोग मुश्किल में पड़ जाते। गरीब आदमी के लिए तो और भी कठिन हो जाता।

स्रोत : 15 नवम्बर, 2008 अमर उजाला, आगरा।

9.9 इस्लाम धर्म की विशेषताएँ (Characteristics of Islam)

इस्लाम धर्म की विशेषताएँ निम्नलिखित हैं–

(1) इस्लाम धर्म एक अल्लाह पर अडिग विश्वास करता है।
(2) इस्लामी धर्म निराकार खुदा में विश्वास करता है।
(3) इस्लामी दर्शन अध्यात्मवादी तथा भौतिकवादी दोनों है।
(4) इस्लाम में पाप-पुण्य व स्वर्ग-नरक को माना जाता है।
(5) इस्लामी दर्शन भी अनुशासनवादी है तथा यह सामाजिकता पर भी विश्वास करता है।
(6) इस्लामी धर्म में ज्ञान व क्रिया का समन्वय एवं व्यावहारिक रूप मिलता है।
(7) इस्लामी दर्शन में सौन्दर्यवादी प्रवृत्ति व भावना भी पाई जाती है।

9.10 इस्लाम धर्म की शिक्षायें (Teachings of Islam)

इस्लाम धर्म के प्रवर्तक हजरत मुहम्मद साहब थे। ईसाई धर्म के बाद यह विश्व का दूसरा बड़ा धर्म था। मुहम्मद साहब का जन्म 570 ई० में अरब देश के प्रसिद्ध नगर मक्का में हुआ। माता-पिता की मृत्यु के पश्चात् उनका लालन-पालन चाचा ने किया। 40 वर्ष की आयु में मुहम्मद साहब को दिव्य ज्ञान की प्राप्ति हुई। 'जिबराइल' नामक एक फरिश्ते (देवदूत) ने उन्हें खुदा के सन्देश दिए। इन्हीं संदेशों को इस्लाम धर्म की पवित्र पुस्तक 'कुरान शरीफ' में संकलित किया गया है।

कुरान तथा इस्लाम धर्म की मुख्य शिक्षायें निम्नलिखित हैं–

(1) इस्लाम धर्म रूह (आत्मा) को अजर व अमर मानता है।
(2) इस्लाम धर्म में जन्नत (स्वर्ग) तथा दोजक (नरक) में विश्वास करता है।
(3) इस्लाम धर्म के अनुसार मुसलमानों के पाँच कर्तव्य हैं–
    (*i*) प्रत्येक मुसलमान को 'कलमा' पढ़ना चाहिए, जो अत्यन्त पवित्र है।
    (*ii*) उसे पाँचों वक्त की नमाज अदा करनी चाहिए।

(*iii*) प्रत्येक मुसलमान को 'जकात' (दान) करना चाहिए।

(*iv*) रमजान के महीने में 'रोजा' रखना प्रत्येक मुस्लिम का कर्त्तव्य हैं।

(4) इस्लाम धर्म 'कयामत' में विश्वास रखता है। इस धर्म के अनुसार एक दिन कयामत आएगी, जब सभी 'रूहें' जीवित हो उठेंगी और तभी अल्लाह उनके अच्छे-बुरे कर्मों का फल देगा।

(5) इस्लाम धर्म धार्मिक तथा सामाजिक एकता का समर्थक है। सामाजिक एकता को बनाए रखने के लिए वह 'इज्मा', 'सुन्ना' तथा 'कयाम' आदि सिद्धान्तों के पालन पर विशेष बल देता है।

इस प्रकार विश्व के प्रमुख धर्मों में इस्लाम धर्म, ईसाई धर्म, जैन धर्म, बौद्ध धर्म तथा सिख धर्म हैं।

10. वेदान्त (Vedanta)

10.1 वेदान्त दर्शन (Vedanta Philosophy)

वेदान्त का सामान्य तात्पर्य है कि वेद का अन्त। अर्थात् वेदों का सार ही वेदान्त कहलाता है। वेद के तीन भाग माने जाते हैं–

(1) वैदिक मन्त्र (2) ब्राह्मण (3) उपनिषद्

उपनिषद् को वेद का अन्तिम भाग तथा वैदिक युग का अन्तिम साहित्य कहा जाता है। उपनिषदों को वेद का गूढ़ रहस्य माना जाता है। इसलिए ही वेद के अन्त को वेदान्त कहा जाता है।

वेदान्त के तीन रूप हैं–

(1) द्वैत (2) विशिष्टाद्वैत (3) अद्वैत

अनेक विद्वानों ने यहाँ अद्वैत को समर्थन दिया है। यह द्वैत, विशिष्टाद्वैत तथा अद्वैत में कोई अन्तर नहीं मानते। उनके अनुसार ये तीनों वेदान्त दर्शन के तीन चरण हैं तथा अन्तिम लक्ष्य अद्वैत की अनुभूति ही है।

इस प्रकार कहा जाता है, कि जो ज्ञान हमें यथार्थ तथा वास्तविकता की अनुभूति कराता है, वही वेदान्त है।

10.2 वेदान्त का अर्थ (Meanings of Vedanta)

वेदान्त शब्द का शाब्दिक अर्थ है, 'वेदों का अन्त'। वेद हिन्दुओं का धर्म ग्रन्थ है। वेदान्त यह शिक्षा देता है कि निर्वाण लाभ यहीं तथा अभी हो सकता है। उसके लिए हमें मृत्यु की प्रतिक्षा करने की कोई आवश्यकता नहीं होती है। *निर्वाण* का तात्पर्य है आत्म-साक्षात्कार कर लेना।

वेदान्त वह विशाल सागर है जिसके वक्ष पर युद्धपोत और साधारण बेड़ा दोनों पास-पास रह सकते हैं। वेदान्त में यथार्थ योगी, मूर्तिपूजक, नास्तिक इन सभी के पास-पास रहने का स्थान है। इतना ही नहीं वेदान्त में हिन्दू, मुस्लिम, ईसाई तथा पारसी सभी को एक माना गया है। सभी उस सर्वशक्तिमान ईश्वर की सन्तान हैं।

10.3 वेदान्त की प्रमुख बातें (Main Tenets of Vedanta)

शंकराचार्य ने वेदान्त के विषय में निम्नलिखित प्रमुख बातें कही हैं–

(1) ब्रह्म को छोड़कर सभी पदार्थ असत् है। केवल ब्रह्म ही सत् है।

(2) ब्रह्म के वास्तविक स्वरूप को जानने के दो लक्षण हैं–

(क) स्वरूप लक्षण

(ख) तटस्थ लक्षण

स्वरूप लक्षण पदार्थों की वास्तविकता तथा सत्यता का परिचय देता है। जबकि तटस्थ लक्षण कुछ समय तक आने वाले आकस्मिक व आगन्तुक गुणों के विषय में बताता है।

(3) ब्रह्म का स्वरूप है–सत्, चित् तथा आनन्द। ब्रह्म ही सृष्टि की उत्पत्ति तथा विनाश का कारण है। यह उसका तटस्थ कारण है।

(4) परमार्थिक दृष्टि से ब्रह्म निर्गुण है तथा सभी उपाधियों व आकारों से रहित है। इस रूप में वह निश्चित है।

(5) व्यावहारिक दृष्टि से ब्रह्म सगुण है तथा जीव ईश्वर की कल्पना उपासना के लिए करता है। सुगण उपास्य ब्रह्म में दया, करुणा आदि गुण देखे जाते हैं।

(6) ब्रह्म वस्तुतः निर्गुण ही है। अविद्या के कारण उसे सगुण माना जाता है।

(7) ब्रह्म को उत्पन्न करने वाला कोई नहीं है। वह नित्य है। उसका कभी अभाव नहीं होता।

(8) सृष्टि की उत्पत्ति माया से होती है। माया तथा अविद्या शंकराचार्य के अनुसार समानार्थी हैं। माया परमेश्वर की बीजशक्ति है। माया विहीन परमेश्वर में प्रवृत्त नहीं होती। माया रहित ब्रह्म जगत की उत्पत्ति नहीं करता। माया ब्रह्म के साथ सदा रहती है। यह सत, रज, तम गुणों से युक्त है। यह न सत् है न असत्।

(9) जगत भोग्य है, तथा आत्मा भोक्ता है। भोक्ता तथा भोग्य का यह भेद व्यावहारिक है।

(10) ब्रह्म तथा आत्मा में कोई भेद नहीं है। जीव शुद्ध रूप में चैतन्य एवं ब्रह्म स्वरूप ही है। इसलिए इस दर्शन को अद्वैतवाद कहा जाता है।

इस प्रकार मानव का लक्ष्य मोक्ष होना चाहिए। सांसारिक बन्धनों के नाश से ही मोक्ष सम्भव है। मोक्ष या मुक्ति वस्तुतः ज्ञान की साधना करने से सुलभ है।

10.4 वेदान्त दर्शन और शिक्षा (Vedanta Philosophy and Education)

वेदान्त को समस्त दर्शनों का मुकुटमणि कहा जाता है। इसमें चेतन ब्रह्म का प्रतिपादन बड़ी कुशलता से किया गया है।

भारतीय वाङ्मय में चार पुरुषार्थ माने गये हैं–

(1) धर्म

(2) अर्थ

(3) काम

(4) मोक्ष

वेदान्त में इन चारों पुरुषार्थों में मोक्ष को महत्त्वपूर्ण माना गया है। मोक्ष सर्वोत्कृष्ट पुरुषार्थ है। मोक्ष पर अन्य दर्शनों में भी विचार किया गया है, किन्तु वेदान्त में मोक्ष पर जितना प्रामाणिक, सूक्ष्म तथा शुद्ध विवेचन किया गया है किसी अन्य दर्शन में नहीं।

शंकराचार्य के अनुसार मुक्ति ज्ञान के द्वारा ही सम्भव है। जब ज्ञान उत्पन्न होगा तभी मुक्ति होगी। अतः ज्ञान हेतु शिक्षा आवश्यक है। सच्ची शिक्षा के बिना वेदान्त का लक्ष्य प्राप्त नहीं हो सकता।

10.5 वेदान्त व शिक्षा का उद्देश्य (Vedanta and Aims of Education)

वेदान्त दर्शन के अनुसार शिक्षा का उद्देश्य ब्रह्म साक्षात्कार कराना है। इसके विषय में अध्यात्मोपनिषद् (63) में कहा है कि–

"एकमेवाद्वितीयं नेह नानास्ति किंचन"

अर्थात् विश्व में एक ही सत्ता है। बालक को अपने दृष्टिकोण को विकसित करने हेतु अनेकता में एकता के दर्शन करने चाहिए। वेदान्त में कहा गया है, कि विश्व में अनेकता अर्थात् नानात्व

माया की देन है तथा एकत्व अर्थात् एकता ही सत्य का मार्ग है। ब्रह्म तत्त्व ही वास्तविक तत्त्व है। जीव तथा ब्रह्म में कोई भेद नहीं है। जीव सर्वव्यापी तथा सर्वशक्तिमान है तथा अविद्या के कारण ही हम उस सर्वज्ञ सत्ता को पहचान नहीं पाते। अतः वेदान्त के अनुसार शिक्षा का लक्ष्य ''ब्रह्म की प्राप्ति'' ही है।

10.6 वेदान्त की विशेषताएँ (Characteristics of Vedanta)

भारतीय दर्शन में वेदान्त महत्त्वपूर्ण स्थान रखता है। वेदान्त की महत्त्वपूर्ण विशेषताएँ निम्नलिखित होती हैं–

(1) वेदान्त दर्शन हमें भारतीय परम्परा तथा संस्कार का ज्ञान कराता है।
(2) वेदान्त दर्शन को उत्तर मीमांसा के नाम से जाना जाता है। यहाँ मीमांसा का अर्थ है **'ब्रह्म ज्ञान'**। ब्रह्म शब्द की उत्पत्ति बृह धातु से हुई है जिसका अर्थ है बढ़ना। ब्रह्म ही जगत का मूल कारण है। ब्रह्म निर्गुण व सगुण दोनों ही है।
(3) सृष्टि ही परम सत्य है।
(4) माया ही ईश्वरीय सत्ता का प्रमाण है।
(5) जीव चेतन है, तथा यह भी ईश्वर की रचना का प्रमाण है।
(6) सृष्टि की रचना ईश्वर की ही लीला है।
(7) वेदान्त पुनर्जन्म में विश्वास करता है।
(8) वेदान्त में नैतिकता व धर्म को प्रमुख स्थान दिया गया है।

वेदान्त में जीवन की यथार्थता को सिद्ध किया गया है। कहा जा सकता है कि वेदान्त शिक्षा में मानव जीवन को सफल बनाने के समस्त गुण हैं।

10.7 वेदान्त के अनुसार शिक्षण विधियाँ (Methods of Education According to Vedanta)

भारतीय परम्परा के अनुसार वेद समस्त ज्ञान के उद्देश्य हैं। सम्पूर्ण भौतिक तथा आध्यात्मिक ज्ञान के भण्डार वेद माने जाते हैं। वेदान्त-विद्वानों ने शिक्षा के आधार पर शिक्षण विधियों को निम्न प्रकार से बताया है–

(1) वेदान्त ने *उपासना विधि* पर बल दिया। जिसमें छात्रों को गुरु के समीप बैठकर शिक्षा प्राप्ति का सुलभ साधन माना गया है। ताकि वह सुलभता से ज्ञान प्राप्त कर सके।
(2) वेदान्त ने छात्रों के स्वयं अध्याय करने पर बल देते हुए *स्वाध्याय विधि* पर भी बल दिया है।
(3) वेदान्त शिक्षा में *सूत्र विधि* को प्रभावशाली माना गया है। वेदान्त सूत्र ब्रह्म सूत्रों द्वारा रचित हैं। अतः सूत्र विधि को बहुत महत्त्व मिला है।
(4) वेदान्त में *एकाग्रता* को भी महत्त्व प्रदान किया गया है। वेदान्त शिक्षा में अंकित है कि ध्यानाच्च(4:1:8), यत्रेकाग्रता तत्राविशेषात् (4:1:11)। अतः वेदान्त शिक्षा विधि में ध्यान व एकाग्रता का स्थान महत्त्वपूर्ण है।
(5) वेदान्त शिक्षा में *तर्क विधि* को भी सम्मिलित किया जाता है। इसमें यह माना जाता है कि तर्क के द्वारा ज्ञान को बढ़ाया जा सकता है। अतः वेदान्त दर्शन में उदाहरण, श्लोक आदि के द्वारा छात्रों के ज्ञान में वृद्धि की जाती थी।

वेदान्त शिक्षण में *इन्द्रिय विधि* को भी महत्त्व दिया गया है। ज्ञान-प्राप्ति हेतु विद्वानों ने इन्द्रियों के प्रयोग पर बल दिया है। यह इन्द्रियाँ निम्नलिखित होती हैं—

(अ) ज्ञानेन्द्रिय

(ब) कर्मेन्द्रिय

(स) श्रवणेन्द्रिय आदि।

ज्ञानेन्द्रिय शिक्षा में अत्यन्त महत्वपूर्ण होती है। इस प्रकार वेदान्त के अन्तर्गत इन्हीं शिक्षण विधियों पर बल दिया गया है।

इस प्रकार से कहा गया है कि वेदान्त की शिक्षा चरमावसान है। ''वसुधैव कुटुम्बकम्'' जिसका तात्पर्य है समस्त संसार को अपना कुटुम्ब समझना तथा इस आदर्श के अनुसार चलना। उपर्युक्त विवेचन से यह तो स्पष्ट है कि वेदान्त शिक्षा दर्शन व्यक्तित्व के एकांगी विकास की बात ही नहीं करता वरन् पंचकोषों, प्राणमय तथा मनोमय कोषों का सम्यक् विकास कर मानव को असीम वैभव तथा ऐश्वर्यशाली बना देता है। अत: वेदान्त दर्शन को सर्वोपरि माना जाता है।

11. सांख्य व योग दर्शन
(Sankhya and Yoga Darshan)

11.1 सांख्य दर्शन का अर्थ (Meaning of Sankhya Darshan)

सांख्य दर्शन अत्यन्त ही प्राचीन दर्शन है। इसकी प्राचीनता का प्रमाण इस बात से चलता है, कि इसका वर्णन हमें संस्कृति, श्रुति तथा पुराण में मिलता है यह दर्शन सांख्य प्रवचन के नाम से भी प्रसिद्ध है। सांख्य दर्शन के प्रवर्तक महर्षि कपिल थे। इन्होंने ईश्वरवाद की स्थापना नहीं की। क्योंकि इनका मानना था कि ईश्वर के अस्तित्व को सिद्ध नहीं किया जा सकता है। अत: कपिल ने सांख्य को **निरिश्वरवाद** की संज्ञा दी। कपिल ने 'तत्त्व समाज' तथा 'सांख्य सूत्र' नामक विशद् ग्रन्थों की भी रचना की। सांख्य के समक्ष योगदर्शन ने ईश्वर के अस्तित्व के सम्बन्ध में अपने विचारों का प्रतिपादन किया। अत: उसे 'सेश्वर सांख्य' भी कहते हैं। सांख्य न्यायिक तथा वैषेशिक के निम्न 6 पदार्थों को नहीं मानता–

(*a*) द्रव्य	(*b*) गुण	(*c*) कर्म
(*d*) सामान्य	(*e*) विशेष	(*f*) समवाय।

यह इस बात में भी विश्वास नहीं करते कि ईश्वर ने जगत को नित्य परमाणु द्वारा निर्मित किया है। यह द्रव्य, गुण तथा प्राण आदि को मूल प्रकृति बताते हैं। साथ ही प्रकृति को नित्य मानते हुए क्रमिक विकास की चर्चा करते हैं। साथ ही इनका प्रयोजन अनन्त पुरुषों का योग तथा मोक्ष कराना है।

सांख्य शब्द की उत्पत्ति के विषय में यह धारणा प्रचलित है कि इस दर्शन के नाम के अनुरूप इसमें तत्त्वों की संख्या की गणना की गई है। अत: इसका नाम **सांख्य दर्शन** पड़ा। साथ ही एक विचारधारा यह भी है, कि सांख्य का अर्थ है **सम्यक् ज्ञान**। इसलिए ही इस दर्शन को सांख्य दर्शन का नाम दिया गया। गीता में भी सांख्य दर्शन का प्रयोग किया गया है। सांख्य दर्शन का प्रयोग प्राय: सही ज्ञान (Right Knowledge) के रूप में किया जाता है। सांख्य दर्शन में द्वितत्त्व (Dualism) को प्रस्तुत किया गया है। यह द्वितत्त्व प्रकृति तथा पुरुषों को प्रतिपादित करता है।

11.2 सांख्य दर्शन व प्रकृति (Sankhya Darshan and Nature)

सांख्य दर्शन जगत में प्रकृति को सभी बातों का मूल कारण मानता है तथा प्रकृति को महत्त्व देता है। मन, बुद्धि तथा अहंकार जैसे सूक्ष्म कार्यों का आधार होने के कारण प्रकृति को अनन्त तथा सूक्ष्म शक्ति माना जाता है। जिससे सम्पूर्ण संसार में सृष्टि तथा लय का प्रवाह होता रहता है। सांख्य दर्शन में प्रकृति के अस्तित्व को सिद्ध करने के निम्नलिखित प्रमाण दिया जाता है—

(*a*) प्रकृति की वस्तुएँ गतिशील हैं। परन्तु प्रकृति को गतिशील नहीं कहा जा सकता है। प्रकृति में बदलाव स्वाभाविक है।

(*b*) प्रकृति ही जगत का आदि कारण है। जिसमें समस्त संसार का लय रहता है। प्रकृति

से ऊपर कोई ऐसा कारण नहीं है, जिसमें प्रकृति की लय हो सके।

(*c*) सांख्य दर्शन प्रकृति व पुरुष के द्वैत के सम्बन्ध में यह भी मानता है कि प्रकृति अचेतन है जबकि पुरुष चेतन। प्रकृति दृश्य है जबकि पुरुष दृष्टा। सांख्य दर्शन के समर्थकों का मानना है, कि न तो प्रकृति पुरुष को उत्पन्न कर सकती है, तथा न पुरुष प्रकृति को उत्पन्न करता है। अतः इसमें जड़ तथा तत्व को ही मूल तत्त्व नहीं माना गया है। सांख्य दर्शन में रज, तम तथा सत्व तीनों गुणों को सम्मिलित किया गया है।

(*d*) सांख्य दर्शन में पुरुष तथा जीव के भेद को स्वीकार किया गया है। इसमें कहा गया है कि पुरुष स्वयं कर्ता अथवा भोक्ता नहीं है क्योंकि वह अपरिणामी है। जीव को इन्होंने कर्ता व भोक्ता दोनों माना है।

(*e*) सांख्य दर्शन में मोक्ष को भी महत्त्व दिया गया है। हमारा जीवन सुख तथा दुख से परिपूर्ण है तथा व्यक्ति इनका भोग करता है। साधारणतः जीवन में तीन प्रकार के दुख पाये जाते हैं—

(*i*) आध्यात्मिक

(*ii*) आधिभौतिक

(*iii*) आधिदैविक।

मानव स्वयं दुख से घिरा रहता है। अतः मनुष्य को यह प्रयास करना चाहिए, कि वह दुखों की निवृत्ति करे। यह दुखों की निवृत्ति ही **मोक्ष** कहलाती है धर्म, अर्थ, काम तथा मोक्ष ही जीवन की सत्यता है। मोक्ष परम पुरुषार्थ है। क्योंकि यह नित्य है।

सांख्य में योगाभ्यास को मोक्ष का गौण उपाय माना गया है। इस कारण ही सांख्य तथा योग में समरूपता पाई गई है।

(*f*) सांख्य दर्शन में व्यक्ति के दो रूप बताए—

(i) अनीश्वरवाद (Atheist)

(ii) ईश्वरवादी (Theist)

सांख्य के कुछ समर्थक ईश्वर के अस्तित्व का विरोध करते हैं। यद्यपि वे वेदों की सत्ता पर विश्वास करते हैं। परन्तु इसका तात्पर्य यह नहीं कि वे ईश्वर को नहीं मानते। वे मानते हैं कि एक संसार को समझने हेतु ईश्वर से अधिक प्रकृति व पुरुष का ज्ञान आवश्यक है। अतः वे संतुलित करके ईश्वर अस्तित्व को मानते हैं। अतः ईश्वर व अनश्विरवाद को साथ लेकर चलते हैं।

11.3 सांख्य दर्शन व शिक्षा (Sankhya Darshan and Education)

सांख्य दर्शन ने सृष्टि के विकास को दो सत्ताओं का मूल माना है। ये सत्ताएँ हैं—

(i) प्रकृति (Prakriti) (ii) पुरुष (Purusa)

सांख्य में बाल विकास के सिद्धान्त को महत्त्वपूर्ण माना गया है। हम यह जानते हैं कि शिक्षा का प्रमुख उद्देश्य है–बालक का शारीरिक, मानसिक तथा चारित्रिक विकास करना है। इस रूप में हम यह कह सकते हैं, कि जिस प्रकार पुरुषों के संसर्ग में प्रकृति का विकास होता है, ठीक उसी प्रकार शिक्षा के संसर्ग में बालकों का विकास होता है, सांख्य दर्शन बालक के विकास की दो अवस्थाओं की चर्चा करता है जो कि निम्नलिखित हैं—

(i) गर्भावस्था में बालक का विकास।

(ii) जन्म के पश्चात् बालक का विकास।

अतः सांख्य दर्शन में शिक्षा का महत्त्वपूर्ण उद्देश्य माना गया है, बालक के बुद्धि स्तर में परिवर्तन लाना। ताकि बालक अज्ञान रूपी अन्धकार से बाहर जाकर ज्ञान रूपी प्रकाश की ओर बढ़े। इस प्रकार सांख्य दर्शन में ज्ञान पर बल दिया गया है।

11.4 सांख्य दर्शन व मोक्ष (Sankhya Darshan and Moksha)

सांख्य दर्शन के अन्तर्गत बताया गया है, कि जिस प्रकार एक अन्धा व्यक्ति अपने कन्धे का सहारा देकर चलने की सामर्थ्य से रहित लँगड़े व्यक्ति को भी यथास्थान पहुँचा देता है। उसी प्रकार जड़ (किन्तु सक्रिय) प्रकृति चेतन (पर निष्क्रिय) पुरुष के संयोग से पुरुषार्थ की सिद्ध की प्रवृत्ति जागृत होती है। पुरुष के माध्यम से प्रकृति में जो प्रथम विकार उत्पन्न होता है, उस महत्त्व से अहंकार, अहंकार से पाँच तन्मात्राएँ (गन्ध, रस, रूप, स्पर्श तथा शब्द) तथा ग्यारह इन्द्रियाँ (पाँच ज्ञानेन्द्रियाँ, कर्मेन्द्रियाँ तथा मन) उत्पन्न होती हैं। पाँच तन्मात्राओं से क्रमशः पाँच महाभूत पृथ्वी, जल, तेज, वायु तथा आकाश) उत्पन्न होते हैं। इस प्रकार सांख्य में प्रकृति, पुरुष, महत्त्व, अहंकार, पंचतन्मात्रा, पंचमहाभूत तथा ग्यारह इन्द्रियाँ ये पच्चीस तत्व स्वीकार किए हैं। इन तत्त्वों के ज्ञान हेतु तीन प्रमाणों को स्वीकार किया गया है–

(अ) प्रत्यक्ष (ब) अनुमान तथा (स) आगम प्रमाण।

सांख्य दर्शन में पुरुष (जीवात्मा) के बन्धन तथा मोक्ष का कारण अविवेक माना गया है। अविवेक के कारण ही पुरुष का प्रकृति से सम्बन्ध है। कर्तव्य तो प्रकृति के गुणों में ही है, कि प्रकृति के द्वारा उत्पन्न सुख-दुख का प्रतिबिम्ब पुरुष में पड़ता है। तथा ऐसी स्थिति में पुरुष सांसारिक सुख-दुख का भोक्ता बन जाता है। जैसा कि भगवद्गीता में कहा गया है कि सारे कर्म प्रकृति के गुणों द्वारा किये जाते हैं। पर अहंकार से विमूढ़ चित्त वाला पुरुष "मैं करता हूँ" ऐसा मानकर सुखी-दुखी तथा गर्वित होता है। इस प्रकार हम देखते हैं कि अविवेक (प्रकृति तथा पुरुष भिन्न-भिन्न हैं, इस ज्ञान अभाव) से उत्पन्न प्रकृति व पुरुष का सम्बन्ध ही बन्धन है, तथा विवेक ज्ञान के पश्चात् इनका वियोग मोक्ष है। विवेक सिद्धि हेतु निम्न 25 तत्त्वों के स्वरूप का ज्ञान आवश्यक है। विवेक ज्ञान के पश्चात् प्रकृति के समस्त व्यापार से निवृत्त हो जाने पर पुरुष की मुक्ति स्वतः सिद्ध है।

25 तत्त्व

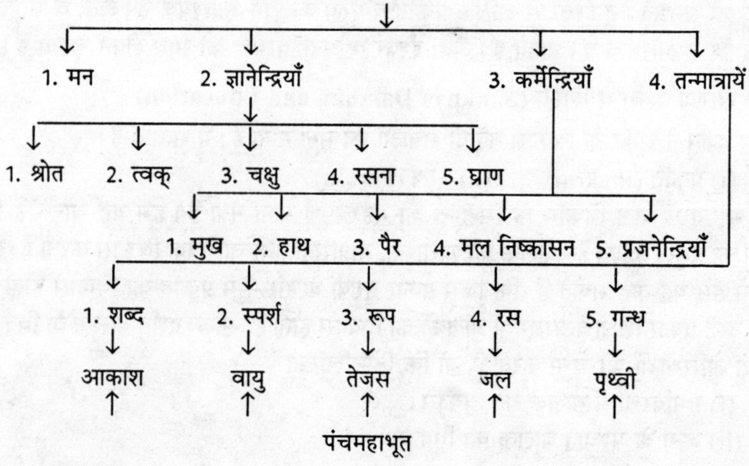

11.5 योग दर्शन व शिक्षा (Yoga Darshan and Education)

योग दर्शन के प्रतिष्ठापक महर्षि पंतजलि हैं। 'युज समाधौ' धातु से योग शब्द की उत्पत्ति हुई है। वस्तुत: योग समाधि ही है। पंतजलि योग के स्वरूप को स्पष्ट करते हुए लिखते हैं, कि योग के द्वारा चित्त की चंचल प्रवृत्तियों का संयमन होता है। जिससे योगी ईश्वर से सीधा सम्पर्क करने के योग्य हो जाता है। योग को सेश्वर सांख्य कहा गया है। मूलभूत सिद्धान्तों में सांख्य व योग एकमत हैं। लेकिन योग ईश्वर को स्वीकार करता है। योग दर्शन में "ईश्वर प्राणधानाद्ध" सूत्र द्वारा स्पष्ट किया गया है, कि ईश्वर की उपासना द्वारा समाधि की सिद्धि होती है।

योग क्रिया प्रधान दर्शन है। इसमें विचार पक्ष के साथ आचार पक्ष महत्त्वपूर्ण हैं। साधनपाद में योग के आठ साधनों पर बहुत जोर दिया गया है, इसी कारण इसे अष्टांगयोग भी कहा गया है। यह अष्टांग योग निम्नलिखित हैं—

(*a*) यम (*b*) नियम (*c*) आसन (*d*) प्राणायाम
(*e*) प्रत्याहार (*f*) धारणा (*g*) ध्यान (*h*) समाधि।

अत: योग दर्शन के अन्तर्गत योग सूत्र तथा योग अष्टांग मार्ग को महत्त्वपूर्ण माना गया है।

11.6 योग दर्शन व शिक्षा के उद्देश्य (Yoga Darshan and Aims of Education)

योग दर्शन के अन्तर्गत शिक्षा के उद्देश्य निम्नलिखित बताये गये हैं—

(*a*) स्वामी अखिलानन्द की पुस्तक "मेण्टल हैल्थ एण्ड हिन्दू साइकॉलॉजी" (Mental Health and Hindu Psychology) में योग का प्रमुख उद्देश्य बालक के मानसिक व शारीरिक स्वास्थ्य में अभिवृद्धि करना माना है।

(*b*) योग द्वारा बालक के आत्मिक विकास पर बल दिया जाता है तथा शिक्षा इस कार्य में सहायता प्रदान करती है।

(*c*) शिक्षा द्वारा बालक के अन्दर अनुशासन का महत्त्व उत्पन्न किया जाता है।

(*d*) परिश्रम के महत्त्व को भी योग ने स्वीकार किया है।

(*e*) योग शिक्षा में मोक्ष प्राप्ति पर बल दिया गया है।

11.7 योग दर्शन व बालक का व्यक्तित्व (Yoga Darshan and Personality of Individual)

योग दर्शन के अन्तर्गत बालक के व्यक्तित्व के तीन प्रमुख पक्षों की चर्चा की गई है। जो निम्न प्रकार हैं—

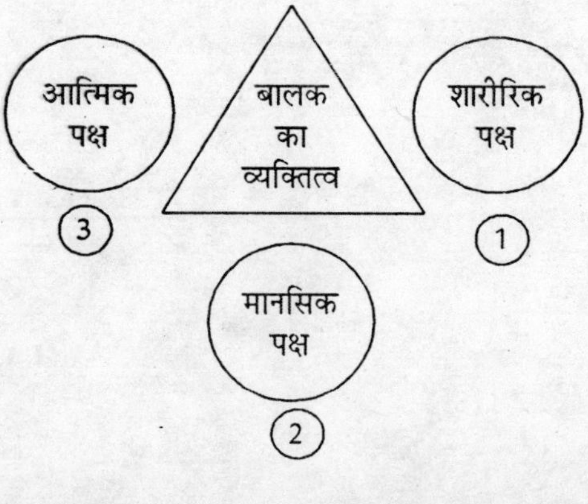

बालक के शारीरिक विकास हेतु भौतिक वातावरण को उपयुक्त बनाना अति आवश्यक है तथा मानसिक स्वास्थ्य हेतु यह आवश्यक है कि बालक की बुद्धि परिपक्व हो तथा उसके अन्दर निहित अहंकार का विनाश हो। आत्मिक विकास हेतु बालक के अन्दर शुद्ध चैतन्य स्वरूप का विकास होना अति आवश्यक है। तथा योग दर्शन के अन्तर्गत इन तीनों विकास हेतु ही अष्टांग विकास की बात की गई है।

11.8 मीमांसा दर्शन (Mimansa Darshan)

मीमांसा शब्द का अर्थ है—गम्भीर चिन्तन। महर्षि जैमिनी इस दर्शन के प्रतिष्ठापक हैं। इसका विषय कर्मकाण्ड है। इसमें वेद के ब्राह्मण भाग को प्रमुखता दी गई है। मीमांसा का प्रधान उद्देश्य धर्म का प्रतिपादन है। धर्म हेतु प्रमाणभूत वेद हैं तथा वेद के द्वारा विहित (जिसका विधान किया गया है) इष्ट का साधन धर्म है—ऐसा माना गया है। मीमांसा में यज्ञ के द्वारा स्वर्ग की प्राप्ति का लक्ष्य रखा गया है।

इस प्रकार से भारतीय दर्शन के अन्तर्गत न्याय, वेदान्त, मीमांसा तथा योग दर्शन को महत्त्वपूर्ण माना गया है।

12. श्री अरविन्द घोष (1872-1950)
(Sri Aurobindo Ghosh)

12.1 श्री अरविन्द घोष का जीवन-परिचय (Life History of Sri Aurobindo Ghosh)

श्री अरविन्द घोष का जन्म 15 अगस्त, 1872 ई० को कोलकाता में हुआ था। इनके पिता डॉ. कृष्णधन घोष कोलकाता के प्रसिद्ध सिविल सर्जन थे और उन्होंने इंग्लैण्ड में चिकित्सा शास्त्र का अध्ययन किया था, अत: यह पूर्णत: पाश्चात्य संस्कृति के रंग में रंगे हुए थे। तथा इनका यह प्रयत्न था कि इनके बच्चे भी पाश्चात्य संस्कृति में ही पलें। परन्तु इनकी माता जी श्रीमती स्वर्णलता देवी में यह भावना नहीं थी। परन्तु डॉ. घोष भारतीय संस्कृति के प्रबल आलोचक थे।

इनके पिताजी ने इन्हें 7 वर्ष की आयु में ही इन्हें इंग्लैण्ड भेज दिया ताकि यह अंग्रेजों के व्यवहार सीखें। श्री अरविन्द ने वहाँ शिक्षा प्राप्त करते हुए महान कवियों तथा लेखकों की मौलिक रचनाओं का अध्ययन किया। इनका ग्रीक तथा लैटिन भाषा पर पूर्ण अधिकार हो गया। इन्होंने फ्रेंच, जर्मन, इटेलियन तथा स्पेनिश भाषा भी सीखी।

14 वर्ष तक इन्होंने इंग्लैण्ड में ही रहकर पाश्चात्य शिक्षा प्राप्त की। सन् 1890 में वे भारतीय सिविल सर्विस में उत्तीर्ण हुए, परन्तु घुड़सवारी की परीक्षा में ये अनुत्तीर्ण हो गये। क्योंकि इन्हें अंग्रेज सरकार की दासता स्वीकार नहीं थी।

सन् 1893 ई. में श्री अरविन्द 14 वर्ष पश्चात् भारत लौटे, तथा बड़ौदा के गायकवाड़ नरेश महाराज सायाजी राव के यहाँ तेरह वर्ष तक नौकरी करते रहे। पहले वह सेटिलमेण्ट विभाग, स्टाम्प विभाग आदि में रहे। फिर बड़ौदा कॉलेज के अध्यापक बने। कॉलेज में पहले वह फ्रेंच के प्रोफेसर बने फिर अंग्रेजी के प्रोफेसर पद पर नियुक्त हुए। इसके पश्चात् वह वाइस प्रिंसिपल (Vice Principal) पद पर नियुक्त हुए।

इनका विवाह 1901 में मृणालिनी नामक कन्या से हुआ। परन्तु इनकी पत्नी का देहान्त सन् 1918 ई. में हो गया। श्री घोष ने 1905 से 1910 तक सक्रिय राजनीति में भाग लिया। उन्होंने एक वर्ष का कारावास भी झेला। श्री अरविन्द 1910 में पाण्डिचेरी गये। वहाँ जाकर यह योग साधना में लीन हो गये। इस साधना के फलस्वरूप उन्हें 24 नवम्बर, 1936 में परम् शक्ति के दर्शन हुए। इन्होंने अपने अन्तिम दिन पाण्डिचेरी के आश्रम में व्यतीत किये। इस महान ऋषि तथा साधक ने 2 दिसम्बर, 1950 में अपना शरीर त्याग दिया।

12.2 श्री अरविन्द का जीवन-दर्शन (Philosophy of Life of Sri Aurobindo)

श्री अरविन्द का जीवन-दर्शन मुख्यत: निम्न तथ्यों पर आधारित रहा—

(1) श्री अरविन्द के अनुसार ब्रह्म संसार में है तथा संसार से परे भी है। जिसे दर्शन में ब्रह्म कहा जाता है। उसे ही धर्म में ईश्वर कहना चाहिए। ईश्वर सृष्टा, पालनकर्त्ता तथा संहारक है।

ईश्वर सृष्टि का सार है। वह परम पुरुष है, और ब्रह्म निरपेक्ष सत्ता है। किन्तु अन्ततः दोनों हैं। ईश्वर प्रकट है, ब्रह्म अप्रकट है।

(2) श्री अरविन्द ने मानवता, विश्वात्मा तथा परमात्मा तीनों को ही परम सत्य माना है यह सम्पूर्ण विश्व सच्चिदानन्द की लीला है। वह परम तत्त्व अनेक में एक की अनुभूति के लिए उस सृष्टि को बिगाड़ भी देता है तथा एक में अनेक की अनुभूति हेतु उसे पुनः बना देता है। यह सब वह परम शक्ति केवल 'आनन्द' के लिए किया करती है।

(3) श्री अरविन्द ने विकास के सिद्धान्त पर भी बल दिया है। उनके अनुसार जब परम सत्ता पार्थिव सत्ता में उतरती है तो यह जगत प्रकट होता है। इन्होंने विकास के क्रम पर बल दिया है। विकास का क्रम विस्तार, ऊँचाई तथा पूर्णता की दिशाओं में चलता है। समस्त पृथ्वी का रूपान्तर विकास है।

(4) पृथ्वी पर दिव्य जीवन की स्थापना हेतु पूर्ण योग आवश्यक है। दिव्य जीवन में प्रेम, सहानुभूति तथा प्रत्यक्ष पूर्ण ज्ञान कार्य करता है। सभी का लक्ष्य योग है। पूर्ण योग की क्रिया जीवात्मा के अतिमानस, विश्वात्मा एवं परमात्मा में प्रवेश का साधन है। पूर्ण योग का उद्देश्य रूपान्तर की सिद्धि है। श्री अरविन्द के शब्दों में ''जिस योग की साधना हम करते हैं वह केवल हमारे लिए ही नहीं, प्रत्युत भगवान के लिए है। उसका उद्देश्य है। इस जगत में भगवान की इच्छा कार्यान्वित करना। अतः योग हमारे जीवन हेतु अत्यन्त अनिवार्य है।

(5) इनके अनुसार परिहार हमारे जीवन का एक बड़ा पहलू है तथा जब भी हम कोई कार्य करें तब अपना स्वयं का निरीक्षण करें कि मैं काम क्रोध, मद, लोभ तथा मोह में वशीभूत होकर तो कार्य नहीं कर रहा हूँ। यदि मैं इसमें वशीभूत होकर कार्य कर रहा हूँ,तो कार्य को अपने वश में करें तथा विचार करें कि कार्य अच्छा है अथवा बुरा। तथा यदि हम पाँच मिनट भगवान का ध्यान रख सकें तब हमें स्वयं मालूम होगा क्या करणीय है तथा क्या अकरणीय है?

(6) श्री अरविन्द ने बताया कि ब्रह्मचर्य का पालन कर अगर आप अच्छी व ब्रह्म की चेतना में रहेंगे तो अपने आप ही प्रकृति का प्रभाव घटने लगेगा। श्री अरविन्द के योग में ब्रह्मचर्य को अनिवार्य माना है। वह कहते हैं कि हमारे लिए चार निषेध हैं—धूम्रपान, मद्यपान, राजनीति तथा यौन सम्बन्ध।

12.3 श्री अरविन्द का शिक्षा दर्शन (Educational Philosophy of Sri Aurobindo)

अरविन्द के शिक्षा दर्शन को हम निम्न तत्त्वों के माध्यम से व्यक्त कर सकते हैं—

(1) शिक्षा के द्वारा बालक के मन में मानव कल्याण का भाव उत्पन्न किया जाये।

(2) पाठ्यक्रम में ऐसे विषयों को स्थान दिया जाना चाहिए, जो बालक के व्यक्तित्व के व्यावहारिक पक्ष को विकसित कर सके।

(3) पूर्ण योग हेतु पूर्ण शिक्षा की आवश्यकता है। पूर्ण शिक्षा का तात्पर्य सम्पूर्ण शिक्षा से है, जो मनुष्य प्राप्त करता है।

(4) शिक्षा का मुख्य उद्देश्य बालक की अन्तर्निहित शक्तियों का विकास करना है।

(5) बालक की पढ़ाई की विषयवस्तु रोचक होनी चाहिए।

(6) शिक्षा का कार्य होता है, मनुष्य के अन्दर के निहित ज्ञान को बाहर प्रकट करना।

(7) अध्यापक का कार्य छात्रों के तमस् गुणों का दमन करके, रजस् गुणों को अनुशासित करना तथा सात्त्विक गुणों को जागृत करना।
(8) शिक्षा का मूल आधार ब्रह्मचर्य को माना गया है।
(9) शिक्षा बाल केन्द्रित होनी चाहिए।
(10) शिक्षा के द्वारा बालकों का सर्वांगीण विकास किया जाना चाहिए।
(11) शिक्षा का माध्यम मातृभाषा हो।
(12) शिक्षा का एक उद्देश्य बालक की ज्ञानेन्द्रियों को उचित रूप में प्रशिक्षण देना भी है।
(13) शिक्षक का स्थान सहायक पथ प्रदर्शक तथा मित्र के रूप में होना चाहिए।
(14) बालक को पढ़ाई में प्रयोग की गई रुचिपूर्ण वस्तुओं का ज्ञान कराना चाहिए।

12.4 श्री अरविन्द के अनुसार शिक्षा के उद्देश्य (Aims of Education according to Sri Aurobindo)

श्री अरविन्द ने शिक्षा के उद्देश्यों के विषय में कहा है कि,

''शिक्षा का मुख्य उद्देश्य होना चाहिए विकसित होने वाली आत्मा का विकास करना जो उसमें सर्वोत्तम है। उसे व्यक्त करना तथा उसे श्रेष्ठ कार्यों के पूर्ण बनाना।''

"The chief aim of education should be to help the growing soul to draw out that in itself is best and make it-perfect for a noble use."

—Sri Aurobindo.

श्री अरविन्द ने निम्नलिखित उद्देश्यों को शिक्षा में महत्त्वपूर्ण माना है—

(1) श्री अरविन्द के अनुसार शिक्षा द्वारा ही बालक के शरीर का पूर्ण विकास किया जा सकता है क्योंकि शरीर ही धर्म साधना का माध्यम है। स्वस्थ शरीर में ही स्वस्थ शिक्षा का विकास किया जा सकता है। अत: शिक्षा द्वारा सर्वप्रथम स्वस्थ शरीर को स्वस्थ व पवित्र करना चाहिए।
(2) श्री अरविन्द ने ज्ञानेन्द्रियों के प्रशिक्षण पर बल दिया है। इनके अनुसार ज्ञानेन्द्रियों — आँख, कान, नाक, जीभ तथा त्वचा आदि के विषय में ज्ञान देकर इन ज्ञानेन्द्रियों का भली प्रकार प्रशिक्षण दिया जाना चाहिए।
(3) योग साधना के द्वारा मनुष्य की स्मृति, चिन्तन, तर्क, कल्पना तथा निर्णय लेने की शक्ति आदि मानसिक शक्तियों का विकास किया जा सकता है। मन ही मानव की उन्नति तथा अवनति दोनों का कारण हो सकता है। अत: योग द्वारा मन पर विजय पानी चाहिए।
(4) श्री अरविन्द के अनुसार शैक्षिक उद्देश्यों का निर्धारण केवल मनोविज्ञान के सिद्धान्त नहीं करते वरन् उस पर सामाजिक दर्शन एवं भावी समाज की परिकल्पना का प्रभाव पड़ता है। उन्होंने दैवी समाज की कल्पना की है। अत: शिक्षा का उद्देश्य निर्धारण करने में इस आदर्श का प्रभाव होना ही चाहिए। ऐसे समाज में प्रवृत्ति तथा निवृत्ति दोनों का योगदान है। अत: शिक्षा में किसी एक पर ही बल देना उचित नहीं।
(5) शिक्षा का उद्देश्य प्रकृति की सर्वोत्तम शक्ति को विकसित करना होना चाहिए। श्री अरविन्द ने 'ऐसेज ऑन द गीता' भाग-2 में लिखा है, ''बालक की शिक्षा को उसकी प्रकृति में जो कुछ सर्वोत्तम, सर्वाधिक अन्तरंग तथा जीवन पूर्ण है उसको व्यक्त करना होना चाहिए। मनुष्य की क्रिया तथा विकास जिस साँचे में ढलने चाहिए, वह उसके अंतरंग गुण तथा शक्ति का साँचा है। उसे नई वस्तुएँ अवश्य प्राप्त होनी चाहिए। परन्तु

वह उनको सर्वोत्तम रूप से और सबसे अधिक प्राणमय रूप में स्वयं अपने विकास, प्रकार तथा अन्तरंग शक्ति के आधार पर प्राप्त होगा।

12.5 शिक्षा का पाठ्यक्रम (Curriculum of Education)

अरविन्द द्वारा प्रतिपादित सम्पूर्ण विकास के अनेक पहलू हैं, इन पहलुओं से सम्बन्धित सभी प्रकार के विषयों का पाठ्यक्रम में महत्त्वपूर्ण स्थान होना चाहिए। वह पाठ्यक्रम में आध्यात्मिक विषयों को निहित करने की बात कहते हैं, परंतु इसके साथ-ही-साथ यह भी मानते हैं कि साहित्यिक, वैज्ञानिक व भौतिक विषयों के महत्त्व को भी अस्वीकार नहीं किया जा सकता है। वह बालकों के मस्तिष्क में बहुत अधिक विषयों का बोझ नहीं डालना चाहते, वह कम विषयों के अध्ययन को महत्त्व देते हैं। परन्तु साथ-साथ यह भी चाहते हैं, कि इन विषयों का गहन अध्ययन कराया जाये। साथ-साथ उन्होंने इस बात पर भी बल दिया, कि पाठ्यक्रम रोचक होना चाहिए।

12.6 शिक्षण की विधियाँ (Methods of Teaching)

श्री अरविन्द घोष ने निम्न सिद्धान्तों पर आधारित शिक्षण विधियों पर बल दिया—

(1) बालकों के मनोभावों व रुचियों का अध्ययन।

(2) बालकों को स्वप्रयत्न के द्वारा शिक्षा ग्रहण करने हेतु प्रेरित करना।

(3) विषयों की प्रकृति के अनुसार बालकों की शक्तियों का प्रयोग करना।

(4) छात्रों को क्रिया करने हेतु प्रेरित करना।

(5) शिक्षण प्रक्रिया में बालकों की स्वतन्त्रता पर बल देना।

(6) अध्यापन के माध्यम के रूप में मातृभाषा का प्रयोग करना।

श्री अरविन्द इस बात पर भी बल देते थे कि अध्यापक को बाल मनोविज्ञान का ज्ञाता होना चाहिए। वही व्यक्ति सफलतापूर्वक शिक्षण कर सकता है जो कि बाल मन, किशोर मन तथा प्रौढ़ मन की विशेषताओं की पूर्ण जानकारी रखता हो।

12.7 विद्यालय का स्थान (Place of School)

श्री अरविन्द घोष ने सदैव यह माना कि विद्यालय ऐसा होना चाहिए, जो कि बालकों के अन्दर भौतिक तथा आध्यात्मिक गुणों का विकास कर सके। वह मानते थे कि विद्यालय का वातावरण विश्वबन्धुत्व की भावना से ओत-प्रोत होना चाहिए। उन्होंने विद्यालय के सम्बन्ध में अपने विचारों के क्रियान्वयन हेतु एक आश्रम की स्थापना की जिसका नाम अरविन्द आश्रम रखा गया। यहाँ पर भौतिक व आध्यात्मिक शिक्षा दी जाती थी। तथा अनके जाति व धर्मों के लोग यहाँ शिक्षा ग्रहण करते थे। श्री अरविन्द द्वारा स्थापित श्री अरविन्द आश्रम में इसी प्रकार का शिक्षा केन्द्र है जिसे श्री अरविन्द अन्तर्राष्ट्रीय शिक्षा केन्द्र कहते हैं।

श्री अरविन्द अन्तर्राष्ट्रीय शिक्षा केन्द्र आवासीय सह-शिक्षा संस्था है। इसमें शिशु से लेकर उच्च शिक्षा एवं अनुसन्धान तक की व्यवस्था है। यह अपने ढंग से विश्व में अनोखी शिक्षा संस्था है।

12.8 शिक्षक शिक्षार्थी संकंल्पना (Teacher-Student Concept)

श्री अरविन्द शिक्षक को ज्ञान देने का माध्यम ही नहीं मानते वरन् उसे एक सहायक व मार्गदर्शक मानते हैं। वह यह भी मानते हैं कि एक आदर्श शिक्षक व्यक्ति की आत्मा को आगे बढ़ाने वाला

होता है, शिक्षक को अध्यात्म विषय का स्पष्ट ज्ञान हो तथा वह योग की क्रिया में दक्ष हो। वह शिक्षक को योगी बनाना चाहते हैं।

छात्र के सम्बन्ध में उनका विचार था कि बालक एक ऐसी दैवी रचना है, जिसमें कुछ ईश्वरीय देन होती है तथा कुछ विशिष्ट प्रतिभा होती है। वह व्यक्तिगत भिन्नता के सिद्धान्त को मानते थे। उनकी कल्पना थी कि शिक्षार्थी को विनय, परोपकार, स्वाध्याय तथा एकाग्रता, सेवा आदि गुणों को अपने अन्दर निहित करना चाहिए तभी वह दैवी प्रकाश के प्रयत्न कर सकता है वह पर्यावरण के प्रभाव को स्वीकार करते हुए यह मानते हैं कि बालक को अच्छे पर्यावरण में रखना चाहिए जिससे उसमें अच्छे गुणों का विकास हो सके।

12.9 श्री अरविन्द के अनुसार अनुशासन (According to Sri Aurobindo—Discipline)

श्री अरविन्द के दृष्टिकोण से स्वेच्छा से कर्तव्य का पालन करना ही अनुशासन है। शिक्षा में अनुशासन का विशेष महत्त्व है। अनुशासन स्थापित करने के विषय में उनकी अपनी धारणा थी। वे अनुशासन का सम्बन्ध भावना से जोड़ते थे तथा भावना का सम्बन्ध नैतिकता से मानते थे। वह कहते थे कि बालकों को सदैव ही अच्छाई की ओर अग्रसर करना चाहिए। ताकि वह नैतिकता का पालन करें तथा अपने अध्ययन में एकाग्रता लायें। इन्होंने कहा कि कठोरता से अनुशासन स्थापित नहीं किया जा सकता है। वह दण्ड को अमानवीय मानते थे। अत: प्रभावात्मक अनुशासन पर बल देते थे। स्वयं बालक शिक्षक के ज्ञान व आचरण से प्रभावित होकर अनुशासित व आचरणवान बने। ऐसी अपेक्षा श्री अरविन्द घोष करते थे।

श्री अरविन्द अनुशासन को इस प्रकार परिभाषित करते हैं कि, ''सत्य के एक मानदण्ड अथवा नियम या कार्य के नियम या श्रेष्ठ सत्ता के प्रति आज्ञाकारिता अथवा विवेक या बौद्धिक संकल्प के द्वारा खोजे गये सर्वोच्च सिद्धान्त के प्रति आज्ञाकारिता से कार्य करना ही अनुशासन है।''

—श्री अरविन्दों एण्ड द मदर ऑन एजुकेशन, भाग-2

12.10 श्री अरविन्द के अनुसार नैतिक व धार्मिक शिक्षा (Moral and Religious Education According to Sri Aurobindo)

श्री अरविन्द महान योगी थे। धर्म तथा नैतिकता में उनकी पूरी आस्था थी। अत: वे शिक्षा, धर्म तथा नैतिकता पर आधारित करना चाहते थे उनके अनुसार धर्म कोई हो, कैसा भी हो वह मनुष्य के अपने लिए, दूसरों के लिए तथा ईश्वर के लिए जीना सिखाता है। किसी धर्म से घृणा नहीं करनी चाहिए। यह धर्म का लक्षण नहीं है। यह धार्मिक, संकीर्णता का सूचक है। संकीर्णता से ही साम्प्रदायिकता का विकास होता है। उनकी दृष्टि में सभी धर्म समान थे। वे प्रत्येक देश की शिक्षा को वहाँ के धर्म पर आधारित करने के पक्षधर हैं। धर्म ही आध्यात्मिकता का आधार है। श्री अरविन्द यह भी मानते हैं कि जीवन में प्रयोग लाने से ही धार्मिक शिक्षा लाभप्रद हो सकती है। धार्मिक शिक्षा द्वारा आध्यात्मिक उन्नति में सहायता मिलती है। अत: धर्म के सार की शिक्षा विद्यालय में अवश्य दी जानी चाहिए।

12.11 राष्ट्रीय शिक्षा के सम्बन्ध में विचार (Views on National Education)

श्री अरविन्द के काल में देश परतन्त्र था। उस समय की शिक्षा की दशा असंतोषजनक थी। अत: उन्होंने देश को स्वतन्त्र करने के लिए जन जागरण किया तथा कहा कि देश की शिक्षा को

भारतीय रूप प्रदान करना चाहिए। उन्होंने राष्ट्रीय शिक्षा की पूरी रूपरेखा, तैयार की थी। श्री अरविन्द के अनुसार राष्ट्रीय शिक्षा वह है जो राष्ट्र के नियन्त्रण में राष्ट्रीय लोगों को राष्ट्रीय पद्धति से दी जाती है।

श्री घोष भाषाओं के माध्यम से शिक्षा देने को प्रेरित करते थे। ब्रह्मचर्य व आध्यात्मिक जीवन पर आधारित करना चाहते थे। मातृभाषाओं के माध्यम से जन साधारण को शिक्षा सुलभ हो सकती है। वे कहते थे, कि धर्म और आध्यात्मिकता तो भारतीय संस्कृति की आत्मा है। इसी से भारतीयों में राष्ट्रीय भावना का विकास होगा।

श्री अरविन्द संकीर्ण राष्ट्रीयता में विश्वास नहीं करते थे। वे मानववादी थे। उनका दृष्टिकोण अत्यन्त विशाल था। वे वास्तव में अंतर्राष्ट्रीयता के पक्षधर थे। अत: श्री अरविन्द का दृष्टिकोण अत्यन्त व्यापक था। क्योंकि इन्होंने अरविन्द शिक्षा केन्द्र में देश-विदेश की भाषाओं तथा संस्कृतियों को भी स्थान दिया।

12.12 शिक्षा-दर्शन का मूल्यांकन (Evaluation of Philosophy of Education)

श्री अरविन्द के शिक्षा-दर्शन के मूल्यांकन में कुछ तथ्य प्रकट हुए, जो निम्नलिखित हैं—

(1) श्री अरविन्द ने शिक्षा की परिभाषा में शिक्षा को व्यापक रूप से स्पष्ट नहीं किया है जबकि यह अनिवार्य था।

(2) शिक्षा के उद्देश्यों में सीधे तौर पर मानव के शारीरिक, मानसिक, बौद्धिक, सामाजिक, सांस्कृतिक एवं नैतिक, व्यावसायिक और माध्यमिक विकास की प्रक्रिया द्वारा समझाना चाहिए। उसमें उलझन नहीं होनी चाहिए।

(3) इन्होंने आध्यात्मिक एकता पर बल दिया तथा नैतिकता व धर्म को भी महत्त्वपूर्ण माना है।

(4) राष्ट्रीय शिक्षा नीति पर भी बल दिया।

(5) कर्मयोग के सिद्धान्त को भी महत्त्वपूर्ण माना।

(6) श्री अरविन्द घोष योग तथा पूर्ण योग पर बल देते हुए योग विश्व- विद्यालय की भी स्थापना की।

इस प्रकार कहा जा सकता है कि श्री अरविन्द का दर्शन भारतीय सीमा तक सीमित नहीं है। पाण्डिचेरी आश्रम में श्री अरविन्द सोसायटी की शाखाएँ विश्व के अनेक देशों में हैं। अत: श्री अरविन्द ने समस्त विश्व को अनेक सुविधाएँ प्रदान की हैं। अत: इनका दर्शन सर्वोत्तम है।

13. स्वामी विवेकानन्द : 1863-1902
(Swami Vivekanand : 1863-1902)

13.1 स्वामी विवेकानन्द का जीवन-परिचय (Life History of Swami Vivekanand)

स्वामी विवेकानन्द का जन्म सन् 1863 में कोलकाता में हुआ था। उनके जन्म का नाम नरेन्द्रनाथ दत्त था। उनका पारिवारिक वातावरण धार्मिक था। अत: बाल्यकाल अवस्था में ही उनकी रुचि धर्मग्रन्थों में थी। उनकी बुद्धि अत्यन्त कुशाग्र थी तथा उनकी स्मरण शक्ति भी अद्‌भुत थी। उन्होंने पाश्चात्य दर्शन का भी विस्तृत अध्ययन किया। उनकी प्रखर बुद्धि के बारे में उनके प्रिंसिपल रेवरेण्ड डब्ल्यू० हेस्टी ने एक बार कहा कि "नरेन्द्रनाथ वस्तुत: एक प्रतिभाशाली व्यक्ति हैं। मैंने दूर के देशों की यात्रा की है, परन्तु अभी तक मुझे इस जितना बुद्धिमान तथा होनहार बालक नहीं मिला, जर्मन विश्वविद्यालयों के दर्शनशास्त्र पढ़ने वाले विद्यार्थियों में भी नहीं।" हैस्टी से ही उन्होंने पहले पहल यशस्वी आध्यात्मिक नेता श्री रामकृष्ण के बारे में सुना। इन्होंने 18 वर्ष की आयु में दिव्य ज्ञान की तीव्र पिपासा से प्रेरित होकर उन्होंने श्री रामकृष्ण से भेंट की। आगामी छ: वर्ष तक अपने गुरु की संगति में रहने से उनका आध्यात्मिक परिवर्तन हो गया और वे स्वामी विवेकानन्द के रूप में प्रकट हुए।

सन् 1886 में श्री रामकृष्ण की मृत्यु के पश्चात् स्वामी विवेकानन्द ने अपने गुरु के शिष्यों का एक संगठन-रामकृष्ण मिशन स्थापित किया। इसमें इन्होंने अपने गुरु द्वारा दिये हुए वेदान्त के उपदेशों को एशिया, यूरोप तथा अमरीका की जनता में आजीवन प्रचार किया। स्वामी विवेकानन्द ने अपने उपदेशों के साथ-साथ यह क्रियात्मक रूप से भी सिद्ध कर दिया कि यदि उनके परम् पूज्य गुरु के अनुभवों के अनुसार प्राचीन वेदान्त की व्यवस्था करके उसे वर्तमान जीवन से सम्बन्धित कर दिया जाये तो भारतवर्ष की प्रत्येक समस्या को आसानी से सुलझाया जा सकता है। संक्षेप में कहा जाता है, कि स्वामी जी ने पाश्चात्य देशों में भावात्मक तथा भारत में क्रियात्मक वेदान्त का प्रचार करके हिन्दू धर्म की महानता को फैलाया। उन्होंने अपने अन्तिम दिनों में विश्वबन्धुत्व के लिए भी प्रचार किया। सन् 1902 ई. में स्वामी जी का शरीर ब्रह्म तत्त्व में लीन हो गया।

13.2 स्वामी जी का जीवन-दर्शन (Philosophy of Life of Swamiji)

स्वामी जी का जीवन-दर्शन मानव के लिए अत्यन्त गौरवपूर्ण एवं प्रेरणादायक है। उन्होंने बताया कि जीवन एक संघर्ष है। इस संघर्ष में केवल समर्थ की विजय होती है, तथा असमर्थ का विनाश हो जाता है। अत: विजय प्राप्त करके जीवित रहने के लिए प्रत्येक व्यक्ति को जीवन की प्रत्येक चुनौती के साथ डटकर संघर्ष करना चाहिए। स्वामी जी को तत्कालीन भारतीय जनता के कष्टों को देखकर दुख होता है। एक दिन उन्होंने कहा कि

"हम आज दीन हीन हो गए हैं। हम प्रत्येक कार्य को दूसरों के डर से करते हैं, डरते हुए बोलते हैं, तथा डरते हुए सोचते हैं ऐसा लगता है कि हमने शत्रुओं के देश में जन्म लिया है मित्रों के नहीं।"

इस शोचनीय तथा हीन दशा के कारण उन्होंने यह बताया कि हम अपने जीवन में वेदान्त का समावेश नहीं करते हैं। उन्होंने कहा कि भीरु, मलिन तथा उदासीन व्यक्ति अपने जीवन में किसी कार्य को नहीं कर सकता। पृथ्वी का उद्धार केवल बहादुर योद्धा ही कर सकते हैं। अत: स्वामी जी ने भारतीयों को वीर, कर्मठ तथा निर्भय बनने का सुझाव देते हुए कहा—

"वीर बनो। हमेशा कहो, मैं निर्भय हूँ सबसे कहो—डरो मत, भय मृत्यु है, भय पाप है, भय नर्क है, भय अधार्मिकता है तथा भय का जीवन में कोई स्थान नहीं है।"

Be a hero, Always say, "I have no fear, Tell this to everbody— 'Have no fear'. To him fear is death, fear is sin, fear is hell, fear is unrighteousness. Fear is wrong life." — Swami Vivekanand.

उपर्युक्त विवरण से यह स्पष्ट है कि स्वामी विवेकानन्द के जीवन-दर्शन का एक ही सार है, **"अभय होकर संघर्ष के द्वारा मानवता की सेवा करना।"**

13.3 स्वामी जी का शिक्षा-दर्शन (Educational Philosophy of Swamiji)

स्वामी जी का शिक्षा दर्शन भारतीय वेदान्त तथा उपनिषद् से प्रेरित रहा था। वह कहते थे कि प्रत्येक प्राणी में आत्मा विराजमान है। इस आत्मा को पहचानना ही धर्म है। स्वामी जी का अटल विश्वास था। सभी प्रकार का सामान्य तथा आध्यात्मिक ज्ञान मनुष्य के मन में है। स्वामी जी के मतानुसार कोई व्यक्ति दूसरे व्यक्ति को नहीं सिखाता। प्रत्येक व्यक्ति स्वयं ही सीखता है। बाहरी शिक्षक तो सिर्फ सुझाव ही प्रस्तुत करते हैं, जिससे भीतरी शिक्षक को समझने तथा सीखने हेतु प्रेरणा मिल जाती है, इसी दृष्टि से स्वामी जी ने अपने समय की शिक्षा को निषेधात्मक बताया तथा लोगों से कहा कि, "आप उस व्यक्ति को शिक्षित मानते हैं, जिसने कुछ परीक्षायें पास कर ली हों तथा जो अच्छे भाषाण दे सकते हों। पर वास्तविकता यह है कि जो शिक्षा जनसाधारण को जीवन संघर्ष के लिए तैयार नहीं कर सकती, जो चरित्र-निर्माण नहीं कर सकती, जो समाज सेवा की भावना को विकसित नहीं कर सकती तथा जो शेर जैसा साहस पैदा नहीं कर सकती है, ऐसी शिक्षा से क्या लाभ है।" उन्होंने अपने समय की शिक्षा का घोर विरोध किया। इन्होंने बताया कि पुस्तकीय ज्ञान व्यर्थ है। हमें उस शिक्षा की आवश्यकता है जिसके द्वारा चरित्र का निर्माण होता है, मस्तिष्क की शक्ति में वृद्धि होती है, बुद्धि विकसित होती है तथा जिसको प्राप्त करके व्यक्ति अपने पैरों पर खड़ा हो सकता है। इस प्रकार स्वामी विवेकानन्द का शिक्षा के प्रति अत्यन्त विस्तृत दृष्टिकोण रहा। उन्होंने यह भी बताया कि भारत को परतन्त्रता की बेड़ियों से मुक्त कराने के पश्चात् यहाँ के नागरिकों को पाश्चात्य-विद्वानों का अध्ययन करके तकनीकी शिक्षा (Technical Education) की भी व्यवस्था करनी चाहिए। जिससे उद्योग आदि विकसित हों तथा हमारा देश धन धान्य से परिपूर्ण हो जाये।

स्वामी विवेकानन्द के शिक्षा-दर्शन के आधारभूत सिद्धान्त निम्नलिखित हैं—

(1) पुस्तक अध्ययन ही शिक्षा नहीं है।

(2) ज्ञान व्यक्ति के मन में विद्यमान है वह स्वयं ही सीखता है।

(3) मन, वचन तथा कर्म की शुद्धि ही आत्म-नियन्त्रण है।

(4) चित्त, एकाग्रता की शक्ति ही ज्ञान प्राप्त की कुंजी है।
(5) शिक्षा से बालक के चरित्र का गठन होता है।
(6) धार्मिक पुस्तकों की अपेक्षा व्यवहार, आचरण तथा संस्कारों द्वारा शिक्षा दी जाये।
(7) बालक-बालिकाओं को समान शिक्षा दी जाये।
(8) स्त्रियों को विशेषतः धार्मिक शिक्षा दी जाये।
(9) जन साधारण में शिक्षा का प्रचार किया जाये।
(10) शिक्षक छात्रों का निकटतम सम्बन्ध हो।

13.4 शिक्षा के उद्देश्य (Aims of Education)

स्वामी जी ने शिक्षा को एक महत्त्वपूर्ण आवश्यकता माना, जिसके द्वारा बालकों के चरित्र का निर्माण किया जा सकता है। जिससे मन की शक्ति बढ़ती है, बुद्धि का विस्तार होता है, और जिसके द्वारा मनुष्य आत्म-निर्भर बन जाता है। स्वामी विवेकानन्द के अनुसार शिक्षा के उद्देश्य निम्नलिखित होने चाहिए—

(1) शिक्षा का प्रथम उद्देश्य अन्तर्निहित पूर्णता को प्राप्त करना होता है। उनके अनुसार लौकिक तथा आध्यात्मिक समस्त ज्ञान मनुष्य के मन में पहले से ही विद्यमान होता है। इस पर पड़े आवरण को उतार देना ही शिक्षा है। अतः शिक्षा को मनुष्य के अन्तर्निहित ज्ञान या पूर्णत्व की अभिव्यक्ति करनी चाहिए।
(2) स्वामी जी ने शिक्षा के द्वारा बालक के शारीरिक तथा मानसिक विकास पर बल दिया है।
(3) शिक्षा द्वारा बालकों को नैतिक तथा आध्यात्मिक विकास की ओर अग्रसर किया जाता है।
(4) विवेकानन्द जी ने चरित्र-निर्माण के उद्देश्य को महत्वपूर्ण माना। इसके लिए इन्होंने ब्रह्मचर्य पालन पर बल दिया, तथा यह भी बताया कि ब्रह्मचर्य के द्वारा मनुष्य में बौद्धिक तथा आध्यात्मिक शक्तियाँ विकसित होंगी तथा वह मन, वचन व कर्म से पवित्र बन जाये।
(5) स्वामी जी ने सदैव इस बात पर बल दिया, कि मनुष्य को अपने ऊपर विश्वास रखना, श्रद्धा तथा आत्मत्याग की भावना को विकसित करना शिक्षा का महत्त्वपूर्ण उद्देश्य है। उन्होंने लिखा कि ''उठो, जागो और उस समय तक आगे बढ़ते रहो जब तक कि चरम उद्देश्य की प्राप्ति न हो जाये।
(6) स्वामी जी ने शिक्षा का एक उद्देश्य विभिन्नता में एकता की खोज करना भी माना है।
(7) स्वामी जी ने धार्मिक विकास को शिक्षा का प्रमुख उद्देश्य माना। वे यह चाहते थे कि प्रत्येक व्यक्ति उस सत्य तथा धर्म को मालूम कर सके जो उसके अन्दर छिपा हुआ हो। इसके लिए उन्होंने मन तथा हृदय के प्रशिक्षण पर बल दिया तथा बताया कि शिक्षा ऐसी होनी चाहिए, जिसे प्राप्त करके बालक अपने जीवन को पवित्र बना सके।

13.5 शिक्षा का पाठ्यक्रम (Curriculum of Education)

स्वामी जी के अनुसार जीवन का चरम लक्ष्य आध्यात्मिक विकास है। पर इसका तात्पर्य यह नहीं है, कि उन्होंने लौकिक समृद्धि को कोई स्थान नहीं दिया। उन्होंने पाठ्यक्रम के अन्तर्गत उन

सभी विषयों को सम्मिलित किया जिनके अध्ययन से आध्यात्मिक उन्नति के साथ-साथ भौतिक उन्नति भी होती रहे। स्वामी जी ने आध्यात्मिक पूर्णता हेतु धर्म, दर्शन, पुराण, उपनिषद्, साधुसंगत, उपदेश तथा कीर्तन व लौकिक समृद्धि हेतु भाषा, भूगोल, राजनीति, अर्थशास्त्र, मनोविज्ञान, कला, व्यायाम तथा खेलकूद आदि विषयों को पाठ्यक्रम का भाग बनाया।

13.6 शिक्षण पद्धतियाँ (Methods of Teaching)

स्वामी विवेकानन्द जी ने भारत की उसी प्राचीन आध्यात्मिक शिक्षण पद्धति को अपनाने पर बल दिया जिसमें गुरु तथा शिष्य के सम्बन्ध अत्यन्त घनिष्ठ रहते थे। आध्यात्मिक अथवा धर्म पद्धतियों की विशेषताएँ निम्नलिखित हैं–

(1) बालक को व्यक्तिगत निर्देशन तथा परामर्श विधि के द्वारा उचित मार्ग की ओर अग्रसर करना।

(2) शिक्षक के गुणों तथा चरित्र का बुद्धि द्वारा अनुकरण करना।

(3) ज्ञान को व्याख्यान, तर्क, विचार-विमर्श तथा रचनात्मक कार्यों एवं उपदेशों द्वारा अर्जित करना।

(4) मन को केन्द्रीयकरण विधि द्वारा विकसित करना।

(5) चित्त अथवा हृदय की वृत्तियों का रोग द्वारा निरोध करना।

13.7 शिक्षक का स्थान (Place of Teacher)

स्वामी जी स्वशिक्षा पर अधिक विश्वास करते थे। वे कहते थे कि हम में से प्रत्येक व्यक्ति अपना स्वयं शिक्षक है। बाह्य शिक्षक तो सिर्फ सुझाव प्रस्तुत करता है, जिन से आन्तरिक शिक्षक (आत्मा) को कार्य करने तथा समझने हेतु सूचना मिलती है। अत: शिक्षक के स्थान पर प्रकाश डालते हुए स्वामी जी ने कहा कि

> ''शिक्षक एक दार्शनिक, मित्र तथा पथ प्रदर्शक है, जो बालक को अपने ढंग से अग्रसर करने हेतु सहायता प्रदान करता है।'' "Teacher is a philosopher, friend and guide helping the educand to forword in his own way."
>
> —Swami Vivekanand.

13.8 बालक का स्थान (Place of Child)

फ्रोबिल की भाँति स्वामी जी ने भी बालक की शिक्षा पर बल दिया तथा बालक को शिक्षा का केन्द्र बिन्दु माना। उन्होंने बताया कि बालक लौकिक तथा आध्यात्मिक सभी प्रकार के ज्ञान का भण्डार होता है। वह पेड़ तथा पौधे की भाँति स्वयं ही स्वाभाविक रूप से विकसित होता है। अत: उन्होंने बालकों को स्वयं विकसित होने का सुझाव देते हुए कहा—

> ''अपने अन्दर जाओ और उपनिषदों को अपने में से बाहर निकालो। तुम सबसे महान् पुस्तक हो, जो कभी थी अथवा होगी। जब तक अन्तरात्मा नहीं खुलती, समस्त बाह्य शिक्षण व्यर्थ है।"Go into your own and get the Upnishads out of your ownself. You are the greatest book that ever was or will be. Until the inner teacher opens, all outside teaching is in vain." —Swami Vivekanand.

स्वामी जी ने गुरु के विषय में कहा कि सच्चा गुरु वह है जो अपने-आपको शिष्य की सतह तक तुरन्त ही नीचे ला सकता है। तथा अपनी आत्मा को शिष्य की आत्मा में प्रविष्ट कर

सकता है। तथा शिष्य के मन के द्वारा देख व समझ सकता है। ऐसा ही गुरु वास्तव में शिक्षा दे सकता है दूसरा कोई नहीं।

साथ-साथ स्वामी जी ने यह भी कहा कि मेरे विचार के अनुसार शिक्षा का अर्थ है–गुरु-गृह निवास। गुरु के व्यक्तिगत जीवन के बिना कोई शिक्षा नहीं हो सकती। अपने विश्वविद्यालयों की तरफ देखो। उन्होंने क्या किया है? उन्होंने एक भी मौलिक मनुष्य उत्पन्न नहीं किया है। वे सिर्फ परीक्षा लेने वाली संस्थाएँ हैं। सबके कल्याण के लिए त्याग करने की भावना अभी तक हमारे राष्ट्र में विकसित नहीं हो सकती है।

13.9 जनसाधारण की शिक्षा (Education of Masses)

स्वामी जी के समय में शिक्षा जनसाधारण को सुलभ न थी। इसका क्षेत्र केवल समर्थ व्यक्तियों तक ही सीमित था। फलस्वरूप दीन, दुखियों तथा निम्न वर्ग के लोगों को पेट भरकर भोजन भी नहीं मिल पाता था। अतः स्वामी जी ने तत्कालीन भारतीय समुदाय की आर्थिक दृष्टि से हीन दशा को सुधारने के लिए जनसाधारण की शिक्षा पर बल दिया और कहा—

> ''मैं जनसाधारण की अवहेलना करना महान राष्ट्रीय पाप समझता हूँ। यह हमारे पतन का मुख्य कारण है। जब तक भारत की सामान्य जनता को एक बार फिर उपयुक्त शिक्षा, अच्छा भोजन तथा अच्छी सुरक्षा नहीं प्रदान की जायेगी तब तक प्रत्येक राजनीति बेकार सिद्ध होगी।'' "I consider that the great national sin is the neglect of the masses, and that is one of the causes of our downfali. No amount of politics would be to any avail untill the masses of India are once more well educated well fed and well cared for."

13.10 स्त्री-शिक्षा (Women's Education)

स्वामी जी ने स्त्री-शिक्षा पर अत्यधिक बल दिया। इन्होंने बताया कि वेद व उपनिषदों के युग में गार्गी तथा मैत्रीय जैसी स्त्रियों ने जन्म लिया है। मनु महाराज ने भी इस विषय में कहा, कि जिस देश में स्त्रियों का सम्मान होता है, वहाँ देवता निवास करते हैं। जहाँ नारी दुखी है, उस परिवार में तथा देश में उन्नति की आशा नहीं की जा सकती है। अतः नारी का सम्मान देवी के पूजन के समान माना गया है।

13.11 शिक्षा-दर्शन का मूल्यांकन (Evaluation of Philosophy of Education)

स्वामी जी महान समाज सुधारक थे। उनके विचार भी अत्यन्त ही प्रगतिशील थे। जनता के कल्याण पर उन्होंने बहुत ही बल दिया। इन्होंने अपनी शिक्षा पद्धति भी इस दृष्टिकोण से बनाई, जिससे समस्त व्यक्तियों का कल्याण हो। इन्होंने स्त्रियों तथा कमजोर वर्गों के उत्थान हेतु भी प्रयास किये। स्वामी जी चाहते थे कि भारतीय शिक्षा पद्धति नैतिकता को ध्यान में रखते हुए बनाई जानी चाहिए। इन्होंने मुख्यतः निम्न बातों पर बल दिया–

(1) शिक्षा द्वारा चरित्र-निर्माण।
(2) उत्पादन बढ़ाने हेतु शिक्षा।
(3) शिक्षा का घर-घर में प्रसार हो।
(4) स्त्री-शिक्षा पर बल दिया।
(5) छात्र व शिक्षक के वैयक्तिक सम्पर्क द्वारा शिक्षा।

साथ ही स्वामी जी के रामकृष्ण मिशन का भी समस्त देश को अत्यन्त लाभ हुआ है। इस प्रकार स्वामी जी ने निष्काम भाव से देश को अनेक कल्याण कार्यक्रम दिये।

स्वामी जी के कुछ प्रकाशन निम्नलिखित हैं–

(1) Raja Yoga.

(2) Bhakta Yoga.

(3) Jnana Yoga.

(4) To the Youth of India.

(5) In Search of God and the Prems.

(6) Meditation and its Methods.

(7) Swami Vivekanand's Addresses at world's Parliament of Religion, Chicago, 1843.

14. रविन्द्र नाथ टैगोर (1861–1941)
Rabindra Nath Tagore (1861–1941)

14.1 रविन्द्र नाथ टैगोर का जीवन-परिचय

रविन्द्र नाथ टैगोर का जीवन-परिचय अत्यधिक प्रेरणात्मक है। टैगोर जी का जन्म बंगाल के प्रसिद्ध टैगोर वंश में 1861 ई. में कोलकाता में हुआ था। इनके पिता महर्षि देवेन्द्र नाथ टैगोर थे। टैगोर परिवार अपनी समृद्धि व कला हेतु प्रसिद्ध था। टैगोर के पिता सच्चे देशभक्त थे। इनके पिताजी ने इन्हें संस्कृत, भारतीय-दर्शन तथा नक्षत्र विज्ञान की शिक्षा दी। इन्हें उच्चतर शिक्षा हेतु बंगाल ऐकेडमी भेजा गया। यहाँ के क्रमबद्ध शिक्षण से ऊबकर इनके मन में तत्कालीन शिक्षा के प्रति घृणा हो गई। सन् 1877 में रविन्द्र नाथ टैगोर को कानून की पढ़ाई के लिए इंग्लैण्ड भेजा गया। परन्तु वहाँ भी सन्तुष्टि न मिलने से यह बिना डिग्री के ही भारत लौट आये।

इसके बाद इन्होंने बंगाली पत्रिकाओं में लेख लिखने शुरू किए। धीरे-धीरे इन्होंने अनेक प्रशंसनीय कवितायें, उपन्यास व लेख लिखे। रविन्द्र नाथ जी को गीतांजलि के आंग्ल भाषा में अनुवाद करने के लिए नोबल पुरस्कार भी मिला। उसी वर्ष उन्हें कोलकाता विश्व विद्यालय ने डी. लिट् की उपाधि से विभूषित किया।

1915 ई. में भारत सरकार ने टैगोर को नाईट (Knight) की उपाधि दी। परन्तु इस उपाधि को इन्होंने जलियाँवाला बाग काण्ड की वजह से लौटा दिया। डॉ. टैगोर ने काफी भम्रण किया। 22 सितम्बर, 1921 ई. में इन्होंने विश्व भारती (Vishwa Bharti) नामक प्रसिद्ध संस्था की स्थापना की। इस अन्तर्राष्ट्रीय संस्था का मुख्य उद्देश्य पूरब व पश्चिम के मध्य समन्वय स्थापित करना था। डॉ. टैगोर ने लगभग 20 वर्षों तक अनेक प्रयास करके इस संस्था को आगे तक बढ़ाया। टैगोर जी का आत्मा-परमात्मा में बहुत विश्वास था। कुछ विद्वान इन्हें आदर्शवादी मानते थे तथा प्रकृति-प्रेमी होने के कारण ही कुछ विद्वान इन्हें प्रकृतिवादी कहते थे। पाश्चात्य दर्शन से इनका कोई सम्बन्ध नहीं था। यह अत्यन्त भारतीय मानववादी व अद्वैतवादी थे। इन्होंने शिक्षा के क्षेत्र में अनेक योगदान प्रदान किये तथा अन्त में सन् 1941 में इनकी जीवन लीला समाप्त हो गई।

''रविन्द्र नाथ टैगोर वर्तमान भारत के शैक्षिक पुनरुत्थान के सबसे बड़े पैगम्बर थे। उन्होंने देश के सम्मुख शिक्षा के सर्वोच्च आदर्शों को स्थापित करने के लिए आजीवन संघर्ष किया। उन्होंने अपनी शैक्षिक संस्थाओं में ऐसे शैक्षिक प्रयोग किये, जिन्होंने उन्हें आदर्श का सजीव प्रतीक बनाया।''

14.2 टैगोर का जीवन दर्शन (Philosophy of Life of Tagore)

टैगोर को सत्यम्, शिवम्, सुन्दरम् में पूर्ण विश्वास था। यह ईश्वर को ही सर्वोच्च मानते थे। ये अद्वैतवादी थे। ब्रह्म समाज से प्रभावित होकर इन्होंने सर्वेश्वरवादी ब्रह्मवाद को स्वीकारा था। ये

ईश्वर की सत्ता को मानते थे। टैगोर के जीवन-दर्शन के विषय में डॉ. एम.पी. वर्मा ने कहा है कि, "रविन्द्र नाथ ने मानव स्वभाव के संवेगों के विनाश और उनके सौन्दर्यात्मक तथा सामाजिक पक्षों के दमन की स्वीकृति नहीं दी। उन्होंने मनुष्य के व्यक्तित्व व शक्तियों के सब पहलुओं के पूर्ण व शक्तिशाली विकास के सिद्धान्त को स्वीकारा। उन्होंने आत्मा की भव्यताओं को, पहाड़ों की अँधेरी गुफाओं व जंगलों के एकान्त स्थानों में खोजना अस्वीकार किया। वे जीवन की स्वीकृति चाहते थे, उनके सभी पक्षों में—सुख और दुःखों में, आदर्शों व सद्भावनाओं में, दुखद घटनाओं और संकटपूर्ण परिस्थितियों में।"

टैगोर ने अपने ही शब्दों में अपने जीवन-दर्शन के विषय में कहा है कि "हमें ईश्वर को खोजते हुए उस सत्य को प्राप्त करने का प्रयत्न करना चाहिए जो हमें इस संसार से मुक्ति दिला सके, तथा अपने प्रकाश में इस संसार को प्रकाशित कर सके।" श्री रविन्द्र नाथ टैगोर जी भारत को राजनीतिक दृष्टि से स्वतन्त्र कराना चाहते थे। रूसो की भाँति यह भी प्रकृति की गोद में ही शिक्षा देने पर बल देते थे।

टैगोर मूल रूप से एक कवि थे। इस कारण उन्होंने किसी आधारभूत दार्शनिक विचारधारा का विकास नहीं किया परन्तु वह एक विचारक थे और उनके विचारों में विभिन्न दर्शनों का समन्वय देखने को मिलता है। उनके जीवन-दर्शन के मूलभूत सिद्धान्त निम्नलिखित हैं—

(*a*) ईश्वर या ब्रह्म (God or Brahma)
(*b*) आत्मा (Soul)
(*c*) सत्य ज्ञान (Truth Knowledge)
(*d*) जगत या प्रकृति (World and Nature)
(*e*) प्रेम व भक्ति (Love and Bhakti)
(*f*) मनुष्य (Man)
(*g*) धर्म (Religion)
(*h*) नैतिकता (Morality)

14.3 रविन्द्र नाथ का शिक्षा-दर्शन (Educational Philosophy of Tagore)

रूसो तथा फ्रॉबेल (Rousseau and Froebel) के समान टैगोर प्रकृति की शक्ति व गुणों को मानते थे। परन्तु प्रकृति से सम्पर्क रखने के कारण शिक्षा पर उसके प्रभावों को उन्होंने रूसो व फ्रॉबेल के बजाय कहीं अच्छी तरह समझा।

टैगोर के शिक्षा-दर्शन के विषय में **सुनील चन्द्र सरकार** ने कहा है कि,

"टैगोर ने शिक्षा को जो योगदान दिया, उसमें पेस्टालॉजी, फ्रॉबेल के कार्य सम्मिलित हैं, तथा उनके कार्यों में जो कमियाँ रह गईं, उनकी पूर्ति भी है। उदाहरणार्थ—फ्रॉबेल की किण्डरगार्टन पद्धति में खेल, नृत्य और रचनात्मक कार्यों का विशेष स्थान है। टैगोर ने बताया कि यह पद्धति सरलतापूर्वक तभी कार्य कर सकती हैं, जब जीवन की कठोर वास्तविकताओं से दूर अति सुन्दर वातावरण का निर्माण किया जाये।

टैगोर ने शिक्षा के बहुत महत्त्वपूर्ण सिद्धान्तों की खोज की। इन्होंने शिक्षा के उन सभी सिद्धान्तों की खोज की जिनका प्रतिपादन उन्हें आगे चलकर अपने ही लिए करना था तथा जिन्हें शान्ति निकेतन में व्यावहारिक रूप देना था।"

रविन्द्र नाथ टैगोर एक महान दार्शनिक व शिक्षाशास्त्री थे। इन्होंने अपने शिक्षा-दर्शन के अन्तर्गत शिक्षा के आधारभूत सिद्धान्तों को प्रस्तुत किया। जो कि निम्नलिखित हैं—

(1) शिक्षा का माध्यम सदैव मातृभाषा होनी चाहिए।
(2) बालकों को स्वतन्त्रतापूर्वक शिक्षा प्रदान करें।
(3) बालक की रचनात्मक प्रवृत्तियों के विकास हेतु आत्म प्रकाशन के अवसर दें।
(4) बालकों की शिक्षा नगरों से दूर प्रकृति की गोद में होनी चाहिए।
(5) प्रकृति की गोद में शिक्षा प्राप्त करते समय बालक को सामाजिक सम्पर्क स्थापित करने के अधिक-से-अधिक अवसर दिये जायें जिससे उसमें समाज सेवा तथा स्वशासन की भावनायें विकसित हों।
(6) राष्ट्रीय शिक्षा प्रणाली देशी शिक्षा पर आधारित हो।
(7) बालकों को पाठ्यपुस्तकों के अध्ययन हेतु बाध्य न किया जाये। अपितु उन्हें प्रत्यक्ष स्रोतों से ज्ञान प्रदान किया जाए।
(8) बालकों को करके सीखने के अवसर प्रदान किये जायें।
(9) विद्यालयों को पुनर्जीवित किया जाये।
(10) शिक्षा बालक को पूर्ण मानव के रूप में विकसित करे, न कि केवल एक अच्छा लिपिक, कृषक अथवा शिल्पी ही।

14.4 शिक्षा के उद्देश्य (Aims of Education)

टैगोर के अनुसार शिक्षा के उद्देश्य निम्नलिखित हैं—

(1) पूर्ण जीवन की प्राप्ति हेतु बालकों का पूर्ण विकास करना।
(2) बालकों का व्यक्तिगत, सामाजिक व व्यावसायिक विकास करना।
(3) बालकों को स्वस्थ शरीर तथा अंगों व इन्द्रियों के विषय में प्रशिक्षित करना।
(4) बालकों के वास्तविक जीवन की बातों व पर्यावरण आदि की जानकारी देकर तथा उनसे अनुकूलन कराके, उसके मस्तिष्क का विकास करना।
(5) बालकों के अन्दर धैर्य, शान्ति, आत्म-अनुशासन, आन्तरिक शक्ति व ज्ञान के मूल्यों से अवगत कराके उनका नैतिक व आध्यात्मिक विकास करना। रविन्द्र नाथ टैगोर चाहते थे कि,

> "बालक व बालिकाएँ निर्भय बनें। उनका मस्तिष्क खुला व उन्मुक्त रहे। वे आत्म-निर्भर हों। उनमें अनुशासन तथा स्वयं-आलोचना के प्रेरक ऐसे मनोभाव हों जिनकी जड़ें भारत-भूमि में तो गहरी हों परन्तु सारे विश्व में फैली हों तथा मेल, भाईचारा व सहयोग बढ़ाने वाली हों, और भौतिक तथा आध्यात्मिक उन्नति में सहायक हों।"

शिक्षा के उद्देश्यों की चर्चा करते हुए टैगोर ने कहा कि शिक्षा का आधार आध्यात्मिक मूल्य होना चाहिए। साथ ही उसे मानव को इतना अनुप्रेरित करना चाहिए कि मनुष्य शाश्वत् की खोज कर सके तथा उसे आत्मसात् कर सके। रविन्द्र नाथ टैगोर का मूल वाक्य था "विकास की सम्पूर्णता" तथा इसे ही यह शिक्षा का मूलभूत उद्देश्य बताते हैं। शिक्षा के द्वारा ही व्यक्ति का नैतिक तथा चारित्रिक विकास किया जा सकता है। तथा मानव में ऐसे गुणों का विकास होना चाहिए कि उसमें सौन्दर्य-बोध का भाव जागृत हो। इन्होंने बताया कि जीवन में इच्छाएँ तो होनी चाहिए साथ ही इच्छाओं का सीमित विकास भी होना चाहिए।

रविन्द्र नाथ टैगोर के शब्दों में "शिक्षा का तो उद्देश्य है बाल्य जीवन की उफनती हुई विपुलता, उसके सम्मोहन तथा सरल निश्छलता से निबटते रहने के अनुभव द्वारा सृजनात्मक सम्भावनाओं के भीतर ऐसी स्वतन्त्रता का प्रावधान, जो कर्म का ब्याज बनकर प्रस्तुत क्रीड़ा से प्रसूत आनन्द के प्रचुर अवसर प्रदान करें। अनुसंधान का कर्म और ऐसा कर्म जो क्रीड़ा का ब्याज रूप बने, नित नूतन अनुभवों की धारावाहिकता की जिसमें फसलें हों बालक की अपनी वृद्धि हेतु जहाँ ऐसी ही स्वतन्त्रता का प्रदाय हो कि जिसकी अपनी कोमल टहनियों के लिए एक युवा वृक्ष माँग करे कि जो आत्म विस्तार का ऐसा क्षेत्र हो, जहाँ युवा जीवन अपने प्रशिक्षण और अपने सुख की उपलब्धि कर सके।"

14.5 शिक्षा का पाठ्यक्रम (Curriculum of Education)

टैगोर पूर्ण मानव जाति को विकसित करना चाहते हैं। इस महान उद्देश्य को प्राप्त करने हेतु उन्होंने तत्कालीन पाठ्यक्रम को दोष मुक्त बताया तथा मानव जीवन के शारीरिक, मानसिक, नैतिक तथा आध्यात्मिक सभी पक्षों को सामंज्यपूर्ण ढंग से विकसित करने हेतु एक क्रिया प्रधान पाठ्यक्रम (Activity Centred Curriculum) की रचना की जिससे प्रत्येक बालक विभिन्न प्रकार की क्रियाएँ करते हुए ज्ञान को व्यावहारिक क्षेत्र में प्रयोग करके पूर्ण मानव के रूप में विकसित हो सकें।

टैगोर के अनुसार, शिक्षा का मुख्य उद्देश्य पूर्ण जीवन की प्राप्ति हेतु मनुष्य को पूर्ण विकास करना है। इस उद्देश्य को ध्यान में रखकर उन्होंने पाठ्यक्रम में विभिन्न प्रकार के अनेक विषयों और क्रियाओं को स्थान देकर व्यापक रूप प्रदान किया है। पाठ्यक्रम के कुछ मुख्य विषय व क्रियाएँ निम्न हैं—

(1) विषय—इतिहास, विज्ञान, प्रकृति-अध्ययन, साहित्य व भूगोल।

(2) क्रियाएँ—बागवानी, अध्ययन, प्रयोगशाला कार्य, कला, वस्तुओं का संग्रह आदि।

(3) अतिरिक्त पाठ्यक्रम क्रियाएँ—खेलकूद, समाज सेवा, छात्र स्वशासन आदि।

डॉ. मुखर्जी (Dr. Mukherji) का कथन है—"इस दृष्टिकोण से टैगोर की शिक्षा संस्थाओं में लागू किया जाने वाला पाठ्यक्रम 'क्रिया-प्रधान, पाठ्यक्रम रहा है।"

शिक्षा के उद्देश्यों की पूर्ति हेतु टैगोर ने पाठ्यक्रम के सम्बन्ध में विस्तृत विचार व्यक्त किये हैं। उनका विचार था कि शिक्षा को यदि अपने उद्देश्यों की प्राप्ति करनी है तो उसके पाठ्यक्रम में मानव जीवन से सम्बन्धित विभिन्न पक्षों यथा—शारीरिक, मानसिक, भावात्मक, आध्यात्मिक, सामाजिक तथा नैतिक व आर्थिक पक्षों में स्थान देना होगा। उनका विचार था कि वर्तमान में विद्यमान पाठ्यक्रम छात्रों के मानसिक व आर्थिक विकास से ही सम्बन्ध रखता है, इस कारण हमें इस पाठ्यक्रम के स्थान पर एक ऐसा पाठ्यक्रम निर्मित करना चाहिए, जो विषय-ज्ञान के साथ-साथ क्रियात्मक क्षमता को भी उत्पन्न कर सके। इसी कारण टैगोर ने पाठ्यक्रम में पाठ्य सहभागी क्रियाओं को निहित करने की बात भी कही।

14.6 शिक्षण पद्धतियाँ (Methods of Teaching)

टैगोर ने अपनी शिक्षण विधियों के मुख्य सिद्धान्त निम्नलिखित रखे हैं—

1. भ्रमण पूर्ण शिक्षा देना (Teaching While Walking)—टैगोर कक्षा शिक्षण पर अधिक बल नहीं देते थे। इनका मानना था कि, "यदि बालक भ्रमण के साथ शिक्षा ग्रहण करें तो यह सीधा बालकों के मस्तिष्क तक जाता है अर्थात् कक्षा शिक्षण गतिहीन शिक्षा होती है भ्रमण

के समय बालकों की मानसिक शक्तियाँ सतर्क रहती हैं। अतः वे अनेक विषयों को प्रत्यक्ष रूप से देखकर उनके विषय में ज्ञान को सरलता से प्राप्त कर लेते हैं। इस विषय में **टैगोर** ने कहा कि, ''भ्रमण के समय पढ़ाना शिक्षण की सर्वोत्तम विधि है।''

2. क्रिया विधि (Activity Method)—टैगोर ने क्रिया सिद्धान्त पर बल दिया क्योंकि क्रिया से शरीर व मस्तिष्क दोनों को शक्ति मिलती है। अतः इन्होंने 'शान्ति निकेतन' में भी क्रिया पर बल दिया ताकि बालक करके सीखें।

3. वाद-विवाद व प्रश्नोत्तर विधि (Discussion and Question-Answer Methods)—**टैगोर** का मानना था कि, ''वास्तविक शिक्षा केवल पुस्तकों के रटने से नहीं आती वरन् वह जीवन व समाज के अध्ययन पर निर्भर करती है। बालकों को प्रश्नोत्तर द्वारा शिक्षा दी जानी चाहिए, तथा छात्रों के समक्ष समस्याएँ भी रखनी चाहिए ताकि वह इनका हल वाद-विवाद द्वारा निकालें।''

शिक्षण पद्धति के सम्बन्ध में श्री टैगोर का विचार है कि यह पद्धतियाँ वास्तविक जीवन से सम्बन्धित तथा व्यावहारिक होनी चाहिए। यह शिक्षण पद्धतियाँ एक माध्यम होनी चाहिए। जिसके द्वारा अध्यापक समाज व प्राकृतिक वातावरण के साथ सम्बन्ध स्थापित करता है। वह यह मानते हैं कि विषय का स्वरूप ही शिक्षण विधि का निर्धारण करता है। उदाहरणस्वरूप यदि हमें प्राकृतिक विज्ञानों का अध्ययन करना है तो हमें प्रकृति का निरीक्षण करना होगा। तथा यदि हम सामाजिक विज्ञान का अध्ययन करा रहे हैं तो हमें सामाजिक समस्याओं, घटनाओं तथा संस्थाओं के माध्यम से ज्ञार्नाजन कराना होगा। इस विषय में टैगोर का यह भी मत है कि वास्तविक वस्तुओं के सम्पर्क में आने से जो तथ्य छात्रों के समक्ष उपस्थित है, वह उनकी निरीक्षण तथा तर्क शक्ति का विकास करते हैं। वह यह भी मानते हैं कि शिक्षण विधि का प्रयोग अध्यापक की कुशलता पर निर्भर करता है। यदि अध्यापक विहिन शिक्षण विधि का प्रयोग किया जाये तो वह व्यर्थ है अतः शिक्षण विधि जीवन से भरपूर होनी चाहिए तथा ये विधियाँ बालकों की रुचियों, आवश्यकताओं तथा आवेगों के अनुसार होनी चाहिए।

शिक्षण विधियों का मुख्य प्रयोजन यह होना चाहिए कि वह छात्रों के स्वप्रयास तथा स्वचिन्तन द्वारा सीखने हेतु अनुप्रेरित कर सकें।

14.7 शिक्षक का स्थान (Place of Teacher)

टैगोर ने शिक्षण विधि की तुलना में शिक्षक को बहुत अधिक स्थान प्रदान करते हुए लिखा है कि ''शिक्षा केवल शिक्षक के ही द्वारा और शिक्षण विधि के द्वारा कदापि नहीं की जा सकती है। मनुष्य केवल मनुष्य से ही सीख सकते हैं।'' टैगोर ने शिक्षक को शिक्षा व्यवस्था का प्रमुख आधार माना है। इसलिए शिक्षक के निम्नलिखित कार्य माने गये हैं—

(1) शिक्षक बालकों के साथ प्रेम व सहानुभूति पूर्ण व्यवहार करें।
(2) शिक्षक पुस्तकीय ज्ञान की अपेक्षा क्रिया द्वारा ज्ञान अर्जित करने पर बल दें।
(3) शिक्षक बालकों की रचनात्मक प्रवृत्तियों को बढ़ावा दें।

अतः शिक्षक ऐसे होने चाहिए जो कि बालकों को कार्यों हेतु प्रेरित करें, तथा उन्हें हर कार्य में पूर्ण सहयोग प्रदान करें।

टैगोर ने शिक्षक को शिक्षा का आधार माना है। शिक्षक का कार्य छात्रों का मार्गदर्शक करना है, तथा प्रेरणा देना है। छात्र को स्वयं सजग रहना चाहिए। उनके विचार में ''जब तक अध्यापक

स्वयं न सीखे तब तक वह पढ़ा नहीं सकता। एक दीपक दूसरे दीपक को तब तक प्रकाशित नहीं कर सकता, जब तक वह स्वयं अपनी ज्योति को प्रज्ज्वलित न रखे।''

14.8 छात्र का स्थान (Place of Student)

गुरुदेव जी ने छात्र के अन्तर्गत अनेक गुणों की परिकल्पना की है, जिनमें से कुछ मुख्य इस प्रकार हैं—

(*i*) व्यवहार में विनम्रता।
(*ii*) नियमों का अनुपालन।
(*iii*) व्यवस्था में तथा स्वच्छता में रुचि।
(*iv*) व्यक्तिगत व सामाजिक जीवन में अनुशासन।
(*v*) सौन्दर्य के प्रति लगाव।
(*vi*) शान्ति व साधना।
(*vii*) शाश्वत् व अभौतिकता के प्रति इच्छा।
(*viii*) आध्यात्मिक, आत्मानुभूति तथा वैज्ञानिक दृष्टिकोण।

गुरुदेव जी ने अपने एक लेख ''छात्रेण प्रति सम्भाषण'' में छात्रों से आह्वान किया कि वह शिक्षा को वास्तविक जीवन से जोड़ें तथा राष्ट्र के जीवन में समस्त पहलुओं से जागृति करें।

14.9 विद्यालय का स्थान (Place of School)

विद्यालय के सम्बन्ध में गुरुदेव की धारणा यह थी कि वह प्राचीन काल के गुरु आश्रमों की भाँति ही आधुनिक सांसारिक हलचलों से दूर शान्त वातावरण में प्रकृति के समीप स्थापित किया जाये। मनुष्य आधुनिक चमक-दमक से जितना दूर रहेगा, उतना ही वह अपनी मन की वृत्तियों का विरोध कर सकेगा तथा पढ़ाई में ध्यान केन्द्रित कर सकेगा। इसी प्रेरणा से अनुप्रेरित होकर उन्होंने शान्ति निकेतन की स्थापना की। उनका विचार था कि विद्यालय राष्ट्र की संस्कृति को सुरक्षित रखने व कला-संगीत, साहित्य आदि का ज्ञान, प्रदान करने का एक सशक्त माध्यम है। विद्यालय का मुख्य दायित्व यह भी है, कि छात्रों के व्यक्तित्व का पूर्ण विकास करे। विद्यालय व्यापक तथा व्यावहारिक वातावरण प्रदान करे, जिससे छात्रों का वांछनीय दिशा में विकास हो सके।

14.10 अनुशासन की धारणा (Concept of Discipline)

अनुशासन के सम्बन्ध में गुरुदेव का विचार है कि बालक के स्वतन्त्र विकास पर कोई भी प्रतिबन्ध नहीं लगाना चाहिए। यह अनुशासन कोई बाहर से थोपी गई वस्तु नहीं वरन् यह आन्तरिक तथा स्वाभाविक प्रक्रिया है। वह बालक के नैतिक विकास के लिए अनुशासन को अनिवार्य मानते थे परन्तु यह अनुशासन एक आन्तरिक प्रक्रिया के रूप में आत्म-अनुशासन होना चाहिए। उनके अनुसार अनुशासन का तात्पर्य है कि, ''निम्नस्तरीय आवेगों की अस्वस्थ उत्तेजना और अनुचित दिशाओं में विकास से सुरक्षा करना, अस्वाभाविक अनुशासन की स्थिति में रहना छोटे बच्चों हेतु सुखदायक हैं। यह उनके पूर्ण विकास में सहायक होता है।'' परन्तु दण्ड या पुरस्कार से अनुशासन स्थापित करना उन्हें कतई मंजूर नहीं था। वह मानते थे, कि अपराध करना तो बालक की स्वाभाविक प्रकृति है, तथा उसे क्षमा करना शिक्षक का धर्म है।

14.11 स्त्री-शिक्षा व टैगोर (Women Education and Tagore)

गुरुदेव जी ने स्त्री-शिक्षा पर बहुत अधिक बल दिया है। वह यह मानते हैं कि मानव समाज का

यदि हम नवनिर्माण करना चाहते हैं तो हमें स्त्रियों को भी पुरुषों के समान शिक्षित करना होगा। उनके शब्दों में, ''विशुद्ध ज्ञान के क्षेत्र में पुरुष, स्त्री में कोई भेद नहीं, व्यावहारिक उपयोगिता के क्षेत्र में अन्तर हो सकता है। स्त्री को परिपक्व मानव प्राणी बनने के लिए विशुद्ध ज्ञान प्राप्त करना चाहिए तथा सही स्त्री बनने के लिए उपयोगी ज्ञान।'' स्त्री व पुरुष से समाज को अलग-अलग अपेक्षाएँ हैं। इस कारण वह स्त्री-शिक्षा हेतु अलग शिक्षा व्यवस्था को उचित मानते थे किन्तु जहाँ यह व्यवस्था न की जा सके वहाँ वह सह-शिक्षा के पक्ष में थे।

स्त्रियों के सर्वांगीण विकास हेतु टैगोर जी निम्न प्रकार की शिक्षा को महत्त्वपूर्ण मानते थे—

(अ) गृह विज्ञान शिक्षा।

(ब) कला शिक्षा।

(स) सिलाई व कढ़ाई शिक्षा।

(द) संगीत, व्यायाम तथा समाज सेवा की शिक्षा।

टैगोर जी ने ज्ञान के दो क्षेत्र बताये हैं—

***(i)* विशिष्ट ज्ञान**—विशिष्ट ज्ञान के क्षेत्र में वह स्त्री तथा पुरुष में कोई मतभेद नहीं मानते हैं।

***(ii)* उपयोग ज्ञान**—उपयोग ज्ञान के क्षेत्र में वह दोनों में अन्तर मानते हैं। चूँकि वह मानते हैं, कि स्त्री एक बेटी, बहन, पत्नी तथा माँ है। तथा इसी के लिए उसे शिक्षित करना है।

शान्ति निकेतन में भी उन्होंने स्त्री शिक्षा की आवश्यकता व महत्त्व को साकार रूप देने के लिए 1908 में स्त्री-शिक्षा विभाग (Women Education Department) की स्थापना की परन्तु कुछ कारणवश इसे बन्द किया गया तथा पुनः 1922 में उन्होंने 'नारी भवन' स्थापित किया व बाद में इसे नारी विभाग में परिवर्तन कर दिया गया। यहाँ स्त्रियों को शास्त्रीय विषयों की शिक्षा दी जाती थी। उन्होंने स्त्री वर्ग के शारीरिक, बौद्धिक, व्यावसायिक, सामाजिक व सांस्कृतिक प्रोन्नति पर भी बल दिया।

14.12 एकला चलो (Walk Alone)

टैगोर का अमर सन्देश था, कि व्यक्ति में साहस और अकेले चलकर लक्ष्य प्राप्ति की उत्कण्ठा होनी चाहिए। यदि अन्य लोग उसको सहयोग नहीं देते तो उसे निराश नहीं होना चाहिए वरन् स्वयं प्रयास कर विजय श्री को पाना चाहिए।

14.13 विश्वभारती (Visvabharati)

टैगोर ने शान्ति निकेतन नामक स्थान पर अपनी पाठशाला आरम्भ की। सन् 1921 में वह विश्वभारती विश्वविद्यालय बन गई। सन् 1951 में यह केन्द्रीय विश्वविद्यालय बना। इसका नाम विश्वभारती विश्वविद्यालय है। उसके बाद उन्होंने ग्रामोत्थान के लिए श्री निकेतन संस्था बनाई।

विश्वभारती की स्थापना के निम्नलिखित उद्देश्य रहे हैं–

(1) भारतीय आदर्शों व संस्कृति की शिक्षा देना।

(2) विश्व शान्ति की स्थापना करना।

(3) अन्तर्राष्ट्रीय व विश्वबन्धुत्व की भावना पैदा करना।

(4) संस्था को विश्व की विभिन्न संस्कृतियों का केन्द्र बनाना।

गुरुदेव का जीवन भावनात्मक, काव्यमय, सौन्दर्यात्मक तथा प्रेममय था। इसलिए उन्होंने 'शान्ति निकेतन' के साथ-साथ श्री निकेतन की भी स्थापना की। उनका मानना था, कि आगे की दुनियाँ में लोग क्रान्ति तथा समृद्धि की माँग करेंगे।

विश्व भारती में कई विभाग हैं, जिन्हें भवन कहा जाता है–

(1) शिशु भवन (नर्सरी विद्यालय)
(2) पाठ भवन (स्कूल विभाग-दसवीं शिक्षा तक की शिक्षा)
(3) शिक्षा भवन (इण्टर तक की शिक्षा)
(4) विद्या भवन (पी.एच.डी. तक की शिक्षाशास्त्र की शिक्षा)
(5) विनय भवन (शिक्षक प्रशिक्षण विभाग)
(6) संगीत भवन (संगीत नृत्य शिक्षा विभाग)
(7) कला भवन (कला की शिक्षा)
(8) चीन भवन (चीन के साहित्य व संस्कृति की शिक्षा)
(9) हिन्दी भवन (हिन्दी भाषा की शिक्षा)
(10) श्री निकेतन (ग्रामीण उद्योग-धन्धों की शिक्षा)
(11) शिल्प भवन (कुटीर उद्योगों की शिक्षा)।

''विश्वभारती उस भारत का प्रतिनिधित्व करती है, जिसके पास मस्तिष्क का वह धन है, जो सभी के लिए है। विश्वभारती भारत के इस उत्तरदायित्व को स्वीकार करती है कि उसे विश्व को अपनी सर्वोच्च संस्कृति की आतिथ्य भावना को देना है और अन्यों से उनके सर्वोत्तम ज्ञान को ग्रहण करने का भारत को अधिकार है। —रविन्द्र नाथ टैगोर

14.14 शिक्षा दर्शन का मूल्यांकन (Evaluation of Tagore's Philosophy)

टैगोर के शैक्षिक विचार तथा प्रयोग पूर्णत: नये व भौतिक थे। टैगोर सदैव आदर्शवाद पर विश्वास रखते थे। उन्होंने मानव के आध्यात्मिक विकास हेतु प्रकृति को केवल एक सर्वश्रेष्ठ साधन के रूप में स्वीकार किया तथा सुझाव दिया कि विद्यालयों को नगरों से दूर जाकर जंगलों में खुले हुए प्राकृतिक वातावरण में प्राचीन गुरुकुलों की भाँति स्थिर होना चाहिए। डॉ० एस० राधाकृष्णन के शब्दों में—''रविन्द्र नाथ ने किसी मौलिक दर्शन को उत्पन्न करने का दावा कभी नहीं किया। उनका लक्ष्य भारतीय परम्परा का विश्लेषण करना अथवा उस पर चिन्तन करना नहीं था। उन्होंने इसको अपनी स्वयं की सजीव शैली तथा सामान्य अलंकारिक भाषा में व्यक्त किया तथा आधुनिक जीवन में उसका औचित्य बताया।''

"Ravindra Nath did not claim to produce and original philiosophy. His aim was not to analyse or speculate about the Indian tradition. He expressed it in his own vived, phrases and homely metaphors, and showed its relevance to modern life."

—S. Radha Krishanan

अत: टैगोर को बीसवीं शताब्दी के महान दार्शनिक के रूप में जाना जाता था। इन्होंने अपनी शिक्षा द्वारा सदैव सम्पूर्ण मानव जीवन का विकास चाहा। इस दृष्टि से एच. बी. मुखर्जी ने कहा है कि, ''टैगोर वर्तमान भारत के शैक्षिक पुनरुत्थान के सबसे बड़े पैगम्बर थे। उन्होंने देश के सम्मुख शिक्षा के सर्वोच्च आदर्शों को स्थापित करने हेतु आजीवन संघर्ष किया। उन्होंने अपनी शैक्षिक संस्थाओं में ऐसे शैक्षिक प्रयोग किये जिन्होंने उन्हें आदर्श का सजीव प्रतीक बना दिया।''

"Tagore was the greatest prophet of educational renaissance in modern India. He waged a ceassless battle to uphold the highest educational idea before the country and conducted educational experiments at his own institutions, which made them living symbols of what an ideal should be."

—H. B. Mukherjee

Where the mind is without fear.

Where the mind is without fear and the head is held high;
Where knowledge is free;
Where the world has not been broken up into fragments
By narrow domestic walls;
Where words come out from the depth of truth;
Where tireless striving stretches as arms towards perfection;
Where the clean stream of reason has not lost its way
Into the dreary desert sand of dead habit;
Where the mind is led forward by thee
Into ever-widening throught and action
Into that heaven of freedom, My father, let my country awake.

—Rabindra Nath Tagore

15. महात्मा गाँधी
(Mahatama Gandhi)

15.1 महात्मा गाँधी की जीवन-परिचय

मोहनदास करमचन्द गाँधी का जन्म काठियावाड़ के पोरबन्दर नामक स्थान पर 2 अक्टूबर, 1869 ई. को हुआ। इनके पिता पोरबन्दर के दीवान थे। वे कुटुम्ब प्रेमी और सत्य प्रिय थे। माता साध्वी, श्रद्धालु एवं धर्म भीरु थीं। गाँधीजी का बचपन पोरबन्दर में बीता। बाद में उनके पिता राजकोट के दीवान होकर गए और वहाँ पर गाँधीजी को एक विद्यालय में भरती किया गया। गाँव की पाठशाला के बाद उपनगर की शाला में और वहाँ से हाई स्कूल में भरती किया गया। हाईस्कूल पहुँचते-पहुँचते उनकी आयु 12 वर्ष की हो चुकी थी। गाँधीजी एक साधारण विद्यार्थी थे। 13 वर्ष की उम्र में पोरबन्दर में गाँधीजी का विवाह कस्तूरबा बाई के साथ हुआ। ब्याह के बाद उनकी पढ़ाई जारी रही। गाँधीजी की कसरत में रुचि न थी। वह खुली हवा में घूमने का अवश्य अभ्यास करते थे। पिताजी की सेवा करने की तीव्र उत्कण्ठा के कारण वे खेल-कूद में भाग न ले पाते थे। गाँधीजी इस समय हाईस्कूल में थे। बुरी संगति में पड़कर उन्होंने माँसाहार व धूम्रपान भी किया किन्तु एक पत्र द्वारा पिता से क्षमा माँगी और ऐसा न करने का वचन दिया। चोरी और आत्महत्या के भी विचार मन में आए किन्तु इन सब पर वे विजय पाते गये। जब गाँधीजी 16वें वर्ष में थे तो उनके पिता का देहान्त हो गया। स्कूल में गाँधीजी को धर्म की शिक्षा नहीं मिली किन्तु आत्मबोध था। आत्मज्ञान के मार्ग पर वे चलते रहे और वातावरण से कुछ-न-कुछ धार्मिकता उन्हें मिलती रही। सन् 1887 में गाँधीजी ने मैट्रिक्युलेशन की परीक्षा पास की और शामलदास कॉलेज, भावनगर में उच्च शिक्षा हेतु भरती हुए। कॉलेज की शिक्षा में उसका मन नहीं लगा और वे बैरिस्टरी की शिक्षा प्राप्त करने विलायत जाने की सोचने लगे।

वे 4 सितंबर, 1888 ई. को विलायत के लिए रवाना हो गये। विलायत में उन्होंने अपनी माता को दी गई तीन प्रतिज्ञाओं—माँस, मदिरा तथा स्त्री-सेवन से दूर रहने की प्रतिज्ञाओं का पालन किया।

1891 ई. में बैरिस्टरी पास करने के बाद वे स्वदेश लौटे। यहाँ आकर उन्होंने वकालत प्रारम्भ की किन्तु सफलता हाथ न लगी। सेठ अब्दुला की एक फार्म के मुकदमे के सम्बन्ध में वे दक्षिणी अफ्रीका गये और दक्षिणी अफ्रीका में ही उनका वास्तविक जीवन आरम्भ हुआ। वहाँ पर उन्होंने भारतीयों की दशा सुधारने का संकल्प लिया। गाँधीजी को दक्षिणी अफ्रीका में अनेक कष्ट सहने पड़े। दक्षिणी अफ्रीका में गाँधीजी ने टॉल्सटॉय आश्रम की स्थापना की।

1914 ई. में वे इंग्लैण्ड होते हुए भारत लौटे और भारत में आकर यहाँ की राजनीति में प्रवेश किया। वे गोखले से मिले और उनकी आज्ञा से पूना गये। उसके बाद देश के विभिन्न भागों का उन्होंने भम्रण किया। गाँधी जी ने राजनीति में प्रवेश करके भारतीय राजनीति को नया मोड़ दिया।

अहमदाबाद में सन् 1915 में उन्होंने सत्याग्रह आश्रम की स्थापना की। गाँधी जी ने

चम्पारन में कानून की सविनय अवज्ञा का पहला प्रयास किया और उसमें सफलता मिली। इसके बाद अनेक बार सत्याग्रहों का नेतृत्व किया। डाण्डी-यात्रा की प्रसिद्धी देश-विदेश में है।

गाँधीजी के नेतृत्व में 15 अगस्त, 1947 ई. को भारत ने स्वतन्त्रता प्राप्त की। विश्वभर में ऐसा कोई उदाहरण आज तक नहीं था कि किसी देश को बिना हिंसा के स्वतन्त्रता मिल गई हो। यह गौरव भारत को ही मिला और इस गौरव का श्रेय गाँधीजी को है। किन्तु इस महान समाजसेवी एवं दूरदर्शी राजनीतिज्ञ को कुछ संकीर्ण मनोवृत्ति के लोग सहन न कर सके और 30 जनवरी, 1948 ई. को नाथूराम गोडसे ने गाँधीजी की गोली मारकर हत्या कर दी। हिन्दू-मुस्लिम एकता, अहिंसा, सत्य और मातृत्व की वेदी पर इस महात्मा ने अपना बलिदान कर दिया। जीवन-भर गाँधीजी ने भारतीय जनता के नैतिक स्तर को उठाने का प्रयत्न किया और अपने जीवन को तो वे सत्य पर किया गया प्रयोग ही कहा करते थे।

15.2 गाँधीजी का जीवन-दर्शन (Philosophy of Life of Gandhiji)

गाँधीजी के जीवन-दर्शन ने भारतीय जीवन व समाज में क्रान्ति को जन्म दिया। गाँधीजी के जीवन-दर्शन का विश्लेषण करने पर हमें चार महत्वपूर्ण तत्व मिलते हैं। जो इस प्रकार हैं–

1. सत्य (Truth)—गाँधीजी के लिए 'सत्य' एक सर्वश्रेष्ठ सिद्धान्त है। गाँधीजी ने अपने पूरे जीवन में सत्य को ही स्थान दिया है। उनका सत्य ही पूर्ण सत्य है। उनके लिए सत्य व ईश्वर एक ही बात है। गाँधीजी का मानना था कि ईश्वर की प्राप्ति को अपने जीवन का लक्ष्य बनाया जाये। उनका विश्वास था कि यह संसार नाशवान है, केवल ईश्वर ही अमर है। अत: ईश्वर की प्राप्ति ही जीवन का अन्तिम लक्ष्य है। इस विषय में बी. जी. रे ने कहा है कि "जिस वास्तविकता को गाँधीजी ने जाना व अनुभव किया वह सत्य है। सत्य के माध्यम से ईश्वर को जाना जा सकता है, जब कभी कोई सत्य शब्द बोला जाता है, जब कभी कोई सत्य कार्य किया जाता है और जब किसी सत्य भावना का अनुभव किया जाता है, तब हम ईश्दर के अस्तित्व का अनुभव करते हैं। ईश्वर का अस्तित्व है, क्योंकि सत्य का अस्तित्व है। गाँधीजी के लिए सत्य तथा ईश्वर एक ही हैं।"

2. अहिंसा (Non-Voilence)—अहिंसा गाँधीजी की विचारधारा का दूसरा महत्त्वपूर्ण तत्व है। इन्होंने कहा कि सत्य का पालन सिर्फ अहिंसा के द्वारा ही किया जा सकता है। इन्होंने कहा कि यदि जीवन का लक्ष्य उस सत्य रूपी ईश्वर को प्राप्त करना है, तो उसकी प्राप्ति का साधन केवल एक ही है, वह है—'अहिंसा'। गाँधीजी ने कहा है कि, "अहिंसा प्रत्येक प्राणी के विरुद्ध द्वेष का अभाव है। यह प्रगतिशील दशा है। इसका अर्थ चेतन रूप से कष्ट भोगना है। अहिंसा अपने सक्रिय रूप में जीवन के प्रति सद्भावना है। यह शुद्ध प्रेम है।"

3. निर्भयता (Fearlessness)—गाँधीजी की अहिंसा नकारात्मक न होकर सकारात्मक थी, जिसके अन्तर्गत निर्भयता व सत्याग्रह दो तत्त्व सम्मिलित थे। अत: निर्भयता गाँधीजी के जीवन-दर्शन का यह तीसरा महत्वपूर्ण तत्व है। निर्भयता के अर्थ को और अधिक स्पष्ट करने के लिए गाँधीजी ने कहा कि "निर्भयता का अर्थ है–समस्त बाह्य भय से मुक्ति; जैसे बीमारी, चोट आदि का भय इत्यादि।" अत: इन्होंने व्यक्तियों को निर्भय रहने पर बल दिया।

4. सत्याग्रह (Satyagraha)—गाँधी जी ने 'सत्याग्रह' शब्द का अर्थ माना है–सत्य का दृढ़ अवलम्बन (Holding Last to Truth)। यह सिद्धान्त मुख्यत: प्यार तथा सत्य पर आधारित था। इसके अन्तर्गत विरोधी को कष्ट देकर नहीं अपितु उनसे सत्य का समर्थन स्वयं को कष्ट

देकर कराया जाता है। गाँधीजी के शब्दों में, ''इस सिद्धान्त का अर्थ है—विरोधी को कष्ट देकर नहीं , अपितु स्वयं अपने आपको कष्ट देकर सत्य का समर्थन कराना।''

15.3 गाँधीजी का शिक्षा-दर्शन (Gandhiji's Philosophy of Education)

महात्मा गाँधी ने शिक्षा पर कोई ग्रन्थ नहीं लिखा जिससे उनके शिक्षा सम्बन्धी विचारों को क्रमानुसार समझा जा सकता। उन्होंने समय-समय पर अपने विचार सभाओं में तथा 'हरिजन' के अनेक लेखों में व्यक्त किए। उनके अनुसार,''शिक्षा के मूल्यों को अनुभव में ही खोजना चाहिए। शिक्षा की कोई भी योजना बने, किन्तु शिक्षा के द्वारा बालक में व्यवहार कुशलता का आना आवश्यक है। व्यवहार के कौशल प्राप्त करने के लिए बालक को हस्तकार्य, निरीक्षण, प्रयोग अनुभव, सेवा तथा प्रेम केा आश्रय लेना होगा।'' गाँधीजी का कहना है कि, ''जो शिक्षा चित्त की शुद्धि न करे, निर्वाह का साधन न बनाए तथा स्वतन्त्र रहने का हौसला और सामर्थ्य न उपजाये, उस शिक्षा में चाहे जितनी जानकारी का खजाना, तार्किक कुशलता और भाषा-पाण्डित्य मौजूद हो, वह सच्ची शिक्षा नहीं।''

गाँधीजी के शिक्षा-दर्शन के आधारभूत सिद्धान्त निम्नलिखित हैं–

(1) शिक्षा का माध्यम मातृभाषा हो तथा सब भाषा में इसका प्रथम स्थान हो।

(2) बालक-बालिकाओं में निहित गुणों का विकास करना चाहिए।

(3) सम्पूर्ण राष्ट्र में सात वर्ष की शिक्षा (7 से 14 वर्ष) अनिवार्य तथा नि:शुल्क कर दी जाए।

(4) बालकों की आध्यात्मिक, मानसिक व शारीरिक शक्तियों को प्रोत्साहन करना।

(5) शिक्षा को मानव व्यक्तित्व—शरीर, हृदय, मस्तिष्क व आत्मा का सामंजस्यपूर्ण विकास करना चाहिए।

15.4 शिक्षा के उद्देश्य (Aims of Education)

गाँधीजी के अनुसार शिक्षा का कोई एक उद्देश्य नहीं हो सकता। उन्होंने जीवन के सभी पक्षों को ध्यान में रखा है और शिक्षा को तदनुसार कई दृष्टिकोणों से देखा है—

1. सांस्कृतिक उद्देश्य—कस्तूरबा बालिकाश्रम, नई दिल्ली में 22 अप्रैल, 1946 ई. को व्याख्यान देते हुए गाँधीजी ने कहा था, ''मैं शिक्षा के साहित्यिक पक्ष की अपेक्षा सांस्कृतिक पक्ष को अधिक महत्व देता हूँ।'' सांस्कृतिक प्रारंभिक वस्तु एवं आधार है जिसे बालिकाओं को यहाँ से ग्रहण करना चाहिए। इस दृष्टि से गाँधीजी शिक्षा के सांस्कृतिक उद्देश्य को महत्वपूर्ण मानते थे। गाँधीजी बालिकाओं को भी संस्कृति के विषय में शिक्षा देने के समर्थक रहे हैं। इनके अनुसार, बालिकाएँ भावी माँ हैं, तथा यही देश के आने वाले भविष्य को सुधारने हेतु उच्च आदर्श युक्त नौजवानों की निर्माण कारक हैं।

अत: गाँधीजी सांस्कृतिक शिक्षा के खासे समर्थक रहे हैं।

2. व्यावसायिक उद्देश्य—गाँधीजी के अनुसार शिक्षा के द्वारा व्यक्ति में स्वावलम्बन का गुण आना आवश्यक है। जब बालक विद्यालयीय शिक्षा समाप्त करे तो वह अपने पैरों पर खड़ा हो सके, इसके लिए उसे व्यावसायिक दक्षता प्राप्त करनी होगी। व्यवसाय में कुशलता प्राप्त करना देश और समाज के लिए लाभकारी है ही, स्वयं व्यक्ति के लिए भी आवश्यक है। शिक्षा प्राप्त करने पर भी यदि बालक बेकार रहता है तो शिक्षा दोषी है, जीविकोपार्जन के उद्देश्य हेतु गाँधीजी ने व्यावसायिक उद्देश्य पर बल दिया है।

3. चारित्रिक विकास—गाँधीजी ने आत्मकथा में लिखा है, "मैंने हृदय की संस्कृति या चरित्र-निर्माण को सदा प्रथम स्थान दिया है। मैंने चरित्र-निर्माण को शिक्षा की उपयुक्त आधार शिला माना है।"

4. वैयक्तिक तथा सामाजिक उद्देश्य—गाँधीजी के शैक्षिक उद्देश्यों को यदि हम वैयक्तिक एवं सामाजिक दृष्टि से देखें तो यही निष्कर्ष निकलेगा कि उनके अनुसार शिक्षा के उद्देश्य दोनों प्रकार के हैं। वे वैयक्तिक स्वतन्त्रता का सदा आदर करते थे किन्तु व्यक्ति को वे सामाजिक प्राणी के रूप में ही देखते थे। उनका विचार था कि व्यक्तित्व का विकास शून्य में असम्भव है।

5. बालकों का सर्वांगीण विकास—गाँधीजी जीवन के किसी एक पक्ष तक ही अपने विचार सीमित नहीं रखते थे। वे बालक के सर्वांगीण विकास को शिक्षा का उद्देश्य मानते थे, उनके अनुसार, शिक्षा का अर्थ—शरीर, मन तथा आत्मा, सभी का सर्वोत्तम विकास है। किसी एक पक्ष का विकास एकांगी है। गाँधीजी ने अपने जीवन में तथा बालकों की शिक्षा में शारीरिक, मानसिक, संवेगात्मक व आध्यात्मिक विकास को बहुत महत्त्वपूर्ण माना है। यह शिक्षा का सीधा सम्बन्ध बालकों के हृदय से जोड़ते हैं। अर्थात् बालक यदि शिक्षा को मन से ग्रहण करता है, तभी वह सफलता प्राप्ति कर सकता है।

15.5 गाँधीजी का पाठ्यक्रम (Curriculum of Gandhiji)

गाँधीजी के विचार से पाठ्यक्रम ऐसा नहीं होना चाहिए कि उससे केवल बौद्धिक विकास हो। बौद्धिक विकास तो केवल साहित्यिक विषयों से हो सकता है किन्तु उनसे शारीरिक एवं आध्यात्मिक विकास सम्भव नहीं है। प्रचलित शिक्षा में शारीरिक एवं आध्यात्मिक विकास सम्भव नहीं है। प्रचलित शिक्षा में शारीरिक एवं आध्यात्मिक विकास की उपेक्षा की गयी है। केवल मस्तिष्क को शिक्षित करने का प्रयत्न किया है गाँधीजी के अनुसार, यदि पाठ्यक्रम में किसी क्राफ्ट को केन्द्रीय स्थान दिया जाये तो प्रचलित शिक्षा के दोष दूर हो सकते हैं। अतः उन्होंने क्रिया-प्रधान पाठ्यक्रम की योजना बनाई।

इस नवीन पाठ्यक्रम में क्राफ्ट को महत्वपूर्ण स्थान दिया गया। क्राफ्ट कोई भी हो सकता है। भारतीय समाज की दृष्टि से कृषि, कताई-बुनाई, गत्ते के कार्य, लकड़ी का काम, धातु का काम आदि में से एक क्राफ्ट को चुना जा सकता है। कताई-बुनाई की ओर विशेष रुचि प्रदर्शित की गई। इस पाठ्यक्रम में मातृभाषा को प्रमुख स्थान दिया गया। शिक्षा के माध्यम के रूप में भी मातृभाषा को ही स्वीकार किया गया। गणित, सामाजिक अध्ययन, ड्राइंग तथा संगीत भी पाठ्यक्रम में अवश्य होने चाहिए। सामान्य विज्ञान को भी रखा गया। सामान्य विज्ञान में जीव विज्ञान, शरीर विज्ञान, रसायन शास्त्र, स्वास्थ्य विज्ञान, प्राकृतिक अध्ययन, भौतिक, सांस्कृतिक तथा नक्षत्र ज्ञान के सामान्य तत्त्व निहित हैं।

गाँधीजी का यह पाठ्यक्रम प्राथमिक एवं लघु माध्यमिक स्तर तक ही सीमित है उन्होंने सर्वाधिक विचार इसी स्तर के लिए किया। उनकी नवीन शिक्षा-योजना, नई तालीम, बुनियादी तालीम, बेसिक शिक्षा आदि के नाम से सामने आई। पाँचवीं कक्षा तक बालकों एवं बालिकाओं के लिए एक ही प्रकार का पाठ्यक्रम होना चाहिए। इसके बाद बालिकाओं की सामान्य विज्ञान के स्थान पर गृह-विज्ञान पढ़ाना चाहिए।

गाँधीजी ने मुख्यतः क्रिया प्रधान (Activity-centred) विधियों पर बल दिया।

15.6 गाँधीजी की शिक्षण विधियाँ (Methods of Teaching)

गाँधीजी की शिक्षण विधियाँ अत्यन्त ही सरल थीं। जाकिर हुसैन ने कहा कि,

> "गाँधीजी ने अपनी शिक्षण विधि में सहयोगी क्रिया, नियोजन, यथार्थता, चहलकदमी तथा व्यक्तिगत उत्तरदायित्व पर बल दिया है।"

गाँधीजी ने निम्नलिखित शिक्षण विधियों पर बल दिया है—(1) शिल्प द्वारा शिक्षण करना। (2) क्रिया द्वारा सीखना। (3) अनुभव द्वारा सीखना। (4) परस्पर सम्बन्ध द्वारा सीखना। (5) मौखिक शिक्षण पर बल। (6) चिन्तन व मनन विधियाँ। (7) लिखने से पूर्व पढ़ना-सीखना। (8) वर्णमाला आदि का कला द्वारा सीखना।

गाँधीजी ने शिक्षण विधियों में पाठ्यपुस्तकों को बल नहीं दिया। यह मौखिक शिक्षा पर अधिक बल देते थे। गाँधीजी ने कहा कि शिक्षक शिष्य बन जायें व शिष्य से सीखें। गाँधीजी ने भारतीय परम्परा पर बल दिया। गाँधीजी ने शिक्षा की जो नवीन योजना भारत के समक्ष रखी उसमें श्रम को आध्यात्मिक एवं नैतिक महत्त्व प्रदान किया गया है। वे शिल्प के द्वारा बालक को गीता में वर्णित निष्काम कर्म के महत्त्व से परिचित करना चाहते थे और देश की गरीबी को दूर करने के लिए शिक्षा में आमूल परिवर्तन कराना चाहते थे। उनके इसी प्रकार के चिन्तन एवं ट्रांल्स-वाल में टॉल्सटॉय फार्म पर किये गये उनके प्रयोगों के परिणामस्वरूप शिल्प-केन्द्रित शिक्षा का उदय हुआ।

15.7 शिक्षक का स्थान (Place of Teacher)

गाँधीजी बाल केन्द्रित शिक्षा पर विश्वास करते थे, न कि अध्यापक केन्द्रित शिक्षा पर। इन्होंने कहा कि शिक्षक को बालक का पथ प्रदर्शक व मित्र होना चाहिए। शिक्षक बालक की चिन्ताओं के प्रति उदासीन न होकर, मुक्त परामर्श देने वाले होने चाहिए। गाँधीजी ने जिस प्रकार के विद्यालय की इच्छा व्यक्त की है, उसके शिक्षक सामान्य शिक्षकों से अलग होने चाहिए। इस विषय में रंगा ने कहा है कि, "जो कार्य शिक्षक कर सकता है, वह है—प्रकाश स्तम्भ, संकेत-बोर्ड, संदर्भ पुस्तक, शब्द कोश, द्रवक और शिक्षा की जटिल प्रक्रिया को गति देने का कार्य।"

गाँधीजी ने शिक्षक के व्यक्तित्व के अन्तर्गत निम्न गुणों की कल्पना की है—

(1) शिक्षक को अपने विषय का सम्पूर्ण ज्ञान होना चाहिए, जिससे वह अपने शिक्षण को प्रभावशाली बना सके।

(2) शिक्षक को छात्रों की मनोवैज्ञानिक समस्याओं से पूर्णतया परिचित होना चाहिए तथा उनका समाधान धैर्य के साथ करना चाहिए।

(3) शिक्षक के द्वारा छात्रों को स्व-अध्ययन हेतु अधिक-से-अधिक प्रोत्साहित किया जाना चाहिए।

(4) शिक्षक के ऊपर छात्रों को इतना विश्वास होना चाहिए कि वह उसके समक्ष स्वयं की स्वतन्त्रता अभिव्यक्त कर सके।

(5) शिक्षक की कार्य प्रणाली व व्यवहार चारित्रिक व नैतिक गुणों की परिधि में होना चाहिए।

(6) शिक्षक को अपने छात्रों के व्यक्तित्व के सभी गुणों की पूर्ण जानकारी हो, साथ-ही-साथ उसे छात्रों की कमियों का भी ज्ञान होना चाहिए, जिससे वह उन्हें उचित मार्ग निर्देशन दे सकें।

(7) छात्रों द्वारा पूछे गये प्रश्नों के उत्तर शिक्षक के द्वारा दिया जाना चाहिए, जिससे छात्रों की जिज्ञासा सन्तुष्ट हो सके।

15.8 छात्र का स्थान (Place of Student)

गाँधीजी ने छात्र के स्थान के सम्बन्ध में निम्नलिखित विचार प्रकट किये—

(1) छात्र को ब्रह्मचारी होना चाहिए, जिससे वह नियम, संयम तथा सदाचारी रहकर अपने कर्त्तव्यों का निर्वाह कर सके।

(2) गाँधीजी का मानना था कि छात्र के अन्तर्गत शारीरिक बल, आत्म-बल, चरित्र बल तथा बुद्धि बल का होना अनिवार्य है। अत: छात्र को इन सभी के विकास की ओर उन्मुख होना चाहिए।

(3) शिक्षा के द्वारा छात्र की वैयक्तिकता का विकास होना चाहिए। इसी कारण छात्र को पूर्ण रूप से स्वतन्त्र छोड़ना उचित है परन्तु स्वतन्त्रता का तात्पर्य स्वच्छन्दता कदापि नहीं है।

(4) छात्र की वह अनुशासित, विनयी, देशवासी, त्यागी, शान्त तथा सहिष्णु रूप में कल्पना करते हैं।

(5) शिक्षा के द्वारा छात्र को आत्म-निर्भर तथा स्वावलम्बी बनाया जाना चाहिए।

(6) शिक्षा के द्वारा विद्यार्थी को इतना जागरूक बनाया जाना चाहिए कि वह अपने अन्त: भ्रम की खोज कर सके।

15.9 गाँधीजी का विद्यालय (Gandhiji's View about the School)

विद्यालय के सम्बन्ध में गाँधीजी के विचार प्रयोजनवादी विचारधारा से मिलते-जुलते थे। वह विद्यालय को बालक के सर्वांगीण विकास हेतु सामुदायिक जीवन का केन्द्र बनाना चाहते थे तथा विद्यालय को एक लघु समाज का रूप देना चाहते थे। जहाँ पर बालकों की वैयक्तिकता की सुरक्षा की जाये, साथ-साथ उन्हें सामाजिक क्रियाकलापों में भाग लेने के समुचित अवसर मिल सकें। साथ-ही-साथ वह यह भी मानते थे कि विद्यालय वे कारखाने हैं जो समाज की आवश्यकताओं की पूर्ति हेतु छात्र रूपी कच्चा माल तैयार करते हैं और यह छात्र समाज में जाकर हस्तकला का विकास करता है। विद्यालय की संरचना की बात करते समय गाँधीजी ने यह विचार कभी व्यक्त नहीं किये कि विद्यालय भवन सुन्दर या प्रकृति की गोद में हो वरन् उन्होंने इस बात पर सदैव बल दिया कि विद्यालय भवन सुन्दर व प्रकृति की गोद में हों परन्तु साथ-ही-साथ विद्यालय का वातावरण चरित्रवान अध्यापकों का परिचायक होना चाहिए, साथ ही विद्यालय परिवेश में छात्रों के सर्वांगीण विकास पर पूर्ण रूप से बल दिया जाना चाहिए।

15.10 गाँधीजी का अनुशासन (Discipline of Gandhiji)

गाँधीजी बच्चों को शारीरिक दण्ड देने के विरुद्ध थे, क्योंकि इस दण्ड से शिक्षक पशु बल के प्रतीक बन जाते थे, तथा उनमें क्रोध की भावना का समावेश हो जाता था। अत: शिक्षा की प्रक्रिया प्रेम पूर्ण होनी चाहिए। गाँधीजी ने स्वयं एक सादा व अनुशासनबद्ध जीवन व्यतीत किया तथा इन्होंने कहा कि अध्यापकों का जीवन भी सादा व अनुशासित होना चाहिए ताकि अध्यापक छात्रों के समक्ष अपने उच्च आदर्श प्रस्तुत कर सकें।

15.11 गाँधीजी के स्त्री-शिक्षा सम्बन्धी विचार (Gandhiji's Views about Women Education)

गाँधीजी स्त्री-शिक्षा के पक्ष में थे। उनका मानना था,कि स्त्री का प्रमुख कार्यक्षेत्र उसका घर होता है। परन्तु घर को सुचारु रूप से चलाने व सन्तति के पोषण हेतु उसका शिक्षित होना आवश्यक है। वह मानते थे, कि स्त्री न केवल, पत्नी, बहन व माता है बल्कि यह ईश्वर की सर्वोत्तम निधि व कृति है। उसे उन विषयों की शिक्षा अवश्य दी जानी चाहिए, जिससे वह स्वयं के, अपने परिवार के तथा अपने बच्चों के जीवन को सुखी बना सकें।

वह यह भी मानते थे, कि स्त्री व पुरुष को प्रारम्भ में एक साथ शिक्षा ग्रहण करने के अवसर मिलने चाहिए, परन्तु यौवनावस्था में उन्हें पृथक-पृथक रखकर शिक्षा दी जानी चाहिए। बच्चों को भी प्रारम्भिक स्तर पर जहाँ तक सम्भव हो, स्त्री अध्यापिका के द्वारा ही शिक्षा दी जानी चाहिए। स्त्री बच्चों के संवेगों को अच्छी प्रकार समझ सकती है।

स्त्री-शिक्षा के पाठ्यक्रम को उन्होंने पुरुषों के पाठ्यक्रम से पृथक मानते हुए इस बात पर भी बल दिया कि स्त्रियों को गृहविज्ञान, साहित्य, संगीत, कला, बाल मनोविज्ञान आदि का ज्ञान अनिवार्य रूप से करवाया जाना चाहिए।

15.12 गाँधीजी की बेसिक शिक्षा (Basic Education of Gandhiji)

विदेशी शासन काल में जो शिक्षा प्रणाली भारतीयों के ऊपर थोपी गई, वह सर्वांगीण नहीं थी। इस प्रणाली से देश व समाज का कल्याण नहीं हो रहा था। इस शिक्षा का उद्देश्य सरकारी मशीन को चलाने के लिए बाबू बनाने का था। इस प्रणाली से निकला हुआ शिक्षित युवक शरीर से तो भारतीय होता, किन्तु हृदय और मस्तिष्क से विदेशी हो जाता था। गाँधीजी की पैनी दृष्टि इस तथ्य को ताड़ गयी थी। महात्मा जी ने सोचा यदि राजनैतिक स्वराज्य मिल भी जाये तो भी सामाजिक एवं आर्थिक स्वराज्य देश में तब तक नहीं आ सकता, जब तक कि शिक्षा को राष्ट्रीय आवश्यकताओं के अनुरूप नहीं बनाया जाता। अत: उन्होंने बेसिक शिक्षा का दर्शन देश के समक्ष रखा। बेसिक शिक्षा को गाँधीजी देश के लिए अपनी एक प्रमुख 'भेंट' मानते थे।

उच्च शिक्षा (Higher Education)

गाँधीजी उच्च शिक्षा से भी जुड़े हुए थे। आन्दोलन में भाग लेने के लिए स्कूल व कालेजों का भी इन्होंने आह्वान किया। उन्होंने गुजरात विश्वविद्यालय, अहमदाबाद कालेज, नेशनल कालेज, कलकत्ता की स्थापना कराई। गाँधीजी गुजरात विद्यापीठ के वाइस चांसलर भी रहे।

गाँधीजी के उच्च शिक्षा सम्बन्धी विचार निम्न थे—(1) राज्य के विश्वविद्यालय केवल परीक्षा लेने तथा पाठ्यक्रम बनाने का कार्य करें तथा फीस से खर्चे निकालें। (2) उच्च-शिक्षा को निजी क्षेत्र में रखें। (3) विद्यालयों पर भी विश्वविद्यालय अपना नियन्त्रण रखें। विश्वविद्यालय ही सम्पूर्ण शिक्षा कार्यक्रमों को देखें। (4) विश्वविद्यालय पूरी शिक्षा के पाठ्यक्रम को देखें। विद्यालयों का एक ही केन्द्रीय शिक्षा विभाग संचालन करे। (5) विश्वविद्यालय आत्म-निर्भर हों। (6) सम्पूर्ण शिक्षा यथार्थता पर आधारित हो।

तत्कालीन शिक्षा प्रणाली (The Latest Educational System)

ऊपर यह कहा जा चुका है कि गाँधीजी ने तत्कालीन शिक्षा-पद्धति के दोषों से देश को बचाने के लिए एक नवीन शिक्षा-पद्धति का विकास किया। गाँधीजी तत्कालीन शिक्षा प्रणाली से बड़े

खिन्न थे। उन्होंने इसके दोषों की ओर दृष्टि डालने पर देखा कि यह भारत के लिए सर्वथा अनुपयुक्त प्रणाली है। बेसिक शिक्षा के जन्म के समय जो शिक्षा-पद्धति चल रही थी उसके दोष अग्रलिखित थे—

1. जीवन से दूर—वर्तमान शिक्षा जीवन से दूर है। छात्र पाठशाला में जो कुछ पढ़ता है, उसे वह घर में प्रयोग नहीं करता। पाठशाला में कुछ सिखाया जाता है और घर में कुछ। इसी तरह से विरोधी वातावरण में बालक का विकास ठीक से नहीं हो पाता। पढ़ी-लिखी लड़कियाँ विवाह के बाद घर का काम भी ठीक से नहीं कर पातीं।

2. संकुचित आदर्श—शिक्षा का आदर्श संकुचित है। छात्रों का विकास करना ध्येय न होकर क्लर्क बनाना ही शिक्षा का उद्देश्य हो गया।

3. सार्वभौमिक शिक्षा का अभाव—लोकमान्य तिलक ने कहा था—"स्वतन्त्रता हमारा जन्मसिद्ध अधिकार है।" पेस्टालॉजी ने कहा था—"शिक्षा हमारा जन्मसिद्ध अधिकार है।" तो शिक्षा प्राप्त करने का सभी को अधिकार है किन्तु तत्कालीन शिक्षा प्रणाली के अनुसार प्रत्येक बालक प्राइमरी स्कूल तक की भी शिक्षा प्राप्त नहीं कर सकता था।

4. अपव्यय एवं अवरोधन—वर्तमान शिक्षा-पद्धति इस प्रकार की है कि प्रतिवर्ष असंख्य छात्र असफल हो जाते हैं और एक ही कक्षा में कभी-कभी एक छात्र दो-तीन वर्ष पढ़ जाता है। ऐसी शिक्षा-विधि से ऊबकर कभी-कभी छात्र विद्यालय छोड़कर घर बैठ जाते हैं।

5. नि:शुल्क शिक्षा का अभाव—यदि शिक्षा अनिवार्य की जाये तो उसे नि:शुल्क करना भी आवश्यक है। देश का विकास तत्कालीन शिक्षा प्रणाली भारतीय निर्धन किसानों के लिए महँगी पड़ती थी, इसलिए वे अपने बच्चों को शिक्षालय भेजने में असमर्थ थे।

6. पुन: निरक्षरता—यदि इस प्रकार की दूषित शिक्षा तीन-चार वर्ष तक बालकों को मिल भी जाती तो वह स्थायी नहीं रह पाती थी। गाँधीजी ने स्पष्ट किया कि जब तक 14 वर्ष की आयु तक शिक्षा अनिवार्य नहीं की जाती, निरक्षता दूर नहीं हो सकती। प्राइमरी स्कूल की चार कक्षाओं को पास करने के बाद बालक जब और किसी काम में लग जाता है तो वह अपनी पढ़ाई-लिखाई भूलकर पुन: निरक्षर हो जाता है। चार वर्ष की अवधि की शिक्षा साक्षर बनाने की दृष्टि से भी बहुत कम है।

15.13 बेसिक शिक्षा के मूलभूत सिद्धान्त (Basic Principles Tents of Basic Education)

शिक्षा को 'नई तालीम' या 'बुनियादी तालीम' भी कहा जाता है। इस शिक्षा के चार प्रमुख सिद्धान्त हैं—

1. अनिवार्य व सबके लिए शिक्षा (Education for All)—वर्धा सम्मेलन में पारित पहला प्रस्ताव था—"इस परिषद् की सम्मति में देश के सब बच्चों के लिए सात वर्षों की नि:शुल्क और अनिवार्य शिक्षा का प्रबन्ध होना चाहिए।" वैसे वर्धा सम्मेलन के सत्ताईस वर्ष पूर्व गोपाल कृष्ण गोखले ने एक प्रस्ताव द्वारा प्राथमिक शिक्षा को अनिवार्य एवं नि:शुल्क करने की माँग की थी और सन् 1911 में उन्होंने इस आशय का एक बिल भी पेश किया था, जो पास नहीं हो सका था। सन् 1918-20 में विभिन्न प्रान्तीय सरकारों ने प्राइमरी एजुकेशन ऐक्ट पास कर प्राथमिक शिक्षा को अनिवार्य एवं नि:शुल्क बनाने का अधिकार जिला-परिषदों एवं नगर पालिकाओं को दे दिया, किन्तु इससे कोई विशेष लाभ नहीं हुआ। अनिवार्यता के लिए यह

आवश्यक था कि शिक्षा को नि:शुल्क एवं अनिवार्य बनाया जाये इसलिए मूल प्रस्ताव के अनुसार सात वर्षों की शिक्षा को नि:शुल्क एवं अनिवार्य बनाने का आग्रह किया गया। बाद में स्वतन्त्र भारत में संविधान ने चौदह वर्ष की आयु तक में बालकों को अनिवार्य एवं नि:शुल्क शिक्षा देने की घोषणा की।

2. मातृभाषा के माध्यम से शिक्षा (Education Through Mother Tongue)—बेसिक शिक्षा का दूसरा मूल सिद्धान्त था, मातृभाषा के माध्यम से शिक्षा प्रदान करना। गाँधीजी मातृभाषा के प्रबल समर्थक थे। उन्होंने देखा कि उस समय उच्च शिक्षा प्राथमिक विद्यालय में प्रवेश करते ही अंग्रेजी पढ़नी पड़ती थी और उच्च माध्यमिक शिक्षा तो अंग्रेजी माध्यम से दी जाती थी।

3. उद्योग केन्द्रित शिक्षा (Vocation Based Education)—अंग्रेजी शिक्षा का सबसे भयंकर परिणाम यह हुआ था कि लोग श्रम से जी चुराने लगे थे। समाज तो अज्ञान के अन्धकार में डूबा हुआ था ही, स्कूल-कालेज से निकलने वाले शिक्षित नवयुवक और अधिक तामसी प्रवृत्ति के होने लगे थे और उद्योग-धन्धा करना तो उनके वश का रहा ही नहीं, बस नौकरी करने के लिए लालायित थे। अपना निजी व्यवसाय भी वे भूलते जा रहे थे। केवल दिमागी काम करने वाला वर्ग और दूसरा, शिक्षित वर्ग जो नौकरी पेशा अपनाता था। इस दुष्परिणाम को दूर करने के लिये गाँधीजी ने उद्योग द्वारा शिक्षा प्रदान करने की बात की।

उद्योग-केन्द्रित शिक्षा का तात्पर्य यह नहीं है कि पढ़ने-लिखने के साथ-साथ किसी उद्योग को सीख लिया जाये। वर्धा-सम्मेलन में गाँधीजी ने स्पष्ट कहा—"आज मैं जो चीज आपके सामने रखने जा रहा हूँ, वह पढ़ाई के साथ-साथ एकाध धन्धा सिखा देने की चीज नहीं है। मैं तो अब यह कहना चाहता हूँ कि लड़कों को जो कुछ भी सिखाया जाये वह किसी-न-किसी उद्योग या दस्तकारी के जरिये ही सिखाया जाये।"

4. स्वावलम्बन (Dependness)—बेसिक शिक्षा का चौथा प्रमुख सिद्धान्त है—'स्वावलम्बन'। वर्धा सम्मेलन में गाँधीजी ने कहा था—"मैं इस बात के लिए बहुत उत्सुक हूँ कि दस्तकारी के जरिये विद्यार्थी जो कुछ पैदा करें उसकी कीमत से शिक्षक का खर्च निकल सके क्योंकि मुझे यकीन है कि देश के करोड़ों बच्चों को तालीम देने के लिए सिवाय दूसरा कोई रास्ता नहीं है।" बेसिक शिक्षा के इस चौथे सिद्धान्त की सबसे अधिक आलोचना हुई है। वर्धा-सम्मेलन में भी इस पर मतभिन्नता थी किन्तु बाद में प्रस्ताव पास हो गया था। हरिपुरा में जब काँग्रेस अधिवेशन में बेसिक शिक्षा को स्वीकार करने के लिए प्रस्ताव रखा गया तो आचार्य नरेन्द्र देव जैसे व्यक्तियों ने भी स्वावलम्बन के सिद्धान्त की कटु आलोचना की। उनका कहना था कि इससे बालकों का शोषण होगा।

15.14 गाँधीजी के महत्त्वपूर्ण विचार (Important Thoughts of Gandhiji)

- "स्वाधीन होने का कोई अर्थ नहीं है यदि इसमें त्रुटियाँ करने की स्वाधीनता शामिल नहीं।"
- "अहिंसा कोई ऐसा वस्त्र नहीं है। जिसे पहन लिया जाये और फिर उतार दिया जाये। इसका स्थान हृदय में होता है। और यह हमारे अस्तित्व का एक अभिन्न अंग होना चाहिए।"
- "उत्तम परिवार से बढ़कर कोई पाठशाला नहीं है और गुणवान माता-पिता से बढ़कर कोई शिक्षक नहीं है।"

15.15 बुनियादी शिक्षा के गुण व दोष (Merits and Demerits of Basic Education)

गाँधीजी की बुनियादी शिक्षा के गुण तथा दोष निम्नलिखित हैं—

गुण (Merits)—बुनियादी शिक्षा के गुण निम्नलिखित हैं—

(1) बुनियादी शिक्षा का आधार क्रिया प्रधान शिक्षा है गाँधीजी का विचार था कि विद्यालय सदैव क्रियात्मक होने चाहिए। बुनियादी तालीम में बच्चे एक महत्त्वपूर्ण तथा उद्देश्यपूर्ण क्रिया के साथ औपचारिक विषयों का ज्ञान भी प्राप्त करते हैं।

(2) गाँधीजी ने शिक्षा में मातृभाषा को महत्त्व दिया है। क्योंकि मातृभाषा ही व्यक्ति को लिखने, बोलने तथा समझने हेतु प्रेरित करती है।

(3) बुनियादी शिक्षा में अनुशासन का अर्थ भय नहीं है वरन् स्वतन्त्रता का उचित प्रयोग करना है। शिक्षक को स्वयं सोचने तथा प्रयोग करने के अधिक अवसर मिलते हैं, और इस प्रकार वह अपने विचारों व योजनाओं को क्रियात्मक रूप दे सकता है।

(4) बुनियादी शिक्षा में आठ वर्ष तक की शिक्षा नि:शुल्क रखी गई है।

(5) बुनियादी शिक्षा में शिक्षा का जीवन से प्रत्यक्ष रूप से सम्बन्ध बताया गया है।

(6) यह शिक्षा बालकों में 'आत्म-निर्भरता' की वृद्धि करती है।

दोष (Demerits)—बुनियादी शिक्षा के दोष निम्नलिखित हैं—

(1) बालकों के मानसिक विकास से सम्बन्धित कोमल व महत्त्वपूर्ण सिद्धान्तों की अवहेलना की गई है।

(2) हस्तकला को शिक्षा का पूर्ण आधार नहीं बनाया जा सकता है। जबकि इन्होंने हस्तकला पर अधिक बल दिया है।

(3) इस शिक्षा प्रणाली में मनोरंजन की अपेक्षा करके इसे एक सामाजिक तथा आर्थिक कार्य समझा जाता है।

(4) एक ही शिक्षक सभी विषय पढ़ाये यह सम्भव नहीं है। अत: यह धारणा भी गलत है।

अत: जहाँ एक और बुनियादी शिक्षा में गुण हैं, वहीं अनेक दोष भी विद्यमान हैं।

बुनियादी शिक्षा के विषय में प्रोफेसर एस.पी. रूहेला जी गाँधी शान्ति प्रतिष्ठान, नई दिल्ली में 24-25 सितम्बर, 2004 को आयोजित राष्ट्रीय सेमिनार में अपना लेख "Relavance of Nai Talim in Resolving the Present Crisis in Indian Education" प्रस्तुत किया था। उसमें निम्न विचार प्रस्तुत किये थे—

(1) आज शिक्षा के नियन्त्रण व कार्य प्रणाली में मूल्यहीनता आ गई है।

(2) शिक्षा के निजीकरण, वैश्वीकरण तथा पैसा कमाने की प्रवृत्ति के कारण संस्कृति भी फैशन बन गई है।

(3) 'मूल्य शिक्षा' का सभी लोग नारा लगाते हैं, परन्तु गाँधीजी के मूल्यों को सभी ने तिलांजलि दी है।

इस प्रकार से गाँधीजी के विचारों, मूल्यो तथा उनकी शिक्षाओं को आज बढ़ावा दिया जाना चाहिए।

15.16 शिक्षा का मूल्यांकन (Evaluation of Gandhiji's Philosophy of Education)

गाँधीजी आदर्शवादी तथा प्रयोजनवादी शिक्षा के विचारक थे। वे आदर्श मानवीय मूल्यों व भावी स्वाधीन भारत के अनिवार्य सामाजिक मूल्यों व क्षमताओं को प्रदान करने वाली व्यावहारिक शिक्षा प्रदान करना चाहते थे। वे व्यक्ति की आन्तरिक शक्तियों को उभारकर बाहर लाना चाहते थे, ताकि व्यक्ति व्यक्तिगत, सामाजिक, सांस्कृतिक तथा आध्यात्मिक जीवन में पूर्ण विकास प्राप्त कर सके। वे स्वावलम्बी, कर्मठ तथा समाजसेवी नागरिक बनाना चाहते थे जो समाज पर बोझ न बनें तथा स्वाभिमान से रह सकें।

गाँधीजी के आधुनिक युग का सर्वोच्च शिक्षाविद् माना गया है। यद्यपि उनकी बुनियादी शिक्षा पद्धति को भारत ने त्याग दिया है। तथापि सभी गाँधीवादी तथा भारत के निर्धनों के बड़े वर्ग का हित चाहने वाले विद्वान व शिक्षक आज भी नई तालीम के महत्त्व को मानते हैं।

15.17 गाँधीजी की रचनाएँ (Main Books of Gandhiji)

गाँधीजी की रचनाएँ निम्नलिखित हैं–

(1) सम्पूर्ण गाँधी वाङ्मय ग्रन्थ, प्रथम आवृत्ति, प्रकाशन विभाग, सूचना और प्रसारण मन्त्रालय, भारत सरकार, नई दिल्ली-11
(2) सच्ची शिक्षा
(3) शिक्षा की समस्या
(4) बुनियादी शिक्षा
(5) नई तालीम की ओर
(6) हिन्द स्वराज
(7) आश्रम की बहिनों को
(8) दिल्ली डायरी आदि।

16. डॉ. जाकिर हुसैन
(Dr. Zakir Hussain)

16.1 डॉ. जाकिर हुसैन का जीवन-परिचय (Life history of Dr. Zakir Hussain)

भारतीय शिक्षा विचारकों में सबसे महत्वपूर्ण दिशा निर्देशन डॉ. जाकिर हुसैन के द्वारा दिया गया है। वे हैदराबाद में 8 फरवरी, 1897 को फिदा हुसैन नामक वकील के परिवार में पैदा हुए थे। बचपन में उन पर उनके शिक्षक हुसैन शाह का प्रभाव पड़ा। दस वर्ष की आयु में इनके पिताजी का देहान्त हो गया था। इनकी माता जी इन्हें लेकर इनके मामा के घर कायमगंज (उत्तर प्रदेश) आई थी। सन् 1918 में उन्होंने बी. ए. की परीक्षा प्रथम श्रेणी में इलाहाबाद से उत्तीर्ण की। तथा सन् 1920 में अलीगढ़ विश्वविद्यालय से एम. ए. अर्थशास्त्र से पास किया। वे गाँधीजी से अत्यधिक रूप से प्रभावित थे। इन्होंने अर्थशास्त्र में बर्लिन विश्वविद्यालय से पी.एच.डी. की उपाधि प्राप्त करके सन् 1926 में 29 वर्ष की आयु में वे जामिया मिलिया के उपकुलपति बने। 22 वर्ष तक वहाँ कार्य किया तथा विश्वविद्यालय को ख्याति दिलाई।

जाकिर हुसैन जी गाँधी जी के साथ मिलकर बुनियादी शिक्षा योजना को बनाने में सक्रिय रूप से लगे रहे थे तथा राजनीतिक जीवन में आये अपने गुणों, व्यक्तित्व के आकर्षण, आदर्शों, विचारों तथा उत्तम व्यवहार के कारण भारत राष्ट्र के तीसरे राष्ट्रपति बने। वे 1967 से 1969 तक राष्ट्रपति बने रहे तथा इसी कार्यकाल में उनका निधन 3 मई, 1969 को 72 वर्ष की आयु में हो गया था।

16.2 हुसैन जी का जीवन-दर्शन (Philosophy of Life of Zakir Hussain)

जाकिर हुसैन जी का जीवन-दर्शन मुख्यत: शिक्षा पर आधारित था। शिक्षा से सम्बन्धित अनेक राष्ट्रीय तथा अन्तरराष्ट्रीय समितियों, सम्मेलनों, संस्थाओं जैसे ''सेन्ट्रल एडवाइजरी बोर्ड आफ एजुकेशन' (C.A.B.E), यूनिवर्सिटी ग्रान्ट कमीशन (U.G.C.) बेसिक नेशनल एजुकेशन कमेटी (Basic National Education Committee), यूनेस्को (UNESCO) के सभापति व सदस्य के रूप में भाग लिया।

इन्होंने गाँधी जी की बुनियादी शिक्षा को आधार माना। तन्पश्चात् गाँधी जी ने इन्हें बुनियादी शिक्षा पाठशाला के लिए कक्षा सात से कक्षा आठ तक का पाठ्यक्रम बनाने की समिति का अध्यक्ष बनाया और उन्होंने जो पाठ्यक्रम बनाया उसको 'Wardha Scheme of Education' के नाम से जाना गया।

डॉ. जाकिर हुसैन ने जामिया में कई ऐसे महत्त्वपूर्ण कार्यक्रम चलाये जिससे धर्मनिरपेक्षता, समाजवाद, प्रजातन्त्र, समानता तथा मानवीय मूल्यों का छात्रों में भरपूर विकास हो तथा वे एक आदर्श देशभक्त नागरिक बन सके।

डॉ. जाकिर हुसैन का जीवन-दर्शन मुख्यत: बच्चों में मूल्य विकास से सम्बन्धित था, जिसके लिए उन्होंने निम्न छ: तत्वों को मुख्य स्थान दिया—

(1) बालक की प्रकृति को समझना और उसके व्यक्तित्व का सम्मान करना अनिवार्य है। शिक्षा बाल केन्द्रित (Child-centred) होनी चाहिए।

(2) शिक्षा का मूल उद्देश्य सांस्कृतिक विकास करना है, व्यक्ति को सुसंस्कृत अर्थात् मूल्य-सम्पन्न बनाना है।

(3) शिक्षा को सांस्कृतिक संश्लेषण (Cultural Synthesis) करने का भरसक प्रयास करना चाहिए।

(4) शिक्षा में स्वाधीनता या स्वतन्त्रता होनी चाहिए। शिक्षक व बालकों को इसके प्रयोग में पूर्ण अवसर मिलने चाहिए।

(5) शिक्षक का कार्य न केवल बालकों को पढ़ाना वरन् उनके व्यक्तित्व का निर्माण करना होना चाहिए।

(6) भारतीय शिक्षा का पुर्ननिर्माण होना चाहिए।

इस प्रकार शिक्षा में स्वाधीनता के विषय में डॉ. जाकिर हुसैन का महत्त्वपूर्ण कथन है कि, "...these (teachers, students and administrators can function fruitfully if they all have the feeling of being free...free to think, free to express their thoughts, free to refuse to conform free to be unorthodox, free even to err...

अर्थात् शिक्षकों, छात्रों तथा प्रशासकों को सोचने-समझने, अभिव्यक्ति करने तथा कार्य करने में पूर्ण स्वतन्त्रता होनी चाहिए। तभी तो वे समाज की भलाई कर सकते हैं।

16.3 डॉ. जाकिर हुसैन का शिक्षा-दर्शन (Educational Philosophy of Dr. Zakir Hussain)

जामिया मिलिया की स्थापना के विकास तथा समृद्धि के प्रत्येक चरण पर शिक्षा के स्वरूप को निर्धारित करने का भाव स्पष्ट होता है। क्योंकि जामिया मिलिया ही उनके शैक्षिक विचारधारा के सत्यापन की प्रयोगशाला है। इसी प्रयोगशाला के विभिन्न सफल प्रयोगों के आधार पर शिक्षा के निम्नलिखित स्वरूप दृष्टिगोचर हुए हैं—

(1) शिक्षा स्वदेशी मूल्यों के अनुरूप हो।

(2) राजनीति से अलग हटकर शिक्षा दें।

(3) छात्रों में त्याग, बलिदान, सहिष्णुता, सेवा तथा सहयोग के मानवीय गुणों की वृद्धि करने वाली शिक्षा हो।

(4) शिक्षा मानवीय मूल्यों के प्रति जागरूकता उत्पन्न करने वाली हो।

(5) मितव्ययता का गुण शिक्षक व शिक्षार्थी दोनों में हों।

डॉ. जाकिर हुसैन ने शिक्षा के चार लक्ष्य बताये हैं–

(*a*) स्वस्थ, ओजस्वी तथा बलवान शरीर।

(*b*) स्वधान तथा अनुशासित मन।

(*c*) सुसंगठित।

(*d*) शुद्ध जीवन।

यद्यपि जाकिर हुसैन ने 1926 में जर्मनी से अर्थशास्त्र में पी.एच.डी. की डिग्री प्राप्त की थी तथा वे अर्थशास्त्री थे। तथापि उनके विषय अर्थशास्त्र का उनके दर्शन पर कोई प्रभाव नहीं पड़ा था।

विश्व में कई प्रकार के दर्शन प्रचलित हैं, जिनमें से प्रमुख हैं—आदर्शवाद, प्रकृतिवाद, प्रयोजनवाद, मार्क्सवाद तथा नव मार्क्सवाद आदि। डॉ. जाकिर हुसैन इनमें से किसी भी विचारधारा से नहीं बँधे हुए थे। वह यह मानते थे, कि यदि भारत को अपनी शान तथा संस्कृति को कायम रखना है, तो सभी भारतवासियों को आदर्शवाद, मानवतावाद, महान आदर्शों तथा मूल्यों से अनुप्राणित होते हुए भविष्य की माँगों को ध्यान रखते हुए अपने दैनिक चिन्तन तथा व्यवहार कार्यों हेतु कार्य करना होगा।

16.4 डॉ. जाकिर हुसैन के महत्वपूर्ण कथन (Important Thoughts of Dr. Jakir Hussain)

डॉ. जाकिर हुसैन के महत्वपूर्ण कथन निम्नलिखित हैं–

- ''शिक्षा का उद्देश्य सांस्कृतिक उत्थान होना चाहिए।''
- डॉ. जाकिर हुसैन ने धर्मनिरपेक्षता के विषय में कहा है कि, ''हम धर्म-निरपेक्ष इसलिए हैं क्योंकि इसी बुद्धिमानी की नीति हम एक विविध-वर्गीय समाज में रख सकते हैं। धर्मनिरपेक्षता का अर्थ धर्महीन नहीं होकर, सभी धर्मों का समान आदर करना है।''
  "We are secular because that is the only sake-policy that we can have in a multireligious society. Secularism does not mean being irreligious but equal respect of all religions."
- ''नैतिक रूप से स्वायत्त व्यक्तित्व का विकास करना ही शिक्षक का उद्देश्य और लक्ष्य होता है।''
  "The growth of the morally autonomous personality is the aim and end of his endeavour."

16.5 शिक्षा के उद्देश्य (Aims of Education)

डॉ. जाकिर हुसैन ने शिक्षा के उद्देश्य के विषय में व्यक्तित्व एवं सामाजिक उद्देश्य की पारस्परिकता पर विशेष रूप से बल दिया है। परन्तु यह व्यक्ति से अधिक समाज को सर्वोपरि समझते हैं।

डॉ. जाकिर हुसैन ने इस बात का भी समर्थन किया है, कि मानसिक जीवन का विकास समाज से ही सम्भव है। इसके अतिरिक्त इन्होंने शिक्षा के निम्नलिखित उद्देश्य बताये हैं—

(1) डॉ. जाकिर हुसैन ने व्यक्ति से प्रेम, सहिष्णुता तथा त्याग, बलिदान तथा मानवता के गुणों का विकास करने वाली शिक्षा को ही सच्ची शिक्षा कहा है।

(2) इन्होंने शिक्षा का मुख्य लक्ष्य आध्यात्मिक उन्नति रखा है। जिसकी पूर्ति व्यक्तिगत चरित्र की पवित्रता व दृढ़ता द्वारा सम्भव है।

(3) डॉ. जाकिर हुसैन ने समाज को व्यक्ति की अपेक्षा अधिक महत्त्व दिया है।

(4) डॉ. जाकिर हुसैन ने राष्ट्रीय शिक्षा को विशेष रूप से महत्त्व दिया है क्योंकि शिक्षा के द्वारा ही राष्ट्रीय एकीकरण सम्भव है। यह इनका विश्वास था।

16.6 डॉ. साहब का पाठ्यक्रम (Curriculum)

डॉ. जाकिर हुसैन का मानना था कि पाठ्यक्रम इस प्रकार का होना चाहिए, जो कि विद्यालय, घर तथा समाज के मध्य सामंजस्य स्थापित कर सके।

समस्त उद्देश्यों की पूर्ति शिक्षा पर निर्भर है। शिक्षा में पाठ्यक्रम का स्थान महत्त्वपूर्ण होता है। बेसिक शिक्षा के अन्तर्गत पाठ्यक्रम की जो रूपरेखा डॉ. जाकिर हुसैन ने प्रस्तुत की है वह

विशेष रूप से प्रारम्भिक शिक्षा तक ही सीमित है। पुस्तक पाठ्यक्रम में इन्होंने पुस्तकीय ज्ञान की अपेक्षा क्रिया प्रधान शिक्षा पर अधिक बल दिया है। पाठ्यक्रम में इन्होंने हस्त उद्योग को भी महत्त्वपूर्ण माना है क्योंकि हस्त उद्योग के द्वारा ही बालकों में इतनी कुशलता आ सकती है, कि बालक आवश्यकता पड़ने पर आत्मनिर्भर हो सके।

डॉ. जाकिर हुसैन ने यह भी विचार दिया कि समय-समय पर पाठ्यक्रम में परिवर्तन होने चाहिए। क्योंकि किसी भी सिद्धान्त को स्थायी मानना दोषपूर्ण है। समयानुसार सिद्धान्त को प्रत्येक काल हेतु निश्चित नहीं किया जा सकता है। तथा न ही यह उपयुक्त होता है। वास्तव में डॉ. जाकिर हुसैन ने पाठ्यक्रम में उपयोगितावादी दृष्टिकोण को अपनाया है।

16.7 शिक्षण विधियाँ (Methods of Teaching)

डॉ. जाकिर हुसैन ने कहा कि शिक्षा एक प्रक्रिया है जिसमें शिक्षक का कार्य, निहित उद्देश्यों की प्राप्ति हेतु बालक की क्षमताओं तथा योग्यताओं का विकास करना है। जो कि एक उपयोगी पाठ्यक्रम तथा शिक्षण विधि द्वारा ही सम्भव है। अत: शिक्षा में शिक्षण विधियों की उपयोगिता अत्यधिक है।

शिक्षण में डॉ. हुसैन ने प्रचलित पुस्तकीय ज्ञान का अत्यधिक विरोध किया। इनका मानना था कि पुस्तकीय शिक्षा द्वारा बालक की प्रतिभा तथा मानसिकता को विकसित नहीं किया जा सकता। अत: वर्तमान शिक्षा प्रणाली बालक को निष्क्रिय श्रोता बनाती है।

डॉ. जाकिर हुसैन ने शिक्षण विधियों के अन्तर्गत निम्नलिखित सिद्धान्तों के प्रतिपादन पर बल दिया—

(1) अनुभव के आयोजनों के सिद्धान्त पर आधारित शिक्षण।

(2) मनोवैज्ञानिक सिद्धान्त पर आधारित शिक्षण।

(3) क्रियात्मक सिद्धान्त पर आधारित शिक्षण।

(4) स्वमूल्यांकन सिद्धान्त पर आधारित शिक्षण।

उपरोक्त सभी विधि में इन्होंने प्रकृति तथा शिक्षा को सम्बन्धित बताया। तथा साथ ही शिक्षा के माध्यम को मातृभाषा रखने पर बल दिया।

16.8 शिक्षक का स्थान (Place of Teacher)

आदर्श अध्यापक के विषय में डॉ. जाकिर हुसैन के जो विचार थे, वही वास्तव में आदर्श हैं। उन्होंने अध्यापक को प्रेम, त्याग तथा सहिष्णुता की प्रतिमूर्ति माना है। बालक के व्यक्तित्व को बनाने में शिक्षा का योगदान होता है। शिक्षक का स्थान माता-पिता की ही भाँति होता है। डॉ. जाकिर हुसैन ने अध्यापक को उच्च कोटि का स्थान दिया है तथा साथ ही अध्यापक को अपने दायित्व के प्रति पूर्ण रूप से सजग रहने की प्रवृत्ति को भी बल दिया। अध्यापक का कार्य होता है बालक में अच्छे गुणों का विकास करना एवं चरित्र का विकास करना। परन्तु इस दायित्व का निर्वाह करने से पूर्व स्वयं को भी उसी के अनुरूप ढालना होगा, तभी प्रभाव पड़ सकता है।

A GOOD TEACHER

The essence of the work of a good teacher is the whole hearted attempt to get values realised in other young persons with loving sympathy for the understanding of the needs and gifts of these persons. His chief preoccupations is with unripe, growing lives, with personality, as it were, in the bud. He is guided by the characteristics of his word, he seeks to help the bud into full bloom and not to make paper flowers to satisfy his whim and fancy. The growth of the morally autonomous personality is the aim and end of his endeavour. The teacher's is not to dictate or dominate, his is to help and to serve, to understand and shape in faith, love and reverence-yes, Reverence for the pupil."

—Dr. Zakir Hussain.

16.9 अच्छे पाठशाला की विशेषताएँ (Characteristics of Good School)

25 नवम्बर, 1962 में डॉ. जाकिर हुसैन ने दिल्ली में माडर्न विद्यालय के उद्‌घाटन समारोह में अच्छे विद्यालय की निम्नलिखित विशेषताएँ बताईं–

(1) प्रत्येक विद्यालय में छात्रों को व्यक्तिगत रूप से शिक्षकों द्वारा जानना अति आवश्यक होता है।

(2) विद्यालय में छात्रों की प्रगति हेतु सभी प्रकार के स्तर देने चाहिए ताकि छात्र प्रगति कर सकें।

(3) विद्यालय में छात्रों का सर्वांगीण विकास होना चाहिए।

(4) शैक्षिक उत्पादक कार्यों में विद्यालय छात्रों को प्रोत्साहित करने हेतु तत्पर रहने चाहिए। अर्थात् बालकों को विद्यालय में वह अवसर दें जो उनकी उत्पादनशीलता की वृद्धि करे।

(5) विद्यालय का अगला महत्त्वपूर्ण कदम होगा छात्रों को स्वशिक्षा हेतु प्रेरित करना।

अर्थात् एक आदर्श पाठशाला वह होती है, जो–

(1) व्यक्ति की अपनी विशेष विशेषताओं को कभी नहीं भूलती।

(2) व्यक्ति के विकास के सोपानों को ध्यान में रखती है।

(3) अपना प्राथमिक कार्य बालकों का सर्वांगीण विकास करना मानती है।

(4) शैक्षिक रूप से उत्पादक कार्यों हेतु प्रोत्साहित करती है।

(5) पाठशाला वह समुदाय है, जो कि व्यक्ति की उपलब्धि को ही सामाजिक उपलब्धि मानती है।

16.9 डॉ. हुसैन की बुनियादी शिक्षा का आधार (Layout of Basic Education of Dr. Hussain)

डॉ. जाकिर हुसैन ने शिक्षा के सात वर्षों को निम्न प्रकार से व्यक्त किया है–

1. बुनियादी हस्तकला (The Basic Craft)—बुनियादी हस्तकला को निम्न में से चुनना होगा–

(*a*) कातना व बुनना (Spinning and Weaving)

(*b*) लकड़ी का कार्य करना (Carpentry)

(*c*) कृषि कार्य (Agriculture)

(*d*) फल व सब्जी के बगीचे बनाना (Fruit and Vegetable Gardening)

(*e*) चमड़े का कार्य (Leather Work)

(*f*) वह कोई भी कार्य जो तर्क पूर्ण तथा भौगोलिक दशाओं के अनुकूल हों। (Any other craft for which local and geographical conditions permit)

2. मातृभाषा (Mother Tongue)—मातृभाषा को शिक्षा का आधार माना जाये।

3. अन्य विषय (Other Subjects)—

(*a*) सामाजिक विज्ञान (Social Studies)

(*b*) सामान्य विज्ञान (General Science)

(*c*) कला (Drawing)

(*d*) संगीत (Music)

(*e*) हिन्दुस्तानी (Hindustani)

4. बुनियादी शिक्षा का समय काल (Total Duration of Elementary Education) बुनियादी शिक्षा का समय काल 7 वर्ष माना गया।

5. पाठ्यक्रम के अनुसार कार्य का विभाजन (Distribution of Work in the Curriculum)

	विषय (Subject)	**प्रतिदिन का समय (Daily Schedule Time)**
(*a*)	बुनियादी हस्तकला (Basic Craft)	3 घण्टे 20 मिनट
(*b*)	कला, संगीत व गणित (Drawing, music and arithmetic)	40 मिनट
(*c*)	मातृभाषा (Mother tongue)	40 मिनट
(*d*)	सामाजिक ज्ञान व सामान्य विज्ञान (Social studies and Genaral science)	30 मिनट
(*e*)	शारीरिक प्रशिक्षण (Physical Training)	10 मिनट
(*f*)	विश्राम काल (Recess)	10 मिनट
	कुल समय (Total time)	5 घण्टे 30 मिनट

6. शिक्षा के दिन (Working day in the School)—228 दिन

इस प्रकार डॉ. जाकिर हुसैन ने सदैव माना कि भारत का शैक्षिक उत्थान तभी सम्भव है, जबकि पाठशालाएँ, कालेज तथा विश्वविद्यालय यह मानें, कि ऐसे कार्य करने चाहिए, जिनसे भारत की संस्कृति की रक्षा तथा विकास हो।

डॉ. जाकिर हुसैन ने विश्व सन्देश देते हुए कहा कि–

''मेरा सन्देश आपको यही है कि अपने शील के विकास को आप अपने ही हाथ में ले लीजिये। आत्म संयम तथा नि:स्वार्थ द्वारा इसके तत्त्वों का पोषण कीजिये। अच्छे शील (conduct) का निर्माण कीजिये। तथा उसे पूर्ण व उच्चतर मान्यताओं का सेवक बनाकर, नैतिक व्यक्तित्व अर्थात् एक ईश्वर भक्त और धर्मवीर योद्धा के रूप में प्रतिष्ठित कीजिये। यह काम अत्यन्त कठिन है तथा जीवन भर का काम है। मगर इसी काम को करने के लिए ही तो यह जीवन मिला है। यह हाथ-पर-हाथ रखकर बैठे रहने से कैसे पूरा हो सकेगा? इसमें सारा जीवन ही लगा देना चाहिए।''

17. आदर्शवाद
(Idealism)

17.1 आदर्शवाद का अर्थ (Meaning of Idealism)

भारतवर्ष में आदर्शवाद की धारणा अत्यन्त महत्त्वपूर्ण धारणा है। जिसमें अन्तिम तथा दार्शनिक सत्ता के रूप में विचारों को महत्त्व दिया गया है। भारतीय दृष्टि से आदर्शवाद को **आध्यात्मिकता** के रूप में व्यक्त किया गया है। अर्थात् आध्यात्मिकता का तात्पर्य है "वह चिन्तनधारा जो व्यक्ति को आत्मा तथा परमात्मा के निकट ले जा सके।"

आदर्शवाद की उत्पत्ति आंग्ल भाषा के शब्द 'आइडियलिज्म' से हुई। यह दो शब्दों से मिलकर बना है—

(1) आईडिया (Idea) जिसका अर्थ है विचार तथा,

(2) इज्म (ism) जिसका अर्थ है वाद।

अर्थात् इस दृष्टि से Ideaism शब्द की उत्पत्ति हुई। बाद में उच्चारण की सरलता हेतु इसमें 'L' जोड़ा गया। इस प्रकार से जो शब्द बना वह था Idealism.

पश्चिम के आदर्शवादी, आदर्शवाद की परिभाषा तथा व्याख्या करते हुए कहते थे, कि आदर्शवाद सबसे उच्चवाद है। वेद में तथा उपनिषद् में भी आदर्शवाद को बहुत उच्च स्थान प्राप्त है। ब्रूबेकर ने आदर्शवाद को परिभाषित करते हुए कहा है कि, "आदर्शवादियों का कथन है, कि जगत् को समझने के लिए मन सबसे ऊपर है। इससे अधिक कोई यथार्थ नहीं है। मन ही जगत को समझने का केन्द्र बिन्दु है।"

17.2 आदर्शवाद के समर्थक (Followers of Idealism)

आदर्शवाद के समर्थक निम्नलिखित हैं–

1. भारतीय आदर्शवादी (Eastern Idealists)—भारतीय आदर्शवादी समर्थक निम्नलिखित हैं—

(*a*) वेद तथा उपनिषद् व गीता का सार आदर्शवादी धारणा से प्रेरित है।

(*b*) स्वामी दयानन्द

(*c*) स्वामी विवेकानन्द

(*d*) महात्मा गाँधी

(*e*) रविन्द्रनाथ टैगोर तथा

(*f*) श्री अरविन्द घोष।

2. पाश्चात्य आदर्शवादी (Western Idealists)—आदर्शवादी पाश्चात्य विचारक निम्नलिखित हैं—

(*a*) प्लेटो—ग्रीक फिलॉसफर (427-347 बी. सी.)

(*b*) काण्ट—जर्मन फिलॉसफर (1724-1804 बी. सी.)
(*c*) फ्रोबेल—जर्मन फिलॉसफर (1772-1852 ए. डी.)
(*d*) विलियम टी. हैरिस—अमेरिकन फिलॉसफर (1835-1909 ए. डी.)

17.3 आदर्शवाद की परिभाषाएँ (Definitions of Idealism)

आदर्शवाद के अर्थ को और अधिक स्पष्ट करने के लिए हम यहाँ पर कुछ विद्वानों की परिभाषाएँ प्रस्तुत कर रहे हैं–

1. डी. एम. दत्ता के मतानुसार—"आदर्शवाद वह सिद्धान्त है जो अन्तिम सत्ता आध्यात्मिक मानता है।"

"Idealism holds that ultimate reality is spiritual."—D.M.Dutta

ब्रूबेकर के मतानुसार—"आदर्शवादी इस बात का संकेत देते हैं कि संसार को समझने के लिए मन अथवा मस्तिष्क सर्वोपरि है। इसके लिए इससे अधिक और कोई बात नहीं है कि मन संसार को समझने में लगा रहे और किसी बात को इससे अधिक वास्तविकता नहीं दी जा सकती है, क्योंकि मन से अधिक किसी और बात को वास्तविक समझना स्वयं मन की कल्पना होगी।"

"Idealists point out that it is mind that is central in understanding the world. To them nothing gives a greater sense of reality than the activity of mind engaged in trying to comprehenced its world. For anything to give a greater sense of reality would be a contradiction in terms because to know anything more real than mind would itself have to be a conception of mind." —Brubacher

2. जे. ए. रॉस के मतानुसार—"आदर्शवादी दर्शन के बहुत से और विविध रूप हैं परन्तु सबका आधारभूत तत्त्व यही है कि संसार का उत्पादन कारण, मन तथा आत्मा है कि वास्तविक स्वरूप मानसिक स्वरूप का है।"

"Idealistic philosophy takes many and varied forms, but the postulate underlying all is that mind or spirit is the essential world stuff, that the true reality is of a mental character."

3. होर्ने के मतानसुार—"आदर्शवाद का सार है कि ब्रह्माण्ड बुद्धि एवं इच्छा की अभिव्यक्ति है। विश्व के स्थायी तत्त्व की प्रकृति मानसिक है और भौतिकता की बुद्धि द्वारा व्याख्या की जाती है।"

"Idealism is the conclusion that the universe is an expression of intelligence and will, that enduring substance of the world is of the nature of mind, that the material is explained by the mental." —Herman H. Horney

17.4 आदर्शवाद का दार्शनिक आधार (Philosophy Bases of Idealism)

भारतीय तथा पाश्चात्य विचारकों ने आदर्शवाद की जिन दार्शनिक मान्यताओं की चर्चा की है वह नीचे दी जा रही हैं—

(I) भारतीय दृष्टिकोण (Indian or Eastern Point of View)—भारतीय दृष्टिकोण में शिक्षा को निम्न प्रकार व्यक्त किया गया है—

(1) सृष्टि का कारण ब्रह्म है। ब्रह्म को ही परमात्मा तथा ईश्वर के नाम से जाना जाता है। ऋग्वेद में एक स्थान पर कहा भी गया है कि, "सृष्टि के आदि में केवल परमात्मा ही था। वही सब प्राणियों तथा पदार्थों का स्वामी, उत्पादक तथा आदि कारण है।"

भारतीय मनीषी यह मानते हैं कि परमात्मा प्रकृति या माया के द्वारा इस सृष्टि की रचना करता है।

(2) आध्यात्मिक संसार ही सत्य है। भौतिक संसार मिथ्या है।

(3) आत्मा तथा परमात्मा दोनों ही अनादि व अनन्त हैं। इन दोनों का अपना अस्तित्व है।

(4) जीवन में यदि कुछ प्राप्त करना हो तो सत्यं शिवम् सुन्दरम् को प्राप्त करो। यह तीनों मूल्य निम्न प्रकार से जीवन को प्रभावित करते हैं—

(i) सत्यम्—मन तथा आत्मा ही केवल सत्य है।

(ii) शिवम्—आत्मा का ज्ञान हमारे लिए कल्याणकारी है।

(iii) सुन्दरम्—सांसारिक सौन्दर्य वास्तविक सौन्दर्य नहीं है, वह क्षणिक और नाशवान है। आत्मज्ञान होने पर हमें दिखाई देता है। सभी पदार्थों में जो सौन्दर्य है, वह वास्तव में परमात्मा का सौन्दर्य है जो अविनाशी है।

(5) जीवन का ध्येय-चार पुरुषार्थों की प्राप्ति है। ये पुरुषार्थ हैं—

(i) धर्म

(ii) अर्थ

(iii) काम

(iv) मोक्ष।

(II) पाश्चात्य दृष्टिकोण (Western Point of View)—(i) पाश्चात्य विचारक कहते हैं, कि सृष्टि के मूलाधार का ज्ञान 'अध्ययन', 'मनन' तथा 'चिन्तन' से हो सकता है और ये सब मन की क्रियाएँ हैं शरीर की नहीं, इसलिए पाश्चात्य आदर्शवाद मन को ही प्रधानता देता है।

(ii) आदर्शवाद सृष्टि की हरेक वस्तु से मन की स्थिति को मान्यता देता है। उसके अन्तर्गत माना गया कि प्रत्येक पदार्थ की विशेषता सदैव मानसिक होती है, शारीरिक नहीं।

17.5 आदर्शवाद के सिद्धान्त (Principles of Idealism)

आदर्शवाद के सिद्धान्त निम्नलिखित हैं—

(1) ईश्वर समस्त सत्ता का सार है।

(2) ईश्वर ही ज्ञान-प्राप्ति का स्रोत है।

(3) अभौतिक मूल्य ही अन्तिम वास्तविकता है।

(4) ईश्वर जो सब दूसरे जीवों के बारे में बताता है वह मनस् से सम्बन्ध रखता है।

(5) सत्य ज्ञान को प्राप्त करने का सच्चा साधन हमारा विवेक या हमारी मानसिक व आध्यात्मिक दृष्टि है।

(6) सच्ची आध्यात्मिक या विचार ही वास्तविकता है।

(7) आत्म निर्णय ही सच्चे जीवन का सार है।

(8) जीवन में विचार, ज्ञान, कला तथा धर्म का स्थान महत्त्वपूर्ण है।

17.6 आदर्शवाद तथा शिक्षा (Idealism and Education)

आदर्शवादी शिक्षा का प्रधान उद्देश्य है–"विद्यार्थी की क्षमताओं को ऊँचा उठाना ताकि वे उनका उपयोग अपनी सांस्कृतिक और आध्यात्मिक क्षमता को बढ़ाने हेतु करें।

अलग-अलग आदर्शवादियों ने शिक्षा के उद्देश्यों की चर्चा निम्न प्रकार से की है–

(1) विद्या से अमरत्व की प्राप्ति होती है। —यजुर्वेद 40/11

(2) ''सा विद्या या विमुक्तये'' अर्थात् विद्या वह है, जो मुक्ति प्रदान करे।

—श्रीमद्भागवद् गीता

(3) मनुष्य मात्र की शिक्षा का अन्तिम ध्येय ईश्वर-साक्षात्कार है। सामाजिक, राजनैतिक तथा धार्मिक प्रवृत्तियाँ ईश्वर दर्शन के ध्येय को हमारे समक्ष रखती हैं।

—गाँधी जी—'हरिजन' 29 अगस्त, 1936.

(4) शिक्षा का उद्देश्य है—व्यक्तित्व को ऊँचा उठाना तथा उन्हें सार्वदेशिक मूल्यों से मुक्ति दिलाना। —रस्क (Rusk).

(5) शिक्षा का ध्येय है—शरीर व आत्मा को पूर्णता प्रदान करना। —प्लेटो (Plato)

17.7 आदर्शवाद व पाठ्यक्रम (Idealism and Curriculum)

आदर्शवाद में पाठ्यक्रम को सत्यम्, शिवम्, सुन्दरम् आधारित बताया गया है।

1. सत्यम् (Truth)—सत्यम् के अन्तर्गत बुद्धि सम्बन्धी वृत्तियाँ तथा बौद्धिकता का विकास करना आता है।

सत्यम् में पाठ्य-विषयों के अन्तर्गत भाषा, साहित्य, इतिहास, भूगोल, गणित तथा विज्ञान विषय आते हैं।

2. शिवम् (Goodness)—शिवम् के अन्तर्गत नीति सम्बन्धी वृत्तियाँ तथा नैतिकता का विकास आता है।

शिवम् में पाठ्यविषयों के अन्तर्गत धर्मशास्त्र, नीतिशास्त्र तथा अध्यात्म विद्या आदि विषय आते हैं।

3. सुन्दरम् (Beauty)—सुन्दरम् के अन्तर्गत सौन्दर्य सम्बन्धी वृत्तियाँ तथा सौन्दर्यानुभूति का विकास आता है।

सुन्दरम के अन्तर्गत आनेवाले विषयों में काव्य, संगीत, नृत्य,चित्रांकन, कलाएँ तथा स्थापत्य कला आदि आती हैं।

भिन्न-भिन्न आदर्शवादियों ने शिक्षा में पाठ्यक्रम निर्धारण के अलग-अलग उद्देश्य बताये हैं, जो कि निम्नलिखित हैं—

4. जेम्स रॉस (James Ross)—रॉस ने आदर्शवादी पाठ्यक्रम को दो भागों में विभक्त किया है—

(*a*) भौतिक विभाग।

(*b*) आध्यात्मिक विभाग।

(*a*) भौतिक विभाग—भौतिक विभग में स्वास्थ्य विज्ञान, खेल-कूद तथा शारीरिक व्यायाम आदि विषय आते हैं।

(*b*) आध्यात्मिक विभाग—आध्यात्मिक विकास के अन्तर्गत धर्मशास्त्र, नीतिशास्त्र ललित कलाएँ, इतिहास, भूगोल, गणित, भाषा तथा विज्ञान आदि विषय आते हैं।

5. पर्सी नन (Percy Nunn)—पर्सी नन के अनुसार आदर्शवाद पाठ्यक्रम का मुख्य उद्देश्य है 'मानव की सर्वोत्तम अभिव्यक्ति'। यह अभिव्यक्ति दो प्रकार से की जा सकती है—

(*a*) आत्मरक्षा व मानव कल्याण द्वारा—आत्मरक्षा तथा मानव कल्याण के द्वारा व्यक्ति को ज्ञान प्रदान किया जा सकता है।

इनसे सम्बन्धित विषयों के अन्तर्गत स्वास्थ्य विज्ञान, शारीरिक व्यायाम, धर्म शास्त्र, नीतिशास्त्र, तथा समाजशास्त्र आदि विषय आते हैं।

(*b*) सभ्यता व संस्कृति निर्माण द्वारा—शिक्षा में सभ्यता तथा संस्कृति के निर्माण को अत्यधिक महत्त्व दिया गया है।

इनसे सम्बन्धित विषयों में साहित्य, हस्तकला, संगीत, चित्रांकन, भूगोल, विज्ञान तथा गणित आदि आते हैं।

17.8 आदर्शवाद तथा शिक्षण विधियाँ (Idealism and Methods of Teaching)

आदर्शवाद में शिक्षण विधियों के विषय में कहा गया है कि यह विधियाँ पूर्णत: शिक्षा के उद्देश्यों पर आधारित हैं। इस सम्बन्ध में बटलर ने कहा है कि, "आदर्शवादी अपने को किसी विशेष विधि का अनुयायी न कहकर, विधियों का निर्माण तथा निर्धारण करने वाला समझते हैं।"

"Idealists consider themselves creator and determiners of methods and not devotees of some one method." –Butler: Four Philosophies.

आदर्शवाद के अन्तर्गत भिन्न-भिन्न शिक्षाशास्त्रियों तथा दार्शनिकों ने अलग-अलग शिक्षण विधियों को अपनाया जो कि निम्नलिखित हैं–

(*a*) फ्रोबेल (Froebel)—फ्रोबेल ने सर्वप्रथम शिक्षण विधियों के अन्तर्गत खेल विधि (Play way method) को स्थान दिया।

(*b*) हरबर्ट (Herbart)—हरबर्ट ने पूर्व जान के आधार पर नवीन ज्ञान प्रदान करने पर बल दिया। इससे ही हरबर्ट की पंच सोपान विधि (5 steps of Herbartian method) का जन्म हुआ।

(*c*) पेस्टालॉजी (Pestallozzi)—इन्होंने सर्वप्रथम मनोविज्ञान को शिक्षण विधि को आधार माना। तथा अलग-अलग रोचक व मनोरंजक क्रियाओं के द्वारा शिक्षा देने पर बल दिया।

(*d*) डेस्कार्तस (Descartes)—इन्होंने सरलता से जटिलता की ओर जाने वाली शिक्षा (Education from simple to complex) प्रविधि पर बल दिया।

(*e*) अरस्तु व प्लेटो (Aristotle and Plato)—इन्होंने तर्कशास्त्र (logic) पर बल दिया। तथा विचारों को दो विधियों में प्रस्तुत किया—

(*i*) आगमन विधि (Inductive Method)

(*ii*) निगमन विधि (Deductive Method)

(*f*) सुकरात (Socreates)—इन्होंने प्रश्न विधि पर बल दिया। यह लोगों से प्रश्न पूछकर उनके उत्तर माँगते थे। यह प्रश्न नैतिक आदर्शों व मूल्यों से सम्बन्धित होते थे।

अत: कहा जा सकता है कि शिक्षा में आदर्शवाद का बहुत महत्त्वपूर्ण योगदान रहा है।

17.9 आदर्शवाद व अध्यापक (Idealism and Teacher)

आदर्शवाद में शिक्षक का स्थान अत्यन्त उच्च है। अध्यापक तथा छात्र दोनों मिलकर समान उद्देश्य की पूर्ति करते हैं तथा वह उद्देश्य है, बालक का सर्वांगीण विकास करना।

आदर्शवाद के अन्तर्गत शिक्षक को अलग-अलग रूपों में प्रस्तुत किया गया है। यहाँ हम कुछ मुख्य दार्शनिकों के विचार प्रस्तुत करेंगे—

1. स्वामी विवेकानन्द (Swami Vivekanand)—स्वामी विवेकानन्द ने अध्यापक के अन्तर्गत निम्नलिखित गुणों को अनिवार्य माना है—

(*i*) कम बोलने वाला तथा छात्रों को उचित संस्कार देने वाला।
(*ii*) स्नेह प्रदान करने वाला।
(*iii*) स्वार्थी तथा लालची न हो।
(*iv*) उच्च, धार्मिक तथा आध्यात्मिक ग्रन्थों के ज्ञान से परिपूर्ण।

2. स्वामी दयानन्द सरस्वती (Swami Dayanand Saraswati)—स्वामी दयानन्द सरस्वती ने अपने ग्रन्थ 'सत्यार्थ प्रकाश' में आदर्शवादी शिक्षक के निम्नलिखित गुण बतायें—

(*i*) परोपकारी तथा नि:स्वार्थी
(*ii*) आलस्य मुक्त
(*iii*) अच्छा वक्ता
(*iv*) आत्मज्ञानी
(*v*) शास्त्र ज्ञाता तथा
(*vi*) प्रश्नोत्तर निपुण।

3. फ्रोबेल (Froebel)—फ्रोबेल ने आदर्शवादी अध्यापक के विषय में निम्न कथन प्रस्तुत किया—"विद्यालय एक बगीचा है, तथा अध्यापक एक माली है। और बालक एक पौधा है, पौधे का विकास उचित प्रकार से हो इसके लिए आवश्यक है, कि माली समुचित वातावरण को प्रस्तुत करे। जैसे-पौधे को पानी तथा खाद देना। तथा प्रारम्भिक अवस्था में उसे धूप, पानी आदि से बचाना। अध्यापक भी बालकों के साथ ऐसा वातावरण जुटाये, जिससे कि उसका सम्यक् विकास हो सके।

4. जेम्स रॉस (James Ross)—जेम्स रॉस ने शिक्षक के विषय में निम्नलिखित विचार व्यक्त किये—

"प्रकृतिवादी काँटेदार झाड़ियों से सन्तुष्ट हो सकता है। परन्तु आदर्शवादी अध्यापक सुन्दर गुलाब ही चाहता है। इस प्रकार अध्यापक भी बालकों को उच्चतम शिखरों तक पहुँचने में सहायता प्रदान करता है क्योंकि वहाँ बालक अपने प्रयास से नहीं पहुँच सकता।"

"The Naturalist may be content with briars but the Idealist teacher wants fine roses. So the education by his efforts assists the educand to attain levels, that would otherwise be denied to him." —James Ross

5. चिन्मयानन्द (Chinmayanand)—"शिक्षक को निरन्तर सीखने वाला, ईश्वर से भय करने वाला, धर्मभीरु, सामाजिक न्याय का प्रबल पक्षधारी तथा पूर्ण स्वतन्त्रतापूर्वक आदर्श जीवन चलाने में विश्वास करने वाला होना चाहिए।"

6. श्री अरविन्द (Sri Aurobindo)—शिक्षक के तीन उपकरण (Instruments) होने चाहिए–शिक्षण, उदाहरण और प्रभाव, जिनसे वह अपने शिक्षण को सजीव और प्रभावशाली बना सके। एक उत्तम संगत या सत्संग शिक्षक का एक अन्य गुण होना चाहिए।"

17.10 आदर्शवाद व छात्र (Idealism and Student)

आदर्शवाद के अन्तर्गत शिक्षक के साथ-साथ छात्र को भी अत्यन्त महत्त्वपूर्ण माना गया है। इस विषय में श्री सत्य साईं बाबा के वचन हैं, कि बालक अमृत पुत्र है, दिव्य आत्मास्वरूप है, निर्बोध तथा पवित्र हैं और भारत की सांस्कृतिक और आध्यात्मिक धरोहर का उत्तराधिकारी है।"

आदर्शवाद में छात्रों हेतु तीन प्रमुख आदेश बताये गये, जो कि निम्नलिखित हैं—

(*i*) ईश्वर के प्रति प्रेम रखो।
(*ii*) पाप से डरो।
(*iii*) समाज में नैतिकता का पालन करो।

केवल वही व्यक्ति जो इन आदेशों का पालन करता है, वही एक सच्चा मानव कहलाता है।

श्री सत्य साईं बाबा

भारतीय आदर्शवाद के अन्तर्गत छात्रों के निम्नलिखित वांछित गुण बताये गये हैं–

(*a*) गुरु के प्रति आस्थावान हो।

(*b*) शुद्ध मन वाला हो।

(*c*) मोक्ष प्राप्ति हेतु महत्त्वाकांक्षी हो।

(*d*) मन,वचन तथा कर्म से ईश्वर की सेवा करने वाला हो।

(*e*) वह मोह मुक्त हो।

(*f*) सही मूल्यों को धारण करने वाला हो तथा उन्हीं के अनुसार जीवन को चलाता हो।

स्वामी दयानन्द सरस्वती ने 'सत्यार्थ प्रकाश' के अन्तर्गत निम्न बातों को छात्रों का आवश्यक गुण बताया है—

(*a*) वह अध्ययन प्रेमी हो।

(*b*) विचारशील, परिश्रमी तथा पुरुषार्थी हो।

(*c*) आलसी व अभिमानी न हो।

(*d*) सदाचारी तथा ब्रह्माचारी हो।

श्री अरविन्द घोष ने भारतीय मस्तिष्क (Brain of India) नामक अपनी पुस्तक में कहा है, कि ''जैसे तुम पेड़-पौधों को स्वयं बड़ा नहीं कर सकते, वैसे ही तुम बालक का विकास भी नहीं कर सकते। पेड़-पौधे अपनी प्रकृति के अनुसार बढ़ते हैं। इसी प्रकार बालक भी अपने को स्वयं शिक्षित करता है। आप केवल इतनी सहायता कर सकते हैं कि वह अपने स्वभावानुसार विकसित हो।''

17.11 आदर्शवाद व अनुशासन (Idealism and Discipline)

आदर्शवादी दर्शन यह मानता है कि बच्चों को पूर्ण स्वतन्त्रता न दे वरन् उन्हें अनुशासन में रखना चाहिए। अनुशासन को कायम रखने हेतु वह शिक्षक को महत्त्वपूर्ण मानते हैं।

थामस तथा लैंग ने अपनी एक पुस्तक में कहा कि—

''प्रकृतिवादी उद्घोषित करते हैं—स्वतन्त्रता।''

''आदर्शवादी उद्घोषित करते हैं—अनुशासन।''

"Freedom is the cry of naturalists."

"Discipline is the cry of idealists." Thomas and Lang.

आदर्शवादी अनुशासन को 'प्रभाववादी अनुशासन' भी कहा जाता है। इसमें शिक्षक अपने उच्च जीवन व आचरण को उदाहरण के स्वरूप में प्रस्तुत करते हुए छात्र को अनुशासन में रखता है।

17.12 आदर्शवाद का मूल्यांकन (Evaluation of Idealism)

आदर्शवाद के अन्तर्गत कुछ गुण तथा अवगुण पाये जाते हैं जो कि निम्नलिखित हैं—

गुण (Merits)—आदर्शवाद के अन्तर्गत निम्नलिखित गुण पाये जाते हैं—

(1) बालकों के व्यक्तित्व के पूर्ण विकास पर बल देना।

(2) बालक में आत्म-अनुभूति की क्षमता उत्पन्न करना।

(3) सत्यम्, शिवम् तथा सुन्दरम् को शिक्षा का आधार मानना।

(4) शिक्षण प्रक्रिया में अध्यापक को महत्त्वपूर्ण स्थान देना।

(5) शिक्षा के उद्देश्यों पर विस्तृत विचार करना।

(6) आत्म-अनुशासन तथा आत्म-नियन्त्रण पर बल देना।

(7) शिक्षण विधियों को उद्देश्यों के अनुरूप बनाना।

अवगुण (Demerits)—आदर्शवाद के अवगुण निम्नलिखित हैं—

(1) बालक के मनोवैज्ञानिक प्रारूप तथा विशेषताओं की उपेक्षा करना।

(2) अध्यापक को आवश्यकता से अधिक महत्त्व देना।

(3) कठोर सामाजिक व्यवस्था की परिकल्पना करना।

(4) मानववाद पर आवश्यकता से अधिक बल देना।

(5) इसके द्वारा निर्धारित लक्ष्य वास्तविक न होकर काल्पनिक हैं।

अत: इस प्रकार कहा जा सकता है कि आदर्शवाद में जहाँ एक ओर कई गुण हैं, वहीं कुछ अवगुण भी सम्मिलित हैं।

17.13 शिक्षा के आधार स्तम्भ (Seven Pillars of Idealistic Education)

दादा जे. पी. वासवानी के अनुसार आदर्शवादी शिक्षा (7) सात आधारों पर निर्भर होनी चाहिए—

(*a*) चरित्र-निर्माण (Character building)

(*b*) दूसरों के लिए जीना (Livings for others)

(*c*) जीवन के प्रति आदर (Reverence for life)

(*d*) अन्य धर्मों के प्रति आदर भाव (Reverence for other religions)

(*e*) शरीर के प्रति आदर भाव (Reverence for the body)

(*f*) भारतीय आदर्शों के प्रति प्रेम (Love for the Indian ideals)

(*g*) आध्यात्मिक प्रकटीकरण (Spiritual unfoldment)

18. प्रकृतिवाद (Naturalism)

18.1 प्रकृतिवाद का अर्थ (Meaning of Naturalism)

प्रकृतिवादी दर्शन का आरम्भ जगत के आरम्भ से ही माना जाता है। आश्चर्यमयी प्रकृति के भौतिक तत्त्वों ने मनुष्य को जगत के आरम्भ से ही चिन्तन की प्रेरणा दी। अत: ग्रीक विद्वान थैलीज ने जगत् का मूल कारण जल को माना। इस प्रकार अलग-अलग विद्वानों ने प्रकृति के अन्तर्गत पृथ्वी, अग्नि, जल तथा वायु आदि को सम्मिलित किया। फलस्वरूप भारतीयों ने भी इन सभी तत्त्वों को देव रूप में सम्मिलित किया। अत: ग्रीक व भारतीय दोनों दर्शनों में प्रकृतिवाद की झलक देखने को मिलती है। यद्यपि प्रकृतिवादी अत्यन्त प्राचीन विचारधारा है, परन्तु इस दर्शन को आधुनिक शिक्षा में विकसित करने का श्रेय अठारहवीं शताब्दी में प्रकृति विज्ञानों के क्षेत्र में होने वाली क्रान्ति को है। अत: प्रकृतिवाद को अत्यन्त प्राचीन अवधारणा कहा जाता है।

18.2 प्रकृतिवाद की परिभाषाएँ (Definitions of Naturalism)

प्रकृतिवाद की परिभाषाएँ निम्नलिखित हैं—

1. जेम्स वार्ड के मतानुसार—"प्रकृतिवाद वह सिद्धान्त है, जो प्रकृति को ईश्वर से पृथक करता है और आत्मा को पदार्थ के अधीन स्वीकार करता है तथा अपरिवर्तनीय नियमों को सर्वोच्चता प्रदान करता है।"

"Naturalism is a doctrine which separates nature from God, subordinates spirit to matter and sets up unchangeable laws as Supreams."— James Ward.

2. जायसे के मतानुसार—"प्रकृतिवाद वह विचारधारा है जिसकी प्रमुख विशेषता आध्यात्मिकता को अस्वीकार करना है अथवा प्रकृति एवं मनुष्य के दार्शनिक चिन्तन में उन बातों को स्थान देना है जो हमारे अनुभवों से परे नहीं हैं।"

"Naturalism is a system whose silent characteristic is the exclusion of whateven is spiritual or indeed whatever is transcendental experience from our philosophy of nature and man." — Joyce.

3. जे. एस. रॉस के मतानुसार—"प्रकृतिवाद एक ऐसा शब्द है जिसका शिक्षा सम्बन्धी सिद्धान्तों में उन शिक्षा प्रणालियों के लिए प्रयोग किया जाता है जो विद्यालय व पुस्तकों पर आधारित होने के बजाय शिक्षार्थी के वास्तविक जीवन को क्रियात्मक रूप से प्रभावित करने का प्रयास करती है।"

"Naturalism....is a term loosely applied in educational theory to systems of training that are not dependent on schools and books but on the manipulation of the actual life of the educated." –J.S. Ross

4. आर. बी. पैरी के मतानुसार—"प्रकृतिवाद विज्ञान नहीं है, वरन् विज्ञान के बारे में दावा है। अधिक स्पष्ट से यह बात का दावा करता है, कि वैज्ञानिक ज्ञान अन्तिम है जिसमें विज्ञान से बाहर अथवा दार्शनिक ज्ञान को कोई स्थान नहीं है।"

"Naturalism is not science but an asseration about science. More specifically it is the asseration that scientific knowledge is final, leaving no room for extra-scientific or philosophical knowledge."— R. B. Perry

भारतीय विचारकों ने प्रकृतिवाद को निम्न प्रकार से प्रस्तुत किया है—

(*i*) द्वैतवादी रामानुजाचार्य प्रकृति को "भगवान की लीला" मानते हैं।

(*ii*) प्रसिद्ध भारतीय प्रकृतिवादी चार्वाक भी पश्चिमी प्रकृतिवादियों की भाँति ही प्रकृति या भौतिक जगत को सत्य मानता है। वह भी आत्मा तथा परमात्मा को अधिक महत्त्व नहीं देते हैं।

(*iii*) जबकि त्रैतवादी, स्वामी दयानन्द सरस्वती आत्मा तथा परमात्मा के समान प्रकृति की अलग सत्ता को स्वीकारते हैं।

शिक्षा के इतिहास पर यदि चर्चा की जाये तो यह तथ्य सामने आया कि यद्यपि प्रकृतिवाद पर सैद्धान्तिक चर्चा तो बहुत हुई है, परन्तु अभी तक कोई ऐसी शिक्षण विधि सामने नहीं आई, जो कि पूर्णतः प्रकृतिवाद पर आधारित हो।

18.3 प्रकृतिवाद के समर्थ (Followers of Naturalism)

प्रकृतिवाद के समर्थकों में सेमुअल बटलर (Samual Butler), रूसो (Rousseau), अरस्तु (Aristotle), काम्टे (Comte), हॉब्स (Hobbes), बेकन (Bacon), डारविन (Darwin), हरबर्ट स्पेन्सर (Herbart Spencer), हैक्सले (Hexley) आदि दार्शनिकों के नाम विशेष रूप से उल्लेखनीय हैं।

18.4 प्रकृतिवाद के सिद्धान्त (Principles of Naturalism)

प्रकृतिवाद के महत्त्वपूर्ण सिद्धान्त निम्नलिखित हैं—

(1) प्रकृति ही सब कुछ है। इससे परे अथवा इसके पश्चात् और कुछ नहीं। प्रत्येक वस्तु प्रकृति से आती है और उसमें मिल जाती है।

(2) वास्तविक सत्ता (Ultimate Reality) भौतिक अथवा पदार्थ (Material)।

(3) पदार्थ (Material) अथवा भौतिक जगत (Material world) ही सब कुछ हैं।

(4) मानव में जन्मजात शक्तियाँ हैं।

(5) मानव एक महान यन्त्र के समान है।

(6) प्रकृतिवाद में आत्मा, धर्म व ईश्वर को कोई स्थान नहीं दिया है।

(7) मानव जीवन पवित्र होता है। जन्म के समय इसमें कोई बुराई नहीं होती है।

(8) मानव भौतिक सुख चाहता है। वह कभी स्वयं को प्रकृति के अनुकूल बनाकर अथवा कभी प्रकृति को अपने अनुकूल बनाकर भौतिक सुख प्राप्त करता है।

18.5 प्रकृतिवाद तथा शिक्षा (Naturalism and Education)

पश्चिम में प्राचीन काल में प्रकृतिवाद के प्रमुख पाँच समर्थक थे—थेल्स, ल्यूसिपस, डिमाक्राइटस, एपीक्यूरस तथा ल्यूकरटियस। 16वीं शताब्दी से 18वीं शताब्दी के मध्य में बेकन, हाब्स तथा रूसो ने प्रकृतिवाद को नया रूप दिया। आज जब हम प्रकृतिवादी शिक्षा की बात करते हैं, तो वह बहुत कुछ रूसो की प्रसिद्ध कृति 'एमिल' में वर्णित शिक्षा ही होती है। रूसो ने पश्चिमी जगत पर अत्यधिक प्रभाव डाला है। रूसो के अतिरिक्त हरबर्ट स्पेन्सर ने भी प्रकृतिवाद की उन्नति को अपनी प्रसिद्ध पुस्तक 'एजुकेशन' में विस्तृत रूप में बताया है।

शिक्षा में प्रकृतिवाद का आंदोलन—बेकन (Becon) और कॉमेनियस (Comenius) ने शुरू किया। इस आन्दोलन को रूसो (Rousseau) ने चरम सीमा पर पहुँचाया। इसके फलस्वरूप शिक्षा को निम्नलिखित सामान्य सूत्र वाक्य (General Maxims of Naturalism for Education) प्राप्त हुए। इन्हीं को कुछ लोग प्रकृतिवाद शिक्षा की विशेषताएँ (Characteristics of Naturaslistic Education) कहते हैं। ये विशेषताएँ निम्नलिखित हैं—

1. प्रकृति का अनुसरण (Follow Nature)—प्रकृतिवादी आचार्य रूसो ने एक स्थान पर कहा है कि, "प्रकृति के पीछे चलो" (Follow Nature) शिक्षा की दृष्टि से विट पेने ने भी कहा है, कि "यथासम्भव अपनी विधियों को आसान बनाओ। शिक्षा की प्रक्रिया को जटिल बनाने वाले उपकरणों में आस्था मत रखो। जहाँ तक हो सके, शिक्षा को व्यक्तिगत अनुसंधान की प्रक्रिया बनाओ। मेरे विचार में रूसो के "प्रकृति के पीछे चलो" से यही तात्पर्य है।"

2. इन्द्रिय प्रशिक्षण पर बल (Emphasis on the Training of Senses)—प्रकृतिवादी शिक्षा की एक विशेषता यह है कि यह बालक की इन्द्रियों को प्रशिक्षित करता है। प्रकृतिवादी बालक के मस्तिष्क के ज्ञान को बाहर से बल पूर्वक ठूँसने के विरोधी हैं। उनके अनुसार, ज्ञान को प्रभावशाली बनाने हेतु इन्द्रियों को प्रशिक्षित करना परम् आवश्यक है। इसका कारण यह है कि इन्द्रियाँ ज्ञान के द्वार हैं। अतः इन्द्रियों के प्रशिक्षण पर बल देते हुए **रूसो** ने लिखा है—"**शिक्षा को इन्द्रियों का उचित प्रयोग करके ज्ञान के द्वार खोलने चाहिए।**" (Education should prepare the way for reason by the proper exercise of senses.)

18.6 प्रकृतिवाद व शिक्षा के उद्देश्य (Naturalism and Aims of Education)

प्रकृतिवाद के अन्तर्गत शिक्षा के उद्देश्यों में भिन्न-भिन्न शिक्षाशास्त्रियों ने अलग-अलग धारणा प्रस्तुत की है, जो कि निम्नलिखित हैं—

1. स्पेन्सर (Spencer)—प्रसिद्ध शिक्षाशास्त्री स्पेन्सर ने मानव जीवन को समग्रता प्रदान करने हेतु 5 प्रमुख क्रियाएँ बताईं—

(*i*) आत्म-रक्षा।
(*ii*) जीवन की मौलिक आवश्यकताओं की पूर्ति।
(*iii*) सन्तति-पालन।
(*iv*) सामाजिक व राजनैतिक सम्बन्धों का निर्वाह।
(*v*) अवकाश का सदुपयोग।

2. रूसो (Rousseau)—रूसो ने कहा कि शिक्षा का उद्देश्य मानव को प्रकृति के अनुकूल जीवन व्यतीत करने योग्य बनाना है। शिक्षा के द्वारा हम मानव में कुछ नया उत्पन्न नहीं करते वरन् मानवीय मौलिकता को बनाये रखने का प्रयास करते हैं। रूसो ने कहा कि "रोजमर्रा के व्यवहार को बदल डालो इससे सदा सर्वदा तुम्हारा कृत्य सही होगा। वह कहते हैं कि "मानवीय संस्थाएँ मूर्खता तथा विरोधाभास के समूह हैं।" परन्तु वह "प्रकृति को ईश्वरीय सृष्टि मानता है तथा मनुष्य को ईश्वरीय कृति।"

3. मैक्डूगल (Mcdougall)—मैक्डूगल ने शिक्षा में धार्मिक सिद्धान्तों को महत्त्व दिया है। इनके अनुसार "शिक्षा का उद्देश्य मूल प्रवृत्तियों को रूपान्तरित करके समाजोपयोगी कार्यों में लगाना है। अर्थात् शिक्षा के द्वारा मूल प्रवृत्तियों का दमन नहीं किया जाना चाहिए वरन् उनका विकास करके उन्हें उचित मार्ग प्रदान किया जाना चाहिए।"

इस प्रकार बर्नाड शॉ ने कहा कि, "शिक्षा का उद्देश्य एक पीढ़ी से दूसरी पीढ़ी तक जातीय संस्कृति का संरक्षण, हस्तान्तरण तथा वृद्धि होना चाहिए। यह उद्देश्य आदर्शवादी उद्देश्यों के निकट है।

"Simplify your method as much as possible, distrust the artificial aids that complicate the process of learning. Make learning as far as possible, a process of personal discovery. This is my inter-pretation of Rousseau's perception — "Follow Nature."

—Witt H. Pavne.

2. निषेधात्मक शिक्षा (Negative Education)—निषेधात्मक शिक्षा में गुणों की शिक्षा नहीं दी जाती। गुणों की शिक्षा देना प्रकृति विरुद्ध है क्योंकि समाज पतित हो चला है, तथा मनुष्य समाज में पूजे जा रहे गुणों को ही गुण समझता है जबकि वास्तव में यह दुर्गुण है। इस विषय में **रूसो** ने कहा है कि, "प्रचलित परम्परा के विरुद्ध जो भी कार्य होगा, वह ठीक होगा। ऐसा समाज भावात्मक शिक्षा दे ही नहीं सकता?" इसलिए रूसो ने अभावात्मक शिक्षा की कल्पना की है। निषेधात्मक शिक्षा में सत्य की शिक्षा न देकर असत्य से बचने की शिक्षा दी जाती है। गुणों की शिक्षा से महत्त्वपूर्ण है अवगुणों से बचना। प्रारम्भिक वर्षों में तो पूर्ण रूप से निषेधात्मक शिक्षा ही होनी चाहिए। इस सम्बन्ध में 'एमिल' में रूसो कहता है कि, "बालक की प्रथम शिक्षा विशुद्ध रूप से निषेधात्मक होनी चाहिए। इसमें सत्य और सद्‌गुण का शिक्षण बिल्कुल सम्मिलित न होकर बालक के हृदय को अवगुण से तथा मन को त्रुटि से बचाना निहित है।" (The first education ought to be purely negative. It consists not at all in teaching virtue or truth, but in shielding the heart from vice and the mind form the error)।

3. बाल केन्द्रित शिक्षा (Child Centred Education)—प्रकृतिवादी शिक्षा बाल केन्द्रित होती है। बाल केन्द्रित शब्द का प्रयोग प्रकृतिवादी शिक्षा के लिए सर्वप्रथम जॉन एडम्स ने किया। इसमें बालक को शिक्षा का केन्द्र माना जाता है, न कि शिक्षक, पाठ्‌यक्रम तथा परीक्षा को। बालक की नैसर्गिक प्रवृत्ति के अनुसार उसे शिक्षा देने का समर्थन करते हुए प्रकृतिवादी कहते हैं कि—"बालक की अपरिपक्व प्रवृत्तियों का विकास करना तथा उनका संशोधन करना ही शिक्षा का कार्य है।"

शिक्षा में बालक को केन्द्र मानने का परिणाम यह हुआ कि लोगों ने बालक को समझने का प्रयत्न प्रारंभ किया व बाल-मनोविज्ञान, किशोर-मनोविज्ञान, विकासात्मक-मनोविज्ञान तथा शिक्षा-मनोविज्ञान के क्षेत्र में उन्नति हुई। शिक्षण पद्धति में भी सुधार हुआ। क्रिया द्वारा शिक्षा तथा ज्ञानेन्द्रियों की शिक्षा पर विशेष ध्यान दिया गया और माण्टेसरी तथा किण्डर गार्टन जैसी बाल शिक्षा पद्धतियों का जन्म हुआ।

4. स्वतन्त्रता (Freedom)—प्रकृतिवादी शिक्षा बालक की स्वतन्त्रता पर जोर देती है। रूसो के अनुसार, मनुष्य पैदा तो स्वतन्त्र होता है किन्तु सर्वत्र वह दासता की बेड़ियों में जकड़ा रहता है। मनुष्य प्रकृति से अलग हटता जा रहा है। अत: वह परतन्त्र होता जा रहा है। प्रकृति के प्रांगण में रहकर वह उन्मुक्त वायु एवं प्रकाश का सेवन कर सकता है किन्तु उसने ऊँची-ऊँची अट्टालिकाओं से युक्त भवनों का निर्माण करके विद्युत प्रकाश से काम चलाता है, और अब हालत यह है कि वह जड़-विद्युत का दास है। उसने बड़े-बड़े शहरों का निर्माण किया है, जहाँ का जीवन प्राकृतिक जीवन से कोसों दूर है। **रूसो** कहते हैं, कि "ये बड़े-बड़े नगर मानव जाति के श्मशान हैं, कब्रिस्तान हैं, रहने की जगह नहीं है। मनुष्य जन्म से लेकर मृत्यु-पर्यन्त बंधन में रहते हैं परन्तु यहाँ मुश्किल यह है कि वह आराम से मर भी नहीं पाते क्योंकि दार्शनिक लोग अपने सिद्धान्तों से , चिकित्सक लोग अपने निदान से व उपचार से तथा धार्मिक नेता लोग अपने उपदेशों से मनुष्य के हृदय के अवलम्ब हर लेते हैं और उसे मृत्यु का स्वागत करने से विमुख कर देते हैं।" (Naturally, man can suffer with constancy and die in peace. It is the doctors with their pre-scriptions, the philosophers with thier percepts and the priests with their exhortations, who abase his heart and make him unlearn how to die.)

अतः प्रकृतिवादी बालक की स्वतन्त्रता पर बल देता है। बालक को अभिव्यक्ति की स्वतन्त्रता मिलनी चाहिए। उसे अपने विकास करने के भावों को प्रकट करने तथा विचारों के प्रकाशन की छूट मिलनी चाहिए। प्रकृतिवादी शिक्षा द्वारा प्रतिपादित स्वतन्त्रता का सिद्धान्त आजकल प्रत्येक विचारधारा द्वारा समर्थित है।

संक्षेप में, प्रकृतिवाद के अनुसार हम शिक्षा के निम्नलिखित उद्देश्य मानते हैं—

(*a*) शिक्षा द्वारा बालक को प्राकृत जीवन हेतु तैयार करना।
(*b*) बालक की प्राकृतिक शक्तियों का विकास करना।
(*c*) बालक को ऐसा ज्ञान देना, जिससे वह पर्यावरण के साथ उचित समायोजन कर सके।
(*d*) मानव में उचित तथा उपयोगी सहज क्रियाओं को उत्पन्न करना।
(*e*) बालक को जीवन से संघर्ष करने योग्य बनाना।
(*f*) बालक को आत्म-संरक्षण तथा आत्म-सन्तोष प्रदान करना।
(*g*) बालकों के व्यक्तित्व का विकास करना।

इस प्रकार रॉस ने कहा कि "शिक्षा पीढ़ी-दर-पीढ़ी उन जातीय प्राप्तियों के संरक्षण, अगलों को सौंपने तथा वृद्धि का नाम है।" ("Education, then, is the preservation, the handing and the enhancement of the racial gains generation by generation.")

18.7 प्रकृतिवाद व पाठ्यक्रम (Naturalism and Curriculum)

प्रकृतिवादी 'बालक' को पाठ्यक्रम का आधार मानते हैं। अतः इनका कहना है कि, पाठ्यक्रम का निर्माण बालकों की रुचियों, योग्यताओं तथा क्रियाओं के अनुसार ही होना चाहिए। वह यह भी कहते हैं कि, पाठ्यक्रम ऐसा बनाया जाना चाहिए कि बालक के विकास की विभिन्न अवस्थाओं की आवश्यकताओं को पूर्ण कर सकें।

प्रकृतिवाद के अन्तर्गत निम्न तत्त्वों को पाठ्यक्रम में शामिल किया जाना चाहिए—(1) बालक की मूल प्रवृत्तियाँ, (2) रुचियाँ, (3) स्वाभाविक क्रियाएँ, (4) व्यक्तिगत भिन्नताएँ तथा (5) यौन सम्बन्धी समस्याएँ। जिससे कि वह अपनी अभिरुचियों को स्वतन्त्रतापूर्वक विकसित करें तथा अपनी विभिन्न अवस्थाओं को सभी आवश्यकताओं को पूरा करते हुए आगे जाकर एक क्रियाशील व प्रसन्नचित्त मानव बन सकें।

रूसो ने पाठ्यक्रम के तीन स्रोत बताये हैं—प्राकृतिक, मानवीय तथा भौतिक वातावरण। प्रकृतिवाद के अनुसार, पाठ्यक्रम में प्राकृतिक विज्ञानों सम्बन्धी विषयों पर विशेष ध्यान दिया जाता है,मानवीय विषयों पर कम। पाठ्यक्रम के मुख्य विषय हैं—शारीरिक विज्ञान, स्वास्थ्य विज्ञान तथा भौतिक विज्ञान आदि। इसके अतिरिक्त खेलकूद व इन्द्रियों के प्रशिक्षण पर बल, भाषा ज्ञान तथा विज्ञान आदि पर बल दिया जाता है।

प्रकृतिवादी दार्शनिक हरबर्ट स्पेन्सर (Herbart Spencer) ने जीवन रक्षा को शिक्षा का मुख्य उद्देश्य घोषित करते हुए पाठ्यक्रम में शरीर विज्ञान, स्वास्थ्य विज्ञान, गणित, रसायन विज्ञान, जीव विज्ञान तथा गृह विज्ञान आदि वैज्ञानिक विषयों को मुख्य तथा साहित्यिक एवं सांस्कृतिक विषयों को गौण स्थान दिया है।

प्रकृतिवाद के अन्तर्गत पाठ्यक्रम के सम्बन्ध में रूसो ने अपने निम्नलिखित विचार प्रस्तुत किये हैं—

अवस्था	पाठ्यक्रम
(1) **शैशवावस्था**	प्रकृति की गोद ही बालक का वास्तविक पाठ्यक्रम हो। कोई औपचारिक पाठ्यक्रम संगठित किया जाये।
(2) **बाल्यावस्था**	(*i*) ज्ञानेन्द्रियों के विकास पर बल। (*ii*) पुस्तकीय ज्ञान का विरोध। (*iii*) पाठ्यक्रम में तैरना, दौड़ना, खेलना, कूदना आदि सम्मिलित किया जाये।
(3) **किशोरावस्था**	(*i*) पाठ्यक्रम द्वारा जिज्ञासा प्रवृत्ति सन्तुष्ट की जाये। (*ii*) पाठ्यक्रम में प्राकृतिक विज्ञानों का अध्ययन निहित किया जाये। (*iii*) पाठ्यक्रम में भाषा, गणित, साहित्य, संगीत तथा हस्त-कलाओं को रखा जाये। (*iv*) सामाजिक विषयों के अध्ययन द्वारा बालक में सामाजिक भावना का विकास किया जाये। (*v*) नैतिक शिक्षा द्वारा बालकों का संवेग नियन्त्रण सिखाया जाये।

प्रकृतिवाद ने पाठ्यक्रम की आलोचना का मुख्य कारण यह है, कि इन्होंने विज्ञान केन्द्रित पाठ्यक्रम पर अधिक बल दिया तथा सामाजिक व सांस्कृतिक पाठ्यक्रम की उपेक्षा की है।

18.8 प्रकृतिवाद तथा शिक्षण विधियाँ (Naturalism and Methods of Teaching)

शिक्षण पद्धति के क्षेत्र में प्रकृतिवाद की महत्त्वपूर्ण देन है। प्रचलित शिक्षा में बालक को परोक्ष रूप से एक ही पद्धति द्वारा एक ही प्रकार की पाठ्यक्रम का ज्ञान सामूहिक रूप से दिया जाता है। प्रकृतिवाद ने सामूहिक शिक्षा का विरोध किया, तथा इसमें कहा गया कि बालकों को उसकी प्रकृति के अनुसार ही शिक्षा प्रदान की जाये।

संक्षेप में कहा जाये तो प्रकृतिवाद ने प्राचीन शिक्षण पद्धतियों का खण्डन करते हुए जिन नवीन शिक्षण पद्धतियों को जन्म दिया है। वे निम्नलिखित हैं—(1) करके सीखना (Learning by doing), (2) अनुभव द्वारा सीखना (Learning by experience), (3) खेल द्वारा सीखना (Learning by play)।

शिक्षण विधियों के सम्बन्ध में प्रसिद्ध प्रकृतिवादी रूसो का यह कथन है कि, "बालक को किसी भी प्रकार का मौखिक पाठ न पढ़ाया जाये। उसे तो सिर्फ अपने स्वयं के अनुभवों से सीख लेने दिया जाये।"

यहाँ इस कथन का तात्पर्य है कि बालकों को क्रिया द्वारा सीखने (Learning by doing) हेतु प्रेरित किया जाये। इस प्रकार की शिक्षा के सोपान हैं—

(*a*) प्रथम सोपान—उत्सुकता को बढ़ाना (Creating curiosity)।

(*b*) द्वितीय सोपान—अनुसन्धान व आविष्कार की ओर जाना (Learning by discovery)।

प्रकृतिवादी पाठन विधि के रूप में खेल को बहुत महत्त्व प्रदान करते हैं। मनोवैज्ञानिकों का कथन है कि बालकों में यह गुण विकसित किये जायें—

(*i*) आत्मानुभूति (*ii*) स्वतन्त्रता तथा (*iii*) आत्म-विश्वास।

18.9 प्रकृतिवाद व शिक्षक (Naturalism and Teacher)

प्रकृतिवादी शिक्षा में शिक्षण को महत्त्वपूर्ण स्थान नहीं प्रदान किया। इनके अनुसार, बालकों को स्वतन्त्रतापूर्ण शिक्षा प्रदान की जानी चाहिए। शिक्षक का हस्तक्षेप सिर्फ इतना ही होना चाहिए कि वह बालकों के विकास हेतु परिस्थितियों का निर्माण करें।

शिक्षक का शिक्षा में स्थान जानने हेतु रॉस ने कहा है कि, ''यदि शिक्षक का कोई स्थान है तो वह पर्दे के पीछे है, यह बालक के विकास का निरीक्षण करने वाला, न कि उसको सूचनाओं, विचारों,आदर्शों और इच्छा-शक्ति को देने वाला या उसके चरित्र का निर्माण करने वाला है। बालक इन बातों को स्वयं ही कर लेगा। वह किसी भी शिक्षक की अपेक्षा यह अच्छी तरह जानता है कि, उसे क्यों, कब व कैसे सीखना है ? उसकी शिक्षा—उसकी रुचियों व प्रेरणाओं का स्वतन्त्र विकास है, न कि इसके लिए शिक्षक द्वारा किया गया कृत्रिम प्रयास।''

प्रकृतिवादियों ने शिक्षक से सम्बन्धित निम्नलिखित तथ्य बताये हैं—

(1) प्रकृतिवादी प्रकृति को ही सच्चा शिक्षक मानते हैं।
(2) प्रकृतिवादी शिक्षक को बालकों के पीछे रहने वाला मानते हैं। वे उन्हें बाल-मनोविज्ञान का अध्ययन करके चलने वाला मानते हैं।
(3) अध्यापक का कार्य छात्रों के विकास के लिए वातावरण तैयार करना है, तथा उनके लिए रंगमंच की तैयारी भी अध्यापक ही करते हैं।

18.10 प्रकृतिवाद व अनुशासन (Naturalism and Discipline)

प्रकृतिवादियों ने सिर्फ बाह्य शक्तियों पर आधारित अनुशासन में विश्वास नहीं किया। उनका सिर्फ एक ही नारा था—'स्वतन्त्रता'। रूसो का कथन है कि ''बच्चों को कभी दण्ड नहीं दिया जाना चाहिए। स्वतन्त्रता, न कि शक्ति—सबसे अच्छी चीज है।'' (Children should never receive punishment freedom and not power is the greatest good.) रूसो का कथन यह भी है कि, ''अनुशासन सदैव बालकों की गलतियों के प्राकृतिक परिणामों द्वारा होना चाहिए।'' (Discipline should always come by the natural consequences of children's fault.)

यहाँ पर रूसो के कथन का अभिप्राय यह है कि अनुशासन बालक के कार्यों का प्राकृतिक परिणाम है।

यहाँ पर स्पेन्सर ने एक उदाहरण प्रस्तुत किया है। इन्होंने बताया कि, ''जब बालक गिरता है या अपने सिर को मेज पर पटकता है, तो उसे दर्द मालूम पड़ता है। इस दर्द की याद उसको अधिक सावधान बना देती है। दर्द के इस प्रकार के बार-बार होने वाले अनुभवों के कारण वह अन्त में अपने कार्यों में अनुशासित हो जाता है।'' (When a child falls, or runs its head against the table, it suffers a pain, the remembrance of which tends to make it more careful and by repetition of such experience, it is eventually disciplined into proper guidance of movenents.) लेकिन स्पेन्सर ने जो कहा वह सभी आयु वर्गों पर लागू नहीं होता। जैसे 2 या 3 साल का बच्चा बिजली के खुले प्लग में हाथ डालता है। उसे परिणाम की परवाह नहीं होती है। अत: इस आयु के बच्चों पर प्राकृतिक परिणामों द्वारा अनुशासन का असर नहीं होता है।

18.11 प्रकृतिवाद व विद्यालय (Naturalism and School)

प्रकृतिवादियों ने कठोर अनुशासन तथा दृढ़ बन्धनों वाले विद्यालयों को महत्त्व नहीं दिया है। वह एक ऐसा स्वतन्त्र संगठन चाहते हैं जिससे बालकों को अपने स्वाभाविक विकास के लिए उचित वातावरण मिल सके। यह प्रकृतिवादी विद्यालय में स्वशासन (Self-Government) का समर्थन करते हैं। इनका कहना है कि विद्यालय के बालकों को अपने सामाजिक जीवन पर स्वयं शासन करना चाहिए, तथा उन पर ऊपर से किसी प्रकार का दबाव नहीं पड़ना चाहिए। प्रकृतिवादियों

के इन विचारों ने आधुनिक विद्यालयों पर बहुत प्रभाव डाला है। इंग्लैण्ड के सभी प्रसिद्ध पब्लिक विद्यालयों (Public Schools) में 'स्व-शासन' की पद्धति प्रचलित है।

प्रकृतिवादी विद्यालयों में शिक्षा सदैव बाल केन्द्रित रहती है। जहाँ बालकों की नैसर्गिक प्रवृत्तियों, उसकी भावनाओं तथा संवेगों का पूरा-पूरा ध्यान रखा जाता है । बालकों की इन प्रवृत्तियों पर बल देने के कारण ही मनोविज्ञान की एक धारा बाल मनोविज्ञान का विकास हुआ है।

18.12 प्रकृतिवाद का मूल्यांकन (Evaluation of Naturalism)

प्रकृतिवाद का मूल्यांकन निम्न प्रकार से गुण-दोषों को देखकर किया जा सकता है—

गुण (Merits)

प्रकृतिवाद के गुण निम्नलिखित हैं—

(1) प्रकृतिवाद ने शिक्षा को वैज्ञानिक और जैवकीय दृष्टिकोण दिये हैं।

(2) प्रकृतिवाद बाल केन्द्रित प्रणाली है। प्रकृतिवाद में बालक को उसकी प्रकृति के अनुसार, विकसित करने पर बल दिया जाता है।

(3) प्रकृतिवाद ने बालक को उसकी प्रकृति के अनुसार विकसित करने पर बल दिया, जिसके फलस्वरूप शिक्षण पद्धतियों के क्षेत्र में क्रान्तिकारी परिवर्तन हुए।

(4) प्रकृतिवादी ने शिक्षा और ज्ञान की सभी शाखाओं पर बहुत गहरा प्रभाव डाला है।

(5) समाज व समाजशास्त्र के वैज्ञानिक अध्ययन का जन्म प्रकृतिवाद से हुआ है।

(6) प्रकृतिवाद ने शिक्षा को वैज्ञानिक तथा जैविकीय दृष्टिकोण दिए हैं।

दोष (Demerits)

(1) प्रकृतिवादी शिक्षा के उद्देश्य सन्तोषजनक नहीं हैं।

(2) प्रकृतिवादी तत्कालीन उपयोगिता पर बल देता है।

(3) प्रकृतिवाद ने आध्यात्मिक गुणों की अवहेलना की है, जिसके बिना व्यक्ति पशु के समान होता है।

(4) प्रकृतिवाद ने बालक को पाठ्यक्रम का आधार बनाकर पाठ्यक्रम के महत्त्व को कम कर दिया है।

(5) प्राकृतिक परिणामों द्वारा अनुशासन का सिद्धान्त उचित नहीं है।

(6) प्रकृतिवादियों ने शिक्षा में शिक्षक को महत्त्वपूर्ण नहीं माना है।

अत: इस प्रकार हम कह सकते हैं कि जहाँ एक ओर प्रकृतिवाद में इतने गुण हैं, वहीं दोष भी हैं। परन्तु इन कमियों के होते हुए भी प्रकृतिवाद ने शिक्षा के क्षेत्र में क्रान्तिकारी परिवर्तन किये हैं। प्रकृतिवाद ने शिक्षाविदों के अनेक दार्शनिक दृष्टिकोण भी दिये हैं। जिसके फलस्वरूप इन्होंने अपने कार्यों में बहुत-सी सफलता प्राप्त की है इस विषय में मुनरो ने कहा है कि, ''प्रकृतिवाद ने शिक्षा की मनोवैज्ञानिक, समाजशास्त्रीय और वैज्ञानिक धारणा के स्पष्ट निर्माण में प्रत्यक्ष प्रेरणा दी है।'' (Naturalism has given direct impetus of the clear formation of the psychological, sociological and scientific conception of education.)

अत: ''प्रकृति चाहती है, मनुष्य बनने से पूर्व बालक, बालक बनें।'' रूसो

"Nature desires that children should be children before they are men." Rousseau.

19. प्रयोजनवाद
(Pragmatism)

19.1 प्रयोजनवाद का अर्थ (Meaning of Pragmatism)

Pragmatism शब्द की उत्पत्ति "Pragma" शब्द से हुई, जिसका अभिप्राय है–work-done अर्थात् कार्य करना अथवा क्रिया पर बल देना। सर्वप्रथम चार्ल्स पियर्स (Charles Pears) ने प्रैगेमैटिज्म (Pragmatism) के रूप में इस विचारधारा का नामकरण किया। विलियम जेम्स (William James) ने इसका खूब प्रचार किया और यह विचारधारा लोकप्रिय हो गई। जॉन डीवी वह प्रथम व्यक्ति थे, जिन्होंने इस भौतिकता पर आधारित विचारधारा को शिक्षा के क्षेत्र में प्रवेश कराया।

प्रयोजनवाद का एक ओर नाम प्रयोगवाद (Experimentalism) भी है क्योंकि यह विचारधारा सिर्फ प्रयोग को (Experiment) ही सत्य की कसौटी मानती है।

इस प्रकार *जेम्स* ने कहा है कि, ''तुम कह सकते हो–'यह उपयोगी है; क्योंकि यह सत्य है' अथवा यह सत्य है क्योंकि यह उपयोगी है।''

"You can say either–it is useful, because it is true' or 'It is true, because it is useful."
–James.

यहाँ पर उपयोगी को प्रयोजनवाद से जोड़ा गया है। क्योंकि प्रयोजनवाद *बहुवादी विचारधारा* (Pluralism) है तथा यह सत्य पर विश्वास रखता है।

19.2 प्रयोजनवाद की परिभाषाएँ (Definitions of Pragmatism)

प्रयोजनवाद की भिन्न-भिन्न परिभाषाएँ निम्नलिखित हैं–

1. विलियम जेम्स के मतानुसार–''प्रयोगवाद मस्तिष्क का स्वभाव और दृष्टिकोण है। यह सत्य और विचारों की प्रवृत्ति का सिद्धान्त है। यह वास्तविकता का भी सिद्धान्त है।''

"Pragmatism is a temper of mind, an attitude, it is also a theory of the nature of ideas and truth and finally it is a theory about reality."–William James

2. प्रैट के अनुसार–''प्रयोजनवाद हमें अर्थ का सिद्धान्त, सत्य का सिद्धान्त, ज्ञान का सिद्धान्त तथा वास्तविकता का सिद्धांत देता है।''

"Pragmatism offers us a theory of meaning, a therory of truth, a theory of knowledge and a theory of reality."
–Pratt

3. रोजन के अनुसार–''प्रयोजनवाद सत्य तथा अर्थ के अपने सिद्धान्त के कारण मूलत: एक ज्ञानवादी विचारधारा है। यह सिद्धान्त इस बात का निरूपण करता है कि सत्य को उसके व्यावहारिक परिणामों के द्वारा जाना जा सकता है, और इस कारण सत्य निरपेक्ष की अपेक्षा व्यक्तिगत या सामाजिक समस्या है।''

"Pragmatism is basically an epistemological undertaking keynoted by its theory of truth and meaning. This theory states that truth can be known only through its practical consequences and is thus an individual of a social matter rather than an absolute."

–Rosen

इस प्रकार विभिन्न विद्वानों के मतानुसार हम निम्नलिखित तथ्यों को प्रयोजनवाद की विशेषताएँ मानते हैं–

(1) कोई वस्तु स्थायी नहीं होती वरन् परिवर्तन संसार का नियम है।

(2) वास्तविकता वही है, जिसे व्यक्ति अनुभव कर सकता है।

(3) कोई नैतिक मूल्य सदैव शाश्वत् नहीं होते हैं।

(4) मस्तिष्क सदैव गतिशील रहता है।

(5) ज्ञान से पूर्व क्रिया की जाती है।

(6) उद्देश्यों की अपेक्षा साधन अत्यधिक महत्त्वपूर्ण हैं।

अर्थात् "प्रयोजनवादी सामाजिक मूल्य को बहुत ज्यादा महत्त्व दिया करते हैं। मनुष्य का सामाजिक कामों में हिस्सा लेना-सबसे अधिक महत्त्वपूर्ण है। शिक्षा प्राप्त करने का साधन है– विद्यार्थी का सामाजिक कामों में भाग लेना।"

19.3 प्रयोजनवाद के प्रवर्तक (Followers of Pragmatism)

प्रयोजनवाद के चार प्रमुख प्रवर्तक माने जाते हैं–

(1) सी.बी.पीयर्स (C.B. Pearce) 1839-1914

(2) विलियम जेम्स (William James) 1842-1910

(3) विलियम हर्ड किलपैट्रिक (William Herd Kilpatrick) 1871-1935

(4) जानॅ ड्यूवी (John Dewey)

19.4 प्रयोजनवाद के सिद्धान्त (Principles of Pragmatism)

प्रयोजनवाद के मूल सिद्धान्त निम्नलिखित हैं–

(1) प्रयोजनवाद किसी भी शाश्वत् 'मूल्य' तथा शाश्वत् 'सत्य' में विश्वास नहीं करता। यदि उसका विश्वास किसी भी शाश्वत् मूल्य में है तो वह शिव (अथवा कल्याण) है। परिवर्तनशील जगत की प्रत्येक वस्तु परिवर्तनशील है। यहाँ तक कि 'यथार्थ' भी। 'यथार्थ' का ज्ञान असम्भव है।

(2) प्रयोजनवाद मानवतावादी हैं। उनका विश्वास है कि विज्ञान को सामाजिक भलाई के लिए तथा मनुष्यों की समस्याओं को सुलझाने के लिए कार्य करना चाहिए।

(3) प्रयोजनवाद समाज में नियमों, बन्धनों तथा परम्पराओं–सभी को परिवर्तनशील मानते हैं। रुढ़ियाँ तथा व्यर्थ के बन्धन प्रगति में बाधक होते हैं।

(4) मनुष्य एक सामाजिक प्राणी है। इसी कारण सामाजिक कुशलता का गुण मनुष्य में आना आवश्यक है। व्यक्ति का जीवन समाज में रहकर ही सफल हो सकता है। समाज से बाहर 'मनुष्य' कल्पना की बात है तथा उसकी सफलता असम्भव है।

(5) सत्य वस्तु पर घटित होता है, यदि वह उपयोगी है तो उसे मानना हमारा कर्तव्य है। फल द्वारा ही वस्तु के गुण का निर्णय हो सकता है। यह पूर्व सत्यों पर विश्वास नहीं करते। प्रयोजनवादियों के अनुसार, सत्य सदैव देश व परिस्थितियों के अनुसार बदलता रहता है। प्रयोजनवाद के अनुसार, सत्य सदैव परिवर्तनशील होता है। इस तथ्य के

विषय में विलियम जेम्स ने कहा है–"सत्यता किसी विचार का स्थायी गुण धर्म नहीं है। वह तो अकस्मात् विचार में निर्वासित होता है।" (The truth of an idea is not stagnant property inherent in it. Truth happens to an idea.)

(6) प्रयोजनवाद एक उपयोगितावादी विचारधारा है। इसके अनुसार, प्रत्येक सिद्धान्त की यथार्थता उसकी उपयोगिता है। यानी यदि कोई विचार या अनुभव हमारे लिए उपयोगी है, तो ठीक अन्यथा व्यर्थ है। विलियम जेम्स ने इस विषय में कहा कि, "किसी वस्तु की सत्यता उसकी उपयोगिता के आधार पर निर्धारित की जा सकती है।"

(7) प्रयोजनवाद बहुत्ववाद का समर्थन करता है। इस विचारधारा में अन्तिम सत्ता के सम्बन्ध में तीन वाद प्रचलित हैं–(*i*) एकत्ववाद (Monoism), (*ii*) द्वैतवाद (Dualism), (*iii*) बहुत्ववाद (Pluralism)।

19.5 प्रयोजनवाद तथा शिक्षा (Pragmatism and Education)

प्रयोजनवादी शिक्षा की मुख्य विशेषताएँ निम्नलिखित हैं–

(*a*) शिक्षा एक लोकतान्त्रिक प्रक्रिया है। क्योंकि शिक्षा तथा प्रजातन्त्र दोनों में बहुत-सी बातें एक जैसी हैं।

(*b*) शिक्षा एक सामाजिक कार्य है तथा इसके द्वारा ही बालकों में सामाजिक कुशलता का विकास किया जा सकता है।

(*c*) पाठशाला को समाज का लघु रूप कहा जाता है।

(*d*) प्रयोजनवादी शिक्षा में बालकों को सर्वाधिक महत्त्व दिया जाता है।

19.6 प्रयोजनवाद व शिक्षा के उद्देश्य (Pragmatism and Aims of Education)

प्रयोजनवादी शिक्षा के उद्देश्य निम्नलिखित हैं–

(1) प्रयोजनवाद में माना जाता है कि शिक्षा का कोई अन्तिम लक्ष्य नहीं होता। वास्तव में कहा जाता है, कि शिक्षा का उद्देश्य जीवन की तैयारी न होकर वरन् जीवन को सुचारु रूप से जीना सिखाना है।

(2) शिक्षा द्वारा बालक के गतिशील एवं लचीले मस्तिष्क का निर्माण होना चाहिए। यही प्रयोजनवादी शिक्षा का मुख्य उद्देश्य है। क्योंकि स्थिर मस्तिष्क कभी भी समाज में होने वाले परिवर्तन को नहीं स्वीकार पायेगा। अतः लचीलापन अनिवार्य है।

(3) प्रयोजनवादी शिक्षा में बालक को सदैव क्रियाशील रखा जाता है। परन्तु यह तब तक सम्भव नहीं है, जब तक कि बालक के व्यक्तित्व का चतुर्मुखी विकास न किया जाये। अतः शिक्षा बालकों को क्रियाशील करके उनके व्यक्तित्व का विकास करती है।

(4) प्रयोजनवाद लोकतन्त्र में आस्था रखता है, तथा इसे ही जीवन का तरीका माना जाता है, जिसमें बालक अपने अनुभवों का आदान-प्रदान करता है। अतः प्रयोजनवाद की शिक्षा में आधारभूत आदर्शों का विकास भी शिक्षा का मुख्य उद्देश्य है।

(5) प्रयोजनवाद शिक्षा के द्वारा बालकों में मूल्यों व आदर्शों को निश्चित करने की क्षमता का विकास किया जाता है।

(6) प्रयोजनवाद ऐसी शिक्षा व्यवस्था का निर्माण करना चाहता है जिससे सामाजिक व्यवस्था प्रगतिशील बन सके।

(7) प्रयोजनवादी शिक्षा वर्तमान समय, परिस्थितियों तथा वातावरण के साथ व्यक्ति का अनुकूलन स्थापित करना चाहती है।

(8) प्रयोजनवाद शिक्षा के नये मूल्यों व आदर्शों की स्थापना पर बल देती है।

(9) प्रयोजनवाद शिक्षा में व्यावसायिक शिक्षा पर बल दिया जाता है।

19.7 प्रयोजनवाद व पाठ्यक्रम (Pragmatism and Curriculum)

प्रयोजनवाद में ज्ञान की जगह पर अनुभव को अधिक महत्त्व दिया गया है। इस कारण ही पाठ्यक्रम में भी अनुभव को महत्वपूर्ण माना गया है। प्रयोजनवादी मानते हैं, कि पाठ्यक्रम ऐसा होना चाहिए, जिससे बालकों का समग्र विकास हो सके। पाठ्यक्रम निर्माण करते समय निम्न तथ्यों को ध्यान में रखना चाहिए–

(*a*) बालकों की जिज्ञासा तथा कलात्मक रुचियों को अभिव्यक्त करने के अवसर दिये जाने चाहिए।

(*b*) खोज की प्रवृत्ति विकसित की जाए।

(*c*) भाषा सम्बन्धी योग्यता व दक्षता का विकास किया जाए।

(*d*) कलात्मक रुचियों के विकास हेतु ललित कलाओं को बढ़ावा दिया जाए।

(*e*) बालकों में गणित सम्बन्धी दक्षताओं को विकसित किया जाए।

इस प्रकार से प्रयोजनवादी पाठ्यक्रम के निम्नलिखित सिद्धान्त बताये हैं–

1. उपयोगिता का सिद्धान्त (Principle of Utility)–प्रयोजनवादी शिक्षा ने पाठ्यक्रम के अन्तर्गत उपयोगिता पर अत्यधिक बल दिया है। इसके अनुसार, पाठ्यक्रम में वही विषय शामिल करें जो कि भविष्य हेतु जरूरी हैं; जैसे–बालक व बालिकाएँ दोनों हेतु शारीरिक प्रशिक्षण, इतिहास, भूगोल व विज्ञान तथा बालिकाओं हेतु गृह विज्ञान आदि विषयों को पाठ्यक्रम में स्थान दें। क्योंकि बालकों को व्यावसायिक प्रशिक्षण आदि भी इन्हीं उपयोगिता के सिद्धान्त को ध्यान में रखकर ही प्रदान किये जाते हैं। अत: यह महत्वपूर्ण सिद्धान्त है।

2. सह-सम्बन्ध का सिद्धान्त (Principle of Corelation)– प्रयोजनवाद के अन्तर्गत सह-सम्बन्ध के सिद्धान्त का तात्पर्य यह है कि जो भी शिक्षा प्रदान की जाये, वह दूसरे विषय के साथ सम्बन्धित होनी चाहिए। अर्थात् दो विषय सह-सम्बन्धित रखने से पाठ्यक्रम आसान हो जायेगा।

3. बाल केन्द्रियता का सिद्धान्त (Principle of Child Centred)– प्रयोजनवादी पाठ्यक्रम सदैव बाल केन्द्रित सिद्धान्तों पर आधारित होता है। इसके अन्तर्गत बालकों की क्षमताएँ, रुचियों तथा गतिविधियों को ध्यान में रखकर ही छात्रों को विषयों के चयन के प्रति प्रोत्साहित किया जाता है।

4. रुचि का सिद्धान्त (Principle of Interest)–प्रयोजनवादी पाठ्यक्रम में बालक जिन कार्यों में अधिक रुचि लेता है उन्हें ही पाठ्यक्रम में शामिल किया जाता है। जॉन ड्यूवी के अनुसार रुचियाँ मुख्यत: चार प्रकार की होती हैं–(*i*) वार्तालाप की रुचि। (*ii*) खोज की रुचि। (*iii*) कलात्मक अभिव्यक्ति की रुचि। (*iv*) रचनात्मक रुचि।

अत: बालकों को प्राइमरी व माध्यमिक स्तरीय शिक्षा इन रुचियों के आधार पर ही प्रदान की जानी चाहिए।

5. अनुभव का सिद्धान्त (Principle of Experience)–प्रयोजनवादियों ने रटने की क्रिया का पूर्णत: विरोध किया है। इनके अनुसार, यदि बालक अपने अनुभवों के द्वारा कोई कार्य करना सीखता है, तो सीख अधिक स्थायी होती है। अत: प्रयोजनवादी पाठ्यक्रम में अनुभव द्वारा सीखने को मुख्य स्थान दिया गया है।

19.8 प्रयोजनवाद व शिक्षण विधियाँ (Pragmatism and Methods of Teaching)

शिक्षण सिद्धान्तों तथा शिक्षण विधियों के क्षेत्र में प्रयोजनवाद की बहुत महत्त्वपूर्ण देन है। प्रयोजनवादियों का मानना है, कि प्रत्येक बालक का मस्तिष्क एक-सा कार्य नहीं करता है। अत: प्रत्येक बालक हेतु एक-सी शिक्षण पद्धति का प्रयोग नहीं किया जा सकता है। बालक को पूर्णरूपेण विकसित करने हेतु बालक व शिक्षक दोनों को ही ऐसी शिक्षण पद्धति का चुनाव करना चाहिए, जिसका बालक के जीवन से सम्बन्ध हो तथा जिसमें क्रियाशीलता, व्यावहारिकता व अनुभव हो। अत: प्रयोजनवादियों ने निम्नलिखित शिक्षण पद्धतियों पर बल डाला–

(1) प्रयोजनवाद क्रिया द्वारा सीखने (Learning by doing) पर बल दिया है।

(2) प्रयोजनवाद अनुभवों द्वारा सीखने पर बल देता है। बालक जो कार्य करते हैं उनसे उन्हें किस प्रकार का अनुभव प्राप्त होता है। यही उसकी शिक्षा का माध्यम बन जाता है।

(3) प्रयोजनवाद में प्रयोगात्मक विधियों पर बल दिया गया है। यानी कि जब बालक कोई भी विषयवस्तु से सम्बन्धित कार्य करे तो उसे प्रयोगात्मक रूप में करे। इससे बालकों का पूर्णत: ध्यान अपने कार्य की तरफ लगता है तथा रुचिपूर्ण ढंग से कार्य करते हैं।

(4) प्रयोजनवाद प्रोजेक्ट विधि में विश्वास करता है।

(5) प्रयोजनवाद एकीकरण की विधि (Method of Integration) में विश्वास रखता है।

19.9 प्रयोजनवाद व शिक्षक (Pragmatism and Teacher)

प्रयोजनवाद अपने शिक्षा में बालक व उसकी रुचियों, क्रियाओं व रुझानों आदि को मुख्य स्थान देते हैं। परन्तु इसके बावजूद भी वे शिक्षक के दायित्वों को कम नहीं करते। उनकी शिक्षा-योजना में अध्यापक का स्थान पथ-प्रदर्शक या सलाहकार का है। शिक्षकों से आशा की जाती है कि वह बच्चों के साथ सहानुभूतिपूर्ण तथा व्यक्तिगत सम्पर्क रखें तथा शिक्षक ही बालकों की सामाजिक आदतों, सामाजिक रुचियों तथा सामाजिक दृष्टिकोणों का विकास करें। शिक्षक का महत्त्व निम्नलिखित दो बातों से है–

1. उसे अपने छात्रों को उचित समस्याओं वाली परिस्थितियों में रखना पड़ता है।
2. उसे अपनी रुचियों की ओर इस प्रकार प्रेरित करना पड़ता है कि वे समस्याओं को कुशलता, बुद्धिमानी और सहयोग से हल कर सकें।

प्रयोजनवादी शिक्षक के विषय में निम्नलिखित तथ्यों को स्वीकारा गया है–

(*a*) शिक्षक पहले प्रयोजनवादी होता है तत्पश्चात् शिक्षक।

(*b*) शिक्षक को चाहिए कि वह सर्वप्रथम छात्रों के समक्ष समस्याएँ रखें व उन्हें स्वयं हल करते हेतु कहें।

(*c*) प्रयोजनवादी शिक्षकों का कार्य छात्रों को कार्य करने हेतु प्रेरित करना है न कि जानने के लिए पढ़ाना है। (यहाँ जानने का तात्पर्य है कार्य को जानना।)

(*d*) "His business is to teach his pupils to do rather than to know, to discover for themselves rather than to repeat the pedentic system of others." *—Lodge*

Three great principles of teaching established by pragmatists–

(*i*) विकास का सिद्धान्त (Principle of Growth)

(*ii*) छात्र की क्रियाशीलता का सिद्धान्त (Principle of Pupil Activity)

(*iii*) वैयक्तिकरण का सिद्धान्त (Principle of Individualization)

19.10 प्रयोजनवाद व अनुशासन (Pragmatism and Discipline)

प्रयोजनवाद के अन्तर्गत बाह्य अनुशासन तथा शारीरिक दण्ड (Physical Punishment) की गहरी निन्दा की गई है। प्रयोजनवादियों का कहना है कि अनुशासन सामाजिक समझदारी (Social Understanding) पर आधारित होना चाहिए।

प्रयोजनवादी अनुशासन की स्थापना करने हेतु बालकों की रुचियों व क्रियाओं पर बल देते हैं। उनका मानना था, कि यह क्रियाएँ सहयोगी व सामाजिक हों क्योंकि इस प्रकार की क्रियाएँ ही आत्म-अनुशासन को जन्म देती हैं। इस विषय में **बी.डी. भाटिया** का कथन है कि "प्रयोजनवादी विद्यालयों में मिली-जुली क्रियाओं द्वारा सामाजिक अनुशासन के पक्ष में हैं।" (Pragmatism are in favour of social discipline through the cojoint activities in the school.)

प्रयोजनवादी व्यक्तिगत अनुशासन को अच्छा नहीं समझते हैं। क्योंकि व्यक्तिगत अनुशासन में निम्न दो बातें आती हैं–

(*i*) बालकों को शारीरिक दण्ड देना।

(*ii*) अध्यापक को आदर देना।

प्रयोजनवादी सामाजिक अनुशासन का अनुमोदन करते हैं। उनका कथन है कि अगर छात्र परस्पर मिलकर कार्य करेंगे तो उनके कार्य का कोई-न-कोई सामाजिक उद्देश्य अवश्य होगा। इससे ही सामाजिक अनुशासन विकसित होगा।

19.11 प्रयोजनवाद व विद्यालय (Pragmatism and Schools)

प्रयोजनवादियों ने विद्यालय को एक सामाजिक संस्था माना है। यह वह स्थान है, जहाँ पर बालकों के सामूहिक जीवन के वास्तविक अनुभव प्राप्त किये जाते हैं, तथा यही अनुभव आगे जाकर उसे सामाजिक जिम्मेदारियाँ पूर्ण करने में मदद देते हैं।

जॉन ड्यूवी ने विद्यालय को समाज का लघु रूप बताते हुए कहा है कि, "यही ऐसी जगह है, जहाँ पर बालक अपनी रुचि, योग्यता व क्षमता के अनुसार क्रियाएँ करके अनुभव प्राप्त करते हैं। अत: बालकों की शिक्षा हेतु विद्यालय ही उचित साधन है।" यहाँ पर ध्यान देने योग्य बात यह है कि प्रयोजनवाद के अनुसार, विद्यालय केवल बालक की शिक्षा का ही केन्द्र नहीं है वरन् सामुदायिक जीवन का केन्द्र भी है। अत: जॉन ड्यूवी के अनुसार, "विद्यालय को समाज का सच्चा प्रतिनिधि होना चाहिए।" (School should be the true representative of society.)

19.12 प्रयोजनवाद का मूल्यांकन (Evaluation of Pragmatism)

किसी भी दार्शनिक दृष्टिकोण का मूल्यांकन करने हेतु हमें सर्वप्रथम उस वाद के गुण तथा दोष देखने होते हैं। तत्पश्चात् हम मूल्यांकन कर निष्कर्ष पर पहुँचते हैं। अत: यहाँ पर हम प्रयोजनवाद के गुण व दोष देखेंगे–

1. प्रयोजनवाद के गुण (Merits of Pragmatism)–प्रयोजनवाद के गुण निम्नलिखित हैं–

(1) प्रयोजनवाद ने शिक्षा के क्षेत्र में सबसे महत्वपूर्ण योगदान 'प्रोजेक्ट पद्धति' के रूप में दिया है।

(2) प्रयोजनवाद ने विचार की अपेक्षा क्रिया को महत्वपूर्ण माना है।

(3) प्रयोजनवाद बालकों को व्यावहारिक जीवन हेतु तैयार करता है।

(4) प्रयोजनवाद सामाजिक व जनतान्त्रिक शिक्षा पर बल देता है।

(5) प्रयोजनवाद ने पुस्तकीय ज्ञान की अपेक्षा बालक को महत्त्व दिया है।

(6) शिक्षा के क्षेत्र में नवीन शिक्षा, प्रगतिशील शिक्षा, तथा क्रिया प्रधान पाठ्यक्रम आदि प्रयोजनवाद की ही देन हैं।

(7) प्रयोजनवादी दृष्टिकोण प्रगतिशील व आशावादी है।

2. प्रयोजनवाद के दोष (Demerits of Pragmatism)– प्रयोजनवाद के दोष निम्नलिखित हैं–

(1) प्रयोजनवाद ने शिक्षा का कोई पूर्व निर्धारित उद्देश्य नहीं माना है। अत: इसके विपक्षियों का कहना है कि बिना उद्देश्य के शिक्षा सुचारु रूप में नहीं दी जा सकती।

(2) प्रयोजनवाद ने किसी भी सिद्धान्त को सदैव सत्य नहीं माना है। इस प्रकार का विचार दोषपूर्ण है।

(3) प्रयोजनवाद ने उपयोगिता पर आवश्यकता से अधिक बल दिया है।

(4) 'प्रत्यक्ष अनुभव' को ही ज्ञान प्राप्ति का एकमात्र उपाय मानते हुए प्रयोजनवाद ने अन्य साधनों की अवहेलना की है।

(5) प्रयोजनवाद ने नैतिकता पर बल नहीं दिया।

(6) प्रयोजनवाद ने पाठ्यक्रम में शारीरिक शिक्षा की अवहेलना की है।

(7) प्रयोजनवाद ने अवकाश के समय की आवश्यकता को कोई महत्त्व नहीं दिया है।

निष्कर्ष (Conclusion)– प्रयोजनवाद ने शिक्षा जगत में अनेक ऐसी बातें प्रस्तुत की हैं जिसके फलस्वरूप शिक्षा जगत में क्रान्ति उत्पन्न हुई। आज के युग में प्रयोजनवाद के दोषों के फलस्वरूप भी इसे आदर्श व शिक्षा का मुख्य दर्शन माना जाता है। इन्हीं कारणों की वजह से ही शिक्षा की जो भी योजनाएँ बनाई जाती हैं, उनमें प्रयोजनवाद की भूमिका मुख्य होती है। रस्क ने प्रयोजनवाद की प्रशंसा करते हुए कहा है कि, "प्रयोजनवाद नवीन आदर्शवाद के विकास में एक चरण मात्र है। यह नवीन आदर्शवाद ऐसा होगा जो सदैव जीवन की वास्तविकता का ध्यान रखेगा और व्यावहारिकता तथा आध्यात्मिक मूल्यों का समन्वय करेगा, इसके साथ ही ऐसी संस्कृति का निर्माण करेगा जो कुशलता का पुष्प समान हो।"

19.13 आदर्शवाद, प्रकृतिवाद व प्रयोजनवाद का तुलनात्मक अध्ययन (Comparative Study of Idealism, Naturalism and Pragmatism)

प्रकृतिवाद	आदर्शवाद	प्रयोजनवाद
1. बिन्दु—प्रमुख प्रवर्तक		
रूसो, हक्सले, स्पेन्सर, बर्नार्ड, शॉ।	सुकरात, प्लेटो, काण्ट, हीगल, फ्रोबेल, हरबर्ट, पेस्टालॉजी।	जॉन ड्यूवी, पीयर्स, जेम्स, किलपैट्रिक।
2. बिन्दु—प्रमुख सिद्धान्त या उद्देश्य		
1. उचित सहज क्रियाओं का निर्माण।	1. आत्मानुभूति का विकास।	1. लोकतान्त्रिक मूल्यों का विकास।
2. मूल प्रवृत्तियों का शोधन।	2. माध्यमिक मूल्यों की शिक्षा।	2. सामाजिक कुशलता का विकास।
3. बालक का स्वतन्त्र विकास।	3. सभ्यता व संस्कृति का विकास।	3. पूर्व निश्चित आदर्शों की अवहेलना।
4. आत्माभिव्यक्ति का विकास।	4. आत्मा व परमात्मा के अस्तित्व पर विश्वास।	4. शाश्वत मूल्य व सत्ता को अस्वीकृत करना।
5. प्राकृतिक सत्ता में विश्वास।	5. वस्तु की अपेक्षा विचारों का महत्त्व।	
6. बाल-केन्द्रित शिक्षा पर बल।		
3. बिन्दु—शिक्षण विधियाँ		
1. करके सीखना। 2. अनुभव द्वारा सीखना।	विधि के सम्बन्ध में कोई विचार प्रमुख नहीं चूँकि विधि का निर्धारण उद्देश्य के आधार पर मानते हैं।	1. अनुभव द्वारा सीखना। 2. क्रिया द्वारा सीखना।
3. खेल विधि।	1. प्रश्न विधि। 2. संवाद विधि। 3. आगमन-निगमन विधि। 4. वाद-विवाद विधि। 5. निर्देशन विधि।	3. प्रोजेक्ट विधि। 4. प्रयोगात्मक विधि।
4. बिन्दु—अनुशासन		
1. प्राकृतिक दण्ड व्यवस्था पर विश्वास।	1. दमनात्मक अनुशासन के स्थान पर।	1. बाह्य अनुशासन का विरोध।
2. मुक्तयात्मक अनुशासन का पक्ष।	2. प्रभावात्मक अनुशासन का महत्त्व।	2. सामाजिक अनुशासन पर बल।
3. स्व-प्रेरित अनुशासन पर बल।		
5. बिन्दु-पाठ्यक्रम		
1. मुख्य विषय शारीरिक विज्ञान, स्वास्थ्य तथा भौतिक विज्ञान।	1. पाठ्यक्रम के मुख्य विषय-धर्म, नीतिशास्त्र, कला व संगीत।	1. पाठ्यक्रम के मुख्य विषय-औद्योगिक, स्वास्थ्य विज्ञान शारीरिक विज्ञान व गृहविज्ञान।

2. वैज्ञानिक विषयों को मुख्य स्थान तथा मानवीय विषयों को गौण स्थान।	2. मानव विषयों का अधिक महत्त्व।	2. एकीकरण के सिद्धान्त के अनुसार सामाजिक तथा वैज्ञानिक विषयों का समावेश।
3. आध्यात्मिकता को स्थान न देना।	3. आदर्शवादी पाठ्यक्रम की रचना आदर्शों व शाश्वत मूल्यों पर आधारित।	3. पाठ्यक्रम उपयोगिता के सिद्धान्त पर आधारित।
6. बिन्दु—अध्यापक		
1. बालक का मुख्य स्थान।	1. विषय वस्तु का मुख्य स्थान।	1. शिक्षक का स्थान एक मित्र, पथ प्रदर्शक तथा सलाहकार का रूप।
2. अध्यापक का गौण स्थान।	2. अध्यापक का प्रमुख-स्थान।	2. शिक्षक छात्रों को ऐसी स्थितियों का सामना कराये जिससे वह रुचियों तथा योग्यताओं के अनुसार कार्य कर सके।
7. बिन्दु—विद्यालय		
1. मुख्यत: प्राकृतिक वातावरण में।	1. मानवीय क्रियाओं का आदर्शरूप।	1. समाज का लघु रूप। 2. सामुदायिक जीवन केन्द्र।

20. मानवतावाद
(Humanism)

20.1 मानवतावाद का अर्थ (Meaning of Human)

मानवतावाद अत्यन्त ही प्राचीनतम दर्शन है। पाश्चात्य जगत् का इतिहास हमें यह बताता है कि एक समय था, जबकि पश्चिम में परलोक के जीवन की प्रधानता थी तथा मनुष्य का वर्तमान जीवन परलोक की भावना से नियंत्रित था। कालान्तर में यूरोप की जनता केवल परलोक की बातों से सन्तुष्ट नहीं थी, अत: वह इहलोक की बातें चाहने लगी। इस प्रकार नवजागरण सम्भव हुआ। 14वीं से 16वीं शताब्दी के मध्य का काल यूरोप में पुनर्जागरण का काल कहा जाता है। इस काल में 'शिक्षा में मानवतावाद' ने जोर पकड़ा। यह शास्त्रीय मानवतावाद था।

मानवतावाद शब्द की उत्पत्ति लैटिन (Latin) शब्द होमो (Homo) से हुई, जिसका अर्थ था **मानव** या **Human Being.**

पिछले कुछ वर्षों से शिक्षा के क्षेत्र में मानवतावादी विचारधारा बहुत तेजी से उभरकर ऊपर आती प्रतीत हो रही है। मानव तथा समाज के पारस्परिक सम्बन्धों तथा प्रतिक्रियाओं की विभिन्न दार्शनिकों ने विभिन्न प्रकार से व्याख्या की है। मैसलो (Maslow) के शब्दों में मानवतावाद एकदम नई तथा क्रान्तिकारी विचारधारा है। इस विचारधारा ने मानव जीवन से सम्बन्धित ज्ञान-विज्ञान तथा समस्त विषयों को एक नया आधार देने का प्रयत्न किया है, जिसके फलस्वरूप सभी स्रोतों में नई मान्यताएँ विकसित हो रही हैं।

अत: कहा जा सकता है, कि मानवतावाद एक ऐसा दृष्टिकोण है जिसमें मानवता को प्रधानता दी जाती है। तथा जिसके अन्तर्गत समाज की प्रत्येक प्रक्रिया की व्याख्या एवं मूल्यांकन इस दृष्टिकोण से किया जाता है कि वह कहाँ तक मानवीय हितों से सम्बन्धित है। जहाँ व्यक्ति के स्वयं के विकास, सुख तथा आत्मानुभूति पर बल दिया जाता है वहीं मानवतावाद का जन्म होता है।

20.2 मानवतावाद की परिभाषा (Definition of Humanism)

मानवतावाद की परिभाषा निम्नलिखित है–

(*a*) आक्सफोर्ड डिक्शनरी मानवतावाद का अर्थ है मानव की रुचियों के प्रति आस्था, मानव की रुचियों से सम्बन्ध, न कि दैनिक विषयों से सम्बन्ध।'' "Humanism means devotion to human interests: system concerned with human (not divine) interests.Or with the human race, not the individual." Concise Oxford Dictionary.

मानवतावाद के तीन प्रमुख अंग निम्नलिखित हैं–

(1) Thinking and acting of the human beings.
मानवों का सोचना व कार्य करना।

(2) Thinking and acting by the human beings.
मानवों द्वारा सोचना व कार्य करना।

(3) Thinking and acting for the human beings.
मानवों के लिए सोचना व कार्य करना।

20.3 मानवतावाद की विशेषताएँ (Characteristics of Humanism)

मानवतावाद की विशेषताएँ निम्नलिखित हैं–

(1) यह संसार सत्य है, न कि भ्रम।

(2) यह संसार निरन्तर विकासशील तथा परिवर्तनशील है।

(3) मनुष्य अत्यन्त ही सुन्दर व्यक्ति है। इसके विषय में कविवर सुमित्रानन्दन पन्त ने कहा कि–
"सुन्दर है विहग, सुमन सुन्दर
मानव तुम सबसे सुन्दरतम्"

(4) मानवतावाद का जन्म मानव सेवा हेतु हुआ।

(5) मनुष्य के जीवन में सत्यम्, शिवम्, सुन्दरम् का विशेष महत्त्व है।

(6) मानवतावाद मनुष्य की गरिमा में विश्वास करता है।

(7) मानवतावाद संस्कृति का पुनर्जागरण करना चाहता है।

20.4. मानवतावाद के प्रमुख तत्व (Chief Elements of Humanism)

मानवतावाद के प्रमुख तत्व निम्नलिखित हैं–

(1) सभी मानवों की एक-सी मूल प्रकृति होती है तथा उनके व्यक्तित्व, शरीर व व्यवहार प्राय: एक से होते हैं।

(2) मनुष्यों में धार्मिक, सामाजिक, प्राकृतिक तथा चरित्र संबंधी विविधताएँ पाई जाती हैं।

(3) बाह्य संसार में व्यक्ति की आन्तरिक क्षमताओं का अनुभव किया जाता है।

(4) प्रत्येक मनुष्य को स्वयं पूर्णता के रूप में सम्मानित किया जाना चाहिए।

(5) मानवता सभी के प्रति सहृदय, दयालु तथा सहयोगी बनने पर बल देती है।

(6) एडविन मार्खम "चूँकि मैं एक मनुष्य हूँ, अत: किसी भी मानवीय विचार या वस्तु से मैं बेरुखी नहीं रख सकता।" "I am a man, and nothing human can be indifference to me."–Edwin Markham.

आज के युग में मानवता के इन तत्वों को अत्यन्त महत्त्व दिया जाता है। इनका विश्व भर की शिक्षा पर प्रभाव पडा है। आजकल मानव अधिकारों तथा मानव की प्रतिष्ठा को सुरक्षित बनाये रखने (Ensuring human dignity) पर बहुत अधिक जोर दिया जा रहा है। सभी शिक्षकों, शिक्षा प्रशासकों तथा विद्यालयों को इस महत्त्वपूर्ण उदारवादी दर्शन के अनुसार व्यवहार करना चाहिए।

20.5. मानवतावादी शिक्षा के उद्देश्य (Aims of Humanistic Education)

मानवतावादी शिक्षा के उद्देश्य निम्नलिखित हैं–

(1) मानवतावादी शिक्षा का प्रथम उद्देश्य व्यक्तियों में आत्म-विश्वास जाग्रत करना है। क्योंकि यहाँ मानव को अधिक महत्त्व दिया जाता है, यदि वही अपना आत्म-विश्वास

खो देगा तो उसके समस्त प्रयास निष्फल हो जायेंगे। आत्मविश्वास ही सफलता की कुंजी है।

(2) शिक्षा का उद्देश्य मानव की योग्यताओं का विकास करना है। क्योंकि किसी एक पक्ष पर अधिक बल देने से बालकों का समस्त विकास नहीं हो पाता है। अत: मानव की सभी योग्यताओं का विकास किया जाना चाहिए।

(3) मानवतावादी शिक्षा का मुख्य उद्देश्य बालकों की चेतना को जाग्रत करना भी होता है।

(4) मानवतावादी शिक्षा का उद्देश्य बालकों की महानता को भी बढ़ाना है। अर्थात् उसमें ऐसा आत्मबोध जगाना है कि वह समाज एवं सृष्टि का महत्त्वपूर्ण अंग बन सके। उसमें विकास की असीम सम्भावनाएँ हैं।

(5) मानवतावादी शिक्षा के द्वारा ही बालकों के मूल्यों का विकास किया जा सकता है।

(6) मानवतावादी शिक्षा के द्वारा ऐसा वातावरण स्थापित किया जाता है जिससे कि बालकों को अनुभवों की प्राप्ति हो।

(7) मानवतावादी शिक्षा से बालकों का मानसिक विकास किया जाता है।

मानवतावादी शिक्षा मूल रूप से मानती है, कि मानव एक विचारशील प्राणी है। अत: उसकी विचारशीलता स्वभाव तथा धैर्य का विकास करने का पूर्ण प्रयत्न करना चाहिए, जिससे वह स्वयं सत्य व असत्य के मध्य भेद कर सके।

20.6. मानवतावाद व पाठ्यक्रम (Humanism and Curriculum)

शिक्षा-दर्शन का मानवतावादी दृष्टिकोण उद्देश्यों की उपलब्धि के लिए अनुकूल पाठ्यक्रम की व्याख्या भी करता है, किन्तु इस सम्बन्ध में सभी मानवतावादियों के विचार एक से नहीं हैं। ब्रूवेकर इस विषय में मानते हैं, कि "मानवतावादी मानव स्वभाव एवं मानवीय दृष्टिकोण पर बल देता है।" कुछ अन्य मानवतावादी विचारकों के अनुसार पाठ्यक्रम में तर्क बुद्धि या विवेक को प्रमुख स्थान मिलना चाहिए तथा उन विषयों पर बल देना चाहिए, जो कि तर्कपरक हों।

भारतीय मानवतावादियों ने जैसे–टैगोर, गाँधी, जाकिर हुसैन तथा राधाकृष्णन आदि की दृष्टि में शिक्षा का उद्देश्य विभिन्न संस्कृतियों का समन्वय तथा उसकी अच्छाइयों को शिक्षा के कार्यक्रमों में समाविष्ट करना होता है, इनके अनुसार जीवन में जो कुछ भी अच्छा है उसे ही पाठ्यक्रम में सम्मिलित किया जाना चाहिए। यह सदैव मानव एकता तथा सांस्कृतिक एकता पर बल देते हैं।

गाँधीजी के अतिरिक्त सभी भारतीय मानवतावादी ज्ञानार्जन को महत्वपूर्ण समझते हैं। इकबाल ज्ञान की खोज को एक प्रकार की ईश्वर उपासना मानते हैं। जबकि मैस्लो ने माना कि जीवन मूल्यवान है अत: जीने की इच्छा अत्यन्त महत्वपूर्ण है न कि मरने की इच्छा।

20.7. मानवतावाद व अध्यापक (Humanism and Teachers)

मानवतावादी शिक्षा के अन्तर्गत बालक को महत्त्वपूर्ण माना गया है तथा इन्हें शिक्षा देने हेतु ही योग्य शिक्षकों का होना भी अनिवार्य माना गया है। अत: योग्य शिक्षकों में निम्न गुणों का होना मानवतावाद के अन्तर्गत अनिवार्य है–

(1) शिक्षण में बालकों के महत्त्व को आवश्यक मानना।

(2) बालक के मानसिक विकास हेतु प्रयास करना।

(3) बालक के आध्यात्मिक विकास को लक्ष्य मानना।
(4) बालक को ऐसे अनुभव देना जो उन्हें सुखी बनाये।
(5) बालक को सन्तुलित बनाये रखना।
(6) बालक की मनोवैज्ञानिक दशाओं को ध्यान में रखना।
(7) बालक को शुद्ध भाषा का प्रयोग सिखाना।
(8) शिक्षण प्रणाली इस प्रकार की हों, जिससे प्राचीन संस्कृतियों के आदर्शों को बढ़ावा मिले।

20.8. मानवतावाद व शिक्षण विधियाँ (Humanism and Methods of Teaching)

मानवतावाद के अन्तर्गत शिक्षण विधियाँ निम्न प्रकार की अपनाई जाती हैं–

(1) मानवतावाद छात्रों में स्वाध्याय की आदतों को प्रोत्साहित करता है।
(2) यह स्वत: सीखने पर बल देता है।
(3) यह छात्रों में ज्ञान बढ़ाने की उत्सुकता को बढ़ाता है।
(4) शिक्षकों से यह आशा की जाती है, कि वे अपने आदर्शों के द्वारा छात्रों को प्रभावित करेंगे।
(5) शिक्षक छात्रों को ऐसी विधियों के द्वारा पढ़ाये जिससे छात्र रचनात्मक तरीकों से ज्ञान प्राप्त करें।

20.9. मानवतावाद का मूल्यांकन (Evaluation of Humanism)

मानवतावाद के मूल्यांकन हेतु हमें निम्नलिखित तथ्यों को ध्यान रखना होगा :

समग्र मानवतावादी विचारधारा में सामाजिक विकास की अवहेलना होती है। इससे छात्रों में निजी स्वार्थ की भावना के विकास का भय बना रहता है। यह विचारधारा पाठ्यक्रम में विज्ञान सम्बन्धी विषयों को अधिक स्थान नहीं देता है।

परन्तु फिर भी कहा जाता है, कि शिक्षा के विभिन्न क्षेत्रों में प्रत्येक विचारधारा का स्थान है। हमें हरेक विचारधारा से कुछ-न-कुछ सीखने को मिलता है। उसी प्रकार हम मानवतावाद के द्वारा ही छात्रों में उच्च आदर्श तथा नैतिक मूल्यों का विकास कर सकते हैं।

21. आधारभूतवाद, अस्तित्ववाद, चिरस्थायीवाद, प्रयोगात्मकवाद तथा पुनर्निर्माणवाद
(Essentialism, Existentialism, Perenialism, Experimentalism and Reconstructionalism)

21.1 भूमिका (Introduction)

इस अध्याय में विभिन्न दर्शनों (जिन्हें प्राय: आधुनिक दर्शनों की भी संज्ञा दी जाती है) के प्रवर्तकों तथा विशेषताओं का शिक्षा के विभिन्न पक्षों पर प्रभाव दर्शाया गया है।

विभिन्न दर्शनों के बारे में यह कहा जा सकता है कि वे अपना-अपना दृष्टिकोण प्रस्तुत करते हैं। प्रत्येक दर्शन शिक्षा को किसी न किसी रूप में प्रभावित करता है। स्वयं में प्रत्येक दर्शन शिक्षा के सभी पक्षों को प्रभावित नहीं कर सकता। प्रत्येक देश की अपनी सांस्कृतिक परम्पराएं हैं।

इसी सन्दर्भ में यह भी ध्यान योग्य है कि ये सभी दर्शन प्राय: 20वीं शताब्दी के सन्दर्भ में अपना विशेष महत्व रखते थे। 21वीं शताब्दी में जबकि दो नयी अवधारणाओं का जैसे भूमंडलीकरण (Globalisation)तथा उदारीकरण (Liberalisation)का बोल-बाला है, इन दर्शनों का बहुत कम महत्व रहने की सम्भावना है, नयी परिस्थितियां नए दर्शनों को जन्म देती हैं।

इसमें भी कोई सन्देह नहीं है कि हमें किसी भी वाद का अन्धाधुन्ध अनुसरण करना नहीं चाहिए।

21.2 पदार्थवाद का अर्थ (Meaning of Essentialism)

'*विकिपीडिया*' ने 'पदार्थवाद' शब्द का प्रयोग किया है। प्राय: विश्वकोषों में 'सारभूत' शब्द को मान्यता दी है। पदार्थवाद दर्शन लगभग परम्परागत दर्शनों जैसे आदर्शवाद, वास्तविकतावाद आदि से मिलता-जुलता है। यह वाद एक प्रकार से रूढ़िवादिता से भी जुड़ा हुआ है।

पदार्थवाद के प्रवर्त्तक (Originators of Essentialism)

पदार्थवाद के प्रमुख प्रवर्त्तक हैं :

1. William Chandler Bagley
2. Harman Home

पदार्थवाद का सूत्र अमरीका में 19वीं शताब्दी में हुआ है। परन्तु वर्ष 1938 में अमरीकी में एक विचार वाले (Like-minded) शिक्षाविदों ने राष्ट्रीय शिक्षा संघ के अधिवेशन में इसे नियमित (Formalised) रूप प्रदान किया। यह विचार प्रगतिवादी शिक्षा (Progressive Education) पर आवश्यकता से अधिक जोर देने के विरोध में उभरा।

अमरीका के शिक्षाविद् Clifton Fadiman ने उस दर्शन का नाम शिक्षा में बेसिक शिक्षा

(Basic Education) दिया। यहाँ यह उल्लेखनीय है कि यह बेसिक शिक्षा गांधी जी की बेसिक शिक्षा की अवधारणा का पर्यायवाची नहीं है। यह उससे अत्यन्त भिन्न है।

समकालीन अमरीका के स्कूलों की स्थिति तथा आधारभूत बाद का सूत्रपात (Contemporary American Schools' Scenario and Origin of Essentialism)

अमरीका के तत्कालीन स्कूलों की मुख्य विशेषताएँ निम्नलिखित थीं:

1. अमरीका के प्राथमिक स्कूलों (प्रारम्भिक स्कूल) का शिक्षा स्तर अन्य प्रगतिशील देशों की तुलना में बहुत निम्न था।

2. अमरीका के माध्यमिक स्कूल दूसरे देशों के स्कूलों के 18 वर्षीय छात्रों से अकादमिक विषयों (Academic Subjects) में बहुत पिछड़े हुए थे।

3. बहुत बड़ी संख्या में अमरीका के हाई स्कूल के छात्र एक प्रकार से निरक्षर थे तथा प्रभावी ढंग से पढ़ नहीं सकते थे।

4. पढ़ने में गिरते स्तर के साथ-साथ गणित तथा व्याकरण में भी बहुत पिछड़े हुए थे।

5. अमरीका में यद्यपि शिक्षा पर अधिक खर्च किया जा रहा था, फिर भी स्कूलों में अपराध बढ़ता जा रहा था।

शिक्षा सम्बन्धी आधारभूतवाद के मुख्य सिद्धान्त (Essential Principles of Essentialism With Relation to Education)

I. शिक्षा एक ऐसा सिद्धान्त है जो निम्न पर बल देता है :

1. आधारभूतवाद कौशलों का सीखना।

2. आधारभूतवाद के अनुसार उन कौशलों पर बल देना है जो कि भूतकाल में लाभदायक थे तथा भविष्य में भी लाभदायक होंगे।

II. पाठ्यक्रम

पाठ्यक्रम की मुख्य विशेषताएं इस प्रकार हैं :

1. प्राथमिक स्कूलों में दो आधारभूत विषय ऐसे होने चाहिए जो निरक्षरता तथा गणित को बढ़ावा दें।

2. माध्यमिक स्कूलों के पाठ्यक्रम में निम्न विषयों को प्रधानता का स्थान दिया जाना चाहिए।

(i) इतिहास (ii) गणित (iii) विज्ञान
(iv) साहित्य (v) भाषा

III. अनुशासन

आधारभूतवादी विद्यालय में अनुशासन पर बहुत बल देते हैं। विद्यालय की परिस्थितियों में व्यवस्थापूर्ण अध्ययन के लिए अनुशासन अत्यन्त आवश्यक है।

बागले (Bagley) ने अनुशासन के बारे में इस प्रकार से विचार व्यक्त किए हैं 'The pupil is immature and helpless and he must not be given a long rope with which he may hang himself.'

छात्र अपरिपक्व तथा निःसहाय है तथा उसे इतना लम्बा रस्सा (Rope) अर्थात् स्वतन्त्रता (Freedom) नहीं दी जानी चाहिए जिससे अपने-आप को वह फांसी लगा ले।

IV. छात्र का अधिगम में स्थान

किसी कौशल तथा विषय पर अधिकार पाने के लिए छात्र प्रयास तथा श्रम की आवश्यकता है।

V. अध्यापकों का वांछित कार्य

कौशलों के निर्माण के लिए भली प्रकार से शिक्षित अध्यापकों की आवश्यकता है। उन्हें अपने विषय पर पूरा अधिकार होना चाहिए तथा उनमें ज्ञान का छात्रों में प्रसारण करने की क्षमता हो।

VI. विद्यालय के कार्य

आधारभूतवादियों के विचार में स्कूल के महत्त्वपूर्ण कार्य निम्नलिखित हैं :

1. विद्यालय अच्छे स्तर का बौद्धिक प्रशिक्षण छात्रों को प्रदान करें।
2. विद्यालय आधारभूत विषयों पर बल दे जो मेधावी छात्रों की आवश्यकताओं को पूरा करे।
3. विद्यालय प्रतिभाशाली बच्चों की आवश्यकताओं को ध्यान में रखते हुए विशेष कार्यक्रमों का आयोजन करे।
4. पिछड़े छात्रों के लिए पूरक कार्य अथवा उपचारात्मक कार्य (Remedial Programme) की व्यवस्था की जाए।
5. सभी छात्रों के लिए शारीरिक शिक्षा का कार्यक्रम बनाया जाए।
6. विद्यालयों में व्यावसायिक पाठ्यक्रमों का उचित प्रावधान किया जाए।
7. विद्यालयों में कुछ प्रमुख पाठान्तर क्रियाओं का आयोजन किया जाए।
8. प्रतिभाशाली छात्र स्कूल में अधिक समय के लिए रहें।
9. सबसे कम क्षमतावाले तथा सबसे कम महत्वाकांक्षी छात्रों के लिए जीवन से समायोजन स्थापित करने का प्रशिक्षण दिया जाए।

प्रो. बागले के विचारों का सार

प्रो. बागले जो कि कोलम्बिया विश्वविद्यालय में प्राध्यापक थे, उन्होंने अमरीका शिक्षा व्यवस्था में निम्नलिखित विशिष्ट कारणों का उल्लेख किया है, जिनके परिणामस्वरूप शिक्षा में दोषों का प्रादुर्भाव हुआ :

1. प्रगतिवाद आदि सिद्धान्तों पर आवश्यकता से अधिक बल देना।
2. छात्र की स्वतन्त्रता को आवश्यकता से अधिक प्राथमिकता देना।
3. छात्रों में खेल की प्रवृत्ति को आवश्यकता से अधिक प्रोत्साहन देना।
4. छात्रों में परम्परागत अनुशासन स्थापित विधियों अर्थात् दण्ड आदि की अवहेलना करना।
5. छात्रों की रुचियों में विशेष ध्यान केन्द्रित करना।

तत्कालीन प्रगतिशील शिक्षा (Progressive Education) के बारे में बागले ने इस प्रकार विचार व्यक्त किए हैं 'Complete abandoment in many school systems of rigorous standards of scholastic achievement from promotion from grade to school' अर्थात् एक ग्रेड से दूसरे ग्रेड तक छात्रों की पदोन्नति (Promotion) में स्कूल व्यवस्था में शैक्षिक स्तरों की अवहेलना की गई है।

अरथर बेस्टर के विचार (Views of Arthur Bestor)

अरथर बेस्टर Illinois विश्वविद्यालय अमरीका में इतिहास के प्रो. थे। उन्होंने निम्नलिखित दो पुस्तकों में आधारभूतवाद के बारे में अपने विचार व्यक्त किए हैं

1. *Educational Wastelands* (1953)
2. *The Restoration of learning* (1956)

बेस्टर के विचार में अमरीका में शैक्षिक स्तर में गिरावट के निम्न मुख्य कारण थे :

1. शैक्षिक दर्शन बौद्धिकता-विरोधी (Anti-intellectual) था।
2. अमरीका के स्कूल वैज्ञानिक तथा विद्वतापूर्ण विषयों से अलग-अलग हो गए थे।
3. संकुचित सोच वाले कुछ वृत्तिक शिक्षाविद्, प्रशासक तथा बाबुओं ने शिक्षा के विभिन्न क्षेत्रों पर नियन्त्रण कर रखा था।

बेस्टर ने ऊपरलिखित परिवृत्तियों का जोरदार विरोध किया उन्हें इस प्रकार की शिक्षा पर जोर दिया जो ये कार्य करे–'Sense training in the fundamental ways of thinking represented by history, science, mathematics, literature, art and other disciplines evolved in the course of mankind's long quest for usable knowledge, cultural understanding and intellectual power.'

सारांश में उन्होंने परम्परागत विषयों को पाठ्यक्रम में प्रधानता दी।

आधारभूतवाद की सीमाएँ (Limitations of Essentialism)

1. आधारभूत परम्परागत शैक्षिक विषयों पर अधिक बल देना।
2. छात्रों पर कठोर अनुशासन रखना तथा दण्ड भी देना।
3. व्याकरण को महत्वपूर्ण स्थान देना।
4. भविष्य की आवश्यकताओं की अवहेलना करना।
5. प्रगतिवाद के सभी पक्षों की आलोचना करना।

21.3 शिक्षा में अस्तित्ववाद (Existentialism in Education)

अस्तित्ववाद के मुख्य प्रवर्तक (Chief Propounders of Existentialism):

1. किर्कगार्द (Soren Kierkegaard 1813-1855) को अस्तित्ववाद का जन्मदाता कहा जाता है। किर्कगार्द का कथन था, 'व्यक्ति की आन्तरिकता ही यथार्थ सत्य है।' उन्होंने यह भी कहा, 'मेरा अस्तित्व है, क्योंकि मैं ऐसा सोचता हूँ। इसलिए मैं सोचता हूँ कि मेरा अस्तित्व है।'

2. मार्टन हेडेगर (Martin Heideggaer 1889-1975) ने अस्तित्ववाद को इस प्रकार प्रस्तुत किया है-जगत् तथा व्यक्तियों के सम्पर्क से उत्पन्न स्थितियों में मानव का होना, उसका सोचना, काम करना, रुचि व धारणा बनाना, सम्बन्ध स्थापित करना-ये सब अस्तित्व के विभिन्न पक्ष हैं।

3. जर्मन (German) दार्शनिक कार्ल यास्पर्स (Karl Yaspers 1883-1973) भी ऐसा ही मानते हैं। यास्पर्स के अनुसार अस्तित्व का अर्थ है, 'व्यक्ति की स्वयं की मौलिक स्वतन्त्रता और अभीष्ट उद्देश्य को चुनने का विकल्प'। यास्पर्स के विचार में ईश्वर ने प्रत्येक व्यक्ति को विवेक-बुद्धि दी है। इसी के सहारे वह सत्य का परीक्षण कर सकता है। ईश्वर जगत् में व्यक्त और अव्यक्त दोनों रूपों में व्याप्त है।

अस्तित्ववाद के मुख्य सिद्धान्त

1. अस्तित्ववाद में स्वयं के प्रति चेतना को जागृत करने का प्रयास किया गया है।

2. अस्तित्ववाद में व्यष्टिवाद (Individualism) पर अधिक बल दिया जाता है।

3. अस्तित्ववाद अन्तर्ज्ञान का बोध कराता है तथा भौतिकवाद के संकट के प्रति जागरूक करता है।

4. अस्तित्व के लिए व्यक्ति को स्वयं संघर्ष करना पड़ता है।

5. अस्तित्ववादी व्यक्ति के अस्तित्व के चारों ओर सृष्टि का विस्तार है और यह केन्द्र बिन्दु माना जाता है।

6. मानव किसी रूढ़िग्रस्त विचार के अनुसार अपना अस्तित्व नहीं मानता। पुरानी परम्पराएं उसे आश्वस्त करने में असफल हैं। अत: वह भाग्यवाद को नहीं मानता वरन् कर्म को महत्व देता है।

7. प्रत्येक मनुष्य को अपना आदर्श चुनने की स्वतन्त्रता है। यदि उसे आत्म-ज्ञान हो जाता है तो वह अपने भावी जीवन का मार्ग स्वयं निर्धारित कर सकता है।

8. यह ज्ञान को महत्त्व देता है। इसके अनुसार सत्य और ज्ञान की खोज आत्म-ज्ञान द्वारा ही होती है। 'अपने को जानें' यह वाक्य इस दर्शन का मूलमंत्र है।

9. मनुष्य पूर्ण नहीं है वरन् वह पूर्ण बनने के लिए प्रयत्नशील है। पूर्णता प्राप्त करना ही उसके जीवन का अंतिम लक्ष्य होना चाहिए।

अस्तित्ववाद का शिक्षा पर प्रभाव

1. यह सम्पूर्ण व्यक्ति को शिक्षित करना चाहता है तथा एकांगी शिक्षा में विश्वास नहीं रखता।

2. इसका ध्येय मनुष्य को यह अनुभव कराना है कि उसका संसार में महत्त्वपूर्ण स्थान है।

3. यह वातावरण को शिक्षा का सशक्त साधन मानता है। परन्तु वातावरण वस्तुनिष्ठ होना चाहिए।

4. यह वस्तुनिष्ठ ज्ञान को महत्त्व देता है।

5. अस्तित्ववाद 'स्वयं' के ज्ञान पर बल देता है। अत: शिक्षा व्यक्ति की प्रकृति के अनुसार होनी चाहिए।

6. 'स्वयं' के विकास के लिए शिक्षा में स्वतन्त्र वातावरण ही लाभदायक है। अर्थात् मुक्त अनुशासन हो।

7. इसके अनुसार वैज्ञानिक, औद्योगिक तथा तकनीकी वातावरण व्यक्तित्व के विकास में बाधा डालता है। इस प्रकार का वातावरण 'स्वयं' के विकास को हानि पहुँचाता है।

8. आज का भौतिक वातावरण व्यक्ति के 'स्व' को उससे पृथक् करता है और उपयुक्त शिक्षा प्रदान करने की क्षमता नहीं रखता।

9. विद्यालय का वातावरण ऐसा होना चाहिए कि छात्र को सुरक्षा, प्रोत्साहन और शिक्षक की मान्यता प्राप्त हो। शिक्षकों को चाहिए कि छात्रों के व्यक्तित्व का ध्यान रखें और किसी प्रकार उन्हें नियंत्रित करने या अपनी इच्छा के अनुसार चलाने का प्रयास न करें।

10. अस्तित्ववादी शिक्षण विधि में सुकराती विधि को प्राथमिकता देते हैं।

11. अस्तित्वाद तर्क विद्या के अध्ययन को आवश्यक मानता है।

12. इसके अनुसार मानवतावादी विषयों का अध्ययन सर्वाधिक मूल्यवान है।

13. यह उदार शिक्षा (Liberal Education) पर बल देता है।

14. शिक्षक सभी पाठ्य-विषय छात्र के विकास के लिए उपयुक्त परिवेश एवं अवसर प्रदान करें।

15. विद्यालय का वातावरण जनतांत्रिक होना चाहिए। उसमें छात्रों का स्वशासन स्थापित करने के लिए छोटी-छोटी समितियाँ बनानी चाहिए जिनका प्रबंध छात्रों को ही करना चाहिए। ये छात्र संगठन विविध प्रकार से छात्रों के कल्याण के लिए कार्य करें। अध्यापक परामर्शदाता एवं साधनों को उपलब्ध करने में सहायक का काम करें।

16. छात्र के व्यक्तित्व का आदर करना चाहिए। प्रत्येक बालक एक महत्त्वपूर्ण प्राणी है। इसका ध्यान रखकर उसे किस प्रकार से बाहरी विचार या आदर्श द्वारा प्रभावित करने या बंधन में डालने का प्रयास अवांछनीय है।

17. अध्यापक को सर्वथा सक्रिय रहना चाहिए। उसे छात्रों का स्वागत करना चाहिए और स्वतंत्र रूप से सोचने को प्रोत्साहित करना चाहिए।

18. अध्यापकों को चाहिए कि वे छात्रों में मौलिकता, सृजन शक्ति एवं साहस उत्पन्न करें। इन गुणों का विकास करके छात्रों को विकास की ओर ले जाने का प्रयत्न करना चाहिए। इसके लिए उपयुक्त सामग्री, साधन तथा अवसर प्रदान करना चाहिए।

सीमाएँ

1. अभी यह वाद अविकसित एवं अस्पष्ट है। प्रयुक्त पारिभाषिक शब्दावली भी अस्पष्ट एवं अविकसित है।

2. इसके सिद्धान्त व्यावहारिक नहीं जान पड़ते, विशेषतः वर्तमान औद्योगिक समाज के लिए यह अनुपयुक्त जान पड़ता है।

3. प्रत्येक छात्र से संपर्क रखना और उसके व्यक्तित्व का विकास करने के लिए अध्यापक को बहुत समय, शक्ति और योग्यता चाहिए जो प्रायः नहीं हो पाता।

4. 'अस्तित्व' शब्द की व्याख्या स्पष्ट नहीं है।

21. 4 चिरस्थायीवाद (Perenialism)

अर्थ

चिरस्थायीवाद का अर्थ है, सदा के लिए उन तत्वों अथवा बातों पर ध्यान देना जिनका महत्व सभी व्यक्तियों के लिए सब स्थानों पर दीर्घ काल तक रहता है। चिरस्थायीवाद के समर्थक इस पर विश्वास करते हैं कि व्यक्ति के निर्माण में अत्यंत महत्त्वपूर्ण तथा चिरस्थायी विषय योगदान देते हैं।

चूंकि व्यक्ति पहले मानव है, इसलिए सर्वप्रथम मानवों के बारे में ज्ञान अर्जित किया जाना चाहिए तकनीकें तथा मशीन बाद में आती हैं।

वर्तमान चिरस्थायीवादी वैज्ञानिक तर्क की व्यूह-रचना (Strategy) पर बल देते हैं अर्थात 'तर्क' पर न कि 'तथ्यों' पर वे प्रसिद्ध मौलिक प्रयोगों के आधार पर अपने तर्कों का विश्लेषण भी करते हैं। वे विज्ञान को मानव पक्ष प्रदान करते हैं तथा तर्क को व्यावहारिक रूप देते हैं।

चिरस्थायीवाद की नामावली (Nomenclature of Perenialism)

Dr. Glen A, Jent ने चिरस्थायीवाद के निम्नलिखित पर्यायवाची दर्शाए हैं :

- Neo-Thomism
- Traditionalism
- Rational Humanism
- Catholic Supernaturalism

चिरस्थायीवाद के प्रकार
(Forms of Perenialism)

(1) धर्मनिरपेक्ष चिरस्थायीवाद (Secular Perenialism)

(2) धार्मिक चिरस्थायीवाद (Religios Percnialism)

धर्मनिरपेक्ष चिरस्थायीवाद/असांप्रदायिकवाद/ लौकिकवाद (Secular Perenialism)

यहाँ पर इसे स्पष्ट कर देना आवश्यक है कि भारत में यह शब्दावली धर्म के सन्दर्भ में प्रयुक्त की जा रही है, परन्तु विदेशों में लौकिकवाद के अर्थ में। इसे 'एहिक' तथा 'दुनियादारी' आदि के सन्दर्भ में भी प्रयोग में लाया जा रहा है। यह वाद उन्नीसवी शताब्दी के अर्धभाग में प्रयोग किया जाने लगा। लौकिकवादी तर्क सहित ज्ञान अर्जित करने पर बल देते हैं। उनके विचार में शुद्ध तथा स्वतन्त्र तर्क शक्ति विकसित व्यक्ति का आधार है तथा इसी आधार पर इसे अविकसित व्यक्ति से अलग माना जाता है। अत: शिक्षा का यह आवश्यक लक्ष्य होना चाहिए।

वे पश्चिमी देशों के महान ग्रन्थों के अध्ययन पर बल देते हैं। इसके साथ-साथ इसमें सुकरात विधि (Socratic Method) अर्थात प्रश्नोत्तर विधि को महत्त्वपूर्ण माना गया है।

महान पुस्तकों का अर्थ उन पुस्तकों से है जो पश्चिमी संस्कृति तथा सभ्यता के बारे में मौलिक रूप से पहले लिखी गई हों।

इसके अनुसार एक अनुभवी तथा कौशलपूर्ण अध्यापक कक्षा में इस प्रकार ज्ञान का प्रसार करता है कि छात्र स्वयं अपने निर्णय निकालें न कि अध्यापक के निर्देश देने से। अध्यापक का कार्य है। किसी महान पुस्तक को पढ़कर उसके किसी प्रकरण को कक्षा के सामने रखना।

लौकिकवादियों के विचार में मौलिक ग्रन्थ (Original Books) प्रतिभाशाली व्यक्ति की देन है। वे अनुवादित पुस्तकों में इतना विश्वास नहीं रखते हैं।

लौकिकवादी इस बात को भी स्वीकार करते हैं कि विभिन्न विचार भी हो सकते हैं।

लौकिकवाद के प्रसिद्ध समर्थक हैं :

1. Mortimer Adler 2. Robert Hutchins

धार्मिक चिरस्थायीवाद (Religious Perenialism)

धार्मिक चिरस्थायीवाद का मौलिक रूप में Thomas Aquinas ने 13वीं शताब्दी में अपनी पुस्तक '*De Magistro*' (The Teacher) में प्रतिपादन किया।

धार्मिक चिरस्थायीवाद व्यक्ति के व्यक्तित्व के विकास को केन्द्र मानता है।

Aquinas एक ईसाई प्रचारक (Missinary) थे, साथ ही दार्शनिक तथा धर्मशास्त्री (Theologian) भी।

Aquinas ने मानव विकास पर बल दिया क्योंकि उनके विचार में ईसाई धर्म की यह मान्यता है।

उन्होंने इस बात को बार-बार दुहराया कि सारा ज्ञान मानव के भीतर से नहीं आ सकता (All learning cannot come from inside) छात्र को ज्ञान प्रदान किया जाता है। उन्होंने कहा कि शिक्षा केवल बाहर से ज्ञान प्रदान नहीं करती अपितु ईश्वर की चिन्गारी अथवा प्रकाश से छात्र में ज्ञान का विकास होता है।

उन्होंने मध्यम मार्ग (Middle Path) को ज्ञान के अर्जन में प्राथमिकता दी है। अध्यापक इसी मार्ग से छात्रों को ज्ञान दे सकता है। प्रश्नोत्तर विधि पर सम्पूर्ण निर्भरता रखना उचित नहीं है, न ही अध्यापक के भाषण पर निर्भरता।

Aquinas ने यह भी विचार व्यक्त किया कि परमात्मा व्यक्ति के मन का इन्द्रियों द्वारा सीधा विकास करना है। परमात्मा में आस्था रखना आवश्यक है।

चिरस्थायीवाद का प्रारम्भ (Origin of Perenialism)

चिरस्थायीवादी के समर्थक चिरस्थायीवाद का आरम्भ यूनान के दार्शनिकों प्लेटो (Plato) तथा अरस्तु (Aristotle) के विचारों तथा दर्शन में देखते हैं।

यूनानी दार्शनिकों के विचारों को नए रूप में Agustine तथा Thomas Acquinas ने रखा। इनके पश्चात वर्तमान काल में Jacques Maritain, Mortimer Adler तथा Robert Hutchins ने चिरस्थायीवाद को अपनाया।

21.5 शिक्षा में चिरस्थायीवाद (Perenialism in Education)

Kenneth H. Hansen ने अपनी पुस्तक *'Philosophy in American Education'* (1960) में चिरस्थायीवाद को इस प्रकार परिभाषित किया है, "A perenialist is one who believes that certain perenial truths in and about a education have existed from the very beginning and continue to have existence and validity at 'first principles' which all right-thinking people will accept." अर्थात एक चिरस्थायीवादक वह है जो इस बात में विश्वास करता है कि शिक्षा में तथा इसके बारे में कुछ चिरस्थायी तत्त्व प्रारम्भ से विद्यमान रहे हैं, जिनकी विश्वसनीयता है तथा जो प्रथम सिद्धान्त है जिन्हें सभी ठीक सोचने वाले व्यक्ति स्वीकार करेंगे।

शैक्षिक निहितार्थ (Educational Implications)

I. शिक्षा का अर्थ तथा कार्य (Meaning and Functions of Education)

1. मानव के पास पर्याप्त बुद्धि तथा इच्छाशक्ति (Will) है जिससे इस महान ब्रह्मांड को इसकी समग्रता में समझने की क्षमता है। (Jacques Mariton, *Education* at the Cross roads (1943)).

2. शिक्षा का इस दिशा में यह उद्देश्य है कि व्यक्ति मानव बनने के लिए प्रयास करे। इस कार्य के लिए उसे ज्ञान, निर्णय लेने की शक्ति तथा नैतिकता शिक्षा द्वारा दी जानी चाहिए।

3. मन पर नियन्त्रण रखना शिक्षा द्वारा प्रशिक्षण दिया जाना चाहिए।

4. विभिन्न वातावरणों के बावजूद मानव स्वभाव वैसा ही रहता है। अतः सभी को समान प्रकार की शिक्षा दी जानी चाहिए।

5. चूंकि तर्कसंगिता (Rationality) मानव का सर्वोच्च गुण है। इसलिए उसे यह अपने चुने हुए उद्देश्य की प्राप्ति के लिए प्रयोग करना चाहिए।

6. शिक्षा का कार्य छात्रों को शास्वत सच्चाई का ज्ञान कराना है।

7 . शिक्षा का अर्थ बच्चे को ऊपर दर्शाए गए उद्देश्य की प्राप्ति कराना है।

II. पाठ्यक्रम (Curriculum)

पाठ्यक्रम के दो कार्य हैं (i) छात्रों को समाज का ज्ञान कराना–तत्त्व-मीमांसा कार्य (Metaphysic Function) (ii) छात्र की बुद्धि का प्रशिक्षण जिससे वह संसार को समझ पाए–ज्ञानमीमांसिक कार्य (Epistemological Function). Robert M. Hutchins ·के अनुसार 'The perenialist educators prescribe the curriculum because they cannot permit the students to dictate the course of study unless they are prepared to confuse that they are nothing but chaperones, supervising an aimless trial-and-error process which is chiply valuable because it keeps young people from doing something worse'. They also cannot leave the relection to curriculum to the "Sporadic spontaneous, interests of young children or even of undergraduates."

ऊपर दिए गए कथन के अनुसार पाठ्यक्रम की आवश्यकता निम्न प्रकार से है:

1. छात्रों को पाठ्यक्रम का निर्णय लेने का अधिकार नहीं दिया जा सकता जब तक वे यह न मानें कि वे संरक्षणकाल में हैं, इससे अधिक और कुछ नहीं।

2. छात्रों को प्रयास तथा त्रुटि (Trial and Error) के सीखने के सिद्धान्त पर छोड़ा नहीं जा सकता, न ही छात्रों को उनकी स्वचालित (Self-directed) तथा स्वत: परिवर्तित क्रियाओं पर।

पाठ्यक्रम के विषय इस प्रकार हैं :

1. व्याकरण (Grammer)
2. तर्क (Logic)
3. अलंकरशास्त्र अथवा वाक्पटुता (Rhetoric)
4. अंक गणित (Arithmetic)
5. रेखागणित (Geometry)
6. खगोल विज्ञान (Astronomy)
7. संगीत (Music)

Hutchins ने पाठ्यक्रम सम्बन्धी सारांश इस प्रकार दर्शाया है। "The pedagogical content of this education may be simply stated. The liberally calculated man must know how to read, write and figure. He must know and understand the ideas that have animated mankind. He must comprehend the tradition in which he lives. He must be able to communicate with his fellow-men. Through familiarity with the best models he must have constantly before him the habitual vision of greatness without which any true education is impossible."

अर्थात् सच्ची शिक्षा वही हो सकती है जो छात्र के सम्मुख महानता का आदर्श रखे। उसके बिना शिक्षा अधूरी है।

उदारतापूर्ण पढ़ाया गया व्यक्ति पढ़ना-लिखना-आंकड़े करना (Traditional 3 R's-Reading, Writing and Arithmatic) सीखे। वह उन विचारों को समझ सके जिससे संसार में सजीवता आती है। वह अपनी उस परम्परा को समझे जिसमें वह रहता है, वह अपने साथियों

के साथ भली-भाँति सम्प्रेषण कर सके। वह सर्वदा अपने सामने आदर्श रखे। महानता की परिकल्पना करे।

III. शिक्षण विधि (Method of Teaching)

चिरस्थायीवाद के अनुसार "Teacher's role is primarily to instruct in the sense of giving aid to the susceptible human substance and above all, to help the learner to reason clearly and to intuit first principles." (Acquinas) इसी लेखक के विचार में "Learning through words becomes more fruitful than learning through senses."

अर्थात् अध्यापक का काम अनुदेशन करना है तथा संवेदनशील व्यक्ति (छात्र) की सहायता करना है। अध्यापक का कार्य उसे तर्क करना सिखाना है तथा प्रथम सिद्धान्तों का अन्तर्ज्ञान बढ़ाना है।

IV. चरित्र निर्माण की शिक्षा (Character Formation Education)

चिरस्थायीवादी चरित्र निर्माण पर बाल्यावस्था से ही बल देते हैं परंतु इस प्रक्रिया में उनकी तर्कशक्ति का हनन नहीं होना चाहिए।

अधिगमकर्ता (सीखनेवाला) का पंचशील (Panchsheel of the Learner)

अधिगमकर्त्ता के पाँच प्रमुख तत्व MARITAIN ने इस प्रकार दर्शाए हैं :

1. सत्य में आस्था (Faith/love of truth)
2. अच्छे तथा न्याय से स्नेह, बहादुरी के कारनामों के प्रति भी स्नेह (The love of good and justice and even the love of heroic acts)
3. अस्तित्व के सन्दर्भ में सरलता तथा मुक्तता से स्नेह (The love of simplicity and openess with regard to existance)
4. अच्छा कार्य करने में सन्तोष की भावना (कार्य के प्रति श्रद्धा, वफादारी की भावना तथा इसके प्रति उत्तरदायित्व) (A sense of job well done respect for the job and feelings of faithfullness and responsibility regarding it.)
5. सहयोग की भावना (A sense of co-operation)

चिरस्थायीवाद की सीमाएँ (Limitations of Perenialism)

1. सबसे महत्वपूर्ण सीमा है कि संसार तेजी से बदल रहा है, विशेषकर 20वीं शताब्दी के दूसरे भाग से 21वीं शताब्दी में तो जीवन के प्रत्येक क्षेत्र में ज्ञान का विस्फोट हो रहा है। अत: 19वीं शताब्दी के विचार शिक्षा क्षेत्र के अनेक पक्षों से मेल नहीं खाते हैं।
2. चिरस्थायीवाद शास्त्रीय विषयों पर बहुत जोर देता है जो कि आज के पाठ्यक्रम के सन्दर्भ में अपनी भूमिका बहुत सीमा तक खो चुके हैं।
3. अधिगमकर्ता की रुचियों तथा अभिरुचियों की चिरस्थायीवाद में अवहेलना की गई है।
4. धार्मिक विचारों पर आवश्यकता से अधिक बल दिया गया है।

एक लेखक ने चिरस्थायीवाद पर चर्चा करते हुए धार्मिक पक्ष पर इस प्रकार के विचार प्रकट किए हैं :

प्रार्थना का गीत इस प्रकार है

मुझे वह प्राचीन समय का धर्म दे
(Give me that old time religion)
मुझे वह प्राचीन समय का धर्म दे
(Give me that old time religion)
मुझे वह प्राचीन समय का धर्म दे
(Give me that old time religion)

21.6 प्रयोगात्मकवाद (Experimentalism)

अर्थ

प्रयोगात्मकवाद का अर्थ उससे है जिसके द्वारा 'कार्य-कारण' सम्बन्ध का अध्ययन किया जाता है। 'वैज्ञानिक ढंग' इस वाद की विशेषता है। इसमें वातावरणवाद पर अधिक-से-अधिक नियन्त्रण रखकर स्थितियों का अध्ययन किया जाता है। परीक्षण के लिए एक विशिष्ट तत्त्व चुन लिया जाता है और उसे अन्य सम्बन्धित तत्त्वों अथवा कारकों से अलग रखा जाता है जो क्रिया तथा व्यवहार पर प्रभाव डाल सके।

परिभाषा

निम्नलिखित परिभाषाएँ इसके विभिन्न पक्षों पर प्रकाश डालती हैं :

1. जॉन डब्लू. बैस्ट (J.W. Best) प्रयोगात्मक विधि इस बात का वर्णन व विश्लेषण करती है कि क्या होगा? या सावधानीपूर्वक नियन्त्रित की गई परिस्थितियों में नया घटक हो सकता है।

2. कैस्टिंजर (Kestinger) प्रयोग का मूलाधार स्वतन्त्र चर (Independent Variable) में परिवर्तन का आश्रित चर (Dependent Variable) पर पड़ने वाले प्रभाव का अध्ययन है।

3. मुनरो तथा एनिंगलहर्ट (Monore and Englehart) शिक्षा में प्रयोग इस प्रकार के शैक्षिक अनुसंधान को कहते हैं जिसमें अनुसन्धानकर्त्ता उस बालक या समूह की शिक्षा से सम्बन्धित तत्त्वों का नियन्त्रण कर उसकी उपलब्धि पर प्रभाव डालता है।

4. जहोदा (Jahoda) नियन्त्रित परिस्थितियों में किए गए निरीक्षण ही प्रयोग हैं।

विशेषताएँ

- प्रयोग से प्राप्त परिणाम विश्वसनीय होते हैं।
- प्रयोग अधिक कुशलता से किया जा सकता है।
- परिणाम वैध होते हैं।
- परिणाम सार्वभौमिक होते हैं।
- प्रयोग व्यापक रूप से किया जा सकता है।
- प्रयोग की पूर्व योजना बनाई जा सकती है तथा प्रयोगकर्त्ता अवलोकन के लिए तैयार हो सकता है।
- प्रयोगात्मक परिणामों की सत्यता को दोहराने की जाँच की जा सकती है।
- इस विधि द्वारा व्यक्ति के विभिन्न पक्षों का सांख्यांक मापन किया जा सकता है।
- प्रयोगों को दोहराया जा सकता है।
- प्रयोग में परिस्थितियों को नियन्त्रित किया जा सकता है।
- प्रयोगात्मक विधि द्वारा शिक्षा की अनेक समस्याओं का समाधान किया जा सकता है।

प्रयोगात्मक विधि की सीमाएँ तथा दोष

1. कारकों पर नियन्त्रण की सीमा : छात्रों के व्यवहार की जटिलता और गतिशीलता के कारण कारकों को नियन्त्रित करना प्राय: कठिन हो जाता है।

2. वैयक्तिक तत्त्वों का प्रभाव : मान्यताएँ परिणामों की व्याख्या करने पर प्रभाव डाल सकती हैं तथा प्रयोग के वैज्ञानिक तत्त्व को दूषित करती हैं।

3. महंगी : इस विधि के प्रयोग में अधिक व्यय की आवश्यकता पड़ती है।

4. सभी प्रयोग छात्रों पर सम्भव नहीं : यदि हम अधिगम (सीखने) की क्रिया पर मस्तिष्क के विभिन्न भागों के प्रभाव का अध्ययन करना चाहें तो यह प्रयोगशाला में करना सम्भव नहीं है।

5. प्रयोगशाला में अस्वाभाविक अथवा कृत्रिम परिस्थितियाँ : कई बार प्रयोग प्रयोगशाला की अस्वाभाविक परिस्थिति में किया जाता है तथा जिस प्रकार प्रयोग किया जाता है वह स्वाभाविक व्यवहारों को छिपाकर बनावटी व्यवहार प्रदर्शित कर सकता है। ऐसी स्थिति में प्राप्त तथ्य तथा आँकड़े शुद्ध नहीं होंगे।

6. प्रयोगकर्त्ताओं के साथ सहयोग की कमी : कभी-कभी प्रयोज्य (जिन पर प्रयोग किया जाता है) प्रयोगकर्त्ताओं के साथ पूरा-पूरा सहयोग नहीं करते हैं।

7. जटिल स्थितियों में प्रयोग : कुछ जटिल मानसिक प्रक्रियाओं और सामाजिक परिस्थितियों का प्रयोगशाला में अध्ययन इस विधि द्वारा कठिन है।

8. लम्बी अवधि : इस विधि में बहुत समय लगता है।

प्रयोगात्मकवाद में अनुसन्धान (Steps in Research in Experimentalism)

1. समस्या की उचित परिभाषा : किसी भी प्रयोग को करने से पहले आवश्यक है समस्या को ठीक ढंग से परिभाषित किया जाए।

2. सम्बन्धित विषय का अध्ययन : समस्या को चुनने और उसके कथन के पश्चात् शिक्षा मनोवैज्ञानिक अथवा शोधकर्त्ता समस्या सम्बन्धी साहित्य का अध्ययन करता है।

प्रयोगात्मक विधि एक दृष्टि में
(Overview of an Experimental Method)

प्रयोगात्मक विधि के मुख्य पग नीचे चित्र में दर्शाए गए हैं :

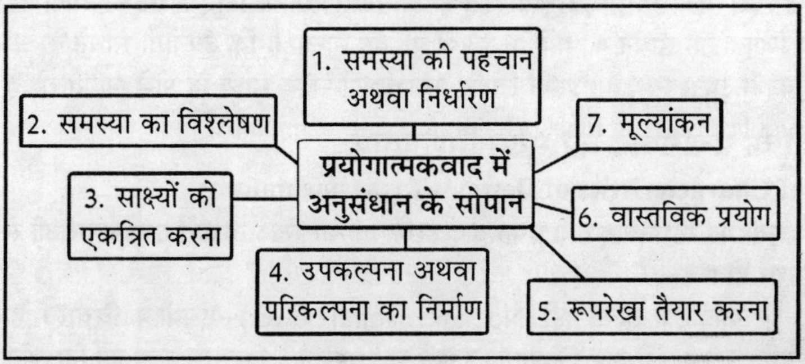

नोट – शैक्षिक दर्शन तथा मनोविज्ञान के प्रयोगों में बहुत अन्तर है क्योंकि शैक्षिक दर्शन की प्रयोगशाला का क्षेत्र बहुत विस्तृत है।

जॉन ड्यूवी के प्रयोगवाद (John Dewey's Experimentalism)

ड्यूवी के दर्शन की नामावली (Nomenclature of Dewey's Philosophy) बहुत विस्तृत है। इसे विभिन्न नामों से पुकारा जाता है जो इस प्रकार हैं–

1. प्रयोगवादी दर्शन (Experimental Philosophy)
2. साधनवादी दर्शन (Philosophy of Instrumentalism)
3. व्यवहारवादी दर्शन (Practical Philosophy)
4. संसारवादी दर्शन (Worldly-wise Philosophy)
5. उपयोगितावादी दर्शन (Utilitarian Philosophy)
6. परिणामवादी दर्शन (Philosophy of Consequentialism)
7. कैश दर्शन (Cash Philosophy)।

प्रयोगवाद का अर्थ (Meaning of Experimentation)

ड्यूवी का दृढ़ विश्वास था कि प्रयोग द्वारा ही सत्य की उत्पत्ति होती है। प्रयोगों पर ही समाज की उन्नति निर्भर रहती है। ड्यूवी ने सत्य की परख के लिए अनुभव पर बल दिया है, अनुभव का आधार प्रयोग है। ड्यूवी ने 1896 में एक प्रयोगशाला विद्यालय (Laboratory School) की स्थापना की ताकि वह विचारों की सत्यता की जाँच कर सके। ड्यूवी का दर्शन व्यावहारिकता पर आधारित है। प्रयोगवाद वास्तविकता का सिद्धान्त है। अत: ड्यवी के अनुसार वास्तविकता सदैव निर्माण की अवस्था में रहती है।

ड्यूवी की यह मान्यता है कि वैज्ञानिक पद्धतियों का अर्थ केवल प्रयोगशाला तक ही सीमित नहीं है, बल्कि विद्यालय में भी उन पद्धतियों का प्रयोग किया जा सकता है। दूसरे शब्दों में वह यह मानते हैं कि शिक्षा की प्रत्येक समस्या का समाधान ढूँढते समय हमें अनवीक्षात्मक दृष्टिकोण (Spirit of Tentativeness) अपनाना चाहिए। ड्यूवी ने दूसरा महत्त्वपूर्ण विचार मन (Mind) की व्याख्या करते हुए दिया है। ड्यूवी के अनुसार मन एक स्थायी अस्तित्व नहीं है। यह अपने में ही कोई वस्तु नहीं है। यह समायोजन की एक प्रक्रिया है और क्रमिक विकास के साथ-साथ इसका स्वरूप भी विकसित होता रहता है। ड्यूवी ने अपने प्रयोगवाद के दर्शन को एक विशेष नाम दिया है और वह है कारणवाद (Instrumentalism)। इसे हम प्रयोजनवाद भी कहते हैं। इस विचारधारा के अनुसार ड्यूवी की सभी शिक्षा योजनाएँ साध्य को उतना महत्त्व ही देती है जिनता कि साधन को क्योंकि ड्यूवी का यह मानना है कि उपयोगी साधन के अभाव में साध्य की कल्पना व्यर्थ है। इसके विरुद्ध आदर्शवादी सदैव साध्य के पीछे भागते रहे हैं।

ड्यूवी के प्रयोगवाद की मुख्य विशेषताएँ
(Chief Characteristics of Dewey's Experimentalism)

ड्यूवी का साधनवाद तथा प्रयोगवाद उसके निम्नलिखित विचारों तथा धारणाओं से स्पष्ट दृष्टिगोचर होता है–

(1) कोई दैवी शक्ति नहीं (No Supernatural Power)–ड्यूवी के विचार में हमें दैवी शक्ति की कल्पना नहीं करनी चाहिए। इनकी यही आस्था है कि परम सत्य का दिग्दर्शन मानव से ही सम्भव है। यह कहना कि ब्रह्माण्ड ही सब कुछ है और मानव की कोई सामर्थ्य नहीं, भ्रमात्मक है।

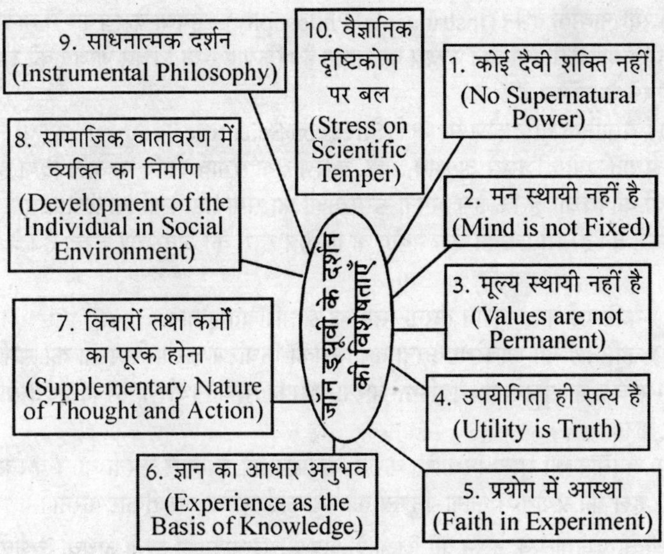

चित्र : जॉन ड्यूवी के दर्शन की विशेषताएँ

(2) मन स्थायी नहीं है (Mind is not Fixed)–ड्यूवी का विचार है कि मन स्थायी नहीं है, वरन् इसके विकास की क्रिया चलती रहती है। मन का सम्बन्ध वातावरण से है। मन वातावरण पर प्रभाव डालता है और स्वयं उससे प्रभावित होता है।

(3) मूल्य निश्चित नहीं है, वरन् वे उत्पन्न किए जाते हैं (Values are not Permanent)–ड्यूवी का मत है कि अनन्त सार्वभौम सत्य के सम्बन्ध में सुनिर्मित धारणा निश्चित करना न केवल असम्भव है, वरन व्यर्थ भी है। ड्यूवी के अनुसार जीवन के मूल्य समय, स्थान एवं व्यक्ति के साथ बदलते रहते हैं। सत्य केवल व्यक्ति का अनुभव मात्र है। अनुभव के द्वारा ज्ञान की वृद्धि होती है तथा सत्य का आगमन होता है। ज्ञान प्राप्ति की विधि प्रयोगात्मक है, 'सब कुछ अस्थायी है और स्थायी न होने के कारण कुछ भी अन्तिम सत्य नहीं है। ज्ञान विशेषत: एक साधन है, साध्य नहीं है।'

(4) उपयोगिता ही सत्य है (Utility is Truth)–संसार में उपयोगिता ही सत्य है।

(5) प्रयोग में आस्था (Faith in Experiment)–जीवन में प्रयोगों का बहुत महत्त्व है। प्रयोगों द्वारा ही सत्य की परख होती है।

(6) अनुभव प्रयोग का आधार है (Experience is the Basis of Experiment)–प्रयोग अनुभव पर निर्भर रहता है।

(7) ज्ञान का आधार अनुभव (Experience as the Basis of Knowledge)–प्रयोग अनुभव तथा ज्ञान एक प्रकार से एक-दूसरे पर निर्भर रहते हैं।

(8) सामाजिक वातावरण में व्यक्ति का निर्माण (Development of the Individual in Social Environment)–मानव एक सामाजिक प्राणी है तथा उसका विकास समाज में ही हो सकता है। सामाजिक वातावरण में विभिन्न प्रकार के अनुभव प्राप्त होते हैं जो वास्तविक जीवन से सम्बन्धित रहते हैं।

(9) साधनात्मक दर्शन (Instrumental Philosophy)–ड्यूवी के विचार में मानव जीवन की प्रत्येक क्रिया किसी निश्चित उद्देश्य का साधन है। क्रियाएँ तथा विचार जीवन की समस्याओं को हल करने के साधन हैं।

(10) वैज्ञानिक दृष्टिकोण पर बल (Stress on Scientific Temper)–ड्यूवी ने विज्ञान के तत्त्वों अर्थात प्रयोग जिसमें अनुभव, तर्क, कारण तथा प्रभाव आदि पर बल दिया है।

ड्यूवी का विचार है कि हम अपनी समस्याओं का समाधान वैज्ञानिक प्रयोगात्मक विधियों द्वारा ही करते हैं। हमारा चिन्तन एक प्रयोग के विभिन्न स्तरों का अनुसरण करता है। वे स्तर इस प्रकार हैं-

(क) कठिनाई का अनुभव करना-समस्या से परिचित होना।

(ख) कठिनाई की व्यवस्था करना तथा उसका निर्धारण करना-समस्या को समझना।

(ग) सूचना को ढूँढना व व्यवस्थित करना-उसका मूल्य निर्धारण करना, प्रदत्त सामग्री का वर्गीकरण करना।

(घ) अनुमान का मूल्य निर्धारित करना-अनुमान को स्वीकार करना या न करना।

(ङ) हल को प्रयोग में लाना-निर्णय को स्वीकार अथवा अस्वीकार करना।

ड्यूवी के प्रयोगात्मक दर्शन की शिक्षा के क्षेत्र में झलक निम्न तत्त्वों अथवा विशेषताओं से स्पष्ट दृष्टिगोचर होती है–

(1) शिक्षा का कोई पूर्व निर्धारित उद्देश्य नहीं है।

(2) शिक्षा का नया अर्थ लिया गया है। उसे अनुभवों का नव-निर्माण तथा पुनर्गठन माना गया है।

(3) शिक्षा द्वारा नए मूल्यों की स्थापना होती है। नए मूल्यों का आधार प्रयोग है न कि विचार।

(4) 'करके द्वारा' ही सीखा जा सकता है।

(5) प्रत्यक्ष अनुभव ही ज्ञान प्राप्ति का साधन है।

(6) प्रयोग द्वारा ही सभी समस्याओं का समाधान निकाला जा सकता है।

(7) उपयोगिता ही वास्तविकता है। अत: शिक्षा व्यावहारिक हो।

(8) क्रिया का महत्त्व विचारों से बहुत अधिक है।

(9) अनुभव ज्ञान का आधार है।

(10) समाज के एकत्रित अनुभवों अर्थात् विरासत का कोई महत्त्व नहीं है।

(11) वही ज्ञान प्राप्त करना उचित है जो उपयोगी हो तथा साधन हो। ज्ञान, ज्ञान के लिए नहीं है। ज्ञान का आधार उसकी वास्तविक उपयोगिता है। कर्म द्वारा ही ज्ञान प्राप्त होता है।

ड्यूवी के प्रयोगवाद का शिक्षा के विभिन्न पक्षों पर प्रभाव
(Impact of Dewey's Experimentalism on Education)

(I) ड्यूवी का शिक्षा दर्शन तथा इसकी विशेषताएँ
(Dewey's Philosophy of Education and Its Characteristics)

ड्यूवी के दर्शन के सन्दर्भ में उसके शिक्षा दर्शन की निम्न विशेषताएँ हैं-

1. शिक्षा का अर्थ तथा परिभाषा (Definition and Meaning of Education)–शिक्षा व्यक्ति की उन योग्यताओं का विकास करती है जो उसमें अपने वातावरण पर नियन्त्रण रखने

तथा अपनी सम्भावनाओं को पूर्ण करने की सामर्थ्य प्रदान करे (Education is the development of all those capacities in the individual which will enable him to control his environment and fulfil his possibilities)।

2. शिक्षा अनुभवों का पुनर्निर्माण (Education as Reconstruction of Experience)–ड्यूवी ने कहा, 'शिक्षा समाज में निहित विषय-वस्तु को विकसित तथा गम्भीर बनाने के लिए अनुभवों के पुनर्निर्माण की एक अनवरत प्रक्रिया है, जिसके साथ व्यक्ति उन अनुभवों के पुनर्निर्माण सम्बन्धी सभी विषयों पर पूर्ण रूप से नियन्त्रण प्राप्त कर लेता है या पूर्ण रूप से उनका अभ्यस्त हो जाता है।'

'शिक्षा से तात्पर्य अनुभव को विकसित, परिवर्तित और संशोधित करना है। शिक्षा एक ऐसी प्रक्रिया है जो सतत् रूप से अनुभवों का नव-निर्माण तथा पुनर्गठन करती है।' ड्यूवी का विचार है कि जीवन की प्रगति केवल अनुभव के आधार पर ही हो सकती है। हमारे अनुभवों में प्रतिक्षण परिवर्तन आते रहते हैं। पुनर्गठन तथा नव-निर्माण की क्रिया सदैव चलती रहती है।

3. शिक्षा सतत् क्रिया (Education as Continuous)–ड्यूवी ने लिखा है, 'शिक्षा अनुभव की होती है, आत्म-अनुभव द्वारा होती है तथा अनुभव के लिए होती है। उन्होंने इसी सम्बन्ध में कहा है, शिक्षा एक ऐसी क्रिया है जो सतत् रूप से अनुभवों का नव-निर्माण तथा पुनर्संगठन करती है' (Education is Reconstruction and Reorganization of Experience)।

4. मन का गत्यात्मक विकास (Motor Development of Mind)–शिक्षा का कार्य मन का इस प्रकार विकास करना है कि वह गत्यात्मक अथवा गतिशील हो जो सभी परिस्थितियों में साधन-सम्पन्न एवं साहसयुक्त हो तथा जिसमें अज्ञात भविष्य के मूल्यों के निर्माण की क्षमता हो।

5. विकास में सहायक होना (Helpful in Growth)–ड्यूवी ने शिक्षा के कार्य पर प्रकाश डालते हुए लिखा है, 'शिक्षा का कार्य असहाय प्राणी के विकास में सहायता पहुँचाना है जिससे वह सुखी, नैतिक तथा कुशल मानव बन सके।'

6. शिक्षा तथा समाज का अस्तित्व (Education and Society's Existence)–ड्यूवी ने समाज के लिए शिक्षा की उपयोगिता को इस प्रकार दर्शाया है, 'जिस प्रकार जीवन पोषण तथा सन्तानोत्पादन की क्रिया शारीरिक जीवन के लिए करता है, उसी प्रकार शिक्षा सामाजिक जीवन के लिए करती है' (What nutrition and reproduction are to the physiological life, education is to social)।

7. शिक्षा सामाजिक क्रिया के रूप में (Education as Social Process)–शिक्षा की प्रक्रिया सामाजिक है अर्थात व्यक्ति को सामाजिक वातावरण में रखकर ही शिक्षा का उचित प्रबन्ध किया जा सकता है। इसलिए ड्यूवी का कथन है, 'सामाजिक वातावरण में उसके किसी भी सदस्य की सभी क्रियाएँ आ जाती हैं। इसका प्रभाव उतनी ही मात्रा में वास्तव में शिक्षा देने वाला होता है जितनी मात्रा में एक मनुष्य समाज की सहयोगी क्रियाओं में हिस्सा लेता है।'

शिक्षा के इस कार्य को महत्त्वपूर्ण बताते हुए ड्यूवी ने लिखा है, 'शिक्षा में अति निश्चित और अल्पतम साधनों द्वारा सामाजिक और संस्थागत उद्देश्य के साथ-साथ समाज के कल्याण, प्रगति और सुधार में रुचि का पुष्पित होना पाया जाता है।'

8. औपचारिक शिक्षा (Formal Education)–ड्यूवी ने लिखा है 'औपचारिक शिक्षा के बिना जटिल समाज के साधनों तथा उपलब्धियों को हस्तान्तरित करना सम्भव नहीं है। वह एक

ऐसे अनुभव की प्राप्ति का द्वार खोलती है, जिसको बालक दूसरों के साथ रहकर अनौपचारिक शिक्षा के द्वारा प्राप्त नहीं कर सकते हैं।'

9. शिक्षा द्वारा वातावरण पर अधिकार (Control over Environment through Education)–ड्यूवी ने लिखा है, 'शिक्षा व्यक्ति की उन सब शक्तियों का विकास है, जिनसे वह अपने वातावरण पर अधिकार प्राप्त कर सके और अपनी भावी आशाओं को पूरा कर सके।'

वातावरण का रूप परिवर्तन करके उस पर अधिकार रखने की आवश्यकता की ओर संकेत करते हुए जॉन ड्यूवी ने लिखा है, 'वातावरण से पूर्ण अनुकूलन करने का अर्थ है-मृत्यु। आवश्यकता इस बात की है कि वातावरण पर नियन्त्रण रखा जाए।'

10. शिक्षा जीविका प्राप्ति के लिए–ड्यूवी के अनुसार, 'यदि एक व्यक्ति जीविका प्राप्त करने में असमर्थ है तो इस बात की आशंका है कि वह स्वयं चरित्र भ्रष्ट हो जाए और दूसरों को हानि पहुँचाये।'

11. जनतन्त्र तथा शिक्षा–ड्यूवी ने लिखा है, 'लोकतन्त्र केवल सरकार का रूप न होकर उससे भी अधिक कुछ है। यह मुख्यत: सहयोगी जीवन और सम्मिलित रूप से दिए गए अनुभव की विधि है।'

ड्यूवी ने लोकतन्त्र के लिए शिक्षा की आवश्यकता पर प्रकाश डालते हुए लिखा है, 'लोकतन्त्र में इस प्रकार की शिक्षा होनी चाहिए, जिससे व्यक्तियों की सामाजिक सम्बन्ध और नियन्त्रण में व्यक्तिगत रुचि उत्पन्न हो और उनमें ऐसी मानसिक आदतों का निर्माण हो, जिनसे अव्यवस्था उत्पन्न हुए बिना सामाजिक परिवर्तन का होना सम्भव हो।'

(II) शिक्षा के उद्देश्य (Aims of Education)

ड्यूवी ने शिक्षा के उद्देश्यों के बारे में इस प्रकार कहा है कि 'शिक्षा के उद्देश्य नहीं होते हैं। उद्देश्य केवल व्यक्तियों के होते हैं और व्यक्तियों के उद्देश्य बहुत भिन्न होते हैं। बालकों में विभिन्नताएँ होती हैं। जैसे-जैसे बालक बड़े होते जाते हैं, वैसे-वैसे उनके उद्देश्य बदलते रहते हैं।'

ड्यूवी के विचारों का अध्ययन करने के पश्चात् शिक्षा के उद्देश्यों को हम दो प्रकार से बाँट सकते हैं–

(i) व्यक्तिगत उद्देश्य (Individual Aims)

(ii) सामाजिक उद्देश्य (Social Objectives)

व्यक्तिगत उद्देश्य–व्यक्तिगत उद्देश्य दो प्रकार के होते हैं–

(क) व्यक्ति को उन मूल्यों तथा समस्याओं का निर्धारण करने में सहायता देना जो उसके लिए तत्कालिक महत्त्व के हों।

(ख) व्यक्ति को इस योग्य बनाना कि वह अपने अनुभव से ये मूल्य धारण कर सकें तथा समस्याओं का समाधान कर सकें।

(III) सामाजिक दृष्टि से शिक्षा के उद्देश्य (Aims of Education According to Social Point of View)

ड्यूवी ने सामाजिक दृष्टि से शिक्षा का उद्देश्य व्यक्ति में सामाजिक कुशलता (Social Efficiency) का विकास करना बताया है। एक सामाजिक कुशल व्यक्ति में निम्नलिखित विशेषताएँ होती हैं–

(i) आर्थिक कुशलता अर्थात् जीवन-यापन की योग्यता।

(ii) जनतन्त्र के मूल्यों को समझना तथा इन मूल्यों पर आचरण करना।

(iii) सकारात्मक कुशलता (Positive Efficiency)।

(iv) नकारात्मक कुशलता (Negative Efficiency)—नकारात्मक कुशलता का अर्थ उन सब अनैतिक कामनाओं तथा इच्छाओं को सन्तुष्ट होने से रोकना, जिनके सन्तुष्ट होने से प्रत्यक्ष या अप्रत्यक्ष रूप से सामाजिक विकास में बाधा पड़े।

(IV) ड्यूवी द्वारा प्रस्तावित पाठ्यक्रम (Curriculum According to Dewey)

ड्यूवी ने प्रचलित पाठ्यक्रम की आलोचना की तथा निम्नलिखित नवीन सिद्धान्तों को प्रतिपादित किया—

(i) उपयोगिता का सिद्धान्त (Principle of Utility)—ड्यूवी ने पाठ्यक्रम के निर्माण में उपयोगिता के सिद्धान्त पर सबसे अधिक बल दिया है। इनके विचार में पाठ्यक्रम में केवल उन विषयों तथा क्रियाओं को महत्त्व देना चाहिए, जो उपयोगी हों।

(ii) सामाजिक अनुभव का सिद्धान्त (Principle of Social Experience)—विकास सामाजिक वातावरण में ही सम्भव है। अतः हमें सामाजिक अनुभवों की महत्ता को समझकर विद्यालय में उनका प्रबन्ध करना चाहिए।

(iii) पाठ्यक्रम बालक की रुचियों के अनुसार (Curriculum of Students' Interests)—चूँकि प्रत्येक बालक दूसरे से भिन्न है। अतः पाठ्यक्रम का निर्धारण इस प्रकार किया जाना चाहिए कि पाठ्यक्रम बालकों की मूल प्रेरणाओं, प्रवृत्तियों तथा रुचियों के अनुसार हो।

(iv) जीवन से पाठ्यक्रम का सम्बन्ध (Relationship of Curriculum to Life)-पाठ्यक्रम के विषय जीवन से सम्बन्धित होने चाहिए।

(v) पाठ्यक्रम में लचीलापन (Curriculum of Flexibility)—ड्यूवी ने इस बात पर जोर दिया है कि स्थिति के अनुसार पाठ्यक्रम में परिवर्तन लाकर इसे लचीला बना दिया जाए। पाठ्यक्रम का निर्धारण पहले से नहीं किया जा सकता।

(vi) पाठ्यक्रम क्रियाओं द्वारा (Curriculum of Doing)—ड्यूवी का कहना है कि पाठ्यक्रम को विषय की कोठरियों में बन्द नहीं किया जाना चाहिए क्योंकि इस प्रकार शिक्षा केवल विभिन्न विषयों का ज्ञान मात्र अर्थात् स्मरण ही बनकर रह जाएगी। बालक के व्यक्तित्व का विकास नहीं हो पाएगा। पाठ्यक्रम विभिन्न क्रियाओं तथा अनुभवों पर आधारित होना चाहिए।

(vii) पाठ्यक्रम तथा समन्वय का सिद्धान्त (Principle of Correlation)—पाठ्यक्रम के विभिन्न विषयों में समन्वय होना चाहिए।

(viii) पाठ्यक्रम में कला-कौशल (Principle of Creativity)—बालकों को सृजनात्मक अनुभव प्रदान करने के लिए ड्यूवी ने कला-कौशल को महत्त्व दिया है।

(ix) क्रिया द्वारा नैतिक तथा धार्मिक शिक्षा (Principle of Moral Education through Collective Activities)—ड्यूवी ने इन विषयों को अलग से पढ़ाना उचित नहीं समझा है। इनका विचार है कि सामूहिक क्रियाओं में भाग लेने से नैतिक तथा धार्मिक गुणों का विकास होता है।

(V) अध्यापक का स्थान (Role of the Teacher)

ड्यूवी ने शिक्षा प्रक्रिया में अध्यापक को विशेष स्थान दिया है। उन्होंने समाज के हित की दृष्टि से अध्यापक को ईश्वर का प्रतिनिधि माना है।

ड्यूवी के विचार में, 'अध्यापक, योजना-नायक, पथ-प्रदर्शक तथा निरीक्षक (Planner, Guide and Judge) है। उसे बालकों पर अपनी आज्ञाएँ नहीं थोपनी चाहिए। शिक्षक शैक्षिक प्रक्रिया के ड्रामे का कलाकार न होकर ड्रामे का संयोजक होता है। वह बालकों के लिए सुन्दर तथा सामाजिक वातावरण का निर्माण करता है।

(VI) ड्यूवी के अनुसार अनुशासन (Discipline According to Dewey)

ड्यूवी का विचार है कि विद्यालय का अनुशासन सामाजिक वातावरण से उत्पन्न एक सामूहिक प्रयत्न के रूप में होना चाहिए। इन्होंने 'सामूहिक एवं सहकारी जीवन' का सिद्धान्त प्रस्तुत किया है। ड्यूवी ने व्यक्तिगत अनुशासन की अपेक्षा सामाजिक अनुशासन पर बल दिया है।

ड्यूवी का विचार है कि उद्देश्यपूर्ण क्रिया-कलापों द्वारा बालकों की नैतिक अन्तर्दृष्टि का विकास होगा तथा ये आत्म-नियन्त्रण तथा सामाजिक मूल्यों के महत्त्व को समझेंगे।

ड्यूवी ने सामाजिक अनुशासन सम्बन्धी दो बातों पर बल दिया है–(1) सामाजिक क्रियाओं द्वारा अनुशासन, (2) स्वतन्त्रता का सिद्धान्त।

(VII) शिक्षण विधियाँ (Methods of Teaching)

ड्यूवी ने निम्न शिक्षण विधियों पर बल दिया है–

1. क्रिया द्वारा सीखना(Learning by doing)
2. अन्वेषण विधि (Enquiry Method)
3. समस्या विधि (Problem Method)
4. प्रोजेक्ट विधि (Project Method)
5. स्व-शिक्षा विधि (Self-Education Method)
6. खेल विधि (Play-way Method)
7. स्व-शासन विधि (Self-government Method)

(VIII) ड्यूवी के विद्यालय के बारे में विचार (Dewey's Views on School)

ड्यूवी ने अपने समय के विद्यालयों की कड़ी आलोचना की। ड्यूवी ने अनुभव किया कि विद्यालयों का समय के साथ न बदलना ही उसका एक बड़ा भारी दोष है, ड्यूवी ने कहा कि औद्योगिक विकास के कारण तथा प्रतिदिन के वैज्ञानिक आविष्कारों से समाज में भारी परिवर्तन आता है। अत: विद्यालयों में भी इस प्रकार परिवर्तन की आवश्यकता है। इन्होंने विद्यालयों के नव संगठन पर बल दिया।

ड्यूवी के अनुसार (1) स्कूल बाहरी जीवन का सार (Epitome) है।

(2) स्कूल समाज का लघु रूप (Society in Miniature) है।

(3) स्कूल बड़ा परिवार (Lengthened Family) है।

एक आदर्श स्कूल के कार्य तथा विशेषताएँ (Functions and Characteristics of an Ideal School)–स्कूल के स्वरूप के सम्बन्ध में ड्यूवी ने इस प्रकार विचार व्यक्त किया है,

'स्कूल एक सामाजिक संस्था है। यह समाज से जुड़ा रहना चाहिए। साधारण रूप से स्कूल एक सामुदायिक जीवन है जिसमें वे सभी साधन केन्द्रित हैं जो बच्चे को समाज के परम्परागत स्रोतों का उपयोग करने तथा उसे सामाजिक उद्देश्यों की प्राप्ति के लिए अपनी शक्ति का प्रयोग करने के लिए क्षमता प्रदान करते हैं।'

ड्यूवी के अनुसार आदर्श स्कूल की निम्न विशेषताएँ हैं–

1. आदर्श परिवार (Ideal Family)–स्कूल एक बड़ा परिवार है, परन्तु ऐसा परिवार जिसके सदस्य परस्पर स्नेह तथा विश्वास रखकर सहयोग के साथ कार्य करते हैं।

2. आदर्श लघु समाज (Ideal Mini Society)–स्कूल समाज का ऐसा दर्पण है जो समाज की अच्छाइयों की ओर बच्चों का ध्यान दिलाता है तथा प्रयास करता है कि लघु समाज के रूप में यह आदर्श वातावरण प्रस्तुत करें। समाज की कुरीतियों से छात्रों को सावधान करता है।

3. समाज का साधारण रूप (Simple Form of Society)–समाज में अनेक पेचीदगियाँ (Complexities) हैं। इन्हें साधारण रूप से बच्चों के सम्मुख प्रस्तुत करने के प्रयास स्कूल द्वारा किए जाने चाहिए।

4. तालमेल बैठाना (Balancing)–समाज के वातावरण में अनेक विभिन्नताएँ तथा विसंगतियाँ हैं। स्कूल का कार्य है कि इनमें तालमेल स्थापित करके बच्चों के सम्मुख सन्तुलित वातावरण प्रदान करे।

5. बाल-केंद्रित शैक्षिक संस्था (Child Centered Educational Institution)–स्कूल बालक को शिक्षा के नाटक में नायक का स्थान दें अर्थात् उसकी रुचियों, अभिरुचियों तथा क्षमता को ध्यान में रखकर पाठ्यक्रम में उचित अनुभवों की व्यवस्था करे।

6. करके सीखने की व्यवस्था (Learning by Doing)–विद्यालय में भाषणों आदि पर जोर न देकर 'करके सीखने' पर बल दिया जाए।

7. एक साथ कार्य करने तथा रहने की कला का प्रशिक्षण (Training in the Art of Working and Living Together)–स्कूल केवल औपचारिक शिक्षा प्रदान करने का स्थान नहीं है। उसका एक प्रमुख कार्य है कि छात्रों को साथ रहने की कला में प्रशिक्षण दे।

8. स्कूल प्रयोगशाला (School as a Laboratory)–स्कूल का कार्य इस प्रकार का वातावरण प्रदान करना है, जिसमें छात्र अन्वेषण का आनन्द ले।

9. स्व-अनुशासन तथा सामाजिक अनुशासन (Self-discipline and Social Discipline)–छात्रों को विभिन्न प्रकार के प्रभावी कार्यक्रमों में भाग लेने के पर्याप्त अवसर दिए जाने चाहिए। स्कूल में सृजनात्मकता के विकास के लिए अनेक अवसर दिए जाने चाहिए।

संक्षेप में ड्यूवी के अनुसार स्कूल में इस प्रकार की विशेषताएँ वांछनीय हैं–

1. विद्यालय एक आदर्श सामाजिक संस्था है।
2. विद्यालय द्वारा सामाजिक प्रगति तथा समाज कल्याण की चेष्टा की जाती है।
3. विद्यालय समाज का आदर्श तथा लघु रूप है।
4. विद्यालय समाज के लिए उपयोगी क्रियाओं को सरल, शुद्ध तथा सन्तुलित रूप में प्रस्तुत करता है।
5. विद्यालय में छात्र के व्यक्तित्व विकास पर सामाजिक वातावरण में बल दिया जाता है।
6. विद्यालय में बालक को विभिन्न अनुभव प्राप्त कराने के लिए पर्याप्त अवसर प्रदान किए जाते हैं।

7. विद्यालय में बालकों को मिल-जुलकर रहना और सहयोग की भावना को अपनाना सिखाया जाता है।

8. विद्यालय में आदर्श घर जैसा वातावरण प्रस्तुत करने पर बल दिया जाता है। विद्यालय में उन शैक्षिक क्रियाओं का आयोजन किया जाता है जो घर के जीवन पर आधारित हों।

9. विद्यालयों में जनतन्त्रीय वातावरण पर बल दिया जाता है ताकि बालकों को नागरिकता की शिक्षा दी जा सके।

10. विद्यालय में बालकों को इस प्रकार की व्यावसायिक शिक्षा दी जाती है कि उनका सामाजिक तथा व्यक्तिगत विकास हो।

ड्यूवी का शिकागो में 'प्रयोगात्मक विद्यालय' (Laboratory School)–ड्यूवी ने अपने विचारों को कार्यरूप में परिणत करने के लिए 1896 में इस विद्यालय की स्थापना की। इस विद्यालय में तत्कालीन शिक्षा प्रणाली का परित्याग कर अपने विचारों के अनुसार व्यवस्था की। यह विद्यालय ड्यूवी के शिक्षा सिद्धान्तों के परीक्षण का केन्द्र था। इसमें सिद्धान्तों की आलोचना भी की जाती थी तथा नवीन सत्यों की खोज होती थी।

चार से चौदह वर्ष की विभिन्न आयु के बालक इस विद्यालय में आठ या दस की संख्या में छोटे-छोटे वर्गों में विभाजित कर दिए जाते थे।

ड्यूवी के प्रयोगवाद की सीमाएँ (Limitations of Dewey's Experimentalism)

1. शिक्षा में उद्देश्यों का न होना (Absence of Objectives in Education)– प्रयोगवाद में शिक्षा के निर्धारित उद्देश्य नहीं हो सकते। बिना उद्देश्यों के शिक्षा अधूरी है।

2. किसी सिद्धान्त को सत्य न मानना (Non-Belief in any Principle)–किसी भी सिद्धान्त में विश्वास न करना दोषपूर्ण प्रवृत्ति है।

3. उपयोगिता पर अनावश्यक बल (Undue Emphasis on Utility)–प्रयोगवाद उपयोगिता पर आवश्यकता से अधिक बल देता है। इस प्रकार की विचारधारा भौतिकवाद पर अधिक बल देती है जो मानव विकास के लिए अच्छा नहीं है। हमें भौतिकवाद का दास बनाती है। संसार में झगड़ा, ईर्ष्या, निर्दयता आदि पर बल देती है।

4. सामाजिक धरोहर की अवहेलना (Disregard of Cultural Heritage)–प्रयोगवाद समाज के एकत्रित अनुभवों अर्थात् धरोहर को कोई महत्त्व नहीं देता। हर व्यक्ति के लिए सम्भव नहीं कि वह प्रयोगवाद द्वारा नए सिद्धान्तों का प्रतिपादन करे।

5. केवल प्रत्यक्ष अनुभवों पर विश्वास (Faith only in Direct Experiences)–ज्ञान केवल प्रत्यक्ष अनुभव पर ही आधारित नहीं रहता। इसके अनेक स्रोत हैं। हिमालय की सर्वोच्च चोटी पर प्रत्येक व्यक्ति नहीं पहुँच सकता।

6. नैतिकता पर उचित बल न देना (Less Emphasis on Morality)–प्रयोजनवाद ने नैतिकता के बारे में कोई सन्तोषजनक विचार प्रस्तुत नहीं किया है।

7. शारीरिक शिक्षा पर कम ध्यान (Less Stress on Physical Education)–प्रयोजनवाद ने पाठ्यक्रम में शारीरिक शिक्षा की अवहेलना की है।

8. मनोरंजन पक्ष की अवहेलना (Neglect of Hobbies)–प्रयोजनवाद ने अवकाश के समय की आवश्यकता को कोई महत्व नहीं दिया है।

9. पाठ्यक्रम केवल क्रियाएँ ही (Curriculum only in term of Activities)—पाठ्यक्रम को केवल क्रियाओं का समूह समझना ठीक प्रतीत नहीं होता है जैसा कि प्रयोजनवादी मानते हैं।

ड्यूवी का वर्तमान शिक्षा पर प्रभाव (Impact of Dewey's Views on Modern Education)

शिक्षा का कोई भी प्रमुख क्षेत्र ऐसा नहीं है जिसे ड्यूवी के विचारों ने प्रभावित न किया हो। सबसे महत्त्वपूर्ण तत्त्व यह है कि उसने अपने सिद्धान्तों का व्यावहारिक परीक्षण किया। सिद्धान्तों की सत्यता को परखा तथा अनुभव के आधार पर उनमें वांछित संशोधन भी किए।

ड्यूवी ने शिक्षा सम्बन्धी सैद्धान्तिक तथा व्यावहारिक विचारधारा पर अपूर्व प्रभाव डाला है। इनकी विचारधारा के आधार पर 'एक्टीविटी स्कूल' (Activity Schools) खोले गए।

ड्यूवी ने शिक्षा के क्षेत्र में रूढ़िवादिता का घोर विरोध किया। मानव जीवन की परिवर्तित एवं परिवर्तनशील स्थितियों के लिए एक उपयुक्त शिक्षा दर्शन का प्रस्तुतीकरण किया। इनके प्रयोगात्मक एवं सैद्धान्तिक कार्यों ने शिक्षा का पुनर्मनोवैज्ञानिकीकरण किया है तथा इनको समाजीकरण, औद्योगिक एवं वैज्ञानिक रूप प्रदान किया है।

मुख्य तौर पर ड्यूवी ने निम्नलिखित शैक्षिक क्षेत्रों पर अपना प्रभाव डाला–

(1) शिक्षा को सक्रियता प्रदान की गई है।

(2) शिक्षा का नया अर्थ लिया जाने लगा है। इसे अनुभवों का नव-निर्माण और पुनर्गठन कहा जाने लगा है। शिक्षा में सामाजिक तथा प्रजातान्त्रिक मूल्यों पर बल दिया जाने लगा है।

(3) शिक्षा के उद्देश्य पर नवीन दृष्टिकोण से विचार होने लगा है।

(4) विद्यालय के कार्यों में समाज के परिवर्तन के अनुकूल परिवर्तन लाना अच्छा समझा जाने लगा है।

(5) विद्यालय को समाज का आदर्श लघु रूप समझा जाने लगा है।

(6) विद्यालय में ऐसी शिक्षा पर बल दिया जाने लगा है, जो छात्रों की सामाजिक भावना का विकास करे।

(7) विद्यालय का कार्य जनतन्त्र की भावना का विकास करना समझा जाने लगा है।

(8) विद्यालय को समाज की प्रगति तथा उत्थान का साधन माना जाने लगा है।

(9) विद्यालय में सामूहिक कार्यक्रम को प्रोत्साहन देना अच्छा समझा जाने लगा है।

(10) पाठ्यक्रम पर नवीन दृष्टिकोण से विचार होने लगा है।

(11) पाठ्यक्रम को सक्रियता प्रदान की गई है।

(12) पाठ्यक्रम में हस्तकला इत्यादि पर विशेष बल दिया जाने लगा है।

(13) बालक को अनुभव के आधार पर शिक्षा देना अच्छा समझा जाने लगा है।

(14) अध्यापक का स्थान महत्त्वपूर्ण समझा जाने लगा है।

(15) अनुशासन को सामाजिक अनुशासन का रूप दिया जाने लगा है।

(16) शिक्षण में चिन्तन को प्रोत्साहित करना अच्छा समझा जाने लगा है।

(17) समन्वय का सिद्धान्त महत्त्वपूर्ण माना जाने लगा है।

(18) शिक्षण प्रणाली में प्रयोजन विधि को अच्छा समझा जाने लगा है।

21.6 पुनर्निर्माणवाद (Reconstructionalism)

पुनर्निर्माण के प्रवर्तक (Propounders of Reconstructionalism)

पुनर्निर्माण के प्रमुख प्रवर्तक निम्नलिखित हैं :

1. जॉन ड्यूवी 1859-1952 (John Dewey)
2. थियोडॉरे ब्रेमिलड 1904-1957 (Theodore Brameld)
3. जॉर्ज कॉउंटस (George Counts)

इनमें से जॉन ड्यूवी के दर्शन को प्रयोगवादी दर्शन तथा पुनर्निर्माणवादी दर्शन भी कहा जाता है। वास्तव में उनके दर्शन में कई दर्शनों का मिलान है। उन्होंने इस विषय पर एक महत्त्वपूर्ण पुस्तक लिखी *'Reconstruction in Philosophy'* (1920). उनकी अन्य पुस्तकों में *'Essays in Experimental Logic'* (1916), *'Experience in Education'* (1938) तथा *'Philosophy of Education*' (1958) में भी पुनर्निर्माण की झलक दिखाई देती है।

जॉन ड्यूवी के पुनर्निर्माणवाद की विशेषताएँ (Characteristics of John Dewey's Reconstructionalism)

1. शिक्षा की परिभाषा तथा अर्थ (Definition and Meaning of Education)– शिक्षा अनुभवों का पुनर्निर्माण है। (Education is Reconstruction of Experience) ड्यूवी ने लिखा 'शिक्षा समाज में निहित विषय-वस्तु को विकसित तथा गम्भीर बनाने के लिए अनुभवों के पुनर्निर्माण की एक अनवरत प्रक्रिया है, जिसके माध्यम से व्यक्ति उन अनुभवों के पुनर्निर्माण सम्बन्धी सभी विषयों पर पूर्ण रूप में नियन्त्रण प्राप्त कर लेता है या पूर्ण रूप से उनका अभ्यस्त हो जाता है।

अनुभव एक प्रकार से शिक्षा के पुनर्निर्माण का साधन है, साध्य नहीं।

2. शिक्षा सतत् प्रक्रिया (Education as a Continuous Process)–शिक्षा एक ऐसी प्रक्रिया है जो सतत् रूप से अनुभवों का नवनिर्माण तथा पुनर्गठन करती है। (Education is Reconstruction and Reorganization of Experience)

3. स्कूल प्रयोगशाला के रूप में (School as a Laboratory)–शिकागो स्थित 'प्रयोगात्मक विद्यालय' (Laboratory School) ड्यूवी की विचारधारा को परखने का केन्द्र था। इसी स्कूल में उनके शैक्षिक पुनर्निर्माण सम्बन्धी प्रयोग किए जाते थे।

थियोडॉरे ब्रेमिल्ड (Theordore Brameld)

संक्षिप्त जीवन-चरित्र (Brief Life Sketch)

थियोडॉरे ब्रेमिल्ड एक प्रसिद्ध दार्शनिक तथा शिक्षाविद् थे, जिन्होंने पुनर्निर्माण शैक्षिक दर्शन का विकास किया। वे ड्यूवी के विचारों से बहुत प्रभावित हुए। उन्होंने इस बात पर बहुत जोर दिया कि स्कूल इस पुनर्निर्माण में महत्त्वपूर्ण भूमिका निभा सकते हैं। उन्होंने कक्षा के अन्दर तथा बाहर तर्क तथा वाद-विवाद का स्वागत किया। वर्ष 1930 में उन्होंने शिकागो विश्वविद्यालय से दर्शन में पी-एच. डी. की उपाधि प्राप्त की। उसके पश्चात् (Long Island University, New York University and Boston University) में कार्य किया।

ब्रेमिल्ड ने एक क्रान्तिकारी दर्शन अपनाने पर आग्रह किया। उन्होंने सामाजिक सुधार के लिए एक रूपरेखा (Blue Print) भी तैयार किया इसमें आर्थिक शोषण तथा असमानता आदि

पर कुठाराघात किया। इस सन्दर्भ में उन्होंने एक पुस्तक समकालीन विषमताओं पर लिखी। पुस्तक का शीर्षक था *'Minority Problems in Public Schools'* (1945). इसी सन्दर्भ में उन्होंने एक और पुस्तक लिखी *'Ends and Means in Education: A Midcentury Appraisal'* (1950).

शैक्षिक पुनर्निर्माण का अर्थ (Meaning of Educational Reconstruction)

शैक्षिक पुनर्निर्माण का अर्थ उस शिक्षा-व्यवस्था से है जो देश की समस्याओं के सन्दर्भ में सुधार का कार्य करे। तत्कालीन अमरीका में जीवन के विभिन्न क्षेत्रों में कई प्रकार की असमानताएँ थीं। शिक्षा का कार्य उन्हें दूर करना था। यह कार्य तभी हो सकता था जबकि शिक्षा में वांछित सुधार लाए जाएँ।

स्कूल एक प्रयोगशाला के रूप में (School as a Laboratory)

ब्रेमिल्ड ने अपने कार्यों का क्रियान्वयन करने तथा परखने के लिए Floodwood, Minnesota में एक स्कूल की स्थापना की। वहां पर उन्होंने छात्रों के साथ मिलकर कार्य किया। उन्होंने यहाँ पर जनतान्त्रिक उद्देश्यों का विकास किया। उन्होंने कहा कि विवादास्पद विषय शिक्षा में केन्द्रिय स्थान लें। उनके विचार में कोई भी विषय ऐसा नहीं है जिसकी समीक्षा न की जा सके।

शिक्षा तथा सामाजिक समस्याएँ (Education and Social Issues)

पुनर्निर्माण के ये समर्थक कभी भी अपनी इस धारणा से नहीं डगमगाए कि दर्शन को जीवन की वास्तविक परिस्थितियों से जोड़ा जाए। उन्होंने बार-बार जोर देकर कहा कि मूल्यों में स्थिति के अनुसार परिवर्तन होता है तथा मूल्य स्थायी नहीं रहते। मूल्यों का आंकलन सामाजिक परिस्थितियों के आधार पर किया जाना चाहिए।

शिक्षा में जनतन्त्र मूल्य (Democratic Values in Education)

वर्ष 1950 में उन्होंने एक पुस्तक 'PATTERNS OF EDUCATIONAL PHILOSOPHY: A DEMOCRATIC INTERPRETATION' का प्रकाशन किया।

उन्होंने इस पुस्तक में निम्नलिखित चार दर्शनों पर चर्चा की:

1. आधारभूतवाद (Essentialism)
2. चिरस्थायीवाद (Perennialism)
3. प्रगतिवाद (Progressivism)
4. पुनर्निर्माणवाद (Reconstructionalism)

आधारभूतवाद को ऐसा दर्शन दर्शाया जो कि मुख्यत: संस्कृति का संरक्षणकर्ता है।

चिरस्थायीवाद को प्राचीन यूनान तथा मध्यकालीन यूरोप के विचार पर केन्द्रित बताया।

प्रगतिवाद दर्शन को उदारवादी दर्शन की संज्ञा दी।

पुनर्निर्माणवाद ने मूल्यों को परिवर्तनशील बताया। उनके अनुसार सारे मूल्य शाश्वत (Eternal) नहीं होते हैं।

वर्ष 1965 में उन्होंने अपने विचार 'Education as Power' में भी प्रकट किए हैं। इस पुस्तक का अनुवाद बड़े-बड़े देशों की भाषाओं में हो चुका है।

पुनर्निर्माणवाद के समर्थक के अनुसार संस्कृति का जीवन में बहुत महत्त्व है उन्होंने इस विषय पर एक पुस्तक '*Cultural Foundations of Education: An Inter-disciplinary Exploration*' (1957) का प्रकाशन किया।

पुनर्निर्माणवाद के इसी लेखक ने '*The Teacher as a World Citizen : A Scenario of the 21st Century*' (1976) पुस्तक लिखी।

पुनर्निर्माणवाद का शिक्षा में योगदान
(Contribution of Reconstructionalism to Education)

पुनर्निर्माणवाद का शिक्षा में योगदान इस प्रकार से दर्शाया जा सकता है :

1. शिक्षा का प्रथम कार्य अमरीका में तुरन्त एक नयी सामाजिक व्यवस्था की स्थापना करना है। यह व्यवस्था अमरीका के सांस्कृतिक मूल्यों की पूर्ति करे तथा वर्तमान सामाजिक तथा आर्थिक शक्तियों से समायोजन स्थापित करे।

2. नया समाज वास्तविक अर्थों में जनतन्त्र हो जिसकी महत्वपूर्ण संस्थाएँ तथा साधन जनता के नियन्त्रण में हों। यह स्थिति शिक्षा के क्षेत्र में भी हो।

3. छात्रों, स्कूलों तथा शिक्षा को सामाजिक तथा सांस्कृतिक परिवेश में अपना कार्य करना चाहिए तथा ढालना चाहिए।

4. अध्यापक का कार्य है कि वह छात्रों के मन में यह भाव भरे कि समाज में नवनिर्माण की आवश्यकता है परन्तु यह कार्य जनतान्त्रिक पद्धति से किया जाना चाहिए।

5. वर्तमान सांस्कृतिक संकट (Cultural Crisis) की चुनौतियों का प्रभावी ढंग से सामना करने के लिए आवश्यक है कि शिक्षा के साधनों तथा लक्ष्यों को पूरे तौर से पुनः निश्चित किया जाए।

22. हरबर्ट स्पेन्सर (Herbert Spencer)

हरबर्ट स्पेन्सर का जन्म 27 अप्रैल, 1820 को इंग्लैण्ड के डर्बी नामक स्थान पर हुआ था। उन्होंने अपने लेख 'What knowledge is of most worth' में इस बात को सिद्ध किया है, कि सम्पूर्ण जीवन हेतु साहित्यिक विषयों की अपेक्षा वैज्ञानिक विषयों पर अधिक बल देना चाहिए। स्पेन्सर का 82 वर्ष की आयु में निधन हो गया।

22.1. स्पेन्सर के दार्शनिक सिद्धान्त (Philosophical Bases of Spencer)

पूर्णत: यथार्थवादी विचारक, स्पेन्सर का मानना था कि जो वस्तु इस जगत में दिखाई देती है, सिर्फ वही सत्य है। स्पेन्सर ने निरीक्षण द्वारा प्राप्त यथार्थों को सम्मिलित योजना में रखने का प्रयास किया। इस सम्मिलित योजना का आधार विकासवादी दर्शन था, क्योंकि संसार का प्रत्येक व्यक्ति इससे प्रभावित होता है तथा मनुष्य भी विकासवादी प्रक्रिया का ही परिणाम है। यह नियम ही इसकी उत्पत्ति का कारण है। इसी नियम की वजह से ही मानव कई प्रकार की अवस्थाओं से गुजरता है जिसमें बाल्यावास्था, किशोरावस्था व युवावस्था तथा प्रौढ़ावस्था मुख्य हैं। दूसरे शब्दों में कहा जाता है कि यह प्रक्रिया की विपरीत दिशा है, मानव का स्वास्थ्य व शक्ति कम होती है तथा आयु बढ़ती जाती है व भौतिक शरीर अपने अन्त तक पहुँच जाता है। यही विलयन प्रक्रिया है, जोकि विकास के विपरीत चलती है। यह विकास व विलयन के सिद्धान्त को सार्वभौमिक मानते हैं। इससे सृष्टि की समस्त वस्तुएँ–संस्कृति, नीति, कला, धर्म तथा विज्ञान आदि प्रभावित होते हैं। यहां भी यह सिद्धान्त कार्य करते हैं। अत: यह विकास व विलयन के सिद्धान्त पर चलते हैं।

22.2. हरबर्ट के शैक्षिक विचार (Educational thoughts of Herbart)

हरबर्ट स्पेन्सर का उद्देश्य मुख्यत: उस शिक्षा से है, जो व्यक्ति को आत्मनिर्भर बना सकती हो। यह ऐसी शिक्षा व्यवस्था करना चाहते थे, जोकि व्यक्ति के शारीरिक, बौद्धिक तथा नैतिक विकास हेतु अनिवार्य हो। तथा उसका सर्वांगीण विकास हो।

शिक्षा के सन्दर्भ में स्पेन्सर के निम्न सिद्धान्त प्रस्तुत किए थे–

(1) इन्होंने अधिगम (Learning) को स्वाभाविक क्रिया माना है जोकि जन्म से ही प्रारम्भ हो जाती है।

(2) बालकों को शिक्षा उनकी मूलभूत शक्तियों के अनुसार ही प्रदान की जानी चाहिए।

(3) इन्होंने व्यक्ति को सम्पूर्ण जीवन हेतु तैयार रहने को ही शिक्षा माना है।

(4) शिक्षा के क्षेत्र में किसी प्रकार का कोई हस्तक्षेप नहीं होना चाहिए।

(5) बालक की शिक्षा को उनकी क्षमता, बुद्धि तथा रूचि पर आधारित हो।

22.3. स्पेन्सर के अनुसार पाठ्यक्रम (Curriculum According to Spencer)

उन्होंने सम्पूर्ण जीवन हेतु मानव की क्रियाओं को पाँच भागों में बाँटा है, तथा बताया कि उक्त क्रियाओं के अनुसार पाठ्यक्रम में निम्नलिखित विषयों को सम्मिलित किया जाना चाहिए।

(1) वे, जो प्रत्यक्ष रूप से आत्मरक्षा के काम करती हैं। इसके अन्तर्गत निम्नलिखित विषय आते हैं–

(*i*) शरीर विज्ञान, (*ii*) रसायन विज्ञान,
(*iii*) स्वास्थ्य विज्ञान, (*iv*) भौतिक विज्ञान।

(2) वे, जो अप्रत्यक्ष रूप से आत्मरक्षा के काम आती हैं–

(*i*) गणित, (*ii*) जीव विज्ञान,
(*iii*) समाज शास्त्र, (*iv*) भौतिक विज्ञान।

(3) वे, जिनका कार्य सन्तान की रक्षा करना है–

(*i*) शरीर विज्ञान, (*ii*) गृह विज्ञान,
(*iii*) बाल मनोविज्ञान।

(4) वे, जो सामाजिक एवं राजनीतिक रक्षा के लिए आवश्यक हैं–

(*i*) इतिहास, (*ii*) राजनीतिशास्त्र, अर्थशास्त्र।

(5) वे, जिनके द्वारा अवकाश का सदुपयोग हो सके–

(*i*) साहित्य, (*ii*) कला, (*iii*) कविता।

22.4. स्पेन्सर तथा शिक्षण विधियाँ (Spencer and Methods of Teaching)

स्पेन्सर ने रटने की विधियों का विरोध किया और कहा कि प्रारम्भिक शिक्षा को आनन्ददायक तथा रोचक बनाया जाना चाहिए। साथ ही उचित तथा स्थायी लाभ वाले सामान्य नियमों को ग्रहण किया जाना चाहिए। स्पेन्सर ने शिक्षण विधि के कुछ प्रसिद्ध सूत्रों का प्रतिपादन इस प्रकार हैं–

(1) कार्यों को सरलता से जटिलता की ओर बढ़ाना चाहिए।
(2) स्थूलता से सूक्ष्मता की ओर बढ़ना चाहिए।
(3) अज्ञानता से ज्ञान की ओर बढ़ो।
(4) अनिश्चितता से निश्चितता की ओर बढ़ाना।
(5) अनुभवजन्य ज्ञान से तर्कपूर्ण ज्ञान की ओर बढ़ो।
(6) शिक्षा रोचक तथा आत्म विश्वास से पूर्ण होनी चाहिए।
(7) शिक्षा स्वकेन्द्रित होनी चाहिए।
(8) शिक्षा प्रणाली रुचिकर हो।
(9) सांस्कृतिक युग सिद्धान्त का अनुगम।

ये सभी शिक्षा पद्धति मनोवैज्ञानिक प्रवृत्तियों पर आधारित हैं। अत: शिक्षक को शिक्षा की व्यवस्था बालक की अवस्था तथा स्वाभाविक मनोवृत्तियों के अनुसार करनी चाहिए। ध्यान देने की बात है कि स्पेन्सर ने 'अनुभूति से विचार की ओर' के सिद्धान्त को प्रस्तुत करके शिक्षण प्रणाली को वैज्ञानिक बना दिया है।

22.5 स्पेन्सर तथा नैतिक शिक्षा (Spencer and Moral Education)

बालक जन्म से ही चरित्रवान नहीं होता। उसका मानना था कि बालक दानवीर प्रवृत्तियों से भरा होता है। उनकी इस प्रवृत्तियों को स्वच्छन्दता प्रदान करना सामाजिकता व सभ्यता की दृष्टि से उचित नहीं है। अत: शिक्षा का सर्वप्रथम एवं सर्वोच्च कार्य बालक की अवांछनीय प्रवृत्तियों को परिमर्जित करके उसका नैतिक विकास करना है। स्पेन्सर का मानना था कि बालक बहुत सी

बातों को केवल देखकर ही सीख लेता है। अत: उसने इस बात पर बल दिया कि माता-पिता तथा शिक्षक सभी मिलकर बालकों की प्रकृति को समझेंगे तथा उनके सामने उच्च आदर्शों को प्रस्तुत करते हुए ऐसा व्यवहार करें कि उनके मन में शुभ के प्रति प्रेम तथा पाप के प्रति घृणा स्वयं ही जाग उठे। इससे उनका नैतिक विकास स्वाभाविक रूप से हो जाएगा।

22.6 स्पेन्सर व शारीरिक शिक्षा (Spencer and Physical Education)

शिक्षा के द्वारा मानसिक विकास के साथ-साथ बालक का शारीरिक विकास होना भी आवश्यक है। इन्होंने इसका कारण यह बताया कि मन तथा शरीर दोनों में घनिष्ठ सम्बन्ध होता है। बालक का शरीर स्वस्थ हो, तो मन भी स्वस्थ रहता है। इस विचार को दृष्टि में रखते हुए स्पेन्सर ने प्रचलित शिक्षा प्रणाली के दोषों को देखते हुए बताया कि प्रचलित शारीरिक शिक्षा में बालकों को केवल मानसिक परिश्रम ही कराया जाता है। न तो उन्हें पौष्टिक भोजन प्रदान किया जाता है तथा न ही आवश्यक व्यायाम पर बल दिया जाता है।

स्पेन्सर ने शारीरिक शिक्षा पर बल देते हुए कहा–

(1) बालकों को अलग-अलग प्रकार का भोजन न देकर पौष्टिक भोजन दें।
(2) बालकों को स्वास्थ्य सम्बन्धी शिक्षा दें।
(3) बालकों को ऐसे वस्त्र पहनायें जो साफ सुथरे हों।
(4) खाना खाते वक्त उन्हें डाँटे फटकारें नहीं।

22.7 स्पेन्सर तथा अनुशासन (Spencer and Discipline)

स्पेन्सर ने प्राकृतिक दण्ड व्यवस्था को महत्व दिया है। इन्होंने कहा बालकों को उसकी भूलों के लिए स्वाभाविक रूप से दण्ड मिलता रहता है। अर्थात् जब बालक प्राकृतिक नियमों का उल्लंघन करता है तो प्रकृति उसे स्वयं ही दण्ड देती है। अत: इन्होंने शिक्षकों को कठोर बल देने का विरोध किया।

23. प्रकृतिवादी विचारक-जीन जैक्स रूसो
(1712-1778)
(Naturalist Thinker-Jean Jacques Rousseau)

शिक्षा, धर्म, साहित्य और राजनीति पर अपनी सबल और मौलिक प्रतिभा की छाप छोड़ने वाले जीन जेम्स रूसो का जन्म 1712 ई. में जेनेवा में हुआ था। विद्यालय की शिक्षा रूसो को अपनी ओर आकृष्ट न कर सकी, क्योंकि उस समय की विद्यालय शिक्षा में कृत्रिमता एवं कठोरता बहुत अधिक थी।

निरूद्धेश्य और आवारागर्दी का जीवन व्यतीत करने के कारण समाज ने रूसो पर झूठे आरोप लगाये, जिनसे क्षुब्ध होकर वह फ्रांस चला गया। बीमार रहने के कारण उसकी साहित्यिक अध्ययन की ओर रुचि बढ़ी। इसी प्रयास काल में उसे एक प्रकार की अन्तर्दृष्टि की प्राप्ति उसने 1750 ई. से लेखन कार्य प्रारम्भ कर दिया। उसने विभिन्न महत्वपूर्ण ग्रन्थों एवं लेखों की रचना की।

रूसो पर प्लेटो की 'रिपब्लिक', डेफो की 'रॉबिन्सन क्रसों' तथा लॉक द्वारा लिखित 'शिक्षा सम्बन्धी कुछ विचार' नामक लेख की अमिट छाप पड़ी। इसी महान युग-प्रवर्तक, शिक्षा सुधारक, राजनीतिक-विचारक, समाज-सुधारक तथा आधुनिक प्रजातन्त्रवाद के जनक का 1778 ई. में देहान्त हो गया।

23.1 रूसो की शिक्षा सम्बन्धी रचनाएँ (Rousseau's Educational Works)

रूसो ने 'प्रोजेक्ट फोर दी एजूकेशन ऑफ एम.डी.सेण्ट मेरी, नामक लेख में दो बालकों की शिक्षा का वर्णन किया है।' 'दी न्यू हेलॉयज' में उसने पारिवारिक शिक्षा पर अपने विचार प्रकट किये हैं। इसमें उसने पारिवारिक शिक्षा में माता के स्थान एवं कर्तव्य पर प्रकाश डाला है।

'एमील' या 'शिक्षा' रूसो के महान ग्रन्थ हैं। इसको शिक्षा सम्बन्धी शोधग्रन्थ भी कहा जाता है। उसने इस ग्रन्थ में यह स्पष्ट करने का प्रयास किया है कि शिक्षा द्वारा किस प्रकार सामाजिक बुराईयों को दूर किया जा सकता है। इसलिए उसने इसमें तत्कालीन औपचारिक, कृत्रिम एवं परम्परागत शिक्षा की कटु आलोचना की और उस शिक्षा में सुधार करने के लिए प्राकृतिक सिद्धान्तों एवं धारणाओं का प्रतिपादन किया। उसने इस ग्रन्थ में यह भी प्रतिपादित किया है कि बालक की शिक्षा के लिए निषेधात्मक एवं प्राकृतिक नियमों को बालक की शिक्षा का वर्णन किया है, जिसको वह समाज से अलग एक आदर्श शिक्षक द्वारा शिक्षा प्रदान करवाता है उसने इस ग्रन्थ को पाँच खण्डों में विभाजित किया है।

1. शैशव काल (Infancy Period)–रूसो ने इस काल को जन्म से 5 वर्ष तक माना है। रूसो ने लिखा है-''प्रत्येक प्रकार की शिक्षा के लिए एक नियत समय है और हमें उसमें औचित्य को पहचानता है।'' उसने शैशव काल को शिक्षा का प्रमुख उद्देश्य शारीरिक विकास

माना है। अत: बालक की माता का प्रयास कर्तव्य यह है कि वह बालक को स्वस्थ बनाने का प्रयास करे क्योंकि समस्त बुराइयाँ निर्बलता के कारण उत्पन्न होती है। रूसो ने लिखा है– ''समस्त बुराइयाँ कमजोरी के कारण आती हैं। बालक इसलिए शरारती होता है, क्योंकि वह निर्बल होता है। उसको मजबूत बना दो और वह अच्छा हो जायेगा।''

रूसो ने शरीर को मजबूत बनाने के लिए बालक को पूरी स्वतन्त्रता देने का समर्थन किया है। उसका मत है कि बालक पर कपड़े पहनने, घूमने-फिरने आदि का कोई नियन्त्रण नहीं होना चाहिए। उसके शरीर को हृष्ट-पुष्ट बनाने के लिए रूसो ने खेलने-कूदने, घूमने-फिरने, ढीले कपड़े पहनने, गर्मी का एवं सर्दी का अनुभव करने, पौष्टिक भोजन आदि पर बल दिया है। रूसो शारीरिक विकास को नैतिक चरित्र के निर्माण के लिए भी आवश्यक मानता है। रूसो ने लिखा– ''एक स्वस्थ केवल स्वस्थ मस्तिष्क के लिए आवश्यक नहीं है, वरन् नैतिक चरित्र का भी आधार है।''

2. बचपन (Childhood Period)–रूसो ने बचपन को 5 वर्ष से 12 वर्ष तक माना है। उसने इस काल को मानव-जीवन को नाजुक काल तथा इन्द्रिय-शिक्षा का काल है। इस काल में बालक को समाज की बुराइयों से बचाया जाना चाहिये। इसके लिए उसने निषेधात्मक शिक्षा देने को कहा है। निषेधात्मक शिक्षा का अर्थ स्पष्ट करते हुए रूसो ने लिखा है–''मैं निषेधात्मक शिक्षा उसे कहता हूँ जो प्रत्यक्ष रूप से ज्ञान देने से पहले उन अंगों को जो इसके साधन हैं पूर्ण बनाने और इन्द्रियों के उचित अभ्यास द्वारा विवेक का मार्ग तैयार करने का प्रयत्न करती हैं। निषेधात्मक शिक्षा का अर्थ निठल्लापन नहीं है, वरन् इसके विपरीत है। यह अच्छी बातें नहीं बताती, पर बुरी बातों से बचाती है। यह सत्य की शिक्षा नहीं देती है, परन्तु असत्य से दूर रखती है। यह बालक को उस मार्ग पर चलने देती है, जो उस आयु में उसे सत्य की ओर ले जाता है, जब वह इसे समझने के योग्य हो जाता है। यह मार्ग उसे अच्छाई की ओर उस समय ले जाता है जब वह उसे समझने और इससे प्रेम करने योग्य हो जाता है।''

3. लड़कपन (Pre Adolescence Period)–लड़कपन का काल 12 वर्ष 15 वर्ष तक का है। यह बौद्धिक शिक्षा का काल है। रूसो का तात्पर्य ऐसा ज्ञान देने से है, जो बालक को मूल प्रवृत्तियों, रुचियों एवं योग्ताओं के अनुकूल हो। उसका मत है कि बालक की रुचि के अनुसार उसे श्रम करने, अध्यवसायी बनने, अध्ययन करने, निरीक्षण करने तथा स्वानुभव क्रियाओं तथा बालक की जिज्ञासा को सन्तुष्ट करने वाले विषयों को स्थान दिया है। रूसो इन विषयों का ज्ञान-प्रयोग, निरीक्षण, क्रिया एवं अन्वेषण द्वारा प्रदान किये जाने का पक्षपाती है। रूसो ने लिखा है– ''अपने छात्र को मौखिक पाठ मत पढ़ाओ। उसे केवल अनुभव से सीखने दो। जब भी सम्भव हो, आप कार्य द्वारा पढ़ायें और शब्दों का सहारा केवल तभी लें, जब कार्य करना सम्भव न हो।''

4. किशोरावस्था (Adolescence Period)–रूसो ने किशोरावस्था को 15 वर्ष से विवाह के योग्य तक माना है। उसका कहना है कि एमील अत 15 वर्ष का हो चुका है। अब उसका मस्तिष्क नैतिक प्रशिक्षण प्राप्त करने के योग्य है। अत: इस आयु में हृदय की शिक्षा आरम्भ की जानी चाहिये, क्योंकि शरीर, इन्द्रियाँ, मस्तिष्क तथा हृदय सम्पूर्ण मानव का निर्माण करता है।

किशोरावस्था दूसरा जन्म है, क्योंकि एमील इस काल में वास्तविक रूप से जीवन आरम्भ करता है और उसके लिए कोई भी मनुष्य विदेशी नहीं है। अत: इस काल में वह मानव-प्राणियों के सम्पर्क में आता है और उनके सम्पर्क में रहकर अपने हृदय एवं चरित्र का निर्माण करता

है:रूसो उसके हृदय एवं चरित्र को उदारता एवं पवित्रता से युक्त करना चाहता है। वह एमील को इन गुणों के सम्बन्ध में कोई उपदेश नहीं देता है, वरन् उसको अस्पतालों, जेलों, झोंपड़ियों अनाथालयों आदि में ले जाता है और वहाँ उसे दरिद्र एवं दु:खी व्यक्तियों के सम्पर्क में लाकर उसे प्रेम, दया, उदारता एवं पवित्रता आदि गुणों की व्यावहारिक शिक्षा प्रदान करता है।

5. सोफी की शिक्षा–रूसो ने 'एमील' के पाँचवें खण्ड में सोफी की शिक्षा वर्णन किया है। उसने लिखा है कि एमील किशोरावस्था की शिक्षा प्राप्त करने के बाद मनुष्य बन जाता है और उसको एक साथी की आवश्यकता का अनुभव होता है। अत: रूसो आदर्श सोफी को उसका साथी चुनता है।

'एमील' का यह भाग रूसो के सिद्धान्तों की दुर्बलता एवं उसकी प्रतिक्रियात्मक प्रवृत्ति को स्पष्ट करता है। उसने स्त्रियों एवं पुरुषों में जन्मजात वैषम्य माना है इसी कारण वह नारी को मनुष्य की भाँति बैमक्तिक प्रशिक्षण प्रदान नहीं करता है। इस भाग में उसने स्त्री एवं पुरुष के जन्मजात वैषम्य को साकार रूप प्रदान किया है।

24.2 रूसो का प्रकृतिवादी दृष्टिकोण (Rousseau's Naturalistic View)

रूसो का प्रकृतिवादी दृष्टिवादी उसके जीवन की प्रतिक्रिया थी। उसने वही सीखा, जो उसे वास्तविक जीवन एवं परिस्थितियों में सिखाया। उसकी विभिन्न परिस्थितियों-माता के स्नेह से वंचित होना, पिता के कठोर दण्ड का भागी बनाना, विद्यालय की कृत्रिमता एवं शिक्षकों द्वारा निर्दयता से पीटा जाना आवारागर्दी का जीवन बिताना आदि ने उसके हृदय में समाज एवं सभ्यता के प्रति विद्रोह की भावना उत्पन्न कर दी थी। जब वह इन परिस्थितियों से विचलित हो उठा, तब उसे केवल प्रकृति की गोद में ही सांत्वना प्राप्त हुई। इधर-उधर घूमते रहने के फलस्वरूप उसमें प्रकृति के प्रति प्रगाढ़ निष्ठा का आविर्भाव होना एवं प्रकृतिवादी दृष्टिकोण का विकसित होना स्वाभाविक था।

रूसो ने प्रकृति को सभी गुणों से सम्पन्न माना है। उनका कहना है कि प्रकृति की गोद में ही सच्चा सुख प्राप्त हो सकता है, क्योंकि समाज में कृत्रिमता एवं असमानता है। उसके अनुसार, सभ्यता का विकास मनुष्य को अधोगति की ओर ले जाने वाला है। जैसे-जैसे समाज का विकास होता जाता है, वैसे-वैसे मानव-समाज में विभेद एवं विषमता आती जाती है। अत: मनुष्य को इस अधोगति से बचने के लिए प्रकृति की ओर लौटना चाहिये। इसी कारण उसने 'प्रकृति की ओर लौटो का नारा लगाया।'

उपर्युक्त विवरण से स्पष्ट विवरण से स्पष्ट है कि रूसो-मनुष्य को जंगली अवस्था में नहीं ले जाना चाहता है, वरन् समाज की कृत्रिमता एवं विषमता को दूर करना चाहता है, जो विज्ञान एवं सभ्यता की प्रगति के कारण उत्पन्न हो गई थी। इसी कारण, रूसो ने कहा था-"जो प्राय: करते हो, उसका उल्टा करो, रास्ता स्वयं प्राप्त हो जायेगा।"

रूसो ने बालक की शिक्षा में प्रकृतिवादी दृष्टिकोण का उपयोग अधोलिखित ढंग से किया–

(1) बालक को बालक मानना, न कि लघु प्रौढ़ मानना।

(2) बालक को उसकी प्रकृति, योग्यता, क्षमता, आवश्यकता, रुचि एवं मनोवृत्तियों के अनुसार शिक्षा देना।

(3) बाह्या प्रकृति के सम्पर्क द्वारा शिक्षा प्रदान करना।

(4) बालक के विकास के अनुसार उचित समय पर उचित शिक्षा देना।

(5) बालक के विभिन्न अंगों एवं शक्तियों का कृमिक एवं स्वाभाविक विकास करना।

23.3 रूसो के शिक्षा सम्बन्धी विचार (Educational Thoughts of Rousseau)

रूसो के अनुसार, जीवन का उद्देश्य आनन्द प्राप्ति है। वह इस उद्देश्य की प्राप्ति के लिए बालक को जीवित रहने की कला सिखाना चाहता है। इस कला को सीखकर बालक चाहे मजिस्ट्रेट बने, चाहे सिपाही, चाहे पादरी, परन्तु वह सर्वप्रथम मानव ही रहेगा। इस प्रकार, रूसो ने मानव को मानव बनाना, शिक्षा का उद्देश्य निर्धारित किया है।

23.4 पाठ्यक्रम (Curriculum)

रूसो ने शिक्षा के तीन मूल स्त्रोत माने हैं–प्रकृति, मनुष्य तथा वस्तु। इसलिए उसने इनसे सम्बन्धित विषयों को पाठ्यक्रम में स्थान दिया है और शिक्षा के उद्देश्य की प्राप्ति के लिए विकास के विभिन्न स्तरों के लिए पृथक पाठ्यक्रम निर्धारित किया है। इस पाठ्यक्रम की रूपरेखा निम्नांकित है–

(1) शैशवास्था के लिए पाठ्यक्रम (Curriculum For Infancy)–यह अवस्था शारीरिक विकास की है। इसके पाठ्यक्रम में शरीर को दृढ़ बनाने वाली क्रियाओं खेल-कूद, घूमना-फिरना आदि को स्थान दिया गया है।

(2) बचपन के लिए पाठ्यकम (Curriculum for Childhood)–इस काल में बालक की इन्द्रियों के प्रशिक्षण के लिए उपयुक्त क्रियाओं खेलकूद, नापना, गिनना, तोलना, निरीक्षण करना, संगीत, तत्य विभिन्न वस्तुओं एवं पदार्थों आदि की पाठ्यक्रम में स्थान प्रदान किया गया है।

(3) लड़कपन के लिए पाठ्यक्रम (Curriculum for Pre adolescence)– इस काल के पाठ्यक्रम के निर्धारण में उपयोगिता को आधार बनाया गया है। इसमें कला, भूगोल, दस्तकारी, प्राकृतिक विज्ञान तथा उन क्रियाओं को स्थान प्रदान किया गया है, जो बालक की जिज्ञासा को सन्तुष्ट करती हैं।

(4) किशोरावस्था के लिये पाठ्यक्रम (Curriculum for Adolescence)– इस स्तर पर पाठ्यक्रम में भाषा, साहित्य, इतिहास, अर्थशास्त्र, दर्शन, राजनीतिशास्त्र, प्राकृतिक धर्म आदि को स्थान प्रदान किया गया है।

(5) नारी-शिक्षा के लिए पाठ्यक्रम (Curriculum for Women Education)– रूसो, नारी के लिए पुरुष के समान वैयात्तिक शिक्षा प्रदान करने का समर्थक नहीं है। वह नारी शिक्षा के लिए पुरुष का उद्देश्य, पुरुष के सुख-साधनों में वृद्धि करना मानता है। इस दृष्टि से उसने नारी शिक्षा के पाठ्यक्रम में शारीरिक शिक्षा, गृह शिक्षा, संगीत, नृत्य, सिलाई, कढ़ाई-बुनाई, रुढ़िबद्धता, धर्म, नैतिक शिक्षा, आज्ञाकारिता एवं अध्यवासी बनने की शिक्षा, पुरुषों का अध्ययन आदि को स्थान प्रदान किया है।

23.5 शिक्षण विधि (Teaching Method)

रूसो ने शिक्षण-विधि के उन सिद्धान्तों का प्रतिपादन किया, जिन पर आज का सम्पूर्ण शिक्षण शास्त्र निर्भर है। इन सिद्धान्तों को आधार बनाकर आज की क्रियात्मक विधियों की खोज की गई है। ये सिद्धान्त इस प्रकार हैं–(1) करके सीखना, (2) निरीक्षण द्वारा सीखना, (3) अन्वेषण द्वारा सीखना, (4) स्वानुभव द्वारा सीखना, (5) प्रयोग द्वारा सीखना।

अनुशासन (Discipline)

रूसो का अनुशासन सम्बन्धी दृष्टिकोण आदर्शवादियों से भिन्न है। वह बालक की स्वतन्त्रता का समर्थक है और उस पर किसी प्रकार का बाह्य नियन्त्रण नहीं चाहता है। उसे 'प्राकृतिक परिणामों द्वारा अनुशासन के सिद्धान्त, में भी विश्वास है। इस प्रकार, रूसो ने अनुशासन के लिए दो सिद्धान्तों का प्रतिपादन किया है—स्वतन्त्रता का सिद्धान्त' तथा 'प्राकृतिक परिणामों द्वारा अनुशासन का सिद्धान्त'। पहले सिद्धान्त के अनुसार 'मुक्तयात्मक अनुशासन' की स्थापना की गई है। दूसरे सिद्धान्त के अनुसार, वह बालक को कभी दण्ड नहीं देना चाहता है, वरन् उसे स्वयं अनुभव करने के लिये छोड़ दिया है। उसका विचार है कि यदि बालक प्रकृति के नियमों के विरुद्ध कोई कार्य करेगा तो प्रकृति उसे दण्ड देगी। अत: रूसो के अनुसार, बालक के कार्य ही उसे स्वयं अनुशासित कर देंगे, क्योंकि वे कार्य ही उसे यह बतायेंगे कि उनमें से कौन से कार्य दण्डनीय हैं ?

24. जॉन फ्रेडरिक हरबार्ट (1776–1841)
(John Friedrich Herbart)

आधुनिक शिक्षा–विज्ञान के जनक, जॉन फ्रेडरिक हरबार्ट का जन्म जर्मनी में 1776 में हुआ था। उसने अपने प्रारम्भिक शिक्षा–घर पर और विद्यालय शिक्षा–एक स्थानीय स्कूल में प्राप्त की। उसके उपरान्त 1794 ई. में कानून का अध्ययन के अन्तराल में जीना विश्वविद्यालय में वह गेटे, शिलर, फिक्टे आदि दार्शनिकों के सम्पर्क में आया, जिनसे प्रभावित होने के कारण उसका झुकाव दर्शन की ओर हो गया।

सम्भवत: इसी झुकाव के कारण हरबार्ट के जीवन में एक महत्वपूर्ण मोड़ आया और उसने 1797 में स्नातक की उपाधि प्राप्त करने से पूर्व ही स्विट्जरलैण्ड के एक गवर्नर के तीन पुत्रों के व्यक्तिगत शिक्षक के रूप में कार्य प्रारम्भ किया। इस अवधि में उसने पेस्टालॉजी की ख्याति सुनी और 1799 में उससे भेंट की। इस भेंट के पश्चात् उसने अपने शैक्षिक विचारों को दार्शनिक और मनोवैज्ञानिक रूप दिया और अपने ज्ञान में वृद्धि करने के विचार से गॉटिजन विश्वविद्यालय में प्रवेश लिया।

1802 ई. में हरबार्ट ने इस विश्वविद्यालय से दर्शनशास्त्र में डॉक्टर की उपाधि प्राप्त की और इसी विश्वविद्यालय में प्रवक्ता के रूप में अपने जीवन का निश्चित क्रम प्रारम्भ किया। 1809 ई. में वह कॉनिग्स वर्ग के विश्वविद्यालय में दर्शनशास्त्र में डॉक्टर की उपाधि प्राप्त की और इसी विश्वविद्यालय में प्रवक्ता के रूप में अपने जीवन का निश्चित क्रम प्रारम्भ किया और एक शिक्षण प्रशिक्षण की संस्था की स्थापना की और उनमें अपने दार्शनिक और मनोविज्ञान सिद्धान्तों का प्रशिक्षण कार्य में प्रयोग किया। अल्प समय में ही हरबार्ट अपने देश में प्रसिद्ध हो गया।

1833 ई. में हरबार्ट दर्शनशास्त्र के प्रोफेसर के रूप में गॉटिजन विश्वविद्यालय को वापस गया। वहीं उसने जीवन के शेष दिन व्यतीत किये और अपनी सुप्रसिद्ध पुस्तक 'Out Lines of Educational Doctrine' का प्रकाशन कराया।

24.1 हरबार्ट के शैक्षिक विचार (Educational Ideas of Herbart)

शिक्षा का अर्थ (Meaning of Education)–शिक्षा ही वह साधन है, जिसकी सहायता से व्यक्ति अपनी उच्च प्रवृत्तियों द्वारा निम्न प्रवृत्तियों पर विजय प्राप्त कर सकता है। उसकी धारणा यह भी है कि सद्‌गुण मन एवं शरीर के स्वास्थ्य, सद्‌भावना, सक्रिय सामाजिक सहयोग आदि की ओर संकेत है और इन सद्‌गुणों को शिक्षा द्वारा ही प्राप्त किया जा सकता है। अपनी इन धारणाओं के कारण हरबार्ट ने शिक्षा के अर्थ को इस प्रकार व्यक्त किया है–"शिक्षा वह प्रक्रिया है, जिसके द्वारा नैतिकता एवं सद्‌गुणों की प्राप्ति होती है।"

उसने शिक्षा के तीन अंग बताये–(1) नियन्त्रण, (2) निर्देश, (3) प्रशिक्षण।

उसका मत है कि अपरिपक्व मस्तिष्क वाले बालकों को बाह्य नियन्त्रण की भी आवश्यकता है। उन पर नियन्त्रण रखकर ही उनका पथ-प्रदर्शन और उनके चरित्र का निर्माण किया जा सकता है, किन्तु नियन्त्रण स्वाभाविक ढंग से और स्वयं बालकों द्वारा चयन की जाने वाली क्रियाओं के माध्यम से किया जाना चाहिये। शिक्षक को विवेक का प्रयोग करके, उनको अपने द्वारा चयन की जाने वाली क्रियाओं को करने का पूर्व अवसर देना चाहिये और जब वे उन क्रियाओं में संलग्न हों, तब उनका उचित पथ प्रदर्शन करना चाहिये।

निर्देश से हरबार्ट का अभिप्राय-'शिक्षाप्रद निर्देश', जिसका चरम लक्ष्य है- बालकों के चरित्र का निर्माण करना। अत: शिक्षक को निर्देश पर अपना ध्यान निरन्तर केन्द्रित रखना चाहिये। उसके निर्देश का आधार, बालकों की रुचि एवं अवधान होना चाहिये। उनमें रुचि एवं अवधान को जाग्रत करने और बनाये रखने के लिए शिक्षक को पुरस्कार, प्रोत्साहन एवं प्रतियोगिता का प्रयोग करना चाहिये। हरबार्ट ने 'विद्यालय गणतन्त्र' की स्थापना पर बल दिया है, क्योंकि इसमें बालक सामूहिक रूप से भाग लेकर, आत्म-संयम एवं आत्म-नियन्त्रण के गुणों का स्वयं विकास कर सकते हैं। हरबार्ट ने प्रशिक्षण के लिए प्राकृतिक एवं सामाजिक वातावरण को भी आवश्यक माना है।

24.2 शिक्षा के उद्देश्य (Aims of Education)

हरबार्ट ने शिक्षा के उद्देश्य का विवेचन, नीतिशास्त्र के आधार पर किया है। उसका विश्वास है कि शिक्षा का सम्बन्ध व्यक्ति की नैतिकता से है। 'सद्गुण' शब्द शिक्षा की सम्पूर्ण प्रयोजन को प्रकट करता है।

नैतिकता से हरबार्ट का अभिप्राय सामाजिक नैतिकता से है, न कि धार्मिक अथवा अध्यात्मिक नैतिकता। अत: उसका विचार है कि शिक्षा का अन्तिम उद्देश्य अच्छे मनुष्यों अथवा अच्छे चरित्र का निर्माण करना है।

24.3 शिक्षा के सिद्धान्त (Principles of Education)

हरबार्ट ने जिन शिक्षा सिद्धान्तों का निर्माण किया, उनमें निम्नांकित के महत्व आज भी स्वीकार किया जाता है–

1. नैतिकता का सिद्धान्त–उसका कहना है कि व्यक्तियों में अच्छाई और बुराई में अन्तर करने की क्षमता ज्ञान एवं अनुभव से उत्पन्न होती है। अत: व्यक्ति को प्रदान की जाने वाली शिक्षा का सम्बन्ध सुसंगठित ज्ञान एवं विस्तृत अनुभव से होना चाहिये। ऐसे ज्ञान और अनुभव व्यक्ति में स्पष्ट विचारों का निर्माण करेंगे, स्पष्ट विचार उसे विवेकपूर्ण कार्यों की ओर अग्रसर करेंगे। फलस्वरूप उसमें नैतिकता का निर्माण होगा।

2. रुचि का सिद्धान्त–हरबार्ट ने इस सिद्धान्त का विवेचन शैक्षिक प्रक्रिया के सन्दर्भ में किया है। उसका कहना है कि रुचि शैक्षिक प्रक्रिया का मुख्य आधार है, क्योंकि रुचि के अभाव में बालकों को किसी प्रकार की शिक्षा नहीं दी जा सकती है, किन्तु रुचि एकाकी न होकर बहुमुखी होनी चाहिये, क्योंकि बहुमुखी रुचि ही बालक का बहुमुखी विकास करके, उसके चरित्र का निर्माण कर सकती है।

3. पूर्वानुवर्ती प्रत्यक्ष ज्ञान का सिद्धान्त–हरबार्ट ने यह निष्कर्ष निकाला है कि नवीन ज्ञान पूर्व ज्ञान का अनुवर्ती होता है। दूसरे शब्दों में, नवीन ज्ञान पूर्व ज्ञान से मिल जाता है और उसमें समन्वित हो जाता है।

4. विचार-चक्र व सह-सम्बन्ध का सिद्धान्त–हरबार्ट का मत है कि पूर्वानुवर्ती प्रत्यक्ष ज्ञान, विचार-चक्र का निर्माण करने में सहायता देता है। विचार की उत्पत्ति वातावरण से होती है और विचार से ज्ञान का एवं ज्ञान से क्रिया का सूत्रपात होता है, उसी प्रकार से चरित्र का निर्माण होता है। विचारों का सह-सम्बन्ध ज्ञान के एकीकरण में सहायक होता है।

5. सांस्कृतिक युग का सिद्धान्त–संस्कृति एवं सभ्यता विभिन्न अवस्थाओं से गुजरकर एक निश्चित क्रम में विकास होता है। अतः पाठ्यक्रम एवं शिक्षण विधि को निर्धारित करते समय, उसके इस विकास के प्रति ध्यान दिया जाना आवश्यक है।

24.4 पाठ्यक्रम (Curriculum)

हरबार्ट ने अपनी रुचि के सिद्धान्त के आधार पर पाठ्यक्रम को दो भागों में विभाजित किया है–ऐतिहासिक और वैज्ञानिक। उसने ऐतिहासिक वर्ग में निम्नांकित विषयों को स्थान दिया है–इतिहास, सहित्य और भाषा। वैज्ञानिक वर्ग के विषय इस प्रकार हैं–प्राकृतिक विज्ञान, गणित, भूगोल, कौशल और उद्योग धन्धे। हरबार्ट पाठ्यक्रम में दोनों वर्गों से सम्बन्धित व्यावहारिक कार्यों को भी सम्मिलित किया है और इस दृष्टि से हस्त सम्बन्धी प्रशिक्षण पर विशेष बल दिया है।

हरबार्ट ने दोनों वर्गों के विषयों को बालक में बहुमुखी रुचि को जाग्रत करने के लिए आवश्यक बतलाया है, किन्तु उसने वैज्ञानिक वर्ग की अपेक्षा ऐतिहासिक वर्ग को अधिक महत्व दिया है। इस सम्बन्ध में उसका तर्क यह है कि इतिहास और साहित्य ही भौतिक विचारों एवं भावनाओं के प्रमुख स्त्रोत हैं।

24.5 शिक्षण-विधि (Method of Teaching)

हरबार्ट ने रुचि के सिद्धान्त पर बल दिया, शिक्षण को मनोवैज्ञानिक रूप प्रदान किया और शिक्षण को एक नवीन विधि का प्रतिपादन किया जो 'हरबार्ट की पंचपद प्रणाली' के नाम से प्रसिद्ध है। इसी को लेखकों ने 'हरबार्ट की शिक्षण-विधि के औपचारिक पद' की संज्ञा दी है।

मुनरो ने पदों के आधार पर प्रकाश डालते हुए कहा है कि, ''रुचि 'मस्तिष्क' को क्रियाशील बनाकर, विचारों को ग्रहण करने में योग देती है।'' क्रियाशील होने के लिए मस्तिष्क चार अवस्थाओं में से होकर गुजरता है–(1) निरीक्षण, (2) आशा, (3) माँग और (4) क्रिया। हरबार्ट ने इन चार अवस्थाओं के अनुरूप कक्षा-शिक्षण में निम्नलिखित चार पदों का निर्माण किया-

(1) **स्पष्टता**–बालक के समक्ष तथ्यों या विषय सामग्री को स्पष्ट रूप से प्रस्तुत करना।

(2) **सम्बन्ध**–प्रस्तुत किये जाने वाले तथ्यों का नवीन ज्ञान का बालक के पूर्व ज्ञान से सम्बन्ध स्थापित करना।

(3) **व्यवस्था**–बालक के समक्ष प्रस्तुत किये जाने वाले तथ्यों को क्रमबद्ध करके व्यवस्थित करना।

(4) **विधि**–बालक द्वारा प्राप्त किये गये ज्ञान का व्यावहारिक जीवन में विधिपूर्वक प्रयोग करना।

हरबार्ट द्वारा प्रतिपादित चार पदों को उसके अनुयायियों ने स्पष्ट और महत्वपूर्ण बनाने का प्रयास किया। अतः उन्होंने प्रथम पद को दो भागों में विभाजित कर दिया- 'प्रस्तावना' एवं 'प्रस्तुतीकरण' और इन दोनों के बीच में एक उपपद जोड़ दिया- 'उद्देश्य-कथन'। उन्होंने शेष

तीन पदों के नामों से भी निम्नलिखित प्रकार से परिवर्तन कर दिया—सम्बन्ध के बजाय 'तुलना', व्यवस्था के बजाय 'सामान्यीकरण' और विधि के बजाय 'प्रयोग'। इस प्रकार अन्तिम रूप में शिक्षण के ये पद निम्नांकित हैं, जो अब 'हरबार्ट की पंचपद प्रणाली' के नाम से प्रसिद्ध हैं—(*i*) (अ) प्रस्तावना, (ब) उद्देश्य-कथन, (*ii*) प्रस्तुतीकरण, (*iii*) तुलना, (*iv*) सामान्यीकरण, (*v*) प्रयोग।

हरबार्ट ने शिक्षा को दार्शनिक एवं मनोवैज्ञानिक आधार पर सुव्यवस्थित करके विश्व के समक्ष उनका एक नवीन स्वरूप उपस्थित किया। इसीलिए उसकी मौलिक विचारकों में गणना की जाती है और उसके विश्वव्यापी प्रभाव को श्रद्धा से स्वीकार किया जाता है।

अन्त में, हम **रस्क** के शब्दों में कह सकते हैं, "हरबार्ट ने शिक्षण की एक निश्चित पद्धति का निर्माण करके, ऐसी विचारधारा का सूत्रपात किया जिसने अनेक व्यक्तियों को उसका शिष्य बना दिया है और जिसने शिक्षा के साहित्य को विशाल योगदान दिया है।"

25. फ्रेडरिक फ्रोबेल
(Fredrich Froebel (1782-1852))

फ्रेडरिक फ्रोबेल का जन्म 21 अप्रैल, 1782 को दक्षिणी जर्मनी के ओबरवीसवाच नामक ग्राम में हुआ था। जब वह केवल 9 मास का था तभी उसकी माँ का देहान्त हो गया था। इस प्रकार माँ-बाप के स्नेह से वंचित रहने के कारण उसका ध्यान प्रकृति की ओर मुड़ गया। बहुत छोटी व कोमल आयु में ही फ्रोबेल अपनी आन्तरिक प्रकृति को पहचान गया था और प्रकृति के लिए उसके हृदय में एक असाधारण व स्थायी अनुराग उत्पन्न हो गया था। ये ही दो अनुभव उसके शिक्षा सम्बन्धी तथा दर्शनशास्त्र सम्बन्धी आदर्शों के लिए प्रमुख रूप से उत्तरदायी माने जाते हैं।

अत: 1807 से लेकर 1810 तक का अधिकांश समय उसने यवरडून में पेस्तालॉजी के स्कूल में व्यतीत किया। इस प्रकार वह पेस्तालॉजी की शिक्षण-विधि तथा उसके सिद्धान्तों से भली-भांति परिचित हो गया। फ्रोबेल पेस्तालॉजी के विचारों से पूर्णत: सहमत नहीं था। वह उन्हें क्षणिक, अस्पष्ट तथा उथले समझता था, किन्तु पेस्तालॉजी के सम्पर्क ने उसे भी अपने स्वयं के शिक्षा-सुधारों को प्रस्तुत करने के लिये प्रेरित किया।

पेस्तालॉजी के यवरडून स्कूल के आदर्श पर ही फ्रोबेल ने भी 1817 में कीलहान नामक स्थान पर लड़कों के लिए स्कूल की स्थापना की, जिसमें प्राथमिक शिक्षा सम्बन्धी अपने सिद्धान्तों को उसने कार्यन्वित किया लेकिन सफलता नहीं मिली। अत: 1831 में वह स्विटजरलैंड चला गया। यहाँ उसने बहुत से स्कूलों का संचालन किया। वह पूर्व स्कूल शिक्षा के सुधार में अपने जीवन को लगाना चाहता था। अत: 1836 में वह जर्मनी वापस आ गया। यहाँ उसने 1837 ई० में बनैकिन वर्ग नामक पहाड़ी गाँव में अपना प्रथम किंडरगार्टन स्कूल खोला। इस समय से लेकर मृत्यु-पर्यन्त उसने अपना समस्त जीवन किंडरगार्टन स्कूलों की स्थापना, इन स्कूलों के लिए शिक्षक तैयार करने, अपनी विधि व सिद्धान्तों का विकास करने तथा कुछ साधनों के आविष्कार करने में ही लगा दिया। अंत में 1852 में 70 वर्ष की आयु में इनका देहान्त हो गया।

25.1 फ्रोबेल के दार्शनिक विचार (Philosophical Bases of Froebel)

फ्रोबेल प्रथम सुधारक था, जिसने शिक्षा-क्षेत्र में 'एकता के विचार' का प्रयोग किया। वह एक आन्तरिक नियम में विश्वास करता है जो कि अन्य सभी बातों का नियन्त्रण करता है। सभी विभिन्नताओं में उसे ऐक्य के दर्शन होते हैं। यही ऐक्य ईश्वर से एकीकरण है। फ्रोबेल जीवन-पर्यन्त सभी वस्तुओं में ऐक्य स्थापित करने के प्रयास में ही जुटा रहा। उसका कथन है कि "मनुष्य को विशेषत: बाल्यावस्था में, प्रकृति से सम्पर्क स्थापित कर लेना चाहिए- यह सम्पर्क प्रकृति के बाह्य रूप से न होकर ईश्वर की उस आत्मा से होना चाहिए, जो प्रकृति में निवास करती है और हम सब का नियन्त्रण करता है।" आगे चल कर फ्रोबेल ने कहा है कि "सभी वस्तुओं का निवास तथा अस्तित्व उस अलौकिक ईश्वर में ही निहित है, प्रकृति तथा अन्य वस्तुएँ सभी ईश्वर के रूप व झलक है।"

25.2 फ्रोबेल के अनुसार मानसिक विकास (Mental Development according to Froebel)

मानसिक वृद्धि को फ्रोबेल शारीरिक क्रिया समझता है। पौधे की वृद्धि के लिये हम उसे प्राकृतिक वातावरण में रखते हैं। इस सम्बन्ध में हमें पौधे की प्राकृतिक क्रिया पर ही निर्भर रहना पड़ेगा। किसी वस्तु के द्वारा की गई क्रिया को हम 'आत्म-क्रिया' कह सकते हैं। जानना, अनुभव करना तथा इच्छा करना, ये मस्तिष्क के तीन प्रमुख गुण हैं। मानसिक विकास के लिये जो अभ्यास किए जायें, वे इन गुणों के अनुरूप ही होने चाहिएं और प्रत्येक गुण को शक्ति के अनुसार संतुलित होना चाहिए। दूसरे शब्दों में जानना, अनुभव करना तथा इच्छा करना, इन तीनों गुणों को विशेषत: अनुभव तथा इच्छा करने को अभ्यास का पूरा अवसर मिलना चाहिए; क्योंकि ये ही मस्तिष्क की वे शक्तियाँ है, जो मस्तिष्क की प्रेरणा अथवा पोषण, रक्षण अथवा निर्देशन का कार्य करती हैं। अत: इनकी अवहेलना नहीं होनी चाहिए।

जीवन की भांति फ्रोबेल मस्तिष्क को भी एक इकाई मानता है। उसमें स्वतन्त्र गुण नहीं होते। इसकी सभी शक्तियाँ वृक्ष की शाखाओं व पत्तियों के समान किसी एक शरीर से सम्बन्धित होती हैं। बालक के मस्तिष्क के उचित विकास के लिए घर तथा स्कूल के बीच में कोई खाई नहीं होनी चाहिए। दोनों के प्रभाव को बाह्य रूप से सम्बन्धित कर देना चाहिए अन्यथा शिक्षा का उद्देश्य ही नष्ट हो जायेगा।

फ्रोबेल की धारणा है कि मानसिक विकास की सभी दशाओं जैसे शैशव, बाल्यावस्था, तथा यौवन आदि सभी में एक साम्य उत्पन्न करने का प्रयास करना चाहिये, अन्यथा शिक्षा से कोई लाभ न होगा। विभिन्न मानसिक क्रियाओं तथा विभिन्न जीवन-दशाओं में एक होना चाहिए और यह शिक्षा का एक महान उद्देश्य होना चाहिए।

25.3 फ्रोबेल का विद्यालय (Froebel's School)

मनुष्य एक सामाजिक प्राणी है। वह उन व्यक्तियों पर निर्भर होता है, जिनके मध्य में वह रहता है। इससे स्कूल, घर, भ्रातृत्व तथा समाज इत्यादि के महत्व को सहज समझा जा सकता है। हम दूसरों से प्रभावित होकर कर्म करते हैं। फ्रोबेल घर, स्कूल तथा अन्य संस्थाओं को उच्च प्रकार की इकाइयाँ मानता है। स्कूल वह स्थान होता है, जहाँ बालक यह सीखता है कि वह शेष समाज से किस प्रकार से सम्बन्धित है। इस प्रकार स्कूल व्यक्ति तथा समाज की प्रगति का एक साधन है।

बाल्यावस्था खेल के लिए है, न कि काम के लिए। फ्रोबेल कहता है कि "खेल बाल-विकास अर्थात् इस आयु में मानव विकास की उच्चमत स्थिति है, क्योंकि यह आत्मा का स्वाभाविक अभिव्यक्तिकरण एवं आन्तरिक आवश्यकताओं व भावनाओं को व्यक्त करने का साधन है। इस आयु में मनुष्य की यह शुद्धतम व आध्यात्मिक क्रिया मानी जा सकती है। अत: इससे हर्ष, आनन्द, स्वच्छन्दता, सन्तोष, बाह्याभ्यान्तर सुख तथा संसार में शान्ति प्राप्त होती है।"

यदि खेल को कुछ शिक्षात्मक महत्व प्रदान करना है तो यह सोद्देश्य क्रिया नहीं होनी चाहिए। इसका संगठन व नियन्त्रण खेलते समय बच्चों की विभिन्न भावनाओं व क्रियाओं में समन्वय स्थापित करने के उद्देश्य से किया जाना चाहिए। फ्रोबेल का कथन है कि "बिना विवेकपूर्ण पथ-प्रदर्शन के बच्चों के खेल निरुद्देश्य खिलवाड़ मात्र रह जाते हैं। तब वे बच्चों को जीवन के विभिन्न कार्यों के लिए तैयार नहीं कर पाते।"

25.4 किण्डरगार्टन (Kindergarten)

फ्रोबेल ने 'किण्डरगार्टन' शब्द का अभिप्राय 'बच्चों की फुलवारी' से लिया है, बच्चों का स्थान फुलवारी में पौधों का है। बालक के सम-विकास के सिद्धान्त में विश्वास करने के कारण फ्रोबेल ने बालक के जीवन के आरम्भिक वर्षों को बड़ा महत्व दिया है। वह बालक की पौधे से तुलना करता है। उसका कथन है कि बीज में छिपी हुई शक्ति के आधार पर ही उसमें पंक्तियाँ व शाखायें निकल आती हैं। इसी प्रकार बालक भी अपने अन्दर छिपी हुई प्रवृत्तियों व भावनाओं के आधार पर विकसित होता है।

25.5 शिक्षण की विधियाँ (Methods of Teaching)

1. संगीत, हाव-भाव व रचना (Music, Experssion and Creation)–फ्रोबेल के मतानुसार बालक संगीत, हाव-भावों तथा वस्तुओं के निर्माण के द्वारा अपने विचारों तथा भावनाओं को प्रकट करता है। इसी विश्वास के आधार पर उसने सिफारिश की है कि बालक को जो कुछ भी पढ़ाया जाए वह संगीत, हाव-भावों तथा रचना के द्वारा पढ़ाना चाहिए। यह फ्रोबेल की अद्वितीय विधि थी। उसने बताया कि इतिहास का शिक्षण अभिनय तथा संगीत के द्वारा किया जाना चाहिए। बच्चे की कल्पना-शक्ति का विकास उसके समक्ष ठोस उदाहरण रख कर करना चाहिए। शिक्षक को चाहिए कि वह बच्चों के लिए गाने, चित्र तथा खेलों इत्यादि के चुनने में बड़ी सावधानी से काम ले, क्योंकि इन्हीं के उपयुक्त चयन पर बालक की रुचि निर्भर है।

2. उपहार एवम् उद्यम (Gifts and Occupations)–उपहार बालक के समक्ष किसी न किसी का मूर्त्त रूप प्रस्तुत करते हैं। उन्हें बालक के विकास की अवस्थाओं के अनुरूप क्रम से सजाया जाता है। उद्यम उन क्रियाओं को कहा गया है जोकि उपहारों से भाषित होती हैं। उपहारों को क्रम-पूर्वक सजाने से ही बालक में विभिन्न क्रियाओं तथा विचारों के लिए प्रेरणा उत्पन्न होती है और वह एक स्तर से दूसरे स्तर की ओर बढ़ता जाता है।

प्रथम उपहार–इसमें विभिन्न रंगों की छः ऊन की गेंदें होती हैं। बालक उनसे खेलता है और घुमाता है। यह घुमाना ही उद्यम है। ये ऊनी गेंदें ही बालक को रंग, विशेष पदार्थ, रूप, गति तथा दिशा का ज्ञान कराती हैं।

द्वितीय उपहार–द्वितीय उपहार में सख्त लकड़ी के बने हुए घन, गोला तथा बेलन (Cube, Sphere and Cylinder) होते हैं। उद्यम के क्रम में बालक इन तीनों उपहारों की गतियों को देखता है। वह देखता है कि घन स्थिर है और गोला अस्थिर तथा बेलन कुछ स्थितियों में स्थिर तथा अन्य कुछ स्थितियों में अस्थिर है। इस प्रकार बेलन में घन एवं गोला दोनों के गुण होते हैं। दो विभिन्न पदार्थों में एक-साम्य का एक ठोस उदाहरण इसमें देखने को मिल जाता है।

तृतीय उपहार–इस उपहार में आठ समान भागों में विभाजित एक बड़ी लकड़ी का घन होता है। यह आठ टुकड़े भी घनाकार होते हैं और बालक को यह बतलाते हैं कि खण्ड का इकाई से क्या सम्बन्ध है। इन घनों की सहायता से बालक अन्य पदार्थों की रचना कर सकता है जैसे कुर्सी, मेज, बेंच तथा सीढ़ी इत्यादि।

अन्य उपहार–इनके अतिरिक्त अन्य उपहार भी हो सकते हैं, जैसे छड़ी तथा पटिया इत्यादि। इनसे खेलते समय बालक को रेखाओं, धरातल तथा बिन्दुओं एवं उनके पारस्परिक सम्बन्धों का ज्ञान हो जाता है।

25.6 फ्रोबिल के अनुसार पाठ्यक्रम (Curriculum according to Froebel)

फ्रोबेल ने स्कूल के पाठ्यक्रम को चार भागों में विभाजित किया: (*i*) धर्म तथा धार्मिक शिक्षण, (*ii*) प्राकृतिक विज्ञान व गणित, (*iii*) भाषा तथा (*iv*) कला एवं कला के उद्देश्य। स्कूल का उद्देश्य सभी के लिये पूर्ण एवं सर्वांग विकास उपलब्ध करना है।

25.7 फ्रोबेल के सिद्धान्त का महत्व (Importance of the Principles)

फ्रोबेल के सिद्धान्त के महत्व निम्नलिखित हैं-

(*i*) बालक की क्रियाओं का स्वाभाविक विकास-क्रम ही उसकी शिक्षा के लिए पथ-प्रदर्शक होना चाहिए।

(*ii*) आन्तरिक आत्म-क्रिया विकास का निर्देशन करती है।

(*iii*) प्रारम्भिक शिक्षा खेल के आधार पर दी जानी चाहिए।

(*iv*) शारीरिक, मानसिक तथा नैतिक शाक्तियों का सर्वांगीण विकास रचनात्मक क्रियाओं के द्वारा ही होना चाहिए।

(*v*) रचनात्मक क्रियाओं के द्वारा स्वच्छन्दता तथा सामाजिक नियन्त्रण में समन्वय स्थापित किया जा सकता है।

(*vi*) पाठ्यक्रम बच्चों की क्रियाओं तथा रुचि पर आधारित हो।

(*vii*) मानव जाति के विकास के लिए स्त्री शिक्षा आवश्यक है।

(*viii*) शिक्षा द्वारा ही मानव का भावी विकास निश्चित है।

(*ix*) ज्ञान अपने आप में लक्ष्य नहीं है। इसका मूल्यांकन मानव क्रियाओं द्वारा ही होना चाहिए।

26. मेरिया मान्टेसरी
(Maria Montessori)

26.1 जीवन परिचय (Life History)

डा० मेरिया मान्टेसरी का जन्म इटली में सन् 1870 में हुआ था। मान्टेसरी की शिक्षा-दीक्षा विधिवत् हुई। 1894 में उन्होंने रोम के विश्वविद्यालय से एम०डी०(M.D.) की उपाधि प्राप्त की। डाक्टरी की परीक्षा पास करने के पश्चात् उसी विश्वविद्यालय में उन्हें पिछड़े हुए तथा मन्द बुद्धि बालकों की शिक्षा का भार सौंपा गया। उन्होंने सफलतापूर्वक पिछड़े हुए बालकों की शिक्षा के सम्बन्ध में अनेक अन्वेषण किये। मान्टेसरी संसार के समक्ष प्रारम्भ में एक चिकित्सक के रूप में आयी किन्तु मन्दबुद्धि बालकों के साथ काम करते-करते उनकी रुचि शिक्षण-पद्धति में भी जाग्रत हुई और उन्होंने देखा कि पिछड़े हुए बालकों के पिछड़ने के कारण ज्ञानेन्द्रियों की हीनता है। उन्होंने निष्कर्ष निकाला कि तत्कालीन शिक्षा-पद्धति में अनेक दोष हैं, इन दोषों को दूर करने के लिए उन्होंने पिछड़े हुए बालकों की शिक्षा के लिए कई प्रयोग किये। उन्होंने ऐसे बालकों के मनोवैज्ञानिक विकास पर विशेष बल दिया। उन्होंने अपने प्रयोगों के आधार पर निष्कर्ष निकाला कि मन्द बुद्धि बालक को भी उचित शिक्षा देकर साधारण बुद्धि के बालक के समकक्ष लाया जा सकता है।

मान्टेसरी ने अपनी पद्धत्ति के अन्तर्गत 3 से 6 वर्ष के बच्चों की शिक्षा की ओर सभी का ध्यान आकर्षित कराया। धीरे-धीरे मान्टेसरी पद्धति अत्यन्त लोकप्रिय हो गई। आज सभी P.G. (Play group) तथा नर्सरी कक्षाएँ मान्टेसरी पद्धति की राह पर चल रही हैं।

26.2 मान्टेसरी के शिक्षा सिद्धान्त (Education Principles of Montessori)

मान्टेसरी के शिक्षा सिद्धान्त निम्नलिखित थे–

(1) आत्म शिक्षा–सच्ची शिक्षा वह है जिसमें बालक अपनी आवश्यकता के अनुसार स्वयं सीखता है। अपने आप ज्ञान की खोज करने से ज्ञान का सच्चा रूप सामने आता है। इस सिद्धान्त द्वारा स्वानुभव के सिद्धान्त के महत्व के स्वीकार किया गया है। शिक्षक को अपनी ओर से कोई आज्ञा या निर्देश नहीं देना चाहिए। बालक जब अपने आप कुछ सीखता है और अपनी उन्नति देखता है तो वह बहुत प्रसन्न होता है।

आत्म-शिक्षा के लिए मान्टेसरी ने कुछ शैक्षिक यन्त्रों (Didactic Apparatus) का निर्माण किया है। बालक को ये शैक्षिक यन्त्र दे दिये जाते हैं और वह उनसे खेलने लगता है। इन यन्त्रों को प्रबोधक यन्त्र कहा जा सकता है। जब बालक एक प्रकार के यन्त्र से खेलते-खेलते थक जाता है तो उसे छोड़ देता है। फिर वह दूसरे यन्त्र की ओर प्रेरित होता है। यह प्रेरणा उसकी आत्मा से ही मिलती है। अत: बालक बड़ी रुचि के साथ खेल खेलता है और आनन्दमग्न हो जाता है।

(2) ज्ञानेन्द्रिय प्रशिक्षण द्वारा शिक्षा–ज्ञान वस्तुत: ज्ञानेन्द्रियों पर ही आधारित होता है। यदि ज्ञानेन्द्रिय निर्बल हुई तो उस इन्द्रिय से प्राप्त ज्ञान भी दोषपूर्ण होगा। इसलिए वे ज्ञानेन्द्रिय की शिक्षा पर विशेष बल देती हैं। मान्टेसरी के अनुसार तीन से सात वर्ष की अवस्था के बीच बालक की ज्ञानेन्द्रियाँ विशेष रूप से क्रियाशील रहती हैं। अत: इस अवस्था में ज्ञानेन्द्रियों के विकास पर अवश्य ध्यान देना चाहिए। यदि इस अवस्था में ज्ञानेन्द्रिय के विकास पर ध्यान न दिया गया तो साधारण बुद्धि का बालक भी मन्द बुद्धि का रह सकता है।

(3) कर्मेन्द्रियों की शिक्षा–ज्ञानेन्द्रिय की भाँति कर्मेन्द्रियाँ भी मानव-जीवन के लिए आवश्यक हैं। शरीर के अंग सबल बनें, इसलिए यह आवश्यक है कि अंगों के सही संचालन की शिक्षा दी जाये। जब तक मांसपेशियों को नियन्त्रित नहीं किया जाता तब तक उसे अंग-संचालन में कठिनाई का अनुभव होगा। यदि मांसपेशियों को साधा न गया? लिखना-पढ़ना, चलना-दौड़ना, कठिन हो जायेगा।

(4) खेल द्वारा शिक्षा–बालक की सबसे प्रिय वस्तु खेल है, अत: प्रारम्भ में खेल द्वारा ही शिक्षा देना ठीक है। बालक को शैक्षिक यन्त्र दे दिये जायें और वह उनसे खेलने लगेगा। बालक के खेल में किसी प्रकार का हस्तक्षेप करना ठीक नहीं है। बालक शिक्षा-यन्त्रों से खलता रहता है और खेल में ही वह वर्णमाला, गणित आदि विषय सीख जाता है। इन उपकरणों की सहायता से उसकी ज्ञानेन्द्रियाँ भी विकसित होती चलती हैं।

(5) व्यक्तिगत आधार द्वारा शिक्षा–मान्टेसरी व्यक्ति की वैयक्तिकता की शिक्षा का उद्देश्य बताती हैं। अत: वह शिक्षा को व्यक्तिगत आधार द्वारा देना चाहती हैं। हर एक बालक को उसके स्वभाव के अनुसार शिक्षा देनी है। अत: समूह की शिक्षा देने से काम नहीं चलेगा। कुछ पाठ ऐसे अवश्य होते हैं जिनका सामूहिक शिक्षण लाभप्रद हो सकता है। सामूहिकता की भावना के उदय के लिए ऐसे पाठों का सामूहिक शिक्षण किया जा सकता है, किन्तु ऐसे समय में भी व्यक्तिगत ध्यान की उपेक्षा नहीं की जानी चाहिए।

(6) तार्किक अनुशासन का सिद्धान्त–यदि बालक को स्वतन्त्रता दी जाये और उन्हें आत्म-शिक्षा के लिए प्रेरित किया जाए तो छात्रों में अनुशासनहीनता का प्रश्न ही नहीं उठेगा। अनुशासन अन्त:प्रेरणा की आवाज है। अत: छात्रों में उत्तरदायित्व की भावना भर देनी चाहिए जिससे वे अनुशासन के प्रति सजग हो जायें।

(7) उपयुक्त वातावरण–अभीष्ट विकास के लिए शिक्षाप्रद वातावरण बहुत आवश्यक है। डॉ० मान्टेसरी ने बाल-गृहों (Children's Houses) को वास्तविक विद्यालय बताया है क्योंकि वहाँ पर बालक रचनात्मक कार्यों में जुटे रहते हैं और रचनात्मक कार्यों में आनन्द लेते हुए वे बहुत-सी बातें सीख जाते हैं।

26.3 मान्टेसरी शिक्षा पद्धति (Montessori's Methods of Teaching)

1. कर्मेन्द्रियों की शिक्षा–बाल गृह में सर्वप्रथम बालक की कर्मेन्द्रियों को प्रशिक्षित किया जाता है। तीन से सात वर्ष की आयु के बालकों को अपना कार्य अपने आप करने के लिए प्रोत्साहन दिया जाता है। बाल-गृह का वातावरण ऐसा बना दिया जाता है कि बालक सभी काम अपने आप करता है। चलना-फिरना, उठना, हाथ-मुँह धोना, कपड़े पहनना व उतारना, मेज-कुर्सी ठीक स्थान पर रखना पर रखना, कमरा साफ करना व सजाना, वस्तुओं को संभाल कर ठीक से रखना, भोजन परोसना आदि कार्य छात्र स्वयं करते हैं। इन कार्यों में बालक आनन्द लेता

है और इस प्रकार उसकी कर्मेन्द्रियों का विकास हो जाता है। वह सभ्य बनता चलता है और बातचीत करना सीख जाता है। बालकों के स्वास्थ्य एवं आयु के अनुसार व्यायाम भी कराया जाता है।

2. ज्ञानेन्द्रियों की शिक्षा—डॉ० मान्टेसरी ज्ञानेन्द्रियों की शिक्षा पर बड़ा बल देती थीं। उन्होंने ज्ञानेन्द्रियों की शिक्षा के लिए शैक्षिक उपकरणों का सहारा लिया है। बालक की चक्षु-इन्द्रिय को प्रशिक्षित करने के लिए उसे भिन्न-भिन्न रंगों की टिकियाँ दी जाती हैं और उससे एक बार में एक रंग की टिकियों को निकालने के लिए कहा जाता है। इस प्रकार उसको रंगों की पहचान हो जाती है। इसी प्रकार श्रवण-इन्द्रिय को प्रशिक्षित करने के लिए विभिन्न प्रकार की घंटियाँ बजाई जाती हैं। स्पर्शेन्द्रिय के विकास के लिए रूमालों से भरा एक डिब्बा दिया जाता है। रूमाल चिकने,खुरदरे, मखमली, ऊनी होते हैं। इस प्रकार घ्राणेन्द्रिय के विकास के लिए बोतलें दी जाती हैं, जिनमें गन्धयुक्त द्रव होता है। स्वादेन्द्रिय को प्रशिक्षित करने के लिए नमक,चीनी, चाय आदि की शीशियाँ दी जाती हैं।

3. भाषा की शिक्षा—इस सन्दर्भ में मान्टेसरी के सिद्धान्त का निष्कर्ष यह है कि बालक को पहले सीखना चाहिए, उसके बाद पढ़ना। लिखते-लिखते बालक पढ़ना तो अपने आप सीख जाता है। लिखना सिखाने के पहले बालक की मांसपेशियों का साधना आवश्यक है। अत: शैक्षिक उपकरणों की सहायता के पहले बालक हाथ और आँख में समन्वय करना और अंगों का उचित संचालन करना सीखता है। इस प्रकार वह कलम या पेंसिल पकड़ना सीख जाता है। लिखना सीखने के लिए बालक लकड़ी अथवा गत्ते पर बने हुए अक्षरों पर उंगली फेरता है। उंगली फेरने के समय अध्यापिका अक्षर का उच्चारण करती रहती है। इस प्रकार बालक उस अक्षर का उच्चारण करना भी सीख जाता है।

26.4 मान्टेसरी का विद्यालय (School of Montessori)

मान्टेसरी विद्यालय में 3 से 7 वर्ष के बालकों को खेल द्वारा शिक्षा दी जाती है। विद्यालय में बड़ा मैदान होता है जिसमें बालक खुले में खेल सकते हैं। बच्चों के बैठने के लिए छोटी-छोटी कुर्सियाँ तथा मेंजें होती हैं जिन पर बालक बैठकर कभी-कभी खेल भी खेलते हैं। मैदान में कुछ कम्बल बिछा दिये जाते हैं। जिन पर बैठकर बालक खेलते हैं। चाय पीने के लिए छोटे-छोटे कप तथा प्लेटें होती हैं। 'टी पॉट' से बच्चे चाय परोसते समय इतनी सावधानी बरतते हैं कि जरा भी चाय नहीं गिरे। कोई खाने-पीने का पदार्थ मेजपोश पर भी नहीं गिरता है। विद्यालय में एक बड़ा कमरा और कई छोटे कमरे में खेल व्यायाम आदि होते हैं। सभी सामान बच्चों की सुविधा के अनुसार होना ताकि बच्चे इधर-उधर उठाकर ले जा सकें। श्यामपट पर छात्र चित्र भी बनाया करते हैं। इस विद्यालय की कुछ अन्य प्रमुख बातें निम्नलिखित हैं—

1. शिक्षक एक योग्य निर्देशक होता है। शिक्षक को यह जानकारी रहती है कि उसे कब हस्तक्षेप करना है और कब नहीं।
2. बालक को किस समय किस आवश्यकता की चेतना तीव्र रूप में होती है। इस 'मनोवैज्ञानिक क्षण' (Psychological Moment) का उपयोग करना बहुत आवश्यक है। मान्टेसरी विद्यालय में इसका उपयोग किया जाता है।
3. बालक को पूर्ण स्वतंत्रता रहती है।
4. बुद्धि से अधिक इन्द्रियों पर ध्यान दिया जाता है।

5. बच्चों को व्यक्तिगत रूप से प्रशिक्षित किया जाता है।
6. स्पर्श की संवेदना मौलिक संवेदना हैं अत: इसका सर्वाधिक ध्यान रखा जाता है।
7. कठोर समय विभाग-चक्र (Time-Table) नहीं होता।
8. कोई पुरस्कार नहीं दिया जाता। विकास ही पुरस्कार है।
9. शैक्षिक उपकरणों के सहारे शिक्षा दी जाती हैं।
10. रूसो और स्पेन्सर की आत्म-शिक्षा पर अनुगमत होता है।

26.5 मान्टेसरी एवं किण्डरगार्टन पद्धतियों की तुलना (Comparison between Montessori and Kindergarten Methods)

समानता (Similarity)–

1. दोनों पद्धतियों में जिन बालकों को शिक्षा दी जाती है उनकी आयु 3 से 7 वर्ष के बीच में होती है।
2. दोनों में बालक की इन्द्रियों के विकास को प्रधानता दी गई है।
3. दोनों में बालक की आन्तरिक शक्तियाँ के विकास का ध्यान रखा जाता है।
4. दोनों में दृश्य-श्रव्य साधनों का प्रयोग किया जाता है। एक में शैक्षिक उपकरण है तो दूसरे में उपहार।
5. दोनों में बालकों को स्वतन्त्र वातावरण प्रदान किया जाता है।
6. दोनों में शिक्षक का स्थान निर्देशक का होता है, न कि अधिनायक का।

भिन्नता (Difference)

1. मान्टेसरी पद्धति वैयक्तिक है जबकि किण्डरगार्टन पद्धति सामाजिक है।
2. किण्डरगार्टन में कभी-कभी उपहार के बिना भी शिक्षा हो सकती है किन्तु मान्टेसरी विधि में शैक्षिक उपकरणों के बिना कार्य नहीं चल सकता।
3. फ्रोबेल के उपहार सरलता से मिल जाते हैं जबकि मान्टेसरी के यन्त्रों को कठिनाई से प्राप्त किया जाता है।
4. किण्डरगार्टन में खेल, गति तथा संगीत के विकास के अधिक अवसर हैं किन्तु मान्टेसरी पद्धति में नहीं।
5. मान्टेसरी पद्धति में पहले लिखना सिखाया जाता है किन्तु किण्डरगार्टन पद्धति में पहले पढ़ना सिखाया जाता है।

27. शान्ति शिक्षा
(Peace Education)

27.1 शान्ति शिक्षा का इतिहास (History of peace Education)

सर एडवर्ड बेंटवर्थ बैटी ने कनाडा के विश्वविद्यालय में स्नातक छात्रों के समक्ष 26 मई 1926 में एक भाषण प्रस्तुत किया। जिसमें इन्होंने कहा कि ''हमने उन आध्यात्मिक मूल्यों पर ध्यान देना लगभग बन्द कर दिया है जिनके द्वारा ही मानव की सम्पूर्ण प्रगति को आँका जा सकता है। प्रथम विश्व तथा युद्ध का कारण सिर्फ इतना ही था कि हम भौतिकता के प्रति अपनी लालसा को नियन्त्रित करके अधिक ऊँचे न उठ सकें। मुझे यह न बताइये कि युद्ध जर्मनी की विजय लोलुपता या अंग्रेजों की साम्राज्यवादिता या फ्रांसीसी संग्रामिकता या लाभ प्राप्त करने की पूँजीवादी लालसा के कुपरिणाम से अधिक कुछ न था। ब्रिटेन ने संसार को व्यवस्था तथा भौतिक सभ्यता प्रदान की। जर्मनी और फ्रांस ने कला और संगीत से संसार की शोभा बढ़ाई। विज्ञान तथा साहित्य से उसका कोषभरा। पूँजीवादियों को लाभ युद्ध के कारण मिला–वह स्वयं युद्ध का कारण नहीं था। हमें और गहराई में उतरना चाहिये। जिस पागलपन ने संसार को वश में कर लिया है वह है **आत्मा का विकार** यह विकार मस्तिष्क से कोई सम्बन्ध नहीं रखता है।

परन्तु सर एडवर्ड के इन शब्दों के पश्चात् भी एक विश्व युद्ध और हो चुका है।

डा० सर्वपल्ली राधा कृष्णन ने कहा है,कि सर एडवर्ड के इन कथनों में कहा गया कि हमारी **आत्मा में विकार है मस्तिष्क में नहीं** इसका तात्पर्य है कि शरीर मस्तिष्क तथा आत्मा तीनों का यदि सामंजस्य बिठा लिया जायें तभी कोई व्यक्ति तथा राष्ट्र सुखी हो सकता है अन्यथा नहीं। वरन् आज के युग में सिर्फ हम मस्तिष्क की उपलब्धियों पर ही बल देते हैं, आध्यात्मिक मूल्यों पर नहीं। यही हमारे दुख का मुख्य कारण होता है। अत्मिक शक्तियाँ कम होती जा रही हैं। तथा आज मस्तिष्क की उपलब्धियों का अनुपात भयोत्पादक सीमा तक पहुँच गया है। आज हम पृथ्वी तथा आकाश पर भी अपना अधिकार किये हुए हैं। तथा तारों व परमाणु के रहस्यों को समझने में लगे हैं। परन्तु आज भी विश्व में एक तथ्य का अभाव है वह है **'शान्ति'** (Peace)। इसलिए आज भी सम्पूर्ण देश तत्पर है। अत: यहीं से शान्ति शिक्षा की अवधारणा की शुरूआत हुई।

27.2 शान्ति शिक्षा का अर्थ (Meaning of peace education)

शान्ति शिक्षा वह विज्ञान है जो मानव की मौलिक आवश्यकताओं तथा समाज की यथार्थ प्रकृति या स्वरूप का अध्ययन करता है। जिसमें इन आवश्यकताओं की पूर्ति होती हैं। यह शिक्षा मानव समाज को उनके अधिकारों का हनन न हों के विषय में ज्ञान प्रदान करती है। साथ-साथ यह शिक्षा यह भी बताती है, कि किस प्रकार से नागरिक अपने ज्ञान को तथा समाज देश की शान्ति को सुरक्षित रख सकते हैं। अत: शिक्षा शान्ति को बनाये रखना भी अपना एक मुख्य उद्देश्य

मानती है। अर्थात् कहा जाता है कि शान्ति शिक्षा वह है जो अशोषित (Non-exploitative) अहिंसक (Non-violence) तथा न्याय प्रिय (Just) समाज का निर्माण करती हैं।

शान्ति शिक्षा को निम्न प्रकार परिभाषित किया गया है–

(1) डॉ० मर्सी अब्राहम के अनुसार-"शान्ति शिक्षा शान्तिप्रिय लोगों हेतु शिक्षा है। जो कि इस पृथ्वी पर शान्ति कायम करने योग्य होंगे। ....विशेषत: भावात्मक (Affective) शिक्षा है। यह धार्मिक शिक्षा है साथ ही यह स्वयं में शिक्षा है।"

(2) के०एस० बासतराज के अनुसार- "शान्ति शिक्षा एक कार्यक्रम तथा प्रक्रिया है, जिससे लोगों (नवयुवकों तथा प्रौढ़ों) में शान्ति के मूल्य की सराहना तथा समझदारी की भावना का विकास किया जाता है। यह वह तैयारी है जिससे सामुदायिक जीवन को न्यायप्रिय, व्यवस्थित तथा सामंजस्यपूर्ण बनाया जाता है।"

इस प्रकार उपरोक्त परिभाषाओं के आधार पर शान्ति शिक्षा की निम्नलिखित विशेषताएँ हैं–

(1) यह शिक्षा शान्ति को बढ़ावा देने हेतु है।

(2) यह शिक्षा धार्मिक शिक्षा भी है।

(3) यह मूल्य परक शिक्षा है।

(4) इस शिक्षा के द्वारा मूल्यों की सराहना तथा समझदारी की भावना का विकास किया जाता है।

अत: यह शिक्षा लोगों के मूल्यों को उन्नत कर उन्हें शान्ति स्थापित करने हेतु प्रेरित करती हैं।

शान्ति शिक्षा वह शिक्षा है, जिसमें व्यक्तियों के मूल्यों को बढ़ावा देकर उन्हें शिक्षा हेतु प्रेरित किया जाता है। शान्ति से हमारा तात्पर्य अहिंसा से है। शक्ति अर्थात् तारन्मयता का अर्थ है, किसी भी कार्य का बाधारहित ढंग से शान्तिपूर्वक होना। जिस प्रकार से एक तालाब का बिना किसी हलचल के शान्त रहना।

शिक्षा एक ऐसी प्रक्रिया है जिसके द्वारा कोई भी व्यक्ति किसी दूसरे व्यक्ति के व्यवहार में बदलाव ला सकता है। अत: यहाँ पर शिक्षा का उद्देश्य होता है, किसी व्यक्ति के ज्ञान, योग्यता तथा चरित्र का विकास करना। शान्ति शिक्षा के द्वारा छात्रों को शिक्षकों के द्वारा ज्ञान तो दिया ही जाता है वरन् आजकल शान्ति शिक्षा विद्यालयों में अनिवार्य विषय की तरह सम्मिलित किया गया है।

'शान्ति' शब्द का यदि पूर्णत: विश्लेषण किया जायें, तो निम्न शब्दों को सम्मिलित किया जाता है–

P = Peaceful
E = Enviornment
A = Among
C = Communities
E = Everywhere

अर्थात् समस्त समुदाय में शान्तिपूर्ण वातावरण की स्थापना करना ही शान्ति शिक्षा का प्रमुख कार्य माना गया है। मूल्य शिक्षा के भेद निम्नलिखित हैं-

(अ) युद्ध निवारक शिक्षा (Anti-war Education) युद्ध निवारक शिक्षा वह शिक्षा

है। जिसके अन्तर्गत व्यक्तियों को युद्ध रोकने हेतु शिक्षा प्रदान की जाती है। अतः यह युद्ध निवारक शिक्षा है।

(ब) शान्ति शिक्षा मुक्ति है (Peace Education as Liberation) इस शिक्षा के द्वारा मानवाधिकारों की प्रोन्नति, मानवीय आवश्यकताओं की पूर्ति तथा सामाजिक गरीबी, सामाजिक भेदभाव, कुपोषण, निरक्षरता तथा रोगों की समस्याओं का समाधान किया जाता है।

(स) शान्ति शिक्षा सीखने की प्रक्रिया (Learning Process) है। यह शिक्षा शैक्षिक पर्यावरण के माध्यम से व्यक्तियों में सहिष्णुता तथा सृजनात्मकता (Creativity) का विकास करती है।

(द) शान्ति शिक्षा एक जीवन शैली (Life Style) है। यह लोगों की जीवन शैली में परिवर्तन लाकर अन्तर्राष्ट्रीय समाज में शान्ति की स्थापना करती है।

शान्ति के मुख्य उद्देश्य (Main Sources of Peace)

शान्ति के तीन मुख्य स्रोत माने जाते हैं–

(i) आन्तरिक शान्ति **(Inner Peace)**

(ii) सामाजिक शान्ति **(Social Peace)**

(iii) प्रकृति हेतु शान्ति **(Peace with Nature)**

इन तीनों स्रोतों को निम्न प्रकार व्यक्त किया जा सकता है–

(i) आन्तरिक शान्ति **(Inner Peace)**– आन्तरिक शान्ति में स्वयं के साथ तन्मयताए अच्छा स्वास्थ्य, आन्तरिक छन्द की समाप्ति, खुशी, धार्मिक व आध्यात्मिक शान्ति दया की भावना तथा कला की प्रशंसा की भावना आती है।

(ii) सामाजिक शान्ति **(Social Peace)** – सामाजिक शान्ति में व्यक्तियों के मध्य शान्ति, प्यार दोस्ती, एकता, आपसी समझ, भाईचारा, सहनशीलता, लोकतन्त्र मानवअधिकार तथा नैतिकता आते हैं।

(iii) प्रकृति हेतु शान्ति **(Peace with Nature)** – प्रकृति के लिए शान्ति शिक्षा के अन्तर्गत प्राकृतिक वातावरण के साथ तन्मयताए तथा मातृभाषा को महत्त्वपूर्ण माना गया है।

अतः शान्ति शिक्षा के कायम रखने हेतु तीनों स्रोतों का होना महत्त्वपूर्ण माना गया है।

27.3 शान्ति शिक्षा के रूप (Types of Peace of education)

शान्ति शिक्षा को 1980 के प्रारम्भ में वेल्स के अन्तर्राष्ट्रीय कॉलेज में प्रस्तावित किया गया। प्रायः शान्ति शिक्षा को तीन रूपों में प्रस्तुत किया गया है यथा–

(अ) शान्ति के विषय में शिक्षा (Education about peace) शान्ति शिक्षा के अन्तर्गत "युद्ध की समालोचना" (Criticism of war) के विषय का प्रतिपादन किया गया। इस दृष्टिकोण का प्रतिपादन मितबस ओकामोटों (Mitbus Occamoto) ने किया।

(ब) शान्ति के लिए शिक्षा (Education for peace) शान्ति हेतु शिक्षा एक सकारात्मक अवधारणा हैं। इसके द्वारा व्यक्ति में अहिंसा की आधार शिला का निर्माण किया जाता है। यह अर्थ इस तथ्य पर आधारित है, कि जब युद्धों को मानव मस्तिष्क में जन्म दिया जाता है तब उनमें शान्ति की दीवारों को क्यों नहीं निर्मित किया जाना चाहिये। अतः शान्ति शिक्षा का इस दृष्टिकोण से अभिप्राय यह है मानव के मस्तिष्क में शान्ति की दीवारों का निर्माण किया जाये।

(स) सकारात्मक शान्ति (Positive Peace) सकारात्मक शान्ति का अभिप्राय है कि अहिंसात्मक सामाजिक पद्धति (A non-violent social system) अर्थात् समाज ऐसा हो, जिसमें कि हिंसा, शोषण, असमानता आदि का प्रभाव न हो तथा वह शोषण व अन्याय मुक्त हो। इस कारण ही शान्ति शिक्षा हेतु एक सहयोगी समाज की स्थापना की जानी चाहिए।

डॉ० सर्वपल्ली राधाकृष्णन का कहना है कि, "हम सार्वभौम मानवतावादी नये युग के ऊषा काल में है। आशा की उत्तेजना है, तथा आकांक्षाओं की हलचल है। जैसे प्रात: काल में जब भोर की किरणें पृथ्वी को जगाती हैं तब होता है। हम चाहें या न चाहें, हम रहते एक ही संसार में हैं। तथा हमें मानव के उद्देश्य तथा भाग्य की समान धारणा अपनानी है। विभिन्न राष्ट्रों को मानव जाति के सदस्यों के रूप में शत्रु इकाइयों के समान नहीं बल्कि सभ्यता को विकसित करने के प्रयास में संलग्न मित्र भागीदारों के समान रहना होगा। शक्तिशाली राष्ट्र कमजोर की सहायता करेगा तथा सारे मानव स्वतन्त्र राष्ट्रों के विश्वव्यापी संघटन के सदस्य होंगे। यदि हम गैर जिम्मेदार व्यक्तियों के नियन्त्रण और अब तक अकल्पनीय शक्ति स्रोतों के खतरे से बच गये तो हम सभी जातियों को एकत्र करके एक उदार, विशाल, सहयोगी समाज की स्थापना कर सकेंगे "शान्ति शिक्षा इन खतरों से बचाने में मानव की सहायता करती है।"

यदि हम सही जिन्दगी जीना चाहते हैं तो हमें अपने चारों तरफ के वातावरण में शान्ति (Peace) को महत्त्वपूर्ण स्थान देना होगा–

(a) समझने हेतु अधिगम (Learning to know)

(b) करने हेतु अधिगम (Learning to do)

(c) तरन्मयता व साथ रहने हेतु अधिगम (Learning to live together in Harmony)

(d) अधिगम सीखने हेतु (Learning to be)

यूनेस्को ने अपनी एक रिपोर्ट के दौरान उपरोक्त चारों बातों को स्थान देते हुए कहा कि, यह चारों तथ्य शान्ति कायम रखने हेतु अत्यन्त आवश्यक है। क्योंकि 'साथ रहने हेतु अधिगम का प्रत्यय' विश्व शान्ति हेतु बहुत अधिक महत्त्वपूर्ण माना गया है। सत्यता यह है कि हमारे बालक भिन्न-भिन्न जाति, रंग व लिंग रूप में साथ-साथ रहते हैं। कई बालक अलग-अलग देशों के होते हैं। हर बालक यह चाहता है कि दूसरे देश के बालक उन्हें आदर प्रदान करें। यदि ऐसा नहीं होता तो आपसी द्वन्द्व पैदा हो सकता है। अत: इसे रोकने हेतु ही शान्ति शिक्षा को बढ़ावा देना अति आवश्यक है। शिक्षा ही एक ऐसा दायरा है, जिससे बहुत लम्बे समय तक शान्ति, सहनशीलता, सामाजिक न्याय तथा नागरिक उत्तरदायित्व को कायम रखा जा सकता है।

27.4 शान्ति शिक्षा के उद्देश्य (Objectives of Peace Education)

शान्ति शिक्षा के उद्देश्य निम्नलिखित हैं–

प्रो० के० एस० रूस बासवराज के अनुसार प्रो० के० एस० बासवराज ने शान्ति शिक्षा के निम्नलिखित उद्देश्य बतायें हैं–

(1) छात्रों को परिवार, देश तथा विश्व में शान्ति कायम रखने में उनकी भूमिका के प्रति जागरूक बनाना।

(2) शान्तिप्रिय मानव के प्रति सकारात्मक दृष्टिकोण विकसित करना।

(3) मानव जीवन में शान्ति का मूल्य समझना।

(4) छात्रों को शान्ति का मूल्य समझने हेतु तत्पर बनाना।

(5) नवयुवकों में शान्ति के आध्यात्मिक मूल्यों को विकसित करना। जिससे उनमें आन्तरिक शान्ति या मन की शान्ति प्राप्त हो सकें।

(6) बच्चों में उपयुक्त, अनुपयुक्त, न्याय तथा अन्याय के विषय में जागरूकता विकसित करना।

(7) छात्रों में अन्तर्राष्ट्रीय सद्भावना का विकास करना।

(8) छात्रों में भ्रातृत्व का विकास करना।

(9) छात्रों को हिंसा, युद्ध तथा संघर्ष आदि के परिणामों से अवगत कराना, जिससे वे उनसे बचने के लिए कदम उठाने में समर्थ हो सकें।

(10) छात्रों को शान्ति शिक्षा के मूल्यों से अवगत कराना।

डा०पी०वी० नायर के अनुसार-डा०पी०वी० नायर ने शान्ति शिक्षा के निम्नलिखित तीन उद्देश्यों पर बल दिया है–

(1) छात्रों को धार्मिक सहिष्णुता अन्य प्रजातियों का आदर करना, धार्मिक एवं नैतिक मूल्यों को आदर की दृष्टि से देखने के योग्य बनाना।

(2) छात्रों में उदार मस्तिष्क (Open mindedness) विवेकपूर्ण चिन्तन तथा विश्वव्यापी ज्ञान की खोज के लिए रुचि विकसित करना।

(3) छात्रों में सह अस्तित्व (Co-existence) की भावना विकसित करना।

27.5 शान्ति शिक्षा का पाठ्यक्रम (Curriculum of Peace Education)

प्रो० के.एम. साइमन ने विद्यालय के विभिन्न स्तरों हेतु शान्ति शिक्षा के पाठ्यक्रम को निम्न प्रकार से व्यक्त किया है–

(1) प्राथामिक स्तर पर (For Primary Level)–प्राथमिक स्तर पर बालकों को शान्ति शिक्षा प्रदान करने हेतु निम्न तथ्यों पर बल दिया गया।

(*a*) जीवन के नैतिक मूल्यों को कहानी, नाटक तथा कविताओं के रूप में छात्रों के समक्ष प्रस्तुत करना।

(*b*) विभिन्न धर्मों के विषय में बताना।

(*c*) विभिन्न संस्कृतियों की कहानियाँ सुनाना।

(*d*) छात्रों को विभिन्न स्रोत्रों से अवगत कराना।

(2) जूनियर स्तर पर (For Junior Level)–जूनियर स्तर पर छात्रों को निम्न प्रकार से शान्ति प्रदान की जायेगी–

(*a*) विभिन्न दार्शनिकों तथा महत्वपूर्ण व्यक्तियों की जीवनियाँ तथा शान्ति स्थापना में उनके कार्य बताना। यह दार्शनिक अब्राहम लिंकन, मार्टिन लूथर किंग, नेल्सन मण्डेला तथा मदर टेरेसा, जीजस क्राइस्ट आदि हो सकते हैं। साथ-साथ प० जवाहर लाल नेहरू, विनोबा भावे, गौतम बुद्ध तथा महावीर स्वामी जी के जीवन दर्शन से छात्रों को अवगत कराना।

(*b*) विश्व शान्ति की स्थापना में विभिन्न धर्म हिन्दु, मुस्लिम, सिक्ख तथा ईसाई धर्म की भूमिका बताना।

(3) हाईस्कूल स्तर पर (For Highschool Level)–हाईस्कूल स्तर पर विश्वशान्ति की स्थापना हेतु निम्न कार्यों पर बल दिया गया–

(*a*) शान्ति की अवधारणा से अवगत कराना।
(*b*) शान्ति की आवश्यकता एवं महत्व बताना।
(*c*) परिवार, समाज तथा विश्व शान्ति की स्थापना करना।
(*d*) संयुक्त राष्ट्र संघ, यूनेस्को, रेडक्रास सोसाइटी, स्काऊट व गाइड आन्दोलन अन्तर्राष्ट्रीय सन्धियाँ तथा विश्व शान्ति में अलग-अलग दर्शनों की भूमिका स्पष्ट करना।
(*e*) युद्ध व हिंसा के कारण बताकर उनके परिणामों की समालोचना करना।

27.6 विद्यालय में पाठ्य सहगामी क्रियाएँ (School's Co-curricular Activities)

विद्यालय में शान्ति शिक्षा के प्रसार हेतु निम्नलिखित पाठ्य सहगामी क्रियाओं का आयोजन किया जाना चाहिए–

(*a*) यू.एन.ओ. दिवस (U.N.O. Day), पृथ्वी दिवस (Earth day), शान्ति दिवस (Peace day) आदि को विद्यालय तथा कॉलेज स्तर पर मनाया जाए।
(*b*) स्काऊट गाइड की क्रियाओं तथा जूनियर रेडक्रास क्रियाओं को पाठ्यक्रम में शामिल किया जायें।
(*c*) श्रमदान आदि का महत्व बताना।
(*d*) बच्चों के द्वारा आपस में सिक्के, स्टाम्प पेपर आदि का आदान प्रदान किया जाना चाहिये।
(*e*) विद्यालयों में महान विभूतियों का जन्म दिवस मनाया जाना चाहियें।
(*f*) शान्तिदूतों की एक एलबम बनाकर विद्यालय में रखे ताकि छात्र उसे देखकर प्रेरणा ले।
(*g*) विभिन्न विषयों पर प्रोफेसर आदि के भाषण तथा सेमिनार आदि का आयोजन किया जाना चाहिए।
(*h*) अन्तर्राष्ट्रीय स्तर पर वाद विवाद प्रतियोगिताओं आदि का आयोजन किया जाना चाहिए।
(*i*) पेन मित्रता करने का बल देना चाहिए।

27.7 मूल्यांकन (Evaluation)

शान्ति शिक्षा की स्थापना आज के युग में अत्यन्त आवश्यक है। आज देश में जिस प्रकार आतंकवाद तथा भ्रष्टाचार को बढ़ावा मिला है। इसको मिटाने हेतु शिक्षा क्षेत्र में शान्ति शिक्षा प्रदान करके हम भावी नागरिकों को प्रेरित कर सकते हैं कि वह देश में शान्ति का तात्पर्य बताना अति आवश्यक है। अत: शान्ति शिक्षा के द्वारा ही यह सम्भव हो सकता है। अत: एक विद्वान का यह कथन ''किसी को दुख मत दो, बन सके तो सुख दो।'' सत्य करने हेतु हमें शान्ति की स्थापना करनी होगी। जो कि शिक्षा द्वारा ही सम्भव है। इस विषय में शिक्षकों के द्वारा कहा गया है कि, "Peace is precious, Peace is sweet, and it's a medicine that gives sweet sleep."

28. आन्तरिक मूल्यांकन
(Internal Assessment)

28.1 स्वामी दयानन्द (1825-1883) (Sawami Dayanand)

वह जो सत्य को जानने के इच्छुक हैं, सत्य की जाँच वेदों के माध्यम से करें। वेदों के बिना इसकी जाँच नहीं की जा सकती कि क्या सही है और क्या नहीं।

स्वामी दयानन्द जी आधुनिक भारत के प्रसिद्ध समाज सुधारक थे। उन्होंने आर्य-समाज की नींव रखी थी। इनका जन्म गुजरात के तनकारा गाँव में सन् 1824 ई.को एक ब्राह्मण परिवार में हुआ। इनका वास्तविक नाम मूल शंकर था। 21 वर्ष की आयु में इन्होंने घर का त्याग किया और सत्य की खोज में निकल पड़े। ज्ञान के क्षेत्र में इनका योगदान अभूतपूर्व रहा है। उनके अनुसार ज्ञान के मुख्य स्रोत हैं–वेद, प्रकृति के नियम, शिक्षा, विद्वानों का जीवन एवं उनकी शिक्षाएँ, आत्मशुद्धि एवं आत्मज्ञान।

वेद उनके दर्शनशास्त्र का आधार थे। वेदों की सत्यता पर उनको दृढ़ विश्वास था। उनका मानना था कि आत्मा ईश्वर का प्रतिबिम्ब है। उसी ईश्वर की भाँति आत्मा भी नश्वर, आकारहीन एवं अनन्त है।

शिक्षा-क्षेत्र में इनका विशेष स्थान है। इन्होंने शैक्षणिक संस्थानों की स्थापना को विशेष महत्त्व दिया। उनके अनुसार शिक्षा चरित्र-निर्माण का एक माध्यम है। शिक्षा का प्रथम उद्देश्य मनुष्य को आदर्श मानव बनाना है। उनका मत था कि शिक्षा ऐसी मानव जाति का निर्माण करे जिनकी बुद्धि ज्ञान की प्राप्ति पर केन्द्रित हो। जिनका स्वभाव मधुर एवं शील हो। जो सत्यता और अन्य समान गुणों, सदाचारों को उत्पन्न करें। जो वेदों के अनुसार दिये गये कार्य, जिनसे सभी का भला हो, करने में लीन रहें। इस प्रकार वह विद्यार्थियों में नैतिक मूल्यों के विकास की वकालत करते थे।

उनके अनुसार पढ़ने-लिखने, बोलने, उपदेश देने और शिक्षा ग्रहण करने का सही लाभ तभी है जब हम इनके अनुसार सही कार्य करें। उनके मत के अनुसार सुदृढ़ शैक्षणिक ढाँचे का मूल उद्देश्य चरित्र-निर्माण होना चाहिए। हमें सदैव सत्य बोलना चाहिए। वेद ही ज्ञान का स्रोत हैं।

स्रोत–नई शिक्षा पद्धति 2008 दिसम्बर।

एक बार भारत के वायसराय ने स्वामी दयानन्द से कहा था,'आप ईश्वर से यह माँग करें कि भारत पर अंग्रेजी राज्य की छत्रछाया बराबर बनी रहे'। स्वामीजी ने तुरंत उत्तर दिया था, 'मैं अपनी मातृभूमि को स्वच्छंद(स्वतंत्र) राज्यों की पंक्ति में खड़ा देखना चाहता हूँ'।

उन्होंने स्वदेशी का पूर्ण समर्थन किया। नमक पर कर लगाने के वे प्रबल विरोधी थे। किसानों के लिए, उन्होंने लिखा है, 'राजाओं के राजा किसान परिश्रम करने वाले हैं और राजा

उनका रक्षक है।' लोकमान्य तिलक, दादा भाई नौरोजी और महात्मा गाँधी आदि राष्ट्र नेता स्वामीजी की राष्ट्रभक्ति से बहुत प्रभावित थे। दादा भाई नौरोजी ने स्पष्ट कहा है कि उन्होंने 'स्वराज' शब्द स्वामी दयानंद के 'सत्यार्थ प्रकाश' से सीखा है।

उन्होंने न तो किसी नए धर्म की स्थापना की, न किसी नए दार्शनिक विचार का प्रतिपादन किया। वैसे उन्हें विशिष्टाद्वैत का प्रतिपादक माना जाता है। आत्मा, परमात्मा और प्रकृति वे तीनों का स्वतंत्र अस्तित्व स्वीकार करते हैं। दूसरी ओर कुछ विद्वान मानते हैं कि वे मूलतः अद्वैत के उपासक हैं। वस्तुतः एक महान समाज-सुधारक और नवजागरण के पुरोधा के रूप में उनका जैसा और जितना योगदान है वैसा और उतना दर्शन के क्षेत्र में नहीं है। उनके एकेश्वरवाद को पैगम्बरी एकेश्वरवाद के विरोध में वैदिक एकेश्वरवाद कहा जाता है पर ऐसा है नहीं। वे द्वैतवाद के समर्थक थे या अद्वैत के, यह विवाद हमारे क्षेत्र से बाहर है। इतना निश्चित है कि वे परम आस्तिक थे। इस क्षेत्र में उनका सबसे बड़ा योगदान वेदों के अर्थ करने की सही रीति खोज लेने में है।

हम देख आए हैं कि उनके जीवन में संकीर्णता का नितांत अभाव था। वे भारत को एक देखने को आतुर थे। उनके विचारों से मतभेद हो सकता है पर भावना से नहीं। उनकी कार्य प्रणाली को उस युग की स्थिति के परिप्रेक्ष्य में ही आँका जा सकता है। जब वह अलीगढ़ पधारे तब सर सैय्यद अहमद ने उन्हें अपने घर पर भोजन के लिए आमंत्रित किया तो वह बोले: 'आपके घर खाना खाने में मुझे कोई आपत्ति नहीं किंतु खाऊँगा नहीं। स्वार्थी लोगों ने जनता को गुमराह करने के लिए अफवाह फैला रखी है कि मैं मुसलमान और ईसाइयों का दूत हूँ। हिंदू धर्म को भ्रष्ट करना चाहता हूँ। आपके घर खा लिया तो उनको मनचाहा प्रमाण मिल जाएगा।'

उनके देहावसान पर अनेक मुस्लिम भद्र पुरुषों ने भक्तिभाव पूर्ण उद्गार प्रगट किये थे। सूफी फकीर रहीम बख्श की ऐसी ही मार्मिक श्रद्धांजलि को हम यहाँ प्रस्तुत करते हैं।

सच्चाई पर झुठाई कभी गालिब आती नहीं।
और वलियों की जुबां से बुराई सुनी जाती नहीं।।
किसी चीज की कीमत उसका वक्त आने पर होती है।
मुल्क हिंद में वलियों की कीमत जमाना गुजर जाने पर होती है।।
दयानंद ने ही इस मुल्क को गहरी नींद से जगाया।
हाय अफसोस कि एवज में हमने उन्हें जहर पिलाया।।

विष्णु प्रभाकर

(स्रोत – अमर उजाला)

28.2 रविन्द्र नाथ टैगोर (1861-1941) (Rabindra Nath Tagore)

रविन्द्र नाथ टैगोर आधुनिक भारत के एक महान कवि एवं संत थे। इनका जन्म मई, सन् 1861 ई. को कोलकाता में हुआ था। इनके पिताजी श्री महाॠषि देवेन्द्र नाथ टैगोर थे। इन्होंने प्रारम्भिक शिक्षा घर पर ही प्राप्त की। इन्हें घर पर ही मनोविज्ञान, भाषा, गणित एवं संस्कृत की शिक्षा प्रदान की गई। अंग्रेजी भाषा सीखने के लिए इन्हें स्कूल भेजा गया परन्तु यह खुश नहीं थे। वकालत की पढ़ाई के लिए इन्हें इंग्लैण्ड भी भेजा गया परन्तु पढ़ाई बीच में छोड़कर यह एक साल के बाद भारत वापिस लौट आए।

रविन्द्र नाथ टैगोर जी को मानव प्रकृति एवं इतिहास में विशेष रुचि थी। उन्हें शिक्षा की समस्याओं का अनुभव था। इनकी शिक्षा में रुचि इस तरह बढ़ी कि 1901 ई. में इन्होंने भोलपुर

में एक स्कूल को आरम्भ किया। यह स्कूल 1921 ई. में विश्व का एक प्रसिद्ध महाविद्यालय बनकर उभरा और इसे 'विश्व भारती महाविद्यालय' के नाम से जाना जाने लगा जिसका पहला नाम 'शांतिनिकेतन आश्रम' था।

गीतांजलि इनकी प्रसिद्ध रचनाओं में से एक है। जिसके लिए 1913 ई. में इन्हें नोबेल पुरस्कार भी मिला। साहित्य में इनका योगदान सराहनीय रहा।

इनके अनुसार शिक्षा का एकमात्र उद्देश्य 'आत्म-बोध' है। उनके अनुसार आत्म-बोध का अर्थ है, अपने आप में सर्वव्यापी आत्मा को अनुभव करना। मनुष्य का जीवन में एकमात्र उद्देश्य इसी स्थिति का अनुभव करना है। यह वह प्रक्रिया है जो शिक्षा के बिना अधूरी है। इनके दर्शनशास्त्र पर गीता और उपनिषद् का विशेष प्रभाव देखने को मिलता है।

रविन्द्र नाथ टैगोर उस समय के शैक्षणिक ढाँचे से बिल्कुल भी सन्तुष्ट नहीं थे जिसका सीधा प्रभाव उनके दर्शनशास्त्र में देखने को मिलता है। उनके अनुसार हमारे शिक्षण संस्थान, शिक्षा का एकमात्र कारखाना है, बेरंग, निर्जीव, विश्व से अलग, नंगी सफेद दीवारों के बीच मरे हुए व्यक्ति की चमकदार आँखों की भाँति दिखाई देते हैं। टैगोर जी ने अपने समय के विद्यालयों को सम्बोधित करते हुए कहा है कि यह मात्र एक जेल या अस्पताल की भाँति हैं जो बाहरी वातावरण और सुन्दरता से पूरी तरह अलग हैं।

उनके अनुसार शिक्षा जीवन का एक भाग होनी चाहिए। यह पूर्ण रूप से हमारे जीवन से सम्बन्धित होनी चाहिए। शिक्षा का उद्देश्य शारीरिक, नैतिक, बौद्धिक विकास, बन्धनों से मुक्ति, विचारों में स्वतन्त्रता लाना एवं आत्म-ज्ञान होना चाहिए।

उनका मत था कि शिक्षा का उद्देश्य केवल ज्ञान प्राप्त करना नहीं हो सकता बल्कि मानवता में प्रेम और भाईचारे की भावना पैदा करना भी शिक्षा का उद्देश्य है। शिक्षा का उद्देश्य शारीरिक विकास, मानसिक विकास, नैतिक मूल्यों का विकास एवं धार्मिक मूल्यों का विकास होना चाहिए।

शारीरिक विकास का अर्थ केवल खेलों एवं व्यायाम से नहीं बल्कि शरीर को उपयोगी कार्य में लगाने से है। उन्होंने मानसिक शक्तियों के विकास एवं कल्पना-शक्ति के विकास को भी समान महत्त्व दिया है। नैतिक मूल्यों के प्रति अपनी भावना को व्यक्त करते हुए उन्होंने कहा कि आन्तरिक मन का अनुशासन, आत्मज्ञान, अज्ञान से स्वतन्त्रता, भ्रान्तियों एवं रुढ़िवादी विचारों से मुक्ति दिलाना शिक्षा के उद्देश्य होने चाहिए।

उनका विश्वास वास्तविकता में था। उन्होंने कभी भी उपयोगिता को शिक्षा का उद्देश्य नहीं माना है। उन्होंने अंग्रेजों द्वारा लागू शिक्षा का विरोध किया जिसका एकमात्र उद्देश्य आजीविका के लिए शिक्षा प्राप्त करना था। उनके अनुसार ज्ञान प्राप्ति के दो उद्देश्य हैं—पहला केवल ज्ञान प्राप्ति और दूसरा आजीविका के लिए ज्ञान प्राप्ति। ज्ञान प्राप्त करना प्रत्येक मनुष्य के लिए आवश्यक है। परन्तु केवल आजीविका प्राप्त करना, ज्ञान प्राप्ति का उद्देश्य नहीं हो सकता। उन्होंने आजीविका पैदा करने वाली शिक्षा का विरोध नहीं किया फिर भी उन्होंने शिक्षा को केवल मात्र आजीविका कमाने के साधन के रूप में प्राप्त करने के विचार का समर्थन नहीं किया। यद्यपि उन्होंने अंग्रेजी शासन द्वारा प्रदान की गई शिक्षा की आलोचना की है जिसका एकमात्र उद्देश्य देश के लिए क्लर्क पैदा करना था परन्तु उनका मानना था कि शिक्षा का उद्देश्य ऐसे व्यक्तियों का निर्माण करना है जो सभी प्रकार से देश की सेवा करने में सक्षम हों। रविन्द्र

नाथ टैगोर जी मानवतावादी थे। वह शिक्षा के एक-तरफा उद्देश्य के आलोचक थे। वह ऐसी शिक्षा के पक्ष में थे जो मनुष्य का बहुमुखी विकास करे।

28.3 नैतिक शिक्षा (Moral Education)

नैतिक शिक्षा का सम्बन्ध प्राय: मनुष्य के धर्म से लगाया जाता है। अर्थात् जिस बालक का जिस धर्म में जन्म हुआ है, उसके मूल्य भी उसी धर्म से सम्बन्धित माने जाते हैं। परन्तु यह धारणा गलत है क्योंकि यह कहा जाता है कि मनुष्य धर्म से सम्बन्ध रखने से पूर्व इंसानियत से सम्बन्ध रखता है। अत: नैतिक शिक्षा सिर्फ धर्म से ही प्रभावित नहीं होती है वरन् धर्म को तो नैतिक शिक्षा का आधार बनाया जाता है।

धर्म के प्राय: चार पक्ष होते हैं–

(*i*) कर्मकाण्ड–जनेऊ, मृतक को जलाना व दबाना।

(*ii*) पूजा-पाठ की विधि–पूजा करना व माला फेरना।

(*iii*) आध्यात्मिकता–आत्मा-परमात्मा का सम्बन्ध तथा मोक्ष-प्राप्ति।

(*iv*) नैतिकता–पवित्रता, सदाचार तथा भाईचारा सहयोग आदि।

नैतिकता तथा धर्म के विषय में गाँधीजी ने कहा है, कि सदाचार, नैतिकता तथा धर्म मेरे लिए पर्यायवाची शब्द हैं। नैतिकता के आधारभूत सिद्धान्त सभी धर्मों में समान हैं। इनको बालकों को निश्चित रूप से पढ़ाया जाना चाहिए व इसको पर्याप्त धार्मिक शिक्षा समझा जाना चाहिए। यहाँ ध्यान देने योग्य शब्द हैं–सदाचार, नैतिकता और इसी को पर्याप्त धार्मिक शिक्षा समझा जाना चाहिए। अत: यह स्पष्ट है कि नैतिक शिक्षा जो कि धार्मिक शिक्षा का पक्ष है वही प्रधानता रखता है।

जबकि डॉ० राधाकृष्णन ने कहा है कि, ''सच्चा धर्म मनुष्य के दिलों में होता है, मनुष्य द्वारा बनाये गये रीति-रिवाजों से नहीं होता।''

28.4 नैतिकता, धर्म तथा आध्यात्मिकता (Morality, Religion and Spirituality)

नैतिकता, धर्म तथा आध्यात्मिकता तीनों का आपस में महत्वपूर्ण सम्बन्ध है। क्योंकि आध्यात्मिकता परमात्मा से सम्बन्धित है, धर्म विश्वास से तथा नैतिकता का पूर्ण सम्बन्ध व्यक्ति के आचरण से होता है। नैतिकता वह गुण है जो कि बालकों को जीवन-विकसित करना सिखाता है, तथा जिसके द्वारा बालक भली प्रकार से जीवन जीने की प्रक्रिया को समझता है। नैतिकता अच्छे तथा बुरे व्यवहार का विवेक है तथा यह धर्म का अंश होता है। धर्म तथा आध्यात्मिकता ईश्वर से सम्बन्धित विचार हैं। इसलिए नैतिकता को भी ईश्वर का अंश ही कहा जाता है।

28.5 नैतिक मूल्य (Moral Values)

नैतिक मूल्यों का मानव जीवन में बहुत महत्त्व होता है। बालकों के नैतिक मूल्य निम्नलिखित होते हैं–

(1) कथनी तथा करनी दोनों में समानता रखना।

(2) कर्तव्य भावना को पूर्णत: निभाना।

(3) मान्यताओं के अनुरूप व्यवहार करना।

(4) नैतिकता पर आधारित जीवनयापन करना।

(5) शिष्टाचार का पालन करना।
(6) अनुचित कार्य न करना।

28.6 नैतिक शिक्षा का महत्त्व (Importance of Moral Education)

नैतिक शिक्षा का मुख्य उद्देश्य है बालकों में अच्छे नैतिक मूल्यों को विकसित करना। परन्तु इसके अतिरिक्त भी अन्य उद्देश्य हैं, जो कि निम्नलिखित हैं–

(1) मानव में मानवीय गुणों को विकसित करना।
(2) मानव को चरित्रशील बनाना।
(3) व्यक्ति को अभिमान रहित तथा आत्मविश्वासी बनाना।
(4) व्यक्ति में नैतिक तथा व्यक्तिगत पवित्रता का समावेश कराना।

हरबर्ट ने इस विषय में कहा है कि शिक्षा के सम्पूर्ण कार्य को एक ही शब्द में प्रकट किया है और वह शब्द है *नैतिकता*। गाँधीजी ने कहा है कि वह शिक्षा ही क्या है, जिसमें चरित्र-निर्माण न हो तथा वह चरित्र ही क्या है जिसमें व्यक्तिगत स्वतन्त्रता न हो।

विश्व विद्यालय शिक्षा आयोग (1948-49) में भी जीवन के उच्चतर मूल्यों पर पर्याप्त बल देते हुए कहा है कि, "यद्यपि देश की विशालता, आवागमन के सुगम साधन, अतुल सम्पत्ति, विस्तृत शिक्षा प्रसार, सम्पत्ति का न्यायपूर्ण विभाजन आदि स्वयं में बहुत महत्त्वपूर्ण हैं किन्तु ये किसी देश को महान नहीं बनाते हैं। यदि हम देश में राक्षसीकरण लाना चाहते हैं तो हमें आत्मा को अतृप्त रखकर व्यावसायिक तथा तकनीकी शिक्षा देनी चाहिए। इससे हमारे मध्य निष्क्रिय आत्मा वाले वैज्ञानिक तथा रुचिहीन व्यक्ति जागृत होंगे। तब समाज को यह अहसास होगा कि हमने क्या बोया तथा क्या पाया। यदि हम अपने को सभ्य मानते हैं, तो हममें असहायों तथा दुखियों के प्रति सहानुभूति, स्त्रियों के प्रति मर्यादा की रक्षा, धर्म व जाति के प्रति प्रेम, रंग से परे भाईचारा, शान्ति तथा स्वतन्त्रता के प्रति प्रेम, नृशंसता के प्रति घृणा तथा न्याय के प्रति सतत् लगाव होना चाहिए।"

28.7 श्री प्रकाश समिति 1960 की महत्वपूर्ण सिफारिशें (Main Recommendations of Sri Prakash Committee)

सन् 1960 में भारत सरकार के द्वारा धार्मिक तथा नैतिक विचारों हेतु एक समिति बनाई गई। इसके अध्यक्ष श्री प्रकाश थे। समिति ने कई महत्वपूर्ण सिफारिशें लागू कीं, जो कि अत्यन्त महत्वपूर्ण थीं। यह सिफारिशें निम्नलिखित हैं–

(1) हमारी आदतें जैसी बाल्यावस्था में बन जाती हैं, वही सम्पूर्ण जीवन भर प्रभावित करती हैं। अतः माता-पिता की शिक्षा भी आवश्यक होती है। यह कार्य भाषण,पत्र, रेडियो तथा टेलीविजन के द्वारा सरलता से किया जा सकता है। क्योंकि एक विस्तृत रूप में यदि सम्पूर्ण जनता तक अपना संदेश पहुँचना है तो सम्प्रेषण के माध्यमों का ही प्रयोग किया जा सकता है।
(2) शिक्षकों के द्वारा बालकों में अच्छी आदतों का विकास किया जाता है।
(3) छात्रों में नैतिकता सम्बन्धी अच्छी आदतों को उत्पन्न कराने हेतु उन्हें नैतिक कहानियाँ सुनाना, अच्छे तथा मूल्यों वाले उदाहरण देना तथा सन्तों-महात्माओं तथा आदर्श नेताओं के जीवन से सम्बन्धित शिक्षाएँ आदि देना आता है।

(4) श्री प्रकाश समिति में यह भी बताया गया कि हमें मौन आराधना से कार्य शुरू करना चाहिए।
(5) विभिन्न प्रकार के समाज सेवा कार्यों में छात्रों को लगाया जाये ताकि वह कार्य करके ही नैतिक मूल्यों का अर्थ समझें।

नैतिक शिक्षा प्रदान करने में शिक्षक की भूमिका अत्यन्त ही उपयोगी होती है। वे छात्रों का विकास सक्रिय तथा श्रेष्ठ नागरिक के रूप में कर सकते हैं। वे संविधान द्वारा बताई गई मान्यताओं, स्वतंत्रता तथा समानता आदि मूल्यों को ग्रहण करके आदर्श व कर्तव्यनिष्ठ बनें। इसमें कोई सन्देह नहीं कि शिक्षकों के यथार्थ आचरण द्वारा ही छात्रों के नैतिक मूल्यों का विकास किया जा सकता है। अतः शिक्षकों के द्वारा कार्यों को इस प्रकार किया जाना चाहिए, ताकि छात्र रुचिपूर्ण तरीकों से नैतिक शिक्षा ग्रहण करें।

28.8 भारतीय प्राथमिक शिक्षा (Indian Primary Education)

प्रायः यह माना जाता है कि, वर्तमान प्राथमिक शिक्षा का उद्‌गम ईसाई मिशनरियों तथा ईस्ट इण्डिया कम्पनी के द्वारा किया गया था। परन्तु इसकी उचित व्यवस्था सन् 1835 में हुई जब लार्ड मैकाले ने अपना विवरण-पत्र प्रस्तुत किया था। इसके आधार पर ही अंग्रेजी को बढ़ावा मिला तथा सारे देश में चार प्राइमरी विद्यालय खोले गए। इन विद्यालयों में निम्नलिखित विशेषताएँ थीं–

(1) यह विद्यालय ईसाई धर्मों के प्रचार के केन्द्रों से सम्बन्धित थे।
(2) इन विद्यालयों में धर्म की शिक्षा सभी के लिए अनिवार्य थी, तथा बाईबल को भी पाठ्यपुस्तक की भाँति प्रयोग किया जाने लगा था।
(3) पाठ्यक्रम में व्याकरण, भूगोल, इतिहास आदि विषयों को सम्मिलित किया गया।
(4) शिक्षा का माध्यम मातृभाषा थी।
(5) इन विद्यालयों ने ही कक्षा प्रथा को जन्म दिया जो आज भी है।

इसके पश्चात् जैसे-जैसे विस्तार होता गया। प्राथमिक शिक्षा का प्रचार बढ़ता गया। मुख्यतः यह शिक्षा नियमित शिक्षा का प्रथम सोपान बन गई। जिसमें निम्नलिखित बातों का समावेश रखा गया–

(1) बच्चों हेतु आवश्यक ज्ञान, कौशलों तथा अभिवृत्तियों का विकास किया जाये।
(2) पाँच वर्ष पूर्ण करने के पश्चात् बच्चों की वाक्‌शक्ति तथा ध्यान केन्द्रित करने की क्षमता का विकास होता है।
(3) शिक्षा की शुरुआत पाँच वर्ष की आयु पूरी करने के पश्चात् ही आरम्भ होती है तथा आठ वर्षों तक अर्थात् चौदह वर्ष की आयु तक दी जाती है।
(4) भारत में कई राज्यों में इस शिक्षा का कार्यकाल सात वर्ष का है। यह समय-काल शिशु शिक्षा तथा उच्च माध्यमिक कक्षाओं के मध्य का कार्यक्रम है।

28.9 प्राथमिक शिक्षा के विषय में मत (Arguments for the Primary Education)

बुनियादी शिक्षा में, जिसका निर्धारण गाँधीजी ने *1937* में किया। इसमें शिक्षा का कार्यकाल सात वर्ष से चौदह वर्ष तक निर्धारित किया गया। (बुनियादी शिक्षा के विषय में सम्पूर्ण जानकारी पूर्व के अध्यायों में है।)

इसके बाद *1944* में *सार्जेण्ट रिपोर्ट* प्रस्तुत की गई। जिसमें प्राथमिक शिक्षा के दो स्तर बना दिये गये।

(*a*) प्राथमिक जूनियर बेसिक स्तर, जिसका वर्ष-काल 1 से 5 वर्ष तथा आयु स्तर 6 साल से 11 साल का रखा गया।

(b) द्वितीय सीनियर बेसिक शिक्षा जिसका वर्ष-काल 6 से 8 वर्ष तथा आयु स्तर 11 वर्ष से 14 वर्ष का रखा गया।

सन् *1950* में प्राथमिक शिक्षा का नाम शब्दावली से हटा दिया गया। इसके अनुसार *'शिक्षा सभी के लिए'* प्रयोग किया गया तथा सभी बालकों को चौदह वर्ष की आयु तक निःशुल्क व अनिवार्य शिक्षा प्रदान करने की बात कही गई।

1952-53 में *माध्यमिक शिक्षा आयोग* ने शिक्षा के कार्यकाल में पुनः कुछ परिवर्तन किये। जिसमें यह कार्यकाल रखा गया–

(1) प्राइमरी या जूनियर शिक्षा का समय चार या पाँच वर्ष।

(2) माध्यमिक व सीनियर बेसिक शिक्षा का काल तीन वर्ष।

1964-66 में *शिक्षा आयोग की समिति* ने प्राथमिक स्तर की शिक्षा के ढाँचे को निम्न संस्तुति दी–

(1) निम्न प्राथमिक स्तर–चार या पाँच वर्ष का कार्यकाल।

(2) उच्च प्राथमिक स्तर–तीन या दो वर्ष का कार्यकाल।

साथ-साथ इन्होंने प्राथमिक अवस्था का कार्यकाल सात से आठ वर्ष का माना।

1968 की राष्ट्रीय शिक्षा नीति के अन्तर्गत प्राथमिक शिक्षा से सम्बन्धित कुछ (प्रेम वर्क) प्रारूप प्रस्तुत किए गये, जो कि निम्नलिखित हैं–

(*a*) द करीकुलम फॉर द टेन इयर स्कूल : ए फ्रेमवर्क [1975]

(*b*) द नेशनल करीकुलम फॉर एलिमेण्ट्री एंड सेकेण्डरी एजुकेशन : ए फ्रेमवर्क [1988]

(*c*) नेशनल करीकुलम फ्रेमवर्क फॉर स्कूल एजुकेशन [2000]

इस परिषद् ने प्राथमिक तथा उच्च प्राथमिक स्तर पर शिक्षा हेतु पाठ्यक्रम में कुछ बदलाव किये जो कि निम्नलिखित थे–

प्रस्तावित राष्ट्रीय पाठ्यक्रम

निम्न प्राथमिक	उच्च प्राथमिक
1. एक भाषा-मातृ/क्षेत्रीय	1. दो भाषाएँ
2. पर्यावरण अध्ययन	2. विज्ञान
3. गणित	3. गणित
4. कार्यानुभव/समाजोपयोगी उत्पादक कार्य	4. सामाजिक विज्ञान
5. कला शिक्षण	5. कार्यानुभव/समाजोपयोगी उत्पादन कार्य
6. स्वास्थ्य तथा शारीरिक शिक्षण।	6. कला शिक्षण
	7. स्वास्थ्य एवं शारीरिक शिक्षण।

परिषद् द्वारा सन् *1975* में प्रस्तावित दस वर्षीय विद्यालय पाठ्यक्रम तथा अब सन् 1988 में प्रस्तावित राष्ट्रीय पाठ्यक्रम में विभिन्न स्तरों पर विषय निर्धारण एवं उसके विकास के अनुरूप विषयों के मूल्यभार निर्धारण में जो अन्तर रखा गया, वह निम्नलिखित हैं–

प्रारूपों का तुलनात्मक अध्ययन

1975 का प्रारूप	निम्न प्राथमिक स्तर कक्षा 1–2	कक्षा 3–5	1988 का प्रारूप	कक्षा 1–5	2000 का प्रारूप
					कक्षा 1–2
1. भाषा(मातृ/क्षेत्रीय)	25%	25%	1. मातृ भाषा/क्षेत्रीय भाषा	30%	1. मातृभाषा/क्षेत्रीय भाषा
2. सामा.ज्ञान	15%	20%	2. पर्यावरण/अध्ययन	15%	2. गणित
3. गणित	10%	15%	3. गणित	15%	3. स्वस्थ और उत्पादनशील जीवन की कला
4. कार्यानुभव,समाजोपयोगी उत्पादक कार्य एवं कला	25%	20%	4. कार्यानुभव/समाजोपयोगी उत्पादक कार्य	20%	**कक्षा 3–5**
					1. मातृभाषा/क्षेत्रीय भाषा
5. स्वास्थ्य एवं शा.शिक्षा	25%	20%	5. कला	10%	2. गणित
			6. स्वास्थ्य एवं शा.शिक्षा	10%	3. पर्यावरण अध्ययन
					4. स्वस्थ और उत्पादनशील जीवन की कला
			उच्च प्राथमिक (6–8 स्तर)		
1. प्रथम भाषा		16.6%	1-3 तीन भाषाएँ	32%	1-3 तीन भाषाएँ (मातृभाषा/क्षेत्रीयभाषा आधुनिक भांरतीय भाषा और अंग्रेजी)
2. दूसरी भाषा		27%	4. विज्ञान	12%	4. गणित
3. विज्ञान		14.6%	5. गणित	12%	5. विज्ञान और प्रौद्योगिकी(टेक्नोलॉजी)
4. गणित		14.6%	6. सामा.विज्ञान	12%	6. सामाजिक विज्ञान
5. सामा.विज्ञान		12.5%	7. कार्यानुभव/समाजोपयोगी उत्पादक कार्य	12%	7. कार्य शिक्षा(वर्क एजुकेशन)
6. कार्यानुभव/समाजोपयोगी उत्पादन–कार्य		10.4%	8. कला–शिक्षा	10%	8. कला–शिक्षा(चित्रकला, संगीत, नाटक आदि ललित कलाएँ)
7. कला–शिक्षा		8.4%	9. स्वास्थ्य एवं शा.शिक्षा	10%	9. स्वास्थ्य और शारीरिक शिक्षा जिसमें खेल (गेम्स), क्रीड़ा, (स्पोर्ट्स), योग, एन.सी.सी, स्काउटिंग–गाइडिंग शामिल हैं।
8. स्वास्थ्य एवं शा.शिक्षा		12.5%			

1977 में गठित पुनर्निरीक्षण समिति ने प्राथमिक शिक्षा का कार्यकाल एक से कक्षा 7 अथवा 8 तक बताया।

1986 की राष्ट्रीय शिक्षा नीति ने 'प्रारम्भिक' शब्द का प्रयोग करते हुए यह कहा कि पढ़ाई हेतु प्रत्येक बच्चे का नामांकन होना चाहिए। तथा प्रत्येक बालक को चौदह वर्ष की आयु तक उसे हर हाल में शिक्षा मिलनी चाहिए।

राममूर्ति शिक्षा समिति (1990)के अनुसार प्राथमिक शिक्षा को दो भागों में बाँटा गया-

(*a*) प्राथमिक स्तर(कक्षा 1 से 5 तक)

(*b*) उच्च प्राथमिक (कक्षा 6 से 8 तक)

भारत सरकार के सभी आँकड़े कक्षा एक से आठ तक दो भागों में दिये गये।

भारतीय संविधान के अनुसार प्राथमिक शिक्षा सम्बन्धी लक्ष्यों को सन् 1960 तक पूरा नहीं हो पाया है। इसमें कोई सन्देह नहीं है कि देश में इस लक्ष्य-प्राप्ति हेतु प्रयत्न किये जा रहे हैं। परन्तु आज भी विकसित देशों की तुलना में हम बहुत पीछे हैं।

28.10 प्राथमिक शिक्षा की उन्नति (Progress of Primary Education)

भारत की उन्नति हेतु जनता का शिक्षित होना अनिवार्य है तथा जनता की शिक्षा हेतु आवश्यक है, कि सभी हेतु अनिवार्य प्राथमिक शिक्षा दी जाये। लगभग 35 प्रतिशत भारतीय आज निरक्षर हैं। [46 प्रतिशत स्त्रियाँ तथा 25 प्रतिशत पुरुष आज भी निरक्षर हैं। अधिक जानकारी हेतु *भारत* 2004, प्रकाशन विभाग, सूचना और प्रसारण मंत्रालय, भारत सरकार; पृष्ठ-8 देखें] इन निरक्षरों को शिक्षित करना हमारा कर्तव्य है। अत: अनिवार्य शिक्षा का प्रसार करना आवश्यक हो गया। परन्तु इसमें अनेक बाधाओं का सामना करना पड़ा है। 40 वर्ष के लम्बे अरसे में अमेरिका ने फिलिपीन द्वीप की साक्षरता 2 से 55 प्रतिशत बढ़ाई 125 वर्ष की अवधि में पूर्ववर्ती सोवियत रूस की साक्षरता 8 प्रतिशत से 88 प्रतिशत पहुँची। इसी प्रकार चीन व टर्की ने भी अनेक समस्याओं से जूझते हुए अपने यहाँ शिक्षा का प्रसार किया।

हमारे यहाँ पर व्यापक निरक्षरता का एक कारण यह भी है, कि यहाँ हम शिक्षा पर बहुत कम खर्च करते हैं। साथ-ही-साथ प्राथमिक शिक्षा के क्षेत्र में तो और भी कम व्यय करते हैं। विश्व के अधिकांश देश शिक्षा पर जितना व्यय करते हैं उसका लगभग 50 प्रतिशत प्राथमिक शिक्षा पर व्यय किया जाता है। जबकि भारत में यह प्रतिशत बहुत निम्न रहा है। वर्ष 1966-69 में तो यह सिर्फ 24 प्रतिशत हो रहा था। सातवीं योजना में 37, आठवीं योजना में 48, नवीं योजना में 65 प्रतिशत ही रहा। दसवीं योजना में भी इसे 65 प्रतिशत रखा गया है। सन् 1951 में भारत अपनी राष्ट्रीय आय का लगभग तीन प्रतिशत शिक्षा पर खर्च कर रहा है। अन्य विकसित देशों की तुलना में यह प्रतिशत बहुत कम है। रूस अपनी राष्ट्रीय आय का लगभग आठ प्रतिशत शिक्षा पर व्यय करता है। जापान 6 प्रतिशत, इंग्लैण्ड 5.3 प्रतिशत तथा अमेरिका में 6.2 प्रतिशत। हमें भी शिक्षा पर व्यय किये जाने वाले इस प्रतिशत को बढ़ाना होगा तथा शिक्षा को राष्ट्र-निर्माण का साधन बनाना होगा, तभी देश में वास्तविक प्रगति सम्भव है।

दसवीं पंचवर्षीय योजना (2002-2007) में
प्राथमिक शिक्षा प्रसार का लक्ष्य

नामांकन	प्राथमिक शिक्षा कक्षा 1 से 5 (आयु वर्ग 6-10)	उच्च प्राथमिक शिक्षा कक्षा 6 से 8 (आयु वर्ग 11-14)	कुल
(1) नवीं योजना की लगभग सम्पत्ति पर वर्ष 2000 में कुल नामांकन	11.36	4.20	15.56
(2) दसवीं योजना में अतिरिक्त नामांकन का लक्ष्य	1.43	1.46	2.89
(3) सम्बन्धित आयुवर्ग की अनुमानित कुल संख्या	–	–	20.77

स्रोत : टेन्थ फाइव इयर प्लान(2002-2007)वाल्यूम-2 प्लानिंग कमीशन, गवर्नमेण्ट ऑफ इण्डिया-नई दिल्ली पृष्ठ संख्या-24-33.

28.11 ऑपरेशन ब्लैक बोर्ड (Operation Black Board)

ऑपरेशन ब्लैक बोर्ड का मुख्य उद्देश्य प्राथमिक विद्यालयों में पाठ्य-सामग्री तथा शिक्षा उपकरण जैसी न्यूनतम आवश्यक सुविधाओं की व्यवस्था को सुनिश्चित करना है। *ऑपरेशन* शब्द का प्रयोग यह बताता है कि यह योजना अत्यन्त ही आवश्यक है। इसके लक्ष्य अत्यन्त ही स्पष्ट तथा परिभाषित हैं तथा सरकार एवं जनता पूर्व निर्धारित समयावधि में उन लक्ष्यों की प्राप्ति हेतु कटिबद्ध है।

ऑपरेशन ब्लैक बोर्ड में निम्नलिखित सामग्री परिकल्पित है–

(*i*) प्रत्येक ऋतु में प्रयोग लाने वाले दो बड़े कमरे।
(*ii*) आवश्यक खिलौने तथा क्रीड़ा सामग्री।
(*iii*) श्याम पट्ट।
(*iv*) नक्शे।
(*v*) चार्ट तथा
(*vi*) अन्य पाठ्य सामग्री आदि।

भवन-निर्माण हेतु निम्नलिखित तथ्यों का उल्लेख आवश्यक है–

(1) प्राथमिक विद्यालयों हेतु आवश्यक भवनों का निर्माण एन.आर.ई.पी. (National Rural Employment Programme) तथा आर.एल.ई.जी.पी. (Rural Landless Employment Gurantee Programme) कोष पर प्रथम भार होगा। अन्य योजनाओं द्वारा इन संसाधनों की वृद्धि की जाएगी।

– ग्राम शिक्षा समितियों को भवन तथा अन्य इमारतों के रख-रखाव का आश्वासन देना होगा।
– सुव्यवस्थित योजना बनाने हेतु विद्यालय भवनों की विद्यालय वार सूची बनाई जाए।
– कृषि जलवायु सम्बन्धी स्थिति तथा स्थानीय स्तर पर उपलब्ध सामग्री के सदुपयोग को दृष्टि में रखकर कम खर्चीले भवनों के डिजाइन तैयार किये जायेंगे।

28.12 बाल केन्द्रित शिक्षा (Child Centred Education)

पूर्व प्राथमिक तथा प्राथमिक शिक्षा की प्रथम जरूरत है कि बालक तक जो भी पहुँचे, वह सहजता तथा धैर्य से पहुँचे। शुरू से ही उसे सिखाने के लिए बाल केन्द्रित तथा क्रियात्मक प्रक्रियाओं का सहारा लिया जाना चाहिए। शिक्षा बाल केन्द्रित तभी होगी जबकि उसकी आवश्यकताओं का ध्यान रखा जाए। बच्चे को अपनी रफ्तार से सीखने का मौका दिया जाये। उसकी सहायता की जाये तथा उसका निर्देशन किया जाये। जैसे-जैसे बच्चा बड़ा हो उसे ज्ञान की बातें बताई जायें तथा उसे अभ्यास दक्ष बनाया जाये। ताकि वह उचित ज्ञान प्राप्त कर सके।

28.13 प्राथमिक शिक्षा हेतु पोषाहार सहायता (National Programme of Nutritional Support to Primary Education)

प्राथमिक शिक्षा हेतु पोषाहार सहायता राष्ट्रीय कार्यक्रम, जिसे आमतौर पर मध्याह्न भोजन कहा जाता है, 15 अगस्त, 1995 को शुरू किया गया था ताकि (यूनिवर्सल प्राइमरी एजुकेशन) Universal Primary Education को बढ़ावा देने के साथ-साथ सरकारी, स्थानीय निकाय तथा सरकारी सहायता प्राप्त स्कूलों में प्राथमिक कक्षाओं में पढ़ रहे छात्रों के पौषणिक स्तर को प्रभावी बनाया जा सके। अब इस कार्यक्रम के विस्तार को ऐसे ई.जी.एस.केन्द्रों के बच्चों के लिए कर दिया गया है। जो कि विद्यालय विहिन बस्तियों में खोले जाते हैं। इन विद्यालयों का उद्देश्य यह है कि पंचायतों और नगरपालिकाओं जैसे स्थानीय निकायों के माध्यम से, जिनसे यह अपेक्षा की जाती है, कि वे इस प्रयोजन के लिए संस्थानगत व्यवस्थाएँ विकसित करेंगे। तथा पौष्टिक व पका-पकाया खाना दिया जायेगा। जहाँ ऐसी व्यवस्था नहीं हो पायेगी वहाँ पर बच्चों हेतु (जो लक्षित हों) प्रतिमाह तीन किलोग्राम तक की खाद्य सामग्री (गेहूँ, चावल) आदि दिये जाएँ। तथा साथ ही बच्चों के समक्ष कम-से-कम 80 प्रतिशत तक विद्यालय में उपस्थित रहने की शर्त रखी जाये।

वर्ष 2002-2003 में लगभग 10.26 करोड़ बच्चे इस योजना का लाभ उठा चुके हैं तथा वर्ष 2004 में भारत के उच्चतम न्यायालय के निर्णय के अनुसार यह परियोजना भारत सरकार की देखरेख में है।

भारतीय संविधान के अनुच्छेद 21-क के अनुसार, ''राज्य छः वर्ष से चौदह वर्ष तक की आयु वाले सभी बच्चों हेतु निःशुल्क व अनिवार्य शिक्षा देने की ऐसी रीति का, जो राज्य विधि द्वारा आधारित करे, उपबंध करेगा।

तथा नए अनुच्छेद 51 खण्ड(4) के अनुसार-''माता, पिता या संरक्षक, छः से चौदह वर्ष तक की आयु वाले अपने यथास्थिति बालक या प्रतिपाल्य (ward) के लिए शिक्षा का अवसर प्रदान करें।

28.14 अनौपचारिक शिक्षा (Informal Education)

भारत में शिक्षा के क्षेत्रों में एक सत्यता स्वीकार की गई कि औपचारिक शिक्षा से ही सार्वजनिक शिक्षा के लक्ष्य को पूर्ण नहीं किया जा सकता है क्योंकि हमारे देश में ऐसे बच्चों की संख्या बहुत अधिक है, जो कि शिक्षा से पूर्णतः वंचित रह जाते हैं। क्योंकि इन बालकों को पारिवारिक आय बढ़ाने हेतु कार्य करना पड़ता है। इन लक्ष्यों को ही पूर्ण करने हेतु आज अनौपचारिक शिक्षा को उपयोगी, आकर्षक तथा सुदृढ़ बनाना होगा। इसके लिए आज जनसंचार माध्यमों, दृश्य-श्रव्य

साधनों तथा आधुनिक तकनीकी सुविधाओं का उपयोग किया जायेगा। ताकि शिक्षण को पर्याप्त रोचक बनाया जा सके तथा शिक्षण की अवधि कम होने पर भी अच्छे परिणाम सामने आयें।

'राष्ट्रीय केन्द्रिक शिक्षा क्रम' की तरह का एक शिक्षा क्रम अनौपचारिक शिक्षण पद्धति हेतु तैयार किया जाएगा, लेकिन यह छात्रों की आवश्यकताओं पर आधारित होगा तथा इसका सम्बन्ध स्थानीय पर्यावरण से होगा। उच्च कोटि की शिक्षण सामग्री बनाई जाए तथा वह सभी छात्रों को मुफ्त दी जाए। अनौपचारिक शिक्षा के कार्यक्रम में खेलकूद, सांस्कृतिक कार्यक्रम, भ्रमण आदि की भी व्यवस्था की जाए। अनौपचारिक शिक्षा प्राप्त करने वाले बच्चे किसी-न-किसी उत्पादक कार्य में संलग्न होंगे, अत: उनके विशिष्ट अनुभवों का लाभ शिक्षण प्रक्रिया में उठाने का प्रयास किया जायेगा। बालश्रमिकों के सम्बन्ध में ऐसे कानून बनाये जायेंगे कि रोजगार में लगे बच्चों को उनके नियोक्ताओं की ओर से पर्याप्त अवकाश तथा पौष्टिक आहार के साथ अंशकालिक स्तरीय शिक्षा की सुविधा भी मिले।

इस योजना की सफलता हेतु उपयुक्त अनुदेशकों का चयन, उनके लिए अच्छे स्तर का प्रारम्भिक प्रशिक्षण तथा बाद में समय-समय पर सेवाकालीन प्रशिक्षण आवश्यक माना गया है। सहभागियों के अनुभव का लाभ पूरे प्रशिक्षण कार्यक्रम को मिलता रहे, प्रशिक्षणार्थियों को उत्पादन, चिकित्सा, शिक्षा एवं समाज-सेवा के विभिन्न क्षेत्रों में कार्यरत अनुभवी व्यक्तियों का भी लाभ मिलता रहे तथा अनुदेशक स्थानीय पर्यावरण की बारीकियों से पूर्णत: अवगत रहें। इन बातों का विशेष ध्यान रखा जाए। यह निश्चित किया जाए कि अनौपचारिक शिक्षा केन्द्रों से छात्र पाँचवीं कक्षा तक का स्तर अवश्य प्राप्त कर ले। सम्भव हो तो आठवीं कक्षा तक की शिक्षा प्राप्त करने की भी व्यवस्था की जाये।

साथ ही औपचारिक शिक्षा व्यवस्था से उत्तीर्ण छात्रों को व्यावसायिक तथा तकनीकी शिक्षा के अवसर दिये जायें। जहाँ तक इस योजना में खर्च करने के विषय में बात करें, तो क्रियान्वयन योजना में बताया गया है कि प्रत्येक अनौपचारिक केन्द्र के व्यय का 50 प्रतिशत अनुदान केन्द्रीय सरकार देगी, पर महिलाओं तथा बालिकाओं के अनौपचारिक शिक्षा केंद्रों के लिए 90 प्रतिशत अनुदान देगी। अनौपचारिक शिक्षा के क्षेत्र में कार्यरत स्वयंसेवी संस्थाओं को तथा इस विषय में नवाचार, मूल्यांकन एवं शोध कार्य करने वाली संस्थाओं को शत-प्रतिशत अनुदान दिया जाएगा, ताकि इनके निष्ठावान, परिश्रमी, स्थानीय परिवेश के प्रति अधिक संवेदनशील कार्यकर्ताओं का लाभ इस योजना को मिल सके।

28.15 सर्व शिक्षा अभियान (Education for All)

हमारे देश की अति-प्राचीन मान्यता के अनुसार शिक्षा हर व्यक्ति के जीवन-निर्माण के लिए आवश्यक है। इसी कारण प्राचीन ऋषियों ने हर मनुष्य हेतु जो संस्कार निश्चित किए थे, उनमें से दो थे–

(*i*) उपनयन तथा,

(*ii*) वेदारम्भ या विद्यारम्भ।

इन्हें आधुनिक शब्दावली में औपचारिक शिक्षा शुरू करने के संस्कार कह सकते हैं। पर कालांतर में संस्कारों का मूल उद्देश्य तिरोहित होता गया तथा संस्कार कर लेना एक रुढ़ि बन गया। कुछ संस्कार तो समाज के कुछ लोगों के लिए, विशेष रूप से स्त्रियों तथा शूद्रों हेतु निष्क्रिय कर दिये गये। इससे शिक्षा की परम्परा शिथिल पड़ती गई, और अंतत: ऐसी सामाजिक

व्यवस्था विकसित हुई, जिसमें शिक्षा प्राप्त करना सबके लिए सम्भव रहा ही नहीं, अतः सर्व शिक्षा अभियान की शुरुआत हुई।

सर्व शिक्षा अभियान के अन्तर्गत अक्टूबर 1998 में आयोजित राज्यों के शिक्षा मंत्रियों के सम्मेलन की सिफारिशों के आधार पर 'सर्व शिक्षा अभियान' योजना विकसित की गई। नवम्बर 2000 में इसे राष्ट्रीय मिशन के रूप में स्वीकार किया गया। इसके अध्यक्ष बनाए गए प्रधानमंत्री तथा उपाध्यक्ष बनाए गए मानव संसाधन विकास मंत्री। इसके लक्ष्य हैं–

(*i*) 6 से 14 वर्ष के सभी बच्चे सन् 2003 तक विद्यालय/शिक्षा गारन्टी योजना केन्द्र/ब्रिज कोर्स में आ जायें।

(*ii*) सन् 2007 तक सभी बच्चों की पाँच वर्ष की प्राथमिक शिक्षा पूरी हो जाये।

(*iii*) सन् 2010 तक आठ वर्ष की स्कूली शिक्षा पूरी हो जाये।

(*iv*) सन् 2010 तक बीच में पढ़ाई छोड़ने वालों की संख्या शून्य हों जाये।

(*v*) सभी लड़के-लड़कियों तथा सामाजिक वर्ग के अंतरों को प्राथमिक स्तर पर सन् 2007 तक, और उच्च प्राथमिक स्तर पर सन् 2010 तक समाप्त कर दिया जाये।

(*vi*) जीवन के लिए शिक्षा पर बल देते हुए सभी को संतोषजनक गुणवत्ता की प्राथमिक शिक्षा उपलब्ध करा दी जाए।

इस कार्यक्रम के अन्तर्गत सहायता को केन्द्र सरकार और राज्य सरकार के बीच नवीं पंचवर्षीय योजना के दौरान 85:15, 10वीं योजना में 75:25 और उसके बाद 50:50 के अनुपात में बाँटा जायेगा।

जिन स्थानों में यह सुविधाएँ नहीं हैं, वहाँ विद्यालयों की सुविधाएँ दी जायें। साथ-साथ क्लास रूम, टॉयलेट, पीने का पानी, रख-रखाव अनुदान तथा विद्यालय सुधार अनुदान के जरिये बुनियादी ढाँचे को मजबूत किया जायेगा। अपर्याप्त संख्या में शिक्षकों वाले स्कूलों को अतिरिक्त शिक्षक उपलब्ध कराये जायें। कमजोर वर्गों की बालिकाओं तथा बच्चों पर विशेष ध्यान दिया जायेगा। ग्रामीण क्षेत्रों में कम्प्यूटर शिक्षा देने का भी प्रबन्ध किया जाये। अनुसूचित जातियों, अनुसूचित जनजातियों तथा कठिन परिस्थितियों में रहने वाले बच्चों की शैक्षणिक आवश्यकताओं पर विशेष ध्यान दिया जायेगा।

इस प्रकार से कहा जा सकता है, कि आज शिक्षा हेतु अनेक प्रयास किये जा रहे हैं, जिसमें से अधिकतर सफल भी हो रहे हैं।